Paris
2012

UNE SÉLECTION
DE **RESTAURANTS** & D'**HÔTELS**

Sommaire

Se **restaurer**

Se **loger**

Index

X. Richer / MICHELIN

Les restaurants par arrondissement

Nos engagements

Ce guide est né avec le siècle et il durera autant que lui.

Cet avant-propos de la première édition du guide MICHELIN 1900 est devenu célèbre au fil des années et s'est révélé prémonitoire. Si le guide est aujourd'hui autant lu à travers le monde, c'est notamment grâce à la constance de son engagement vis-à-vis de ses lecteurs. Nous voulons ici le réaffirmer.

Les engagements du guide Michelin

→ La visite anonyme

Les inspecteurs testent de façon anonyme et régulière les tables et les chambres afin d'apprécier le niveau des prestations offertes à tout client.
Ils paient leurs additions et peuvent se présenter pour obtenir des renseignements supplémentaires sur les établissements. Le courrier des lecteurs nous fournit par ailleurs une information précieuse pour orienter nos visites.

→ L'indépendance

La sélection des établissements s'effectue en toute indépendance, dans le seul intérêt du lecteur. Les décisions sont discutées collégialement par les inspecteurs et le rédacteur en chef. Les plus hautes distinctions sont décidées à un niveau européen. L'inscription des établissements dans le guide est totalement gratuite.

→ La sélection

Le guide offre une sélection des meilleurs hôtels et restaurants dans toutes les catégories de confort et de prix. Celle-ci résulte de l'application rigoureuse d'une même méthode par tous les inspecteurs.

→ La mise à jour

Chaque année toutes les informations pratiques, les classements et les distinctions sont revus et mis à jour afin d'offrir l'information la plus fiable.

→ L'homogénéité de la sélection

Les critères de classification sont identiques pour tous les pays couverts par le guide MICHELIN.

… et un seul objectif

Tout mettre en œuvre pour aider le lecteur à faire de chaque déplacement et de chaque sortie un moment de plaisir, conformément à la mission que s'est donnée Michelin : contribuer à une meilleure mobilité.

Cher lecteur

Allons-nous laisser faire la sinistrose, ou bien donnons libre cours à notre gourmandise ? Sans équivoque, cette nouvelle édition du guide MICHELIN « Paris » vous invite à adopter la seconde attitude. Car quoi de plus agréable que de pousser la porte d'un restaurant et de s'en remettre aux bons soins de professionnels passionnés ?

Voici donc, servi sur un plateau, une séduisante sélection de 453 restaurants, tous choisis avec beaucoup d'attention : plus de 70 nouvelles adresses viennent étoffer cette édition 2012, tandis qu'une quarantaine la quitte – car le guide suit au plus près l'actualité de la capitale...

Pas d'inventaire à la Prévert mais, au fil des pages, une palette d'authentiques bistrots et brasseries, d'adresses modeuses, de tables iodées, d'autres plus carnées... Ambiances d'ici, mais aussi d'ailleurs : avec un simple ticket de métro, le guide vous emmène pour quelques savoureux voyages autour du monde. Au Japon, pour apprécier toute la précision de la cuisine nippone, au Maroc pour déguster un tajine aux épices parfaitement dosées, en Italie pour se régaler de délicats antipasti, ou encore en Thaïlande pour les subtils parfums de ses curry... C'est au choix, selon votre humeur et vos goûts.

Et tout cela sans se ruiner, cela va de soi : le « Bib Gourmand » ☺ repèrent pour vous les 70 tables montrant le meilleur rapport qualité-prix – l'assurance d'un « repas soigné à prix modéré ». Sans oublier les 167 restaurants proposant un menu à moins de 30 euros...

Quant aux célèbres étoiles de bonne cuisine ✿, la moisson a été particulièrement belle avec près de 80 tables cette année, distinguées par nos inspecteurs – incorruptibles autant qu'experts pour déceler les assiettes les plus recherchées. Petit conseil malin, sachez que de nombreuses maisons étoilées proposent au déjeuner un menu à prix très attractif...

Quoi qu'on en dise, Paris reste donc une ville capitale pour les gastronomes du monde entier. Preuve en est cette nouvelle sélection du guide MICHELIN Paris 2012, notre promesse de nombreux plaisirs gourmands.

Consultez le guide Michelin sur www.viamichelin.com
et écrivez-nous à : leguidemichelin-france@tp.michelin.com

Mode d'emploi

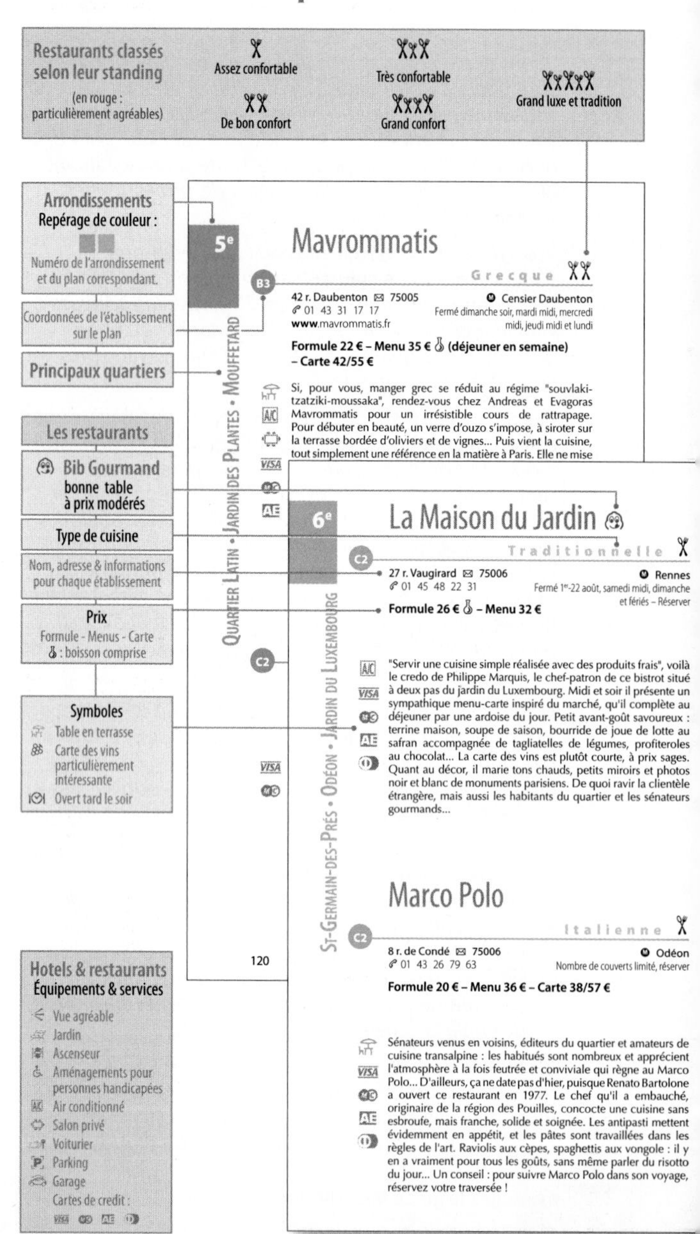

Hôtels classés selon leur confort
(en rouge : particulièrement agréables)
Assez confortable
De bon confort
Très confortable
Grand confort
Grand luxe et tradition
Les hôtels
Symboles
39 ch Nombre de chambres
Petit-déjeuner inclus (ou non)
Prix des chambres pour 1 / 2 personnes
Hôtel avec restaurant
Hôtel tranquille
Piscine
Spa
Salle de fitness
Wifi / ADSL
Salles de conférences
Situation sur le plan
Station de métro
Canal St-Martin
A2
5 av. Secrétan 75019
01 42 06 62 00
www.hotel-canal-saint-martin.com
69 ch – 60/190 € 60/190 €
Jaurès
VISA
AE
Parc de La Villette • Parc des Buttes Chaumont
417
Le Restaurant
Au goût du jour
C1
HÔTEL L'HÔTEL,
13 r. des Beaux-Arts 75006
01 44 41 99 01
www.l-hotel.com
St-Germain des Prés
Fermé août, 23-28 décembre, dimanche et lundi
Formule 42 € – Menu 52 € (déjeuner en semaine), 95/160 € – Carte 80/115 €
A/C
VISA
AE
6e
St-Germain-des-Prés • Odéon • Jardin du Luxembourg
Le Restaurant de l'Hôtel n'a rien d'une table gastronomique conventionnelle. Il doit son atmosphère baroque, anachronique et éclectique au designer Jacques Garcia, adepte du style Empire revisité. Dans un esprit salon privé, le décor rivalise de drapés, banquettes et fauteuils bas, alcôves, moulures dorées et tons fauves, tel un tableau d'Ingres dans sa période orientaliste. Un peu trop chargé pour certains, dépaysant pour d'autres, en tout cas original ! Le tout agrémenté d'une ravissante cour intérieure où la terrasse et la fontaine font oublier que l'on se trouve au cœur de Paris.
Pour satisfaire les exigences de sa clientèle de "happy few" – people et stars sensibles à son intimité et à ses hôtes illustres (Oscar Wilde, Borges, etc.) –, il fallait tout le savoir-faire d'un jeune chef au beau parcours. Autrefois second et seul aux commandes depuis 2011, ce dernier travaille d'excellents produits et aime revisiter les classiques de la gastronomie française ; ses créations parfumées changent au fil du marché. Accord réussi : les mets eux aussi sortent de l'ordinaire.
Entrées
Coquillages, mousse raifort en ravigote et salicornes
Homard bleu, sabayon safrané rafraîchi à la bouillabaisse
Plats
Lotte cloutée au lomo, poivron rouge et calamar
Ris de veau "crousti-moelleux", jus aux herbes
Desserts
Pomme pochée dans un jus de cassis, sablé épicé
Ananas, bouillon glacé maracuja
Rappel du plan
Quartiers
Arrondissement
Les tables étoilées
De à
...et leurs spécialités

Paris pratique

Se rendre à l'aéroport, réserver un taxi ou acheter des places de théâtre : entre deux bonnes tables, voici quelques informations pour vous rendre Paris plus pratique.

Arriver/partir

➜ En avion

www.aeroportsdeparis.fr
Informations sur les vols du jour : ✆ 39 50

Aéroport de Roissy-Charles-de-Gaulle, ✆ 39 50

Métro CDGVAL, la ligne assure un service gratuit 24h/24 entre les terminaux, les parkings et les gares TGV et RER.

En taxi, compter entre 30mn et 1h de trajet.

En RER B (Châtelet) : 30mn.

Avec Roissybus (départ de Opéra – angle de la rue Scribe et de la rue Auber): de 45 à 60 mn. **www.ratp.fr**

Bus Noctiliens : n°140 et 143 (Gare de l'Est) : 1h **www.ratp.fr**

Cars Air France : n°2 (Étoile, Porte Maillot) : 45mn et n°4 (Gare Montparnasse, Gare de Lyon) : 50mn. **www.lescarsairfrance.com**

Aéroport d'Orly, ✆ 39 50

En taxi, 20 à 30mn de trajet.

Orlybus (Denfert-Rochereau) : 30 mn de trajet. **www.ratp.fr**

En RER B (Châtelet) **et OrlyVal** (changement à Antony) : 25 mn. **www.orlyval.com**

Bus Noctiliens : n°31 et 131 (Gare de Lyon) : 30 mn. **www.ratp.fr**

Cars Air France : n°1 (Etoile, Invalides, Gare Montparnasse) : 35 mn à 45 mn. **www.lescarsairfrance.com**

➜ En train

www.sncf.fr

Gare de Lyon : trains en provenance du Sud-Est de la France, d'Italie et de Suisse.

Gare d'Austerlitz : Sud-Ouest de la France et Espagne.

Gare du Nord : Royaume-Uni, Belgique, Pays-Bas.

Gare de l'Est : Est de la France et Allemagne.

Gare Montparnasse : Grand Ouest.

Quand venir à Paris

Les fêtes de fin d'année, Pâques et la saison estivale attirent les touristes à Paris. Même phénomène lors des grands salons professionnels (voir encadré). Il est donc prudent de réserver son séjour longtemps à l'avance. Bon à savoir, certains hôtels proposent des tarifs promotionnels sur leur site Internet.

▸ *Places Discount*

www.ticketac.com et www.billetreduc.com recensent une sélection de spectacles à prix réduits. Pensez aussi aux kiosques de la place de la Madeleine et de l'Esplanade de la Tour Montparnasse, qui vendent des places de théâtre à moitié prix pour le jour même.

▸ Quelques foires et salons

Salon International de l'Agriculture, *Porte de Versailles, fin février- début mars consulter www.salon-agriculture.com*

Salon du Livre, *Porte de Versailles, 16-19 mars*

Foire de Paris, *Porte de Versailles, 27 avril-8 mai*

Maison et Objet*, Paris-Nord Villepinte, 7-11 septembre*

Salon Nautique, *Porte de Versailles, 7-12 décembre*

Circuler dans Paris

➜ Métro et bus

Le **métro** reste le meilleur moyen de se déplacer dans Paris pour être à l'heure à ses rendez-vous. Les 14 lignes de métro fonctionnent entre 5h30 et 00h45 (01h45 vendredi, samedi et veille de fêtes). Les touristes préféreront le réseau de **bus** pour profiter de l'animation urbaine. La nuit, les bus Noctiliens prennent le relais.

Horaires, titres de transport et itinéraires sur **www.ratp.fr** et **www.transilien.com**

➜ Taxi !

On peut prendre un taxi soit directement à l'une des nombreuses stations, soit les héler dans la rue – les véhicules libres se repèrent à leur plaque blanche allumée –, soit appeler l'une des sociétés de taxis indiquées ci-dessous.

Les Taxis Bleus, ✆ 0 891 70 10 10 (0,23 €/mn)

Alpha Taxis, ✆ 01 45 85 85 85

Taxis G7, ✆ 01 47 39 47 39

Les tarifs varient en fonction de l'heure et du jour de la course (plus cher la nuit et le dimanche), mais aussi de la zone géographique. Le détail des tarifs A, B et C sont affichés clairement dans les véhicules. En cas de litige, exigez une fiche auprès du conducteur ou relevez le numéro d'immatriculation du taxi, puis contactez La Préfecture de Police de Paris - 36 rue des Morillons - 75015 Paris ✆ 01 55 76 20 11.

➜ En voiture

Se déplacer en voiture à Paris ? A condition d'avoir une bonne dose de patience et de prendre quelques précautions, comme par exemple, évitez les heures de pointe et consultez l'état du **trafic** : www.viamichelin.fr ou www.sytadin.tm.fr ou www.bison-fute.equipement.gouv.fr ou www.infotrafic.com

Les horodateurs n'acceptent pas les pièces de monnaie. Il faut donc acheter une **Paris-Carte**, en vente dans presque tous les bureaux de tabac et dans certains points de vente presse, ou bien utiliser la carte Monéo.

Michelin édite plusieurs **plans de Paris**, outils très pratiques pour vos déplacements dans la capitale.

Trouver un parking : www.infoparking.com ou www.parkingsdeparis.com

En cas de disparition de votre véhicule, contactez d'abord **la Fourrière**, Préfecture de Police, ✆ 0891 01 22 22

→ À vélo

Sport ou transport ? Le vélo combine les deux et il est désormais facile de circuler à Paris à vélo grâce à la présence de pistes cyclables et à **Vélib'**, le système de location de vélo en libre service. Pour une somme modique, vous pouvez emprunter un vélo dans l'une des nombreuses stations aménagées partout et le redéposer dans une autre. Utilisez la carte **Michelin n°61 Paris Velib'** ou rendez-vous sur www.velib.paris.fr (✆ 01 30 79 79 30).

VIVRE PARIS

→ Médias

En kiosque : outre les quotidiens et magazines nationaux, divers titres couvrent l'actualité culturelle de la capitale : *l'Officiel des Spectacles, Pariscope* et les suppléments *Figaroscope* (mercredi) du quotidien *Le Figaro, Paris-Île-de-France* du *Nouvel Observateur* ou *Sortir* de *Télérama.*

Sur les ondes : en plus des radios nationales, plusieurs fréquences locales se partagent les ondes parisiennes, dont FIP (105.1 FM, infos trafic toutes les 15-30mn).

→ Musées et monuments

En règle générale, les musées nationaux sont fermés le mardi, ceux de la Ville de Paris le lundi. Par ailleurs, les grands musées restent ouverts jusqu'à 21h au moins une fois par semaine (tous les jours sauf le mardi pour le Centre Georges Pompidou).

Pour gagner du temps, sachez que la **carte Musées et monuments** (1, 3 ou 5 jours) sert de coupe-file ; on peut également acheter à l'avance son billet pour le Louvre et de nombreux autres musées (TicketNet, Fnac, grands magasins, etc.). Le billet combiné RATP-Louvre (en vente dans certaines stations de métro et les Offices de Tourisme de Paris) permet un accès prioritaire aux collections permanentes.

Le **guide Vert Michelin Paris** compagnon idéal pour visiter musées, monuments et autres curiosités de la capitale.

Office du Tourisme et des Congrès de Paris, www.parisinfo.com

→ Balades en bus ou sur la Seine

Open Tour (bus à impériale), ✆ 01 42 66 56 56 ou www.ratp.fr

Cityrama, ✆ 01 44 55 61 00 ou www.pariscityrama.fr

Paris Vision, ✆ 01 42 60 30 01 ou http://fr.parisvision.com

Batobus (descente et montée possibles à chaque escale), ✆ 0 825 05 01 01 ou www.batobus.com

Bateaux parisiens, ✆ 0 825 01 01 01 ou www.bateauxparisiens.com

Vedettes du Pont Neuf, ✆ 01 46 33 98 38 ou www.vedettesdupontneuf.fr

Les Bateaux-Mouches, ✆ 01 42 25 96 10 ou www.bateaux-mouches.fr

▶Santé et urgences

Numéro d'urgence, ✆ 112
Police-secours, ✆ 17
Pompiers, ✆ 18
Samu, ✆ 15
SOS Médecin, ✆ 01 47 07 77 77.
Centre anti-poison (hôpital Fernand-Widal), ✆ 01 40 05 48 48
SOS dentaire, ✆ 01 43 37 51 00
Pharmacies 24h/24 :
84 av. des Champs-Élysées (galerie les Champs), 8e, ✆ 01 45 62 02 41
6 pl. Clichy, 9e, ✆ 01 48 74 65 18
6 pl. Félix-Eboué, 12e, ✆ 01 43 43 19 03

▶Autres numéros utiles

Objets trouvés, ✆ 0 821 00 25 25
Perte/vol carte Visa ✆ 0 892 705 705
Perte/vol carte Master Card ✆ 0 800 90 13 87
Perte/vol carte American Express ✆ 01 47 77 72 00
Garderie 24h/24 : Babychou, ✆ 01 43 13 33 23
Poste du Louvre - ouverte 24h/24 - 52 rue du Louvre, ✆ 3631

→ Sortir

Côté spectacles, la programmation parisienne est aussi dense qu'éclectique : des lieux les plus mythiques aux salles les plus intimes, chaque soir la «ville Lumière» lève le rideau sur une multitude de représentations théâtrales, d'opéras, de ballets et de concerts. Pour ne citer qu'eux : l'Opéra-Bastille, l'Opéra national de Paris Palais Garnier, la salle Pleyel, le Casino de Paris, la Cigale, le Bataclan, le Palais des Congrès de Paris, le New Morning, l'Élysée-Montmartre, le Zenith de Paris, l'Olympia, Le Crazy-Horse, les Folies Bergère, le Lido, le Moulin Rouge, Le Paradis Latin, etc.

▶No smoking !

Depuis janvier 2008, la « loi non-fumeur » concerne l'ensemble des lieux publics, y compris cafés et restaurants. Fini la cigarette au comptoir ou le cigare après un bon repas...

→ Shopping

Les magasins parisiens sont habituellement ouverts du lundi au samedi, de 9h à 19h (et le dimanche dans certains quartiers touristiques). Les **boutiques gourmandes** sont souvent fermées le lundi, mais ouvertes le dimanche matin. Quant aux grands magasins, ils assurent en général une nocturne hebdomadaire (21h30).

Chaque semaine, près de **70 marchés** animent les rues et les halles parisiennes. Jours et horaires sur www.paris.fr

→ Se restaurer

Si **brasseries** et **bistrots** demeurent emblématiques de la restauration parisienne, la capitale fourmille d'autres bonnes adresses proposant tous les types de cuisine dans tous les niveaux de confort. **Ce guide est une sélection des meilleurs restaurants à tous les prix.**

Plusieurs listes en début de ce guide vous aideront à choisir le restaurant qui répondra à vos attentes.

Passage 53

Se **restaurer**

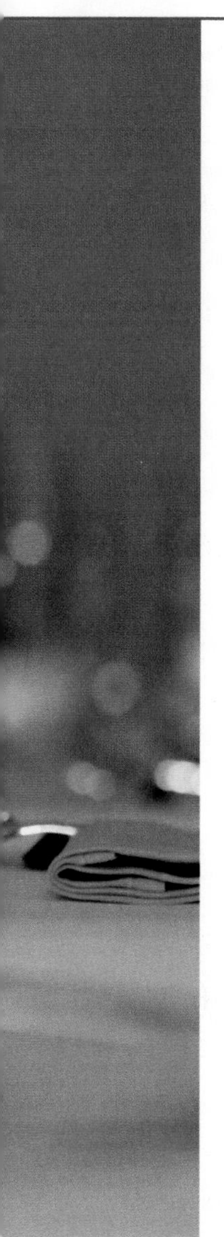

Index alphabétique des restaurants

A

B

C

D

E

F

G

N

O

P

Q

R

S

T

U

V

W

Y

Z

Les tables étoilées

Une bonne cuisine dans sa catégorie, Mérite le détour, Vaut le voyage : la simple définition des étoiles – une, deux ou trois – dit tout. Ou presque. Et ce depuis que le guide Michelin a lancé l'idée, il y a déjà des décennies, de distinguer les meilleurs restaurants par des "étoiles de bonne table". Partant du principe qu'il "n'existe qu'une cuisine : la bonne", tous les styles culinaires peuvent sans restriction prétendre aux récompenses attribuées par les inspecteurs du guide, explorateurs anonymes à la fourchette et aux papilles éprouvées. Leurs invariables critères ? La qualité des produits, la maîtrise des cuissons et des saveurs, la constance de la prestation et la personnalité des préparations.
Notons, enfin, que les étoiles sont toujours en mouvement dans le ciel, proches ou lointaines, plus ou moins nombreuses suivant les saisons... Certaines toques s'approchent de la constellation : des "Espoirs" qui, s'ils font la preuve de ces mêmes qualités dans le temps, peuvent rejoindre les étoiles les plus brillantes.
Parmi les capitales de la gastronomie, Paris occupe une place de choix tant les tentations gourmandes y sont nombreuses. Variées et changeantes, aussi. Vous avez vous-même apprécié un restaurant ou découvert un nouveau talent ? Vous adhérez à nos choix ou vous restez sceptique ? N'hésitez pas à nous en faire part : le courrier de nos lecteurs nous est précieux.

▶ **N**... comme "nouveau", pour repérer les établissements bénéficiant d'une nouvelle distinction.

✿✿✿

Une cuisine exceptionnelle : cette table vaut le voyage.
On y mange toujours très bien, parfois merveilleusement.

Alain Ducasse au Plaza Athénée - 8e	XXXXX	188
L'Ambroisie - 4e	XXXX	102
Arpège - 7e	XXX	158
Astrance - 16e	XXX	332
Épicure au Bristol - 8e	XXXXX	205
Guy Savoy - 17e	XXXX	370
Ledoyen - 8e	XXXXX	211
Le Meurice - 1er	XXXXX	64
Pierre Gagnaire - 8e	XXXX	218
Le Pré Catelan - 16e	XXXXX	344

Une cuisine excellente : cette table mérite un détour.

Restaurant		Page
L'Abeille - 16e **N**	XXXX	328
Apicius - 8e	XXXX	191
L'Atelier de Joël Robuchon - Étoile - 8e	X	193
L'Atelier de Joël Robuchon - St-Germain - 7e	X	159
Bigarrade - 17e	X	360
Carré des Feuillants - 1er	XXXX	54
Le Cinq - 8e	XXXXX	199
L'Espadon - 1er	XXXXX	57
Le Grand Véfour - 1er	XXXX	59
Jean-François Piège - 7e	XX	172
Lasserre - 8e	XXXXX	209
Michel Rostang - 17e	XXXX	375
Passage 53 - 2e	XX	84
Relais Louis XIII - 6e	XXX	144
Senderens - 8e	XXX	220
Sur Mesure par Thierry Marx - 1er **N**	XXX	68
Taillevent - 8e	XXXXX	225

Une très bonne cuisine dans sa catégorie.

Restaurant		Page
Agapé - 17e	XX	359
Aida - 7e	X	157
Akrame - 16e **N**	XX	330
Les Ambassadeurs - 8e	XXXXX	190
Antoine - 16e	XXX	331
L'Arôme - 8e	XX	192
Auguste - 7e	XX	160
Au Trou Gascon - 12e	XX	267
Le Baudelaire - 1er	XXX	51
Benoit - 4e	XX	104
La Braisière - 17e	XX	362
Le Céladon - 2e	XXX	78
Le Chiberta - 8e	XXX	198
Cobéa - 14e **N**	XXX	292
Le Diane - 8e **N**	XXX	202
Dominique Bouchet - 8e	X	204
etc... - 16e	XX	336
Les Fables de La Fontaine - 7e	X	168
La Fourchette du Printemps - 17e	X	368
Frédéric Simonin - 17e	XX	369
Gaya Rive Gauche par Pierre Gagnaire - 7e	X	170
La Grande Cascade - 16e	XXXX	337
Hélène Darroze - 6e	XXX	139
Hiramatsu - 16e	XXXX	338
Il Vino d'Enrico Bernardo - 7e	XX	171
Jean - 9e	XX	236
Le Jules Verne - 7e	XXX	173
Kei - 1er **N**	XXX	61
Laurent - 8e	XXXXX	210
Le Divellec - 7e	XXX	175
Le Lumière - 9e **N**	XX	237
Paris - 6e	XXX	142
Le Pergolèse - 16e	XXX	343
Pur' - 2e	XXX	86
Le Quinzième - Cyril Lignac - 15e **N**	XXX	320
Relais d'Auteuil - 16e	XXX	346
Le Restaurant - 6e	XX	145
Shang Palace - 16e **N**	XXX	347
Sola - 5e **N**	X	123
Stella Maris - 8e	XXX	221
La Table du Lancaster - 8e	XXX	224
Les Tablettes de Jean-Louis Nomicos - 16e **N**	XXX	350
La Tour d'Argent - 5e	XXXXX	124
35° Ouest - 7e	X	180
Le 39V - 8e **N**	XX	226
La Truffière - 5e **N**	XX	125
Vin sur Vin - 7e	XX	182
Le Violon d'Ingres - 7e	XX	183
Yam'Tcha - 1er	X	70
Ze Kitchen Galerie - 6e	X	150

Bib Gourmand

Repas soignés à prix modérés (menus jusqu'à 35 €).

▶ **N**... comme "nouveau", pour repérer les établissements bénéficiant d'une nouvelle distinction.

15e arrondissement

16e arrondissement

17e arrondissement

19e arrondissement

20e arrondissement

Menus à moins de 30 €

Restaurants par type de cuisine

Au goût du jour

Basque

Bistrot

Brasserie

Chinoise

Chinoise et thaïlandaise

Classique

Coréenne

Corse

Créative

Danoise

Espagnole

Flamande

Fusion

Grecque

Indienne

Indo-pakistanaise

Italienne

Russe

Seychelloise

Soufflés

Sud-Ouest

Terroir

Thaïlandaise

Tibétaine

Traditionnelle

Turque

Viandes

Vietnamienne

Le plat que vous recherchez

Andouillette

Boudin

Bouillabaisse

Cassoulet

Choucroute

Confit

Coq au vin

Escargots

Fromages

Grillade

Soufflés

Tête de veau

Tripes

Tables en terrasse

Restaurants avec salons particuliers

1er arrondissement

2e arrondissement

3e arrondissement

4e arrondissement

5e arrondissement

6e arrondissement

7e arrondissement

8e arrondissement

9e arrondissement

11e arrondissement

12e arrondissement

13e arrondissement

14e arrondissement

15e arrondissement

16e arrondissement

17e arrondissement

18e arrondissement

19e arrondissement

Restaurants ouverts samedi et dimanche

Restaurants ouverts en août

8e arrondissement

9e arrondissement

10e arrondissement

11e arrondissement

12e arrondissement

13e arrondissement

14e arrondissement

15e arrondissement

16e arrondissement

Restaurants ouverts tard le soir

Heure de la dernière commande entre parenthèses.

8e arrondissement

9e arrondissement

10e arrondissement

12e arrondissement

13e arrondissement

14e arrondissement

15e arrondissement

16e arrondissement

17e arrondissement

18e arrondissement

20e arrondissement

1er Palais-Royal · Louvre · Tuileries · Les Halles

H. Hughes / Hemis.fr

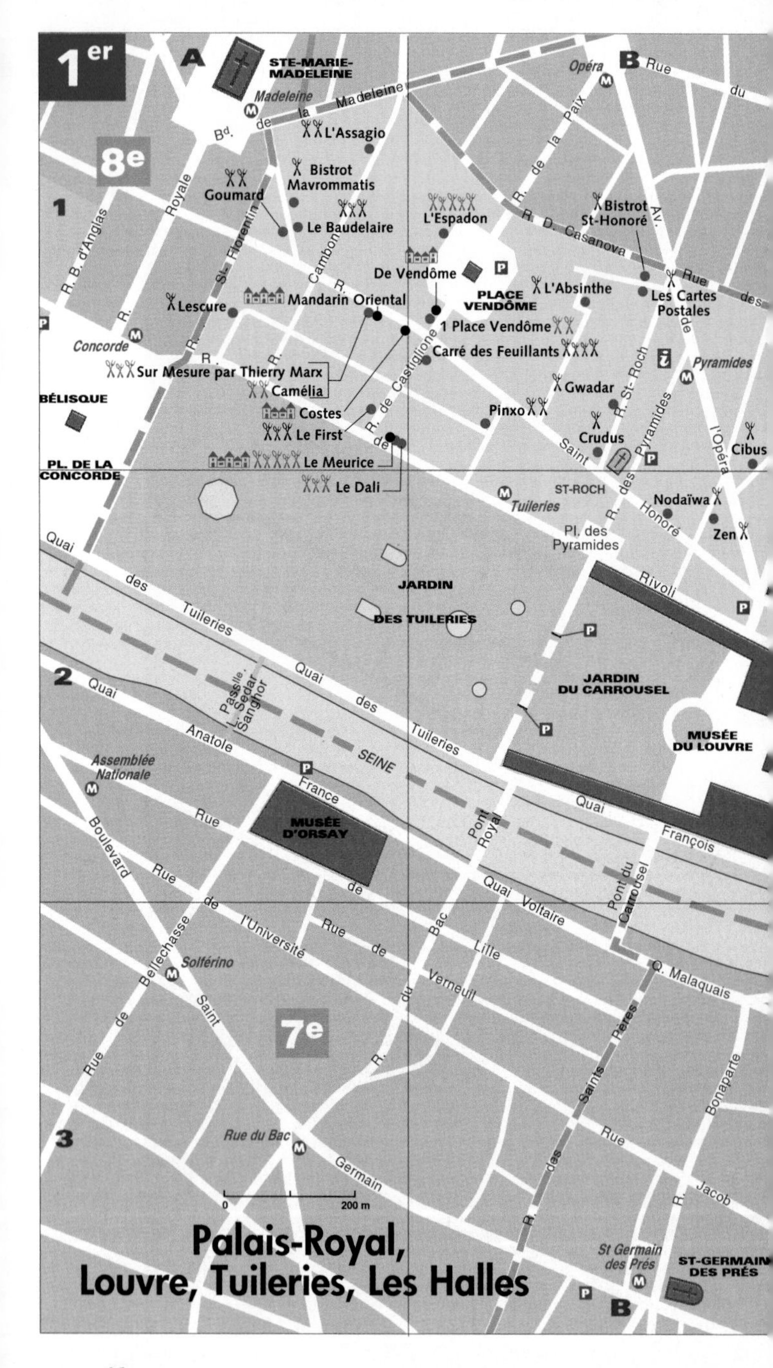
1er
A
B
1
2
3
8e
7e
STE-MARIE-MADELEINE
Madeleine
Opéra
Bd. de la Madeleine
Rue du
L'Assagio
Bistrot Mavrommatis
Goumard
Le Baudelaire
L'Espadon
Bistrot St-Honoré
R. de la Paix
R. D. Casanova
Royale
R. B. d'Anglas
St-Florentin
Cambon
De Vendôme
PLACE VENDÔME
L'Absinthe
Rue des
Les Cartes Postales
Lescure
Mandarin Oriental
1 Place Vendôme
Carré des Feuillants
Concorde
Sur Mesure par Thierry Marx
Caméléa
R. de Castiglione
R. St-Roch
Pyramides
Av. de l'Opéra
Gwadar
BÉLISQUE
Costes
Pinxo
Le First
Crudus
R. des Pyramides
Cibus
Le Meurice
Le Dali
PL. DE LA CONCORDE
Saint Honoré
ST-ROCH
Tuileries
Nodaïwa
Zen
Pl. des Pyramides
Rivoli
Quai des Tuileries
JARDIN DES TUILERIES
JARDIN DU CARROUSEL
Passerelle L. Sedar Senghor
Quai des Tuileries
Quai Anatole France
SEINE
MUSÉE DU LOUVRE
Assemblée Nationale
Pont Royal
Quai François
MUSÉE D'ORSAY
Rue de Lille
Boulevard Saint
Rue de l'Université
Quai Voltaire
Pont du Carrousel
Rue de Verneuil
R. du Bac
Q. Malaquais
Solférino
Rue de Bellechasse
R. des Saints Pères
Bonaparte
Rue Jacob
Rue du Bac
Germain
0
200 m
Palais-Royal,
Louvre, Tuileries, Les Halles
St Germain des Prés
ST-GERMAIN DES PRÉS

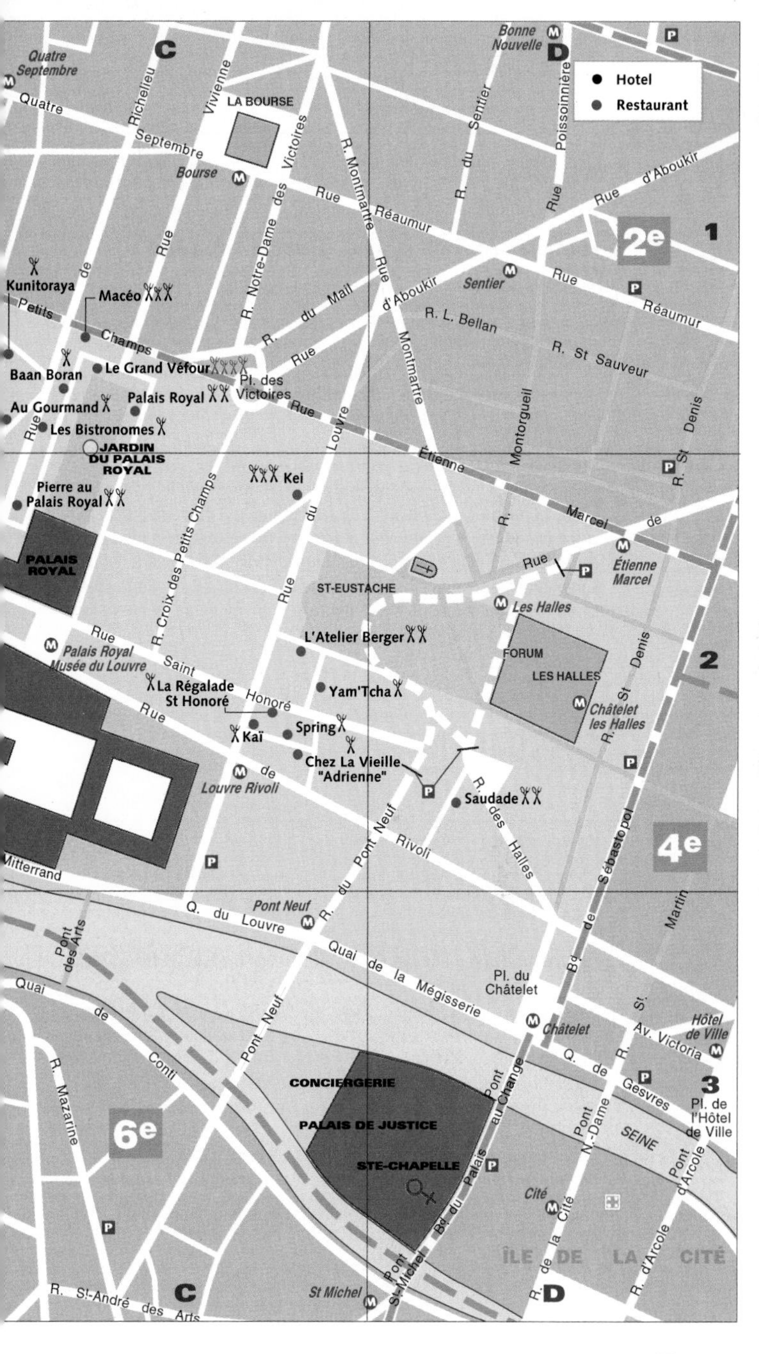

Hotel
Restaurant
C
D
1
2
3
2e
4e
6e
LA BOURSE
Bourse
Bonne Nouvelle
Quatre Septembre
Sentier
Kunitoraya
Macéo
Baan Boran
Le Grand Véfour
Palais Royal
Au Gourmand
Les Bistronomes
JARDIN DU PALAIS ROYAL
Pierre au Palais Royal
Kei
PALAIS ROYAL
Pl. des Victoires
ST-EUSTACHE
L'Atelier Berger
Yam'Tcha
La Régalade St Honoré
Kaï
Spring
Chez La Vieille "Adrienne"
Saudade
FORUM LES HALLES
Les Halles
Étienne Marcel
Châtelet les Halles
Palais Royal Musée du Louvre
Louvre Rivoli
Pont Neuf
Pl. du Châtelet
Châtelet
Hôtel de Ville
Pl. de l'Hôtel de Ville
CONCIERGERIE
PALAIS DE JUSTICE
STE-CHAPELLE
SEINE
Cité
ÎLE DE LA CITÉ
St Michel

L'Absinthe

B1 — Bistrot

24 pl. Marché-St-Honoré ✉ 75001
✆ 01 49 26 90 04
www.restaurantabsinthe.com

Ⓜ Pyramides
Fermé 23 décembre-3 janvier, samedi midi et dimanche

Formule 32 € – Menu 40 € – Carte environ 48 €

Non, vous n'avez pas été happé par les vapeurs de la "fée verte"... Dans ce néobistrot, vous êtes bien au 19e s. ! Carrelage et plancher anciens, comptoir en zinc, murs en brique, horloge monumentale et vieilles portes vitrées récupérées dans une gare : entre grande époque des chemins de fer et souvenir d'une certaine bohème, ce décor fleure bon le temps passé. Sur la place du Marché-St-Honoré, la grande terrasse semble avoir échappé au sacre de l'automobile, ce qui est bien agréable... Quant à l'assiette, elle offre de fort jolies réminiscences bistrotières, à travers des plats de saison, frais et légers (raviolis et crème de langoustine, dorade à la plancha sauce vierge, petits pots de crème au chocolat...). Une adresse de la constellation Michel Rostang.

L'Assaggio

A1 — Italienne

HÔTEL CASTILLE PARIS,
37 r. Cambon ✉ 75001
✆ 01 44 58 45 67
www.castille.com

Ⓜ Madeleine
Fermé août, 24-30 décembre, samedi et dimanche

Formule 38 € – Menu 45 € (déjeuner) – Carte 60/200 €

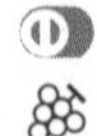

L'Assaggio, ou la "dégustation" en italien. Grand ouvert sur un patio peint de fresques et orné d'une fontaine, le cadre évoque la villa d'Este. Un lieu très "dolce vita", où l'on a tôt fait de s'imaginer en vacances romaines, évidemment rythmées par de somptueuses agapes avec les mirifiques icônes fifties de CineCittà... Mais revenons sur terre ! Le chef concocte une cuisine élégante et honore les produits de la Botte, sans trompe-l'œil... Antipasti, pasta, risottos aux petits légumes ou aux fruits de mer : les assiettes sont savoureuses et s'accompagnent de jolis vins transalpins. Un Assaggio pas si sage et résolument gourmand !

L'Atelier Berger

C2

Au goût du jour XX

49 r. Berger ✉ 75001
✆ 01 40 28 00 00

Ⓜ Louvre Rivoli
Fermé samedi midi et dimanche

Menu 35/69 € – Carte 35/58 €

VISA MC AE

Trois lieux en un ! L'Atelier Berger multiplie les espaces et les ambiances pour diversifier les instants gourmands. Parcours fléché. D'abord le bar, extrêmement cosy, où l'on grignote sur le pouce charcuteries, fromages et plats de bistrot. Puis le salon façon club anglais, où l'on savoure en toute tranquillité des alcools de choix, parmi une cave étoffée. Enfin, à l'étage, le restaurant, contemporain et chaleureux, où s'exprime le savoir-faire du chef franco-norvégien Jean Christiansen, passé par de grandes maisons. Le rouget, juste poêlé, s'accompagne d'aubergines gorgées de soleil, tandis que la salade de fraises flirte avec une réduction de vinaigre balsamique : une cuisine fraîche, bien sentie et en prise avec son époque !

Au Gourmand

C1

Traditionnelle X

17 r. Molière ✉ 75001
✆ 01 42 96 22 19
www.augourmand.fr

Ⓜ Pyramides
Fermé lundi midi, samedi midi, dimanche et feriés

Menu 30/35 € – Carte 55/68 €

A/C VISA MC

L'œuvre de deux gourmands : Christophe Courgeau et Hervé de Libouton, associés de longue date. La gastronomie est ici une affaire sérieuse… mais sûrement pas ennuyeuse : écrevisses aux champignons de couche et des bois, lapin compoté, cresson et jus des têtes ; omble chevalier en fine panure au pralin, potiron au four et mousseline noix-potiron, jus de volaille ; pêche de vigne pochée, biscuit à l'huile d'olive et crémeux au basilic, etc. À l'instar du décor coloré et baroque, l'assiette ne manque ni de panache ni d'originalité ! Les produits sont sélectionnés avec soin (ainsi les légumes du maraîcher star, Joël Thiébault), la carte des vins étoffée. Ajoutez un service très professionnel et vous avez… la recette de la gourmandise.

Baan Boran

C1 — Thaïlandaise

43 r. Montpensier ✉ 75001
☎ 01 40 15 90 45
www.baan-boran.com

Ⓜ Palais Royal
Fermé samedi midi et dimanche

Menu 15 € (déjeuner)/39 € – Carte 30/45 €

A/C VISA MC AE

Entre tableaux naïfs et orchidées, le Baan Boran affiche un cadre exotique contemporain jaune et rouge, ni surchargé ni mode. Destination : la Thaïlande. En cuisine, deux femmes, du centre et du nord du pays, s'affairent autour des woks. Perpétuant un savoir-faire ancestral, elles réalisent des plats plus ou moins épicés (selon vos goûts), légers ou végétariens. Soupe "tom yam khung" (crevettes à la citronnelle), poulet sauté à l'huile de sésame et basilic, curry de bœuf au lait de coco, riz gluant, soupe de mangue... D'alléchants fumets envahissent la salle. Enfin, les plats arrivent sur les sets de bambou, servis par un personnel charmant et en costume traditionnel. Le voyage peut vraiment commencer...

Les Bistronomes

C1 — Au goût du jour

34 r. de Richelieu ✉ 75001
☎ 01 42 60 59 66
www.lesbistronomes.fr

Ⓜ Palais Royal
Fermé 3 semaines en août, 1 semaine vacances de Noël, samedi midi, dimanche et lundi

Formule 26 € – Menu 35 € (déjeuner) – Carte 46/66 €

VISA MC

Qu'est-ce qu'un bistronome ? Probablement quelqu'un qui vous indiquerait cette adresse discrète située juste en face de la fontaine Molière, à deux pas du Palais-Royal. Le décor – parquet et tables en bois sombre, murs en camaïeu de beige – joue la sobriété. Il faut dire que l'on vient avant tout pour la qualité des mets imaginés par Cyril Aveline, un chef qui s'est frotté aux plus grands. Ouvert en janvier 2011, l'établissement a su imposer son style, à mi-chemin entre cuisine bourgeoise, recettes tendance et spécialités de bistrot. Pannacotta de chou-fleur aux coquillages et à l'huile de curry, sole de petit bateau soufflée aux cèpes et sa crème d'arêtes, poire pochée à la syrah glace verveine... Carte et menus changent souvent, pour le plus grand plaisir des gourmands, bistronomes ou pas.

Le Baudelaire ✿

Au goût du jour XXX

A1

HÔTEL LE BURGUNDY,
6-8 r. Duphot ✉ 75001
✆ 01 42 60 34 12
www.leburgundy.com

Ⓜ Madeleine
Fermé dimanche

Formule 42 € – Menu 55 € (déjeuner en semaine)/145 € – Carte 70/130 €

A/C · VISA · MC · AE

Le Burgundy

Ici, nulle raison d'être envahi par le spleen baudelairien : on se sent si bien dans ce restaurant raffiné, niché au cœur d'un jeune palace arty et feutré (né en 2010) célébrant le nouveau chic parisien... Reflets du dehors – un beau jardin d'hiver où il fait bon lire *Les Fleurs du mal* devant un thé – sur les tables en laque noire, confort douillet de fauteuils camel ou chocolat, grandes verrières, murs immaculés : un havre de paix dédié à la grande tradition culinaire française... Le chef, Pierre Daret, a auparavant œuvré au service de belles tables (La Pinède à Saint-Tropez, Jean-Pierre Jacob à Courchevel, Le Grand Véfour dans le 1er arrondissement) – entre autres. Il y a fortifié son sens du produit, aujourd'hui magnifié par des associations de saveurs et de textures judicieuses, des cuissons parfaitement maîtrisées. Au dessert, on se régale de somptueuses gourmandises en se remémorant cette si jolie phrase du poète : "La terre est un gâteau plein de douceur." Quand la gastronomie tutoie la poésie...

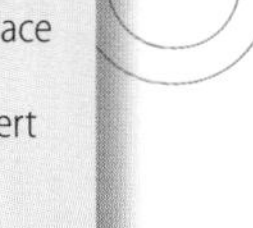

Entrées

- Crabe et tomate ancienne, nectarine et basilic thaï (mai à sept.).
- Gaspacho de fruits et légumes de Provence.

Plats

- Calamars à la plancha, millefeuille de légumes, ail confit et panisse dorée.
- Noix de ris de veau laqué "miel soja".

Desserts

- Feuilles de chocolat mi-amer, mousse stracciatella et glace vanille.
- Fraise et citron vert en émulsion.

Bistrot Mavrommatis

Grecque

A1

18 r. Duphot (1er étage) 75001 — Ⓜ Madeleine
01 42 97 53 04 — Fermé août, samedi, dimanche et fériés – Déjeuner seulement
www.mavrommatis.com

Formule 20 € – Menu 28 € – Carte 30/40 €

A/C VISA MC AE

Tout près de la Madeleine, ce restaurant est placé sous un heureux patronage : l'église ressuscite l'auguste profil d'un temple grec, tandis qu'il exalte les reliefs de la cuisine hellénique ! Il faut traverser l'épicerie du rez-de-chaussée – laquelle met en appétit – pour rejoindre les deux salles à manger au 1er étage. On découvre alors une petite taverne grecque, fraîche et plaisante, ornée de nombreuses photos évoquant le pays des Dieux, ses vignes et ses oliviers, sa mer si bleue, ses ports si blancs... Les routes du Péloponnèse et des Cyclades se croisent dans l'assiette : moussaka, tzatziki (yaourt au concombre), dolmadès (feuilles de vigne farcies), keftédès (boulettes) d'agneau à la menthe, mahalepi (crème de lait à la fleur d'oranger)... Tout cela avec simplicité et à bon compte.

Bistrot St-Honoré

Bistrot

B1

10 r. Gomboust 75001 — Ⓜ Pyramides
01 42 61 77 78 — Fermé 24 décembre-2 janvier et dimanche

Formule 31 € – Carte 54/75 €

VISA MC AE

Cuisses de grenouilles fraîches, escargots, œufs en meurette ou veau sauce vigneronne en cocotte... Les grandes spécialités de la Bourgogne vous attendent à côté de la place du Marché-St-Honoré. Roboratives et authentiques, elles partagent l'affiche avec l'ardoise de suggestions du jour. Côté cave, la soigneuse sélection rend un bel hommage aux vignobles de la région. Ambiance conviviale et gouailleuse, jambons et rosettes pendus au plafond, décor à l'ancienne avec tout le charme du vieux Paris (comptoir en zinc, chaises et tables en bois) font de ce bistrot un endroit très attachant. Pour l'anecdote, Frédéric Dard y avait ses habitudes et restitua dans plusieurs romans l'esprit bon vivant du lieu.

Camélia

A1 — Au goût du jour XX

HÔTEL MANDARIN ORIENTAL,
251 r. St-Honoré ✉ 75001
✆ 01 70 98 74 00
www.mandarinoriental.com/paris/

Ⓜ Concorde

Formule 45 € – Carte 62/105 €

Faire simple, se concentrer sur la saveur de très beaux produits, s'inspirer des classiques de la gastronomie française et les rehausser d'une touche d'Asie : telle était la volonté de Thierry Marx, chef du très raffiné Sur Mesure au sein de l'hôtel Mandarin Oriental, mais également directeur des cuisines de ce beau Camélia. Dans ce lieu tout en fluidité, apaisant, zen et très élégant, on se régalera par exemple d'un pigeon rôti aux dattes accompagné de foie gras poêlé et d'une crème d'aubergine au sésame, ou encore d'une canette au fenouil caramélisé et de sa poire laquée au jus de cassis de Bourgogne. L'exécution est soignée, précise et même millimétrée ; le service efficace, comme le prouve la percutante formule "45 minutes / 45 euros". Pourquoi faire compliqué quand on peut... faire simple ?

A/C VISA MC AE

Les Cartes Postales

B1 — Au goût du jour X

7 r. Gomboust ✉ 75001
✆ 01 42 61 02 93

Ⓜ Pyramides
Fermé 2 semaines en août, 25 décembre-2 janvier, lundi soir, samedi midi et dimanche

Formule 25 € – Menu 70 € (dîner) – Carte 45/75 €

Les cartes postales sont bien là : elles couvrent tout un mur et représentent des tableaux d'art moderne, mais c'est bien la seule coquetterie du décor, qui reste fort simple. On le sait, dans le cas de cartes postales, l'enveloppe ne compte pas ! On se focalisera donc sur l'adresse du chef, Yoshimasa Watanabe, arrivé du Japon il y a une trentaine d'années et formé auprès d'Alain Dutournier (Carré des Feuillants). Amateur de produits frais, il écrit un message savoureux, dans un parfait français relevé de quelques idéogrammes nippons : galette de crabe à la vinaigrette de pamplemousse, brochette de ris de veau caramélisés sauce aux truffes, croustillant de marron glacé... La formule déjeuner offre un bon rapport qualité-prix et, à la carte, on peut opter pour des demi-portions et redoubler ainsi son plaisir.

A/C VISA MC AE

Carré des Feuillants ✿✿

B1

Au goût du jour

14 r. de Castiglione ✉ 75001 — Ⓜ Tuileries
☎ 01 42 86 82 82 — Fermé août, samedi midi et dimanche
www.carredesfeuillants.fr

Menu 78 € (déjeuner), 200/225 € – Carte 150/175 €

A/C — VISA — MC — AE

Carré des Feuillants

Il est rare qu'un restaurant marie si parfaitement ambiance et style culinaire. Indéniablement, le Carré des Feuillants réussit cette osmose, avec une grande subtilité. Point d'exubérance ou d'élans démonstratifs, tout dans la mesure et la maîtrise : c'est la première impression qui se dégage de cet ancien couvent (bâti sous Henri IV). Conçu par l'artiste plasticien Alberto Bali, ami d'Alain Dutournier – pour qui il a également signé le décor du Pinxo –, le décor n'est que lignes épurées, presque minimalistes, et matériaux naturels d'une élégance très contemporaine.
Un cadre baigné de sérénité, pour un service impeccable et une cuisine à la hauteur. Marquée par la générosité et les racines landaises du chef, elle fait preuve de caractère et d'inventivité. Composées à la manière d'un triptyque – "le basique, son complice végétal et le révélateur" –, les assiettes ont l'art de valoriser l'authenticité du produit tout en sublimant le "futile". Quant à la cave, elle recèle de vrais trésors.

Entrées

- Écrevisses en infusion, huîtres spéciales d'Arcachon en ravioles de chair de pétoncle
- Bouillon mousseux de châtaignes, truffe d'Alba râpée

Plats

- Tronçon de turbot sauvage, caviar ébène, riz noir et semoule de brocoli
- Lièvre en "royale", râble servi rosé en médiéval "saupiquet"

Desserts

- Pêche blanche, amandes fraîches et miel de callune (été)
- Perles de mangoustan, marrons glacés "mont-blanc" (hiver)

Chez La Vieille "Adrienne"

C2 — Traditionnelle

1 r. Bailleul 75001 — Louvre Rivoli
01 42 60 15 78 — Fermé samedi midi et dimanche – Réserver

Formule 28 € – Menu 38/60 €

Repris en novembre 2009 par Christian Millet (chef et propriétaire du Pouilly Reuilly au Pré-St-Gervais), ce bistrot patiné a conservé ce bel esprit rétro dont les amoureux du Paris d'antan sont si friands. Autrefois tenue par une certaine... Adrienne (des photos d'elle en noir et blanc parsèment les murs de la minuscule salle), cette demeure du 16e s. a le sens de l'hospitalité et de la convivialité ! La cuisine, sans chichi et à la mode de nos grands-mères, s'est un peu allégée avec les années, mais les fondamentaux ont toujours la cote : foie de veau, rognons, bœuf aux carottes, pot-au-feu, blanquette de veau à l'ancienne, baba ou crème caramel. Le cadre, lui, est immuable : rideaux de dentelle, tables au coude-à-coude et grand comptoir garni de hors-d'œuvre...

Cibus

B1 — Italienne 

5 r. Molière 75001 — Palais Royal
01 42 61 50 19 — Fermé 3 semaines en août, lundi midi, samedi midi et dimanche – Nombre de couverts limité, réserver

Formule 30 € – Menu 38 € (déjeuner) – Carte 52/65 €

Cibus, cibi : mot latin signifiant "aliment", "nourriture" ; ainsi disait (peut-être) Néron : *Plurimi cibi sum*, "je suis un gros mangeur". Allez sans tarder réviser vos déclinaisons dans ce restaurant italien justement placé sous les auspices de ses ancêtres les Romains : ce sont deux millénaires d'art et d'exigence qui ont forgé la cuisine transalpine ! Nul besoin d'une rhétorique à la Cicéron pour le comprendre, il suffit de se mettre à table : artichauts et palourdes à la menthe, linguine à la truffe, raviolis végétariens, thon farci aux légumes, tiramisu... Saveurs intenses et conjugaisons éternelles : le chef vise juste, avec pas mal de produits bio. L'accueil est convivial et la salle, toute simple, ne compte que vingt couverts. Comme l'ordonnait (sans doute) Caligula : *Reservate !*

Crudus

B1 — Italienne

21 r. St-Roch ✉ 75001
☎ 01 42 60 90 29
web cibus@wanadoo.fr

Ⓜ Pyramides
Fermé 1 semaine en mai, 3 semaines en août, 1 semaine en décembre, samedi midi et dimanche – Nombre de couverts limité, réserver

Formule 25 € – Menu 30 € (déjeuner) – Carte 45/65 €

VISA MC AE

Une recette toute simple, mais aboutie : ce petit restaurant italien cuisine essentiellement des produits issus de l'agriculture biologique. À la carte ou sur l'ardoise du jour, rien que des saveurs pétillantes et bien relevées, qui donnent envie de deviser sur les bienfaits de la nature : poêlée de calamars et de courgette, salade de poulpe, risotto au safran et légumes à la truffe, linguine aux palourdes, tagliatelles au ragoût de bœuf, tiramisu, mousse de ricotta et coulis de framboises… Le décor aussi joue la carte des fondamentaux : murs immaculés, vieux parquet, chaises de bistrot, tables en plexiglas (made in Italy), petit buffet rétro – et, sur un panneau, une imposante masse noire qui représenterait une truffe. Une adresse assez discrète, presque pour initiés.

Le Dali

A1 — Créative 

HÔTEL LE MEURICE,
228 r. Rivoli ✉ 75001
☎ 01 44 58 10 44
www.lemeurice.com

Ⓜ Tuileries

Carte 50/140 €

A/C VISA

Le "deuxième" restaurant du Meurice, dirigé lui aussi par Yannick Alléno, a tout de la cantine chic ; les "beautiful people" aiment à se montrer dans ces lieux chargés d'histoire, tout en pilastres et fenêtres miroirs. Au plafond, une fresque spectaculaire, signée Ara Starck, rend hommage au génie de Salvador Dalí. Çà et là, d'autres détails – lampe à tiroirs, chaise aux pieds en forme d'escarpins – rappellent la créativité iconoclaste du maître de la peinture surréaliste espagnole. La carte joue avec les modes et les adjectifs en proposant des recettes "100 %" (plaisir, terroir, végétarien, chocolat, etc.) ou "sans" (lipide, complexe, retenue, scrupule, etc.). Une adresse on ne peut plus tendance.

L'Espadon ✿✿

Classique XXXXX

B1

HÔTEL RITZ, Opéra
15 pl. Vendôme
(fermeture pour travaux prévue à partir de juillet) 75001
01 43 16 30 80 – www.ritzparis.com

Menu 80 € (déjeuner en semaine), 115/350 € – Carte 160/275 €

L'Espadon

"La bonne cuisine est la base du véritable bonheur." Ces mots d'Auguste Escoffier en disent long sur la place réservée ici à la gastronomie. De fait, le premier chef des cuisines du Ritz et complice de César Ritz – le fondateur du palace en 1898 – y a érigé la cuisine en symbole de l'art de vivre à la française.

Une devise suivie par Charles Ritz, fils de César et passionné de pêche (d'où l'enseigne), et par Michel Roth au piano, qui règne sur les cuisines depuis près de vingt ans (hormis un intermède chez Lasserre). Entouré d'une solide équipe, il s'exprime à travers un répertoire inventif, équilibré, mariant modernité et tradition, tout en finesse. On apprécie aussi la superbe cave dotée de crus mythiques.

Même souci de perfection dans le service et le cadre somptueux. Un décor où l'élégance classique le dispute au foisonnement de détails baroques : dorures, velours, superbes compositions florales, ciel en trompe l'œil... Sans oublier le jardin, un havre de paix inattendu.

Attention, fermeture au cours de l'été 2012 pour plusieurs mois de travaux.

Entrées

- Langoustines nacrées, émincé de pêche et coulis à l'émulsion d'amandes
- Tartare d'anguille fumée, caviar impérial, petits pois, betterave et raifort

Plats

- Sole étuvée aux coquillages et jeunes poireaux confits, émulsion acidulée
- Agneau aux piquillos, pommes fondantes, condiment abricot-estragon

Desserts

- Millefeuille "Tradition Ritz"
- Soufflé au chocolat

Le First

A1 **Traditionnelle** XXX

HÔTEL THE WESTIN PARIS, Ⓜ Tuileries
3 r. Castiglione ✉ 75001
✆ 01 44 77 10 40
www.thewestinparis.fr

Formule 29 € – Menu 35 € (semaine), 59/90 € – Carte 50/75 €

Une douce lumière baigne le jardin des Tuileries… Après une visite au musée de l'Orangerie, il est légitime de vouloir cultiver encore ce sentiment de quiétude. Au sein de l'hôtel Westin, le First se donne des allures de boudoir – éclairages tamisés, banquettes de velours sombre –, griffé Jacques Garcia. Aux beaux jours, la terrasse, très prisée, investit la cour de l'hôtel et c'est dans ce cadre verdoyant que l'on s'installe pour dîner au calme. La carte, conçue par Gilles Grasteau, mise sur les produits, sans ostentation, pour une cuisine française revisitée par des notes méditerranéennes. Les menus, quant à eux, proposent des variations autour du miel, du thé, du champagne. Enfin, le dimanche, le brunch "b3" impose sa formule : brunch, buffet, bien-être !

A/C VISA AE

Goumard

A1 **Produits de la mer** XX

9 r. Duphot ✉ 75001 Ⓜ Madeleine
✆ 01 42 60 36 07
www.goumard.com

Formule 34 € – Menu 44/64 € – Carte 57/86 €

Une institution marine fondée en 1872. Les produits de la mer, de première fraîcheur, y tiennent le haut du pavé, mais on peut aussi se délecter de très bonnes viandes et de préparations en "cocotte". Salade d'encornets tout en finesse, pavé de lieu noir et son riz pilaf : une belle cuisine du moment et une certaine idée du grand large, dans une atmosphère feutrée et très actuelle (sculptures, lumières tamisées, musique lounge). À toute heure, les amateurs de saveurs iodées se donnent rendez-vous au bar du rez-de-chaussée, autour d'un plateau d'huîtres et de coquillages. Seul vestige de l'esprit Art nouveau, les toilettes classées sont à voir absolument ! Service décontracté. Ouvert de midi à minuit.

A/C VISA AE

Le Grand Véfour ✿✿

Créative XXXX

C1

17 r. Beaujolais ✉ 75001
✆ 01 42 96 56 27
www.grand-vefour.com

Ⓜ Palais Royal
Fermé 30 juillet-28 août, 24 décembre-1er janvier, samedi et dimanche

Menu 96 € (déjeuner)/282 € – Carte 197/272 €

VISA

Le Grand Véfour

Lamartine, Hugo, Bonaparte et Joséphine, Mac-Mahon, Sartre… Depuis plus de deux siècles, l'ancien Café de Chartres est un vrai bottin mondain ! Repaire des rendez-vous galants, des révolutionnaires et des intellectuels, le plus vieux restaurant de Paris (1784-1785) connut, d'un propriétaire à l'autre, grandeur et décadence. Incendie, attentat, fermeture… Il entre dans la légende en 1820 avec Jean Véfour, qui lui donne son nom. Deux guerres plus tard, en 1948, Raymond Oliver lui rend son éclat en lui apportant ses premières étoiles, que Guy Martin entretiendra à sa suite. Voilà pour l'histoire, tracée à grands traits.

Reste le lieu, unique en son genre, restauré comme à l'origine et classé monument historique. Ouvertes sur le jardin par des arcades, deux magnifiques salles Directoire : miroirs, lustres en cristal, dorures, toiles peintes fixées sous verre inspirées de l'Antiquité. Quant à la cuisine, influencée par les voyages et la peinture – couleurs, formes, textures, le chef atypique "croque" ses plats comme un artiste –, c'est un juste équilibre entre tradition et modernité.

Entrées

- Ravioles de foie gras, crème foisonnée truffée
- Langoustines juste saisies, aubergines cuites doucement au pamplemousse, notes herbacées de basilic

Plats

- Pigeon Prince Rainier III
- Parmentier de queue de boeuf aux truffes

Desserts

- Palet noisette et chocolat au lait, glace au caramel et prise de sel de Guérande
- Crème brûlée aux artichauts, légumes confits, sorbet aux amandes amères

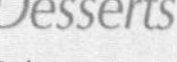

Gwadar

B1 — Indo-pakistanaise

39 r. St-Roch ✉ 75001
✆ 01 42 96 28 24
www.restaurantgwadar.com

Ⓜ Pyramides
Fermé dimanche

Formule 15 € – Menu 20/25 € – Carte environ 30 €

Gwadar-Paris ? Pour rejoindre cette ville portuaire du sud-ouest du Pakistan, deux options s'offrent à vous : plusieurs heures d'avion... ou bien un voyage express via de belles saveurs épicées, très évocatrices du pays. Un parfait ticket donc, que ce charmant restaurant tout à la fois cosy et douillet... Du velours, des banquettes, des tons chauds et le doux parfum de bons petits plats indo-pakistanais : le nan, ce petit "pain" incontournable, se montre bien moelleux, les pakora (beignets) d'aubergine révèlent de doux parfums et la caille tandoori est relevée juste comme il faut... Une cuisine fort bien tournée. Quant à l'accueil, il est charmant. Ladies and gentlemen, embarquez dès maintenant sur Gwadar Airlines !

Kaï

C2 — Japonaise

18 r. du Louvre ✉ 75001
✆ 01 40 15 01 99

Ⓜ Louvre Rivoli
Fermé 1 semaine en avril, 3 semaines en août, 1 semaine à Noël et dimanche

Formule 25 € – Carte 55/70 €

Avec le courant furieusement tendance de la gastronomie nippone – saine, différente, exotique – les tables japonaises ont fleuri dans la capitale. Kaï en est une particulièrement réjouissante et authentique, qui séduira celles et ceux qui sont soucieux de leur ligne comme enclins aux écarts gourmands. Dans un cadre minimaliste, paré de bois, de bambous vernis et de tableaux, on déguste le meilleur des spécialités traditionnelles. Les sushis fondent en bouche, le risotto de homard et rouget à l'ail sert d'interlude avant le "dengaku", délicieuse aubergine grillée au feu de bois à la sauce miso, ou le "tonkatsu", escalopes de porc panées servies avec algues et sauce aigre-douce. Seule exception française au menu, les irrésistibles desserts de Pierre Hermé.

Kei ✿

C2 — Au goût du jour XXX

5 r. du Coq-Héron ✉ 75001
✆ 01 42 33 14 74
www.restaurant-kei.fr

Ⓜ Louvre Rivoli
Fermé 5-26 août, vacances de Noël, dimanche et lundi

Menu 38 € (déjeuner)/95 €

A/C
VISA
MC
AE

Michelin Travel Partner

La gastronomie, Kei Kobayashi est tombé dedans quand il était petit ! Son enfance se passe à Nagano, dans une famille très sensibilisée au sujet : son père est cuisinier dans un restaurant traditionnel kaiseki. Mais sa véritable vocation naît... en regardant la télévision, grâce à un documentaire sur la cuisine française. Il étudie trois ans au Japon avant de partir pour l'Hexagone, afin de parfaire sa formation chez les plus grands. Le voilà désormais chez lui dans cet établissement d'une sobre élégance.

Sa cuisine est bien digne d'un passionné : il y a quelque chose de natif dans ses réalisations. L'influence nippone se fait sentir par petites touches délicates – avec un filet de rouget snacké, une purée d'agrumes, des fleurs, des lamelles de pomme verte... – et préserve les saveurs si présentes de produits de qualité. Certaines associations hautes en couleur surprennent, d'autres ravissent par leur harmonie et leur limpidité ; les jeux sur les textures et les ingrédients font mouche. Inventif et raffiné.

Entrées

- Foie gras, gelée de raisin, amandes fraîches et pomme.
- Bouillon de champignons et quenelle de crevette, ciboulette et gingembre.

Plats

- Filet de rouget au pamplemousse confit.
- Côte de veau saisie, caviar d'aubergine et herbes.

Desserts

- Assiette chocolat, sorbet chocolat au lait.
- Soufflé aux fruits rouges, glace vanille.

Kunitoraya

C1 — Japonaise

5 r. Villedo 75001
01 47 03 07 74
www.kunitoraya.com

Pyramides
Fermé 2 semaines en août, vacances de février, dimanche soir et lundi

Formule 22 € – Menu 50/90 € – Carte 40/80 €

A/C VISA MC

Un mariage Tokyo-Paname très réussi ! Vieux zinc, boiseries, grands miroirs, murs en faïence façon métro et carrelage à l'ancienne : ça c'est Paris, le parfait Paris des brasseries et des soupers 1900. Le chef japonais, séduit par ce décor "so french", a investi la place en avril 2010. Il nous y régale d'une cuisine nippone copieuse et soignée, essentiellement à base d'udon, pâtes maison fabriquées avec une farine de blé directement importée du Japon ! Elles se dégustent chaudes, servies dans un bouillon au parfum de poisson séché et de viande, accompagnées de crevettes en tempura et de grandes feuilles de maki (algue verte séchée) ; froides, on les apprécie notamment avec de l'igname, du soja ou des radis... Le pays du Soleil-Levant flamboie en plein cœur de la Ville Lumière, éternelle et gouailleuse !

Lescure

A1 — Sud-Ouest

7 r. Mondovi 75001
01 42 60 18 91

Concorde
Fermé 1er-29 août, 23 décembre-3 janvier, samedi et dimanche

Menu 25 € – Carte 30/40 €

Planqué derrière l'ambassade des États-Unis, le Lescure fait partie de ces lieux qui se bonifient avec le temps, comme le bon vin. Depuis sa création en 1919, les patrons, Corréziens d'origine, se relaient de père en fils et ont su fidéliser une clientèle d'amis qui se transmettent l'adresse en toute confiance. Il faut dire que l'atmosphère ancienne et "campagnarde" joue beaucoup : tables rustiques – pas plus d'une trentaine de couverts – surplombées par des salaisons et des tresses d'oignon et d'ail. Dans l'assiette, retrouvez les essentiels de la cuisine limousine, copieux et alléchants, ainsi que les traditionnels bœuf bourguignon et poule au pot farcie... Au dessert, craquez pour le fondant aux trois chocolats ! Accueil d'une gentillesse rare.

Macéo

C1 **Au goût du jour** 

15 r. Petits-Champs ✉ 75001 — Ⓜ Bourse
✆ 01 42 97 53 85 — Fermé 30 juillet-22 août, samedi midi, dimanche et fériés
www.maceorestaurant.com

Formule 30 € – Menu 35/48 € – Carte 50/65 €

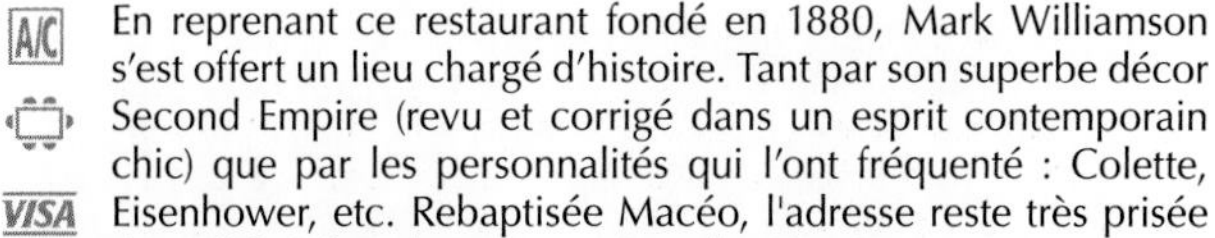

A/C · VISA · MC

En reprenant ce restaurant fondé en 1880, Mark Williamson s'est offert un lieu chargé d'histoire. Tant par son superbe décor Second Empire (revu et corrigé dans un esprit contemporain chic) que par les personnalités qui l'ont fréquenté : Colette, Eisenhower, etc. Rebaptisée Macéo, l'adresse reste très prisée des célébrités et la carte y rejoue les classiques avec une note de subversion : coquilles Saint-Jacques vinaigrette concombre-gingembre et kumquat confit ; macaron clémentine et son sorbet... À noter, un menu asperge (en saison), un "menu vert", 100 % végétarien, et une incomparable cave – la passion du patron, également propriétaire du Willi's Wine Bar – où s'illustrent quelque 250 vins du monde entier.

Nodaïwa

B2 **Japonaise**

272 r. St-Honoré ✉ 75001 — Ⓜ Palais Royal
✆ 01 42 86 03 42 — Fermé 1er-20 août, 30 décembre-10 janvier et dimanche
www.nodaiwa.com

Formule 18 € – Menu 21 € (déjeuner), 29/65 €

A/C · VISA · MC · AE · DC

Je suis la spécialité de ce restaurant. Levée en filets, passée au gril puis cuite à la vapeur, je suis ensuite plongée dans un bain de sauce soja, saké et sucre (auquel s'ajoute le secret du chef...), avant d'être de nouveau grillée et nappée de sauce. On me déguste sur du riz, dans un bol ou une boîte laquée. Les clients me choisissent au poids (à partir de 180 g) et peuvent parfaire mon assaisonnement avec du soja ou du sancho (épice japonaise). On me propose aussi en gelée ou au gingembre. La salle, tout en longueur et minimaliste, me ressemble. Qui suis-je ? L'anguille ! Telle est la championne de cette table nippone, filiale d'une maison bien implantée à Tokyo. La grande majorité de la clientèle est japonaise, ce qui dit tout de la qualité.

Le Meurice ✿✿✿

Créative XXXXX

A1

HÔTEL LE MEURICE,
228 r. de Rivoli ✉ 75001
✆ 01 44 58 10 55
www.lemeurice.com

Ⓜ Tuileries
Fermé 2-18 mars, 14 juillet-27 août, samedi, dimanche et fériés

Menu 105 € (déjeuner), 260/420 € – Carte 165/300 €

A/C · VISA · MC · AE

le Meurice

Yannick Alléno n'a pas attendu le poids des années pour entrer dans la cour des grands. Jeune quadra, il affiche déjà un impressionnant parcours, jalonné de prix et de belles maisons. Avec à la clé le Meurice, un palace qu'il connaît bien pour y avoir été chef de partie en 1992... et pour en diriger aujourd'hui les cuisines, d'une main de maître.

Audace, perfection, ambition : Alléno ne laisse rien au hasard. Son style n'est pas seulement brillant ou académique ; il est aussi créatif. Vouant une véritable passion à la gastronomie parisienne qu'il veut "codifier" et repenser "au goût du siècle", il ajuste sa cuisine au plus près des saisons et des produits, pour un exploit sans cesse renouvelé.

Consciente de l'importance de l'accueil, toute son équipe travaille au diapason, démontrant un savoir-faire irréprochable. Serveurs et plateaux d'argent composent un véritable ballet sous les ors de la salle digne d'un salon versaillais : haut plafond d'angelots peints, lustres en cristal, miroirs anciens, mosaïque de 1907 au sol, vue sur le jardin des Tuileries...

Entrées
- Soupe de légumes au pistou sur une gelée chaude aux pignons de pin (été)
- Civet de tête de cêpes aux petits condiments, sauce meurette (automne)

Plats
- Homard bleu dans une soupe à l'huile d'olive
- Couverture d'entrecôte en aiguillettes au basilic, truffe d'été et parmesan rapés (été)

Desserts
- Cœurs de poires rôties au caramel épicé (automne)
- Biscuit moelleux soufflé au citron jaune, cristalline glacée à la tequila

Palais Royal

C1 Traditionnelle XX

110 Galerie de Valois - Jardin du Palais-Royal ✉ 75001
✆ 01 40 20 00 27
www.restaurantdupalaisroyal.com

Ⓜ Bourse
Fermé dimanche

Carte 55/80 €

Un emplacement de rêve : la résidence du Palais-Royal, ses arcades et son ravissant jardin. L'été, la table y est dressée et la pause gourmande prend des airs de parenthèse enchantée et... ensoleillée ! L'hiver, on profite de la vue, bien au chaud derrière les larges baies vitrées de la salle à manger. Atmosphère tout en intimité : esprit Art déco, miroirs, tableaux, photos de Colette (dont l'appartement se trouvait juste au-dessus), dîner aux chandelles et service à l'avenant... La cuisine, signée Bruno Hees et Patrick Ruh, oscille entre tradition et suggestions de saison : queue de bœuf roulée comme une terrine, Saint-Jacques rôties et riz croustillant au citron vert, pannacotta vanille au caramel salé...

A/C VISA AE

Pierre au Palais Royal

C2 Au goût du jour XX

10 r. Richelieu ✉ 75001
✆ 01 42 96 09 17
www.pierreaupalaisroyal.com

Ⓜ Palais Royal
Fermé 3 semaines en août, samedi midi et dimanche

Formule 33 € – Menu 39/62 €

A/C VISA

À quelques pas de la Comédie-Française, Pierre au Palais Royal est une bien belle institution, totalement en prise avec l'époque : murs anciens transfigurés sous un décor contemporain en noir et blanc, rayures, zébrures, etc. Le tout se veut chic et sobre, mais sans maniérisme. Pour preuve, le jambon de Bigorre posé sur une table de découpe qui annonce la couleur de la cuisine – et son penchant pour le Sud-Ouest –, mais aussi l'accueil très aimable. Le patron, Éric Sertour, se fera une joie de vous conseiller sur les vins et vous détaillera les plats de la carte, cuisinés avec soin : pavé de bar, barigoule de fenouil et artichauts aux citrons confits ; rognons de veau, pommes boulangères et escargots à la crème de persil...

Pinxo

B1 — Créative XX

HÔTEL RENAISSANCE PARIS VENDÔME,
9 r. d'Alger ✉ 75001
☎ 01 40 20 72 00
www.pinxo.fr

Ⓜ Tuileries
Fermé août, samedi midi et dimanche

Menu 29 € (déjeuner) – Carte 45/55 €

A/C VISA MC AE

Dans un décor minimaliste noir et blanc très mode (il n'en fallait pas moins pour la table de l'hôtel Renaissance Paris Vendôme), les cuisines font leur show au centre de la salle, bordées d'un joli bar en granit. Au menu, de succulentes créations façon tapas, salées et sucrées, qu'une clientèle chic s'amuse à "pinxer" (prendre avec les doigts) ou à piocher dans l'assiette du voisin. Il s'agit là du dernier concept d'Alain Dutournier : un nouveau partage gourmand pour appétits "zappeurs" ! Sous l'impulsion de ce Landais féru d'Espagne, l'équipe souriante du Pinxo vous propose chipirons sautés, crabe royal en rouleau végétal, blidas de tiramisu chocolat, coco, pistache... parfaitement présentés en trois portions à mixer selon vos envies.

La Régalade St-Honoré

C2 — Au goût du jour X

123 r. St-Honoré ✉ 75001
☎ 01 42 21 92 40

Ⓜ Louvre Rivoli
Fermé août, 24 décembre-4 janvier, samedi et dimanche

Menu 35 €

VISA MC

Après le succès de la mythique Régalade du 14e arrondissement, Bruno Doucet récidive dans cette version bis située dans le quartier des Halles. Le décor annonce la couleur, minimaliste comme il se doit pour un bistrot chic. La recette est la même, une carte assez courte et des suggestions à l'ardoise, privilégiant le terroir et le marché dans un souci d'authenticité. On se régale donc de la terrine du patron en guise d'amuse-bouche, d'une dorade ultrafraîche saisie à la plancha accompagnée de chipirons grillés et de jus de viande, ou d'une belle pièce de bœuf, sans oublier l'emblématique riz au lait. Le ventre de Paris apprécie !

Saudade

D2 Portugaise XX

34 r. des Bourdonnais ✉ 75001
✆ 01 42 36 03 65
www.restaurantsaudade.com

Ⓜ Pont Neuf
Fermé 15-31 août et dimanche

Menu 23 € (déjeuner en semaine) – Carte 30/52 €

A/C · VISA · MC · AE

Cette Saudade-là n'a rien de mélancolique ! C'est un puissant remède au "mal du pays" sur fond de fado et à grandes gorgées de vieux portos. Depuis trois générations – Fernando Moura a repris le flambeau en 1979 –, cette ambassade portugaise confirme sa réputation d'authenticité et de typicité. En toute modestie : discrète façade et salles sobrement décorées d'azulejos. Gardienne des traditions, Maria De Fatima n'a pas son pareil pour préparer viande de porc aux palourdes, "caldo verde" (soupe au chou) et "arroz doce" (riz au lait à la cannelle). Sans oublier le plat national, la morue, proposée sous toutes ses formes : grillée, poêlée, gratinée, panée, en beignets... Bon à savoir pour les mélomanes : dîner-spectacle le premier mardi du mois.

Spring

C2 Au goût du jour X

6 r. Bailleul ✉ 75001
✆ 01 45 96 05 72
www.springparis.fr

Ⓜ Louvre Rivoli
Fermé août, vacances de février, mardi midi, samedi midi, dimanche et lundi

Menu 42 € (déjeuner)/74 €

VISA · MC

Daniel Rose, originaire de Chicago, est un chef décontracté, épicurien et inspiré... Il a créé un lieu à son image ! Son petit paradis ? Une maison de la fin du 18e s., dans le quartier des Halles... Au rez-de-chaussée, le restaurant, tout en épure. Daniel s'active devant vous, à l'instinct et en toute transparence. Sa cuisine ? Un mélange de saveurs du monde, d'inventivité et de fraîcheur toute printanière, osant les accords viande-poisson, le sucré-salé : la sole rencontre le poulet frit ; les cèpes se parfument à la grenade... Et la cave voûtée ? C'est le royaume des grands crus et des flacons de prestige... à savourer dans une atmosphère tamisée et so frenchy – avec quelques tables disponibles pour les imprudents qui n'auraient pas réservé ! Spring : pour voir la vie en rose... en toute saison.

Sur Mesure par Thierry Marx ✿✿

Créative XXX

A1

HÔTEL MANDARIN ORIENTAL,
251 r. St-Honoré ✉ 75001
✆ 01 70 98 73 00
www.mandarinoriental.com

Ⓜ Concorde
Fermé dimanche et lundi

Menu 75 € (déjeuner en semaine), 145/180 €

Mandarin Oriental

On a tout dit ou presque de Thierry Marx, grand voyageur, alchimiste malicieux, maître d'œuvre plusieurs fois reconnu qui fit les beaux jours du Château Cordeillan-Bages à Pauillac (Gironde). Nouvelle étape dans ce parcours atypique : le voici à Paris, à la tête des cuisines du Mandarin Oriental, palace haute couture né mi-2011, qui lui a imaginé un restaurant sur mesure. Ou plutôt à sa démesure ? Passez le sas d'entrée, vous voilà transporté dans un univers inédit, d'un blanc immaculé et presque monacal, qui n'est pas sans évoquer le décor avant-gardiste d'un film de Stanley Kubrick.

"Ma cuisine tient en deux mots : structure et déstructure", confie Thierry Marx ; c'est bien ce que l'on ressent en découvrant ses menus uniques, succession de plats aux saveurs étonnantes. En orfèvre minutieux, il travaille la matière, joue avec intelligence sur les transparences, les saveurs et les textures. Sans aucun doute, on a bien affaire là à une cuisine de créateur, pleine de caractère et de finesse… Une véritable expérience.

Entrées
- Risotto de soja
- Œuf inversé

Plats
- Volaille de Bresse en deux cuissons, amandes et girolles
- Agneau, olives noires et cœur de tomate

Desserts
- L'ylang-ylang
- Sweet bento

1 Place Vendôme

B1 — Au goût du jour XX

HÔTEL DE VENDÔME,
1 pl. Vendôme 75001
01 55 04 55 00
www.hoteldevendome.com

Opéra
Fermé août

Formule 45 € – Menu 85 € (dîner) – Carte 70/95 €

VISA MC AE

L'adresse a tout d'un appartement parisien intemporel, révélant un esprit "boudoir chic" d'une élégante sobriété... Ou comment se sentir chez soi place Vendôme ! Aux fourneaux, le jeune chef, Nicolas Rucheton, démontre un sens certain du produit, autour d'une cuisine qui colle aux saisons et à l'air du temps. Ainsi, il imagine un velouté de potimarron aux truffes accompagné d'un incontournable foie gras, concocte un plat délicat autour d'une pluma et d'une palette de cochon ibérique, vous régale d'un filet de carrelet cuit sur l'arête et de son risotto de coquillages... En dessert, il serait tout bonnement vain de tenter de résister à la colonne Vendôme chocolatée !

Zen

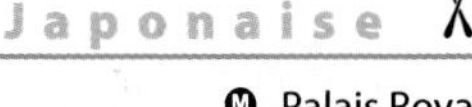

B2

8 r. de L'Échelle 75001
01 42 61 93 99

Palais Royal
Fermé 10-20 août

Carte 20/35 €

A/C VISA MC

Zen semble incarner les deux faces du Japon tel qu'on se l'imagine ici : traditionnel, extrêmement respectueux du passé, et moderne, tourné résolument vers l'avenir. Cette cantine nippone joue en effet sur les deux registres, avec une cuisine authentique et un cadre rafraîchissant et ludique. Sans être radical, mais aux antipodes de la discrétion feutrée habituelle, le décor renouvelle le genre et séduit par sa fluidité épurée, ses lignes courbes, sa bichromie en blanc et vert acidulé. La carte, étoffée, reste fidèle aux fondamentaux (sushis, grillades, tempuras, gyozas). Un mot enfin sur le service, empressé mais souriant, et les prix raisonnables, qui font de cette table l'endroit idéal pour un déjeuner sur le pouce ou un dîner plus zen.

Yam'Tcha ✿

C2 Fusion

4 r. Sauval ✉ 75001
✆ 01 40 26 08 07
www.yamtcha.com

Ⓜ Louvre Rivoli
Fermé mars, avril, août, vacances de Noël, dimanche soir, mardi midi et lundi – Nombre de couverts limité, réserver

Menu 50 € (déjeuner en semaine)/85 €

VISA
MC

Jérôme Berger

Ils sont parfois magiques, les linéaments du grand art, où l'incandescence n'est que... simplicité. Adeline Grattard a reçu un don rare, celui du sens – voire de l'omniscience – du produit. Dans son restaurant ouvert en 2009 et qui ne peut accueillir qu'une vingtaine de chanceux (réservez !), cette jeune chef choisit deux ou trois ingrédients, et ils occupent tout l'espace. Ni démonstration technique ni esbroufe, rien que de subtiles associations, rarement vues et qui paraissent pourtant très naturelles. Formée auprès de Pascal Barbot (trois étoiles à l'Astrance) et restée quelques années à Hong-Kong, elle marie des produits d'une extrême qualité, principalement de France et d'Asie : saisis au wok, le foie gras fusionne avec le champignon coréen et l'amour en cage, le maïs rencontre l'œuf de caille, le bulot s'unit au tofu... Le tout se déguste avec une sélection rare de thés asiatiques, autre source d'accords très convaincants (*yam'tcha*, en chinois, c'est "boire le thé"). Ni carte ni menu : de plats en plats, on se laisse surprendre par le marché et l'inspiration du jour. Limpide.

Entrées

- Saint-Jacques vapeur, nouilles de patate douce, émulsion de shitaké
- Foie gras au bouillon cuit au sel et bulots

Plats

- Poulette de la Sarthe pochée dans un bouillon d'olives chinoises
- Bar façon cantonnaise, riz noir sauté aux encornets et boudin basque

Desserts

- Crème renversée à la courge spaghetti, mousse au thé Lapsang Souchong
- Pavlova, raisin moscatelle et sorbet litchi

H. Hughes / Hemis.fr

Bourse · Sentier

B. Gardel / Hemis.fr

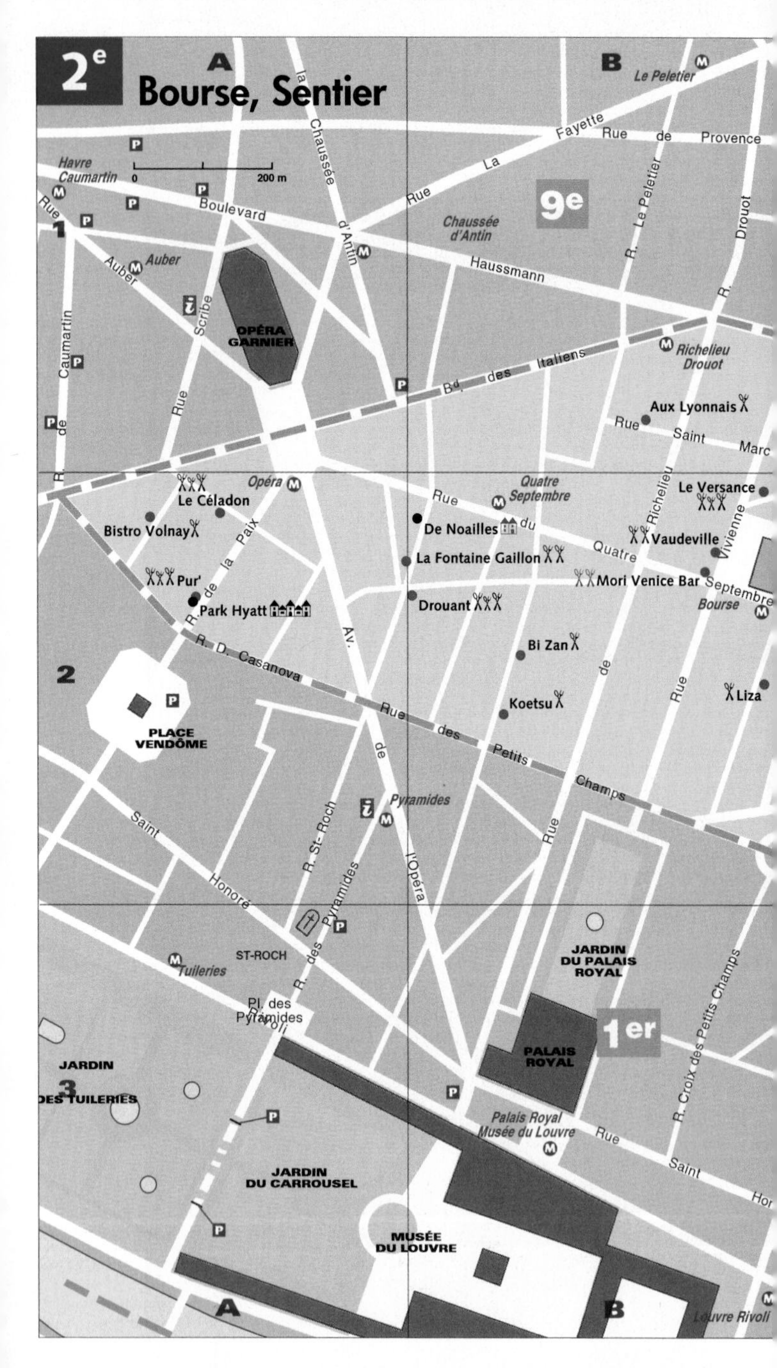
2e
Bourse, Sentier
A
B
1
2
3
9e
1er
200 m
OPÉRA GARNIER
PLACE VENDÔME
JARDIN DU PALAIS ROYAL
PALAIS ROYAL
JARDIN DES TUILERIES
JARDIN DU CARROUSEL
MUSÉE DU LOUVRE
ST-ROCH
Pl. des Pyramides
Le Peletier
Havre Caumartin
Auber
Chaussée d'Antin
Richelieu Drouot
Opéra
Quatre Septembre
Bourse
Pyramides
Tuileries
Palais Royal Musée du Louvre
Louvre Rivoli
Rue La Fayette
Rue de Provence
Boulevard Haussmann
Bd des Italiens
Rue Saint Marc
Rue du Quatre Septembre
Av. de l'Opéra
Rue des Petits Champs
R. D. Casanova
R. de la Paix
Rue Saint Honoré
R. des Pyramides
R. St-Roch
R. Croix des Petits Champs
Rue de Rivoli
Aux Lyonnais
Le Versance
Vaudeville
Mori Venice Bar
Le Céladon
Bistro Volnay
Pur'
Park Hyatt
De Noailles
La Fontaine Gaillon
Drouant
Bi Zan
Koetsu
Liza

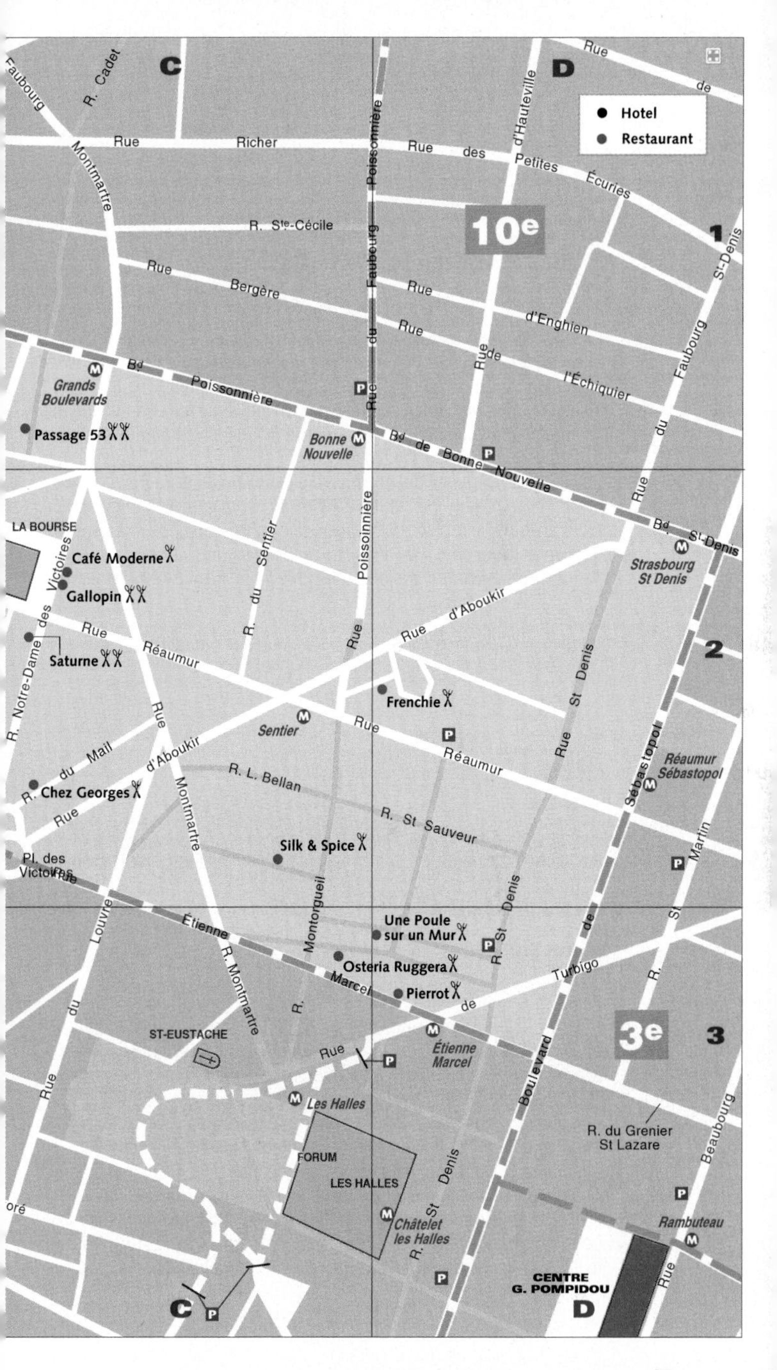
C
D
Hotel
Restaurant
10e
1
2
3
3e
Faubourg
R. Cadet
Montmartre
Rue Richer
Rue des Petites Écuries
d'Hauteville
Rue de
R. Ste-Cécile
Rue Bergère
Rue du Faubourg Poissonnière
Rue d'Enghien
Rue de l'Échiquier
Rue du Faubourg St-Denis
Bd Poissonnière
Grands Boulevards
Passage 53
Bonne Nouvelle
Bd de Bonne Nouvelle
Bd St-Denis
Strasbourg St Denis
LA BOURSE
Café Moderne
Gallopin
R. Notre-Dame des Victoires
R. du Sentier
Rue Poissonnière
Rue d'Aboukir
Rue Réaumur
Saturne
Frenchie
Sentier
Rue St Denis
Réaumur Sébastopol
R. du Mail
Chez Georges
Rue Montmartre
R. L. Bellan
R. St Sauveur
Silk & Spice
Pl. des Victoires
Rue Étienne Marcel
R. Montorgueil
Une Poule sur un Mur
Osteria Ruggera
Pierrot
R. St Denis
R. St Martin
Rue de Turbigo
Boulevard de Sébastopol
Rue du Louvre
R. Montmartre
ST-EUSTACHE
Étienne Marcel
Les Halles
FORUM LES HALLES
Châtelet les Halles
R. du Grenier St Lazare
Rue Beaubourg
Rambuteau
CENTRE G. POMPIDOU

Aux Lyonnais

B1 Lyonnaise

32 r. St-Marc ✉ 75002
✆ 01 42 96 65 04
www.alain-ducasse.com

Ⓜ Richelieu Drouot
Fermé août, samedi midi, dimanche et lundi – Réserver

Menu 28 € (déjeuner) – Carte 40/53 €

A/C VISA MC AE

Ouvert en 1890, ce bistrot délicieusement rétro a vraiment belle allure avec ses miroirs, moulures, faïences, tableaux et vieux zinc. Bien calé sur les banquettes, on se sent tout de suite à son aise. La découverte de Lyon est assurée avec de savoureuses recettes locales faisant appel aux meilleurs produits régionaux : planche de charcuteries, œuf cocotte aux écrevisses, quenelles de brochet, tarte et île flottante aux pralines roses, etc. Même choix côté cave, où le Rhône et la Bourgogne s'imposent. De l'ambiance et un bon rapport qualité-prix pour le menu déjeuner (attention aux vins, toutefois, un peu chers) : un vrai "bouchon lyonnais parisien", membre du groupe Alain Ducasse.

Bistro Volnay

A2 Bistrot

8 r. Volney ✉ 75002
✆ 01 42 61 06 65
www.bistrovolnay.fr

Ⓜ Opéra
Fermé 5-25 août, samedi et dimanche

Menu 38/55 €

A/C VISA MC AE

Miroirs, luminaires, comptoir en bois, murs de bouteilles et banquettes moelleuses… Cet élégant bistrot posté entre Madeleine et Opéra revisite avec réussite l'esprit des années 1930. Une carte postale ancienne redevenue réalité sous l'impulsion de deux jeunes amies passionnées, qui ont repris l'affaire en 2009. Et au Volnay, l'assiette aussi a du caractère : ajustés aux saisons et même au marché du jour, les plats canailles et bistrotiers rencontrent la gastronomie, et sont traités avec beaucoup de soin. Terrine de pâté maison, foie de veau en persillade ou tarte au citron meringuée : on redécouvre avec plaisir ces classiques joliment réinterprétés !

Bi Zan

Japonaise

B2

56 r. Ste-Anne ✉ 75002
Ⓜ Quatre Septembre
✆ 01 42 96 67 76
Fermé 2 semaines en août et dimanche

Menu 38 € (déjeuner en semaine), 65 €/95 € – Carte 30/95 €

VISA MC AE

Hirashimase ! Si vous ne connaissez pas encore cette table nippone, appréciée des amateurs, n'hésitez pas. Bi Zan – nom d'une montagne à Tokushima – ne démérite pas dans le quartier le plus japonais de la capitale. Sa qualité ? La cuisine traditionnelle de Kyoto, avec une carte faisant la part belle aux sushis et aux sashimis. Le chef réalise des préparations plaisantes à l'œil et d'une grande fraîcheur. Vous pourrez assister à cet exercice de précision en mangeant au comptoir au rez-de-chaussée ou choisir une table à l'étage. Comme le veut la coutume, le décor reste d'un minimalisme absolu, d'une géométrie zen réchauffée par le bois blond.

Café Moderne

Au goût du jour

C2

40 r. N.-D.-des-Victoires ✉ 75002
Ⓜ Bourse
✆ 01 53 40 84 10
Fermé 1er-24 août, samedi et dimanche

Formule 28 € – Menu 35/39 €

A/C

AE

Business as usual… À deux pas du palais Brongniart aujourd'hui déserté par les boursicoteurs, ce Café Moderne permet de se replonger dans l'ambiance toujours très affairée du quartier : le midi, l'endroit est bondé ! Le soir venu, la clientèle troque son costume pour un autre, au profit des duos et des compagnies d'amis… À toute heure en effet, Jean-Luc Lefrançois, chef passionné, fait mouche : avec les produits du moment, il délivre des assiettes bien pensées aux saveurs franches. En soirée, suivez son "Instinct moderne", un menu dégustation en cinq plats – cinq régals… Le tout accompagné d'une carte des vins qui rend, comme l'élégant décor contemporain (bouteilles de vin et photos de vignobles habillent les murs), un bel hommage aux crus français.

Le Céladon ✿

A2 — Au goût du jour XXX

HÔTEL WESTMINSTER,
15 r. Daunou ✉ 75002
✆ 01 42 61 77 42
www.leceladon.com

Ⓜ Opéra
Fermé août, samedi et dimanche

Menu 49 € (déjeuner)/95 € – Carte 80/120 €

A/C · VISA · MC · AE

Le Céladon

Tout en nuances et en raffinement : le restaurant du confidentiel hôtel Westminster, à mi-chemin entre la place Vendôme et l'Opéra Garnier, n'a rien d'un endroit tape-à-l'œil ou branché. Bien au contraire. Son sens du luxe se révèle sans ostentation, dominé par la couleur délicate et emblématique de la maison : le fameux vert céladon.

Dans cet univers feutré et cossu, mêlant style Régence, tableaux anciens et pointes d'Orient (vases en porcelaine chinoise), on voyage vers de lointains ailleurs le temps d'un repas parfumé de saveurs subtiles. Une gastronomie créative qui maîtrise totalement le répertoire français, entre tradition et modernité. Grâce au savoir-faire de Christophe Moisand (ancien du Relais de Sèvres et du Meurice), qui réalise des assiettes harmonieuses sublimées par l'accord de vins bien choisis, on passe ici un moment savoureux.

Entrées

- Girolles et cochon ibérique, pluma grillé et jambon de Guijuelo en fins copeaux
- Œuf bio poché en coque de pain dorée, velouté chaud de petits pois

Plats

- Turbot sauvage cuit sur l'arête, gelée chaude aux crevettes grises et thym-citron
- Pigeon farci au foie gras et aux girolles

Desserts

- Quartiers de pêche rôtis, chutney au romarin et brioche tiède
- Rhubarbe poêlée à la grenadine et en sorbet, gelée et crème citron

Chez Georges

C2 — Traditionnelle

1 r. du Mail ✉ 75002
✆ 01 42 60 07 11

Ⓜ Bourse
Fermé août, vacances de Noël, samedi et dimanche

Carte 40/70 €

A/C VISA MC AE

Une institution du Sentier, fondée en 1964 et reprise en 2010 par deux jeunes associés (œuvrant déjà au Bistrot de Paris et Chez René). Zinc, banquettes, stucs et miroirs : cet authentique bistrot parisien a conservé son beau décor et toute son atmosphère, très bon enfant. L'assiette est à l'unisson, généreuse, gourmande et... immuable : terrine de foies de volaille, harengs pommes à l'huile, entrecôte grillée, profiteroles au chocolat, etc. Des produits de grande qualité – mention spéciale pour les viandes, dont le succulent pavé de bœuf –, des cuissons maîtrisées et des vins français bien choisis : on comprend que l'adresse (malgré des tarifs un peu élevés) compte de nombreux fidèles !

Drouant

B2 — Au goût du jour

16 pl. Gaillon ✉ 75002
✆ 01 42 65 15 16
www.drouant.com

Ⓜ Quatre Septembre

Menu 44 € (déjeuner) – Carte 68/75 €

Un hôtel particulier mythique : on y décerne le prix Goncourt depuis 1914 ! Dans cette brasserie chic, les idées comme les saveurs se mêlent dans une atmosphère festive... Sous la houlette d'Antoine Westermann, le Drouant connaît une nouvelle jeunesse : le décor, épuré, feutré et lumineux, donne la priorité aux volumes harmonieux, jouant sur le contraste d'un mobilier sombre et de murs clairs ornés de photos. L'escalier de Ruhlmann mène à l'agréable mezzanine ; l'espace bar est tout paré d'or et les salons privatifs dégagent un beau cachet classique. Dans ce bien bel écrin, on déguste une cuisine associant tradition et touches fusion (la carte se décline notamment par thèmes et par produits). Mention spéciale au choix de vins, joliment étoffé.

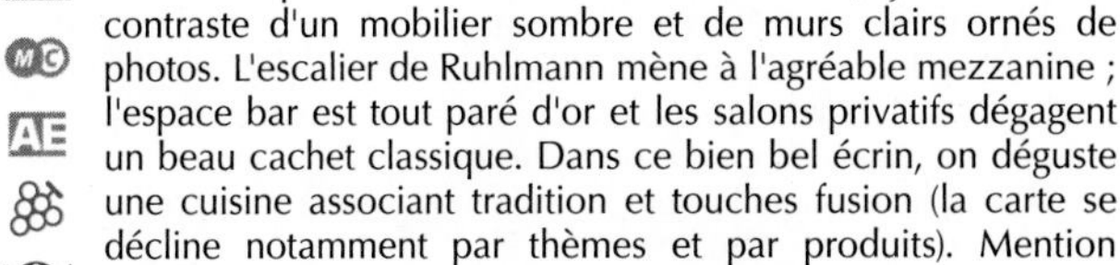

La Fontaine Gaillon

A-B2 Produits de la mer XX

pl. Gaillon ✉ 75002
✆ 01 47 42 63 22
www.la-fontaine-gaillon.com

Ⓜ Quatre Septembre
Fermé août, samedi et dimanche

Menu 45 € (déjeuner) – Carte 70/90 €

Depuis que Gérard Depardieu a repris les rênes de cette maison, tout le monde en parle... Mais ce n'est pas là le plus fort attrait de ce bel hôtel particulier, bâti en 1672 par Jules Hardouin-Mansart. La cuisine de Laurent Audiot, un ancien de chez Marius et Janette, fait la part belle aux produits de la mer – en arrivage direct de petits ports de pêche – mais aussi aux classiques de la gastronomie française. La cave réserve de belles surprises et met à l'honneur les vignobles du célèbre acteur. Et le décorum n'est pas qu'un simple figurant : salon Empire parsemé de gravures érotiques, collection d'œuvres d'art au rez-de-chaussée, petits salons chics et intimes à l'étage, sans oublier la très agréable terrasse "à la provençale" lovée autour de la fontaine...

A/C VISA AE

Frenchie

D2 Au goût du jour X

5 r. du Nil ✉ 75002
✆ 01 40 39 96 19
www.frenchie-restaurant.com

Ⓜ Sentier
Fermé 2 semaines en août, vacances de Noël, le midi, samedi et dimanche – Nombre de couverts limité, réserver

Formule 34 € – Menu 38/45 €

Drôlement *frenchy*, le jeune chef Grégory Marchand, lui qui a fait ses classes dans quelques grandes tables anglo-saxonnes (Gramercy Tavern à New York, Fifteen – par Jamie Oliver – à Londres, Mandarin Oriental à Hong-Kong...). Il a aujourd'hui pris ses quartiers dans ce restaurant de poche, non loin du Sentier, qui partage tout du goût international contemporain : allure de loft (briques, poutres, pierres apparentes et petite vue sur les fourneaux) et cuisine bien dans son époque. À la carte, régulièrement renouvelée : truite fumée minute ; purée de rutabaga, choux de Bruxelles et ail confit ; gnocchis maison ; agneau, piquillos et pois chiches ; tarte aux pralines roses, cheesecake. Drôlement *savoury*.

A/C VISA AE

Gallopin

C2 — **Brasserie** XX

40 r. N.-D.-des-Victoires ✉ 75002 — Ⓜ Bourse
✆ 01 42 36 45 38
www.brasseriegallopin.com

Formule 20 € – Menu 25 € (déjeuner)/38 € – Carte 40/68 €

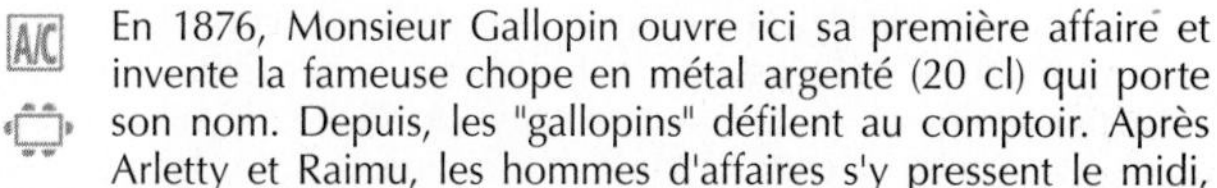

En 1876, Monsieur Gallopin ouvre ici sa première affaire et invente la fameuse chope en métal argenté (20 cl) qui porte son nom. Depuis, les "gallopins" défilent au comptoir. Après Arletty et Raimu, les hommes d'affaires s'y pressent le midi, profitant ainsi du décor : vénérable zinc, boiseries victoriennes en acajou de Cuba, cuivres rutilants, miroirs et surtout superbe verrière 1900 (dans la salle Belle Époque), à voir absolument. Côté carte, on retrouve les grands classiques de la brasserie et des plats bistrotiers : foie gras de canard au naturel, vinaigrette de haricots verts et champignons de Paris, sole meunière, tartare de bœuf, baba au rhum, ou encore paris-brest. Service et ambiance décontractés, pour apprécier chaque gorgée de bière... Et la suite !

Koetsu

B2 — **Japonaise** X

42 r. Ste-Anne ✉ 75002 — Ⓜ Quatre Septembre
✆ 01 40 15 99 90 — Fermé dimanche

Menu 15 € (déjeuner), 19/57 € – Carte 20/60 €

Situé dans "la" rue des restaurants japonais de Paris, cette table ne déroge pas à la tradition nippone et va à l'essentiel, aussi bien côté décor que côté cuisine. Sa sobre façade vitrée contemporaine donne le ton. L'intérieur est également simple et épuré – banquettes et tables en bois verni –, déployé sur deux niveaux. Le patron, arrivé en France au milieu des années 1990, mise sur des arrivages de poissons frais au jour le jour, pour réaliser au mieux sushis et sashimis. Les brochettes yakitoris, classiques au poulet, mais aussi au bœuf et fromage, volaille ou saumon, laquées avec une sauce soja, ravissent les nombreux habitués. Menus escortés de bières japonaises. Service agréable, tout en discrétion.

Liza

B2 — Libanaise

14 r. de la Banque ✉ 75002 — Ⓜ Bourse
✆ 01 55 35 00 66
www.restaurant-liza.com
Fermé samedi midi et dimanche soir

Formule 16 € – Carte 40/60 €

A/C VISA MC AE

La table de Liza Shoughayar ressemble au Liban d'aujourd'hui : moderne et métissé. Loin des clichés, la décoration, confiée à une équipe de designers du pays du Cèdre, dévoile les ponts qui existent entre l'Orient et l'Occident. Ainsi, les matériaux précieux et ornementaux (panneaux de nacre, bois blanc sculpté, métal martelé, cuivre, éclats de miroirs) agrémentent le mobilier épuré et contemporain. Cette atmosphère, raffinée tendance lounge, est accentuée par une bande-son originale mariant oud et jazz oriental. En cuisine, la tradition est judicieusement réinterprétée et permet de découvrir des recettes moins connues : agneau aux cinq épices douces, kebbé méchouiyé (bœuf, sauce betterave et menthe), potiron confit... Le midi, sympathiques plateaux thématiques (végétarien, méditerranéen, etc.).

Mori Venice Bar

B2 — Italienne

2 r. du Quatre-Septembre ✉ 75002 — Ⓜ Bourse
✆ 01 44 55 51 55
www.mori-venicebar.com

Menu 40 € (déjeuner en semaine) – Carte 54/95 €

A/C VISA MC AE

Venise et les Maures : l'enseigne évoque ces liens commerciaux séculaires qui ont fait la fortune et l'esprit de la ville, si imprégnée d'Orient... Ici, point de ciselures de marbre, mais une atmosphère feutrée signée Philippe Starck, évoquant avec sobriété le raffinement et le secret : murs habillés d'acajou, sol chocolat, lustres de Murano, masques de carnaval, jolie véranda et comptoir pour prendre un verre en savourant des antipasti. La gastronomie vénitienne est méconnue, et le chef, passionné, a à cœur de la défendre – une mission déjà accomplie à New York et en Uruguay. Sa démonstration est exemplaire, avec d'excellents produits de Vénétie et de nombreuses spécialités (*cicchetti* – amuse-bouches –, foie de veau *alla veneziana*, poissons de l'Adriatique, etc.). Des plats... envoûtants, Venise oblige.

Osteria Ruggera

Italienne

C3

35 r. Tiquetonne ✉ 75002
✆ 01 40 26 13 91

Ⓜ Étienne Marcel
Fermé 14-28 août, samedi midi et dimanche midi – Nombre de couverts limité, réserver

Formule 20 € – Menu 24 € (déjeuner) – Carte 35/50 €

Dans ce quartier Montorgueil atteint depuis quelques années de branchitude aiguë, l'occasion toute trouvée pour renouer avec une certaine authenticité : cette auberge italienne cultive le goût de la simplicité, en dehors (au-dessus ?) de toutes les modes ! Le décor est rustique en diable : salle étroite, murs de pierre, mobilier en bois *e basta*. Quant à l'assiette, elle transporte... dans une cuisine familiale de Sicile – la région d'origine du jeune patron et du chef. Comme sur l'île (et loin de Paris), la carte et la séduisante ardoise du midi proposent des petits plats savoureux... dont les parfums n'ont vraiment rien d'artifices.

Pierrot

Traditionnelle

18 r. Étienne Marcel ✉ 75002
✆ 01 45 08 00 10

Ⓜ Étienne Marcel
Fermé dimanche

Carte 40/55 €

Un bistrot typique (banquettes, zinc, miroirs...) en plein quartier des Halles, avec une atmosphère à la fois chaleureuse et bon enfant : de quoi donner envie de pousser la porte. Une autre très bonne raison de le faire : découvrir les saveurs et les beaux produits de l'Aveyron. Viande fermière de l'Aubrac, confit de canard, foie gras maison, carré d'agneau rôti aux herbes, ou encore rognons de veau à la graine de moutarde... tous les petits plats francs, simples, généreux et bien faits s'alignent sur l'ardoise, ainsi que les suggestions du moment. Service convivial, souriant et rapide. Aux beaux jours, on s'installe en terrasse, pour profiter de la trépidante rue Étienne-Marcel.

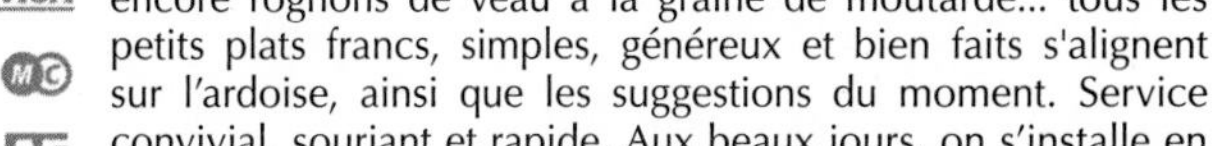

Passage 53 ✿✿

C1 — Créative XX

53 passage des Panoramas ✉ 75002
✆ 01 42 33 04 35
www.passage53.com

Ⓜ Grands Boulevards
Fermé août, vacances de février, dimanche et lundi – Nombre de couverts limité, réserver

Menu 60 € (déjeuner en semaine)/110 €

A/C
VISA
MC

Passage 53

Alors qu'au 19e s. les coquettes ne juraient que par eux, les passages couverts sont tombés dans une douce désuétude : celui des Panoramas (1800) demeure emblématique de ce Paris en noir et blanc. Sauf au n° 53. Iconoclaste parmi des boutiques surannées (numismates, philatélistes, etc.), ce restaurant né en 2009 offre – tout l'annonce – l'occasion d'une expérience rare. Tel un passage dérobé vers une avant-garde discrète mais pointue, la salle est minuscule, étroite et immaculée (murs chaulés, banquettes et fauteuils crème aux reflets irisés). On s'y installe sans cérémonial, mais avec cérémonie : à la première bouchée, le "menu du marché" (annoncé de vive voix en début de repas) ouvre sur des contrées insoupçonnées. Une gageure soutenue par Shinichi Sato, jeune chef d'origine japonaise, formé notamment auprès de Pascal Barbot (L'Astrance). Il délivre une cuisine d'instinct, où l'épure le dispute à la finesse. Produits de choix, cuissons millimétrées, présentations soignées, associations de saveurs harmonieuses et saisissantes : le passage, assurément, emmène loin.

Entrées	*Plats*	*Desserts*
• Menu dégustation surprise		

Une Poule sur un Mur

D3

Au goût du jour

5 r. Marie-Stuart ✉ 75002
✆ 01 42 33 05 89
www.unepoulesurunmur.fr

Ⓜ Etienne Marcel
Fermé 6-25 août, 23 décembre-2 janvier, samedi midi, dimanche et lundi

Formule 16 € – Menu 18 € (déjeuner) – Carte 34/46 €

VISA
MC

Pas d'inquiétude : ici, les poules ne picorent pas que du pain dur ! En cuisine, le chef compose une jolie cuisine du marché, qu'il rehausse de subtiles touches personnelles. Ainsi, on peut se régaler d'un artichaut barigoule au magret de canard fumé, d'un crumble de fenouil et courgette et son fromage de chèvre frais, ou encore d'un filet de lieu jaune relevé d'une tapenade bien parfumée et d'une belle purée de pomme de terre... En dessert, pourquoi ne pas craquer pour un excellent riz au lait, onctueux et crémeux à souhait, accompagné d'un délicat caramel au beurre salé ? Et pour sauter du coq à l'âne, il faut ajouter que cette Poule a adopté une déco élégante et très tendance... Un vrai nid gourmand, en somme !

Saturne

C2

Au goût du jour

17 r. N.-D.-des-Victoires ✉ 75002
✆ 01 42 60 31 90

Ⓜ Bourse
Fermé août, vacances de Noël, samedi et dimanche

Menu 37 € (déjeuner), 60/69 € – Carte 55/78 €

VISA
MC

Saturne : dieu de l'agriculture et anagramme de "natures"... Une bien jolie enseigne, qui dit tout : le jeune chef, formé auprès d'Alain Passard à l'Arpège (7e arrondissement), et son associé, sommelier de son état, sont amoureux du bon produit. Vins naturels, petits producteurs, respect des saisons : on trouve tout cela chez Saturne, et bien plus encore ! Ris de veau accompagné d'une émulsion d'huître, comté vieux de 28 mois, poire pochée au miel et sa glace au lait, etc. : les assiettes sont pleines de saveurs, les accords mets-vins harmonieux... Quant à l'atmosphère, elle est résolument jeune et parisienne, façon loft de copains (grande armoire à vin vitrée, verrière). Pour l'anecdote – qui a son importance au pays du fromage – le pain est tout simplement... divin !

Pur' ✿

A2 — Créative XXX

HÔTEL PARK HYATT,
5 r. de la Paix ✉ 75002
✆ 01 58 71 10 61
www.paris.vendome.hyatt.fr

Ⓜ Opéra
Fermé août et le midi

Menu 85/135 € – Carte 90/180 €

VISA MC AE

Park Hyatt

Deux restaurants contemporains au Park Hyatt : les Orchidées à l'heure du déjeuner et Pur', plus feutré, pour un bien agréable dîner. Ce dernier est évidemment à l'image de l'hôtel de la rue de la Paix, où le luxe est affaire de raffinement, de modernité et de discrétion. Laissée à l'imagination d'Ed Tuttle, la décoration crée une atmosphère à la fois confortable et spectaculaire. Une réussite, incontestablement. Tout est pensé pour concilier majesté et intimité : les harmonies de couleurs claires et foncées, les éclairages indirects diffusant une lumière tamisée… et l'espace lui-même – vaste rotonde surmontée d'une coupole et cerclée d'une colonnade abritant une grande banquette capitonnée. Le chef d'orchestre ? Jean-François Rouquette (Taillevent, le Crillon, la Cantine des Gourmets, les Muses), qui trouve ici un lieu à sa mesure pour exprimer la grande maîtrise de son talent. Sa cuisine, créative et inspirée, accorde avec finesse d'excellents produits, sans fausse note. Un pur plaisir !

Entrées

- Foie gras de canard poêlé pigmenté de poivron rouge et citron vert
- Langoustines en trois services

Plats

- Bar de ligne demi-sel et artichauts poivrade
- Épigramme d'agneau allaiton de l'Aveyron

Desserts

- Coqueline caramélisée au sucre brun
- Fraise Anaïs, sabayon gratiné au lait d'amande

Silk & Spice

C2 — Thaïlandaise

6 r. Mandar ✉ 75002 — Ⓜ Sentier
✆ 01 44 88 21 91
Fermé samedi midi et dimanche midi
www.silkandspice.fr

Formule 16 € – Menu 25/52 € – Carte 30/53 €

A/C VISA MC AE

Le raffinement en guise d'exotisme, étonnant ? Pas chez Silk & Spice, où l'atmosphère épurée, feutrée et intime remplace judicieusement le folklore en matière de dépaysement, au cœur du quartier Montorgueil. Le décor ? Dominantes sombres rehaussées de feuille d'or, bel éclairage tamisé, murmure d'une fontaine, orchidées blanches... Dans l'assiette, fine et soignée, un savant mélange de douceurs et d'épices transporte au royaume de Siam : filet de bar sauce au tamarin et légumes sautés, gambas et crevettes dans une réduction à la citronnelle, bœuf mijoté au curry vert, ou encore flan coco et sorbet aux litchis. Service discret et délicat... à l'image du lieu.

Vaudeville

B2 — Brasserie

29 r. Vivienne ✉ 75002 — Ⓜ Bourse
✆ 01 40 20 04 62
www.vaudevilleparis.com

Formule 26 € – Menu 32 € – Carte 40/85 €

VISA MC AE

À midi, c'est la "cantine" des hommes d'affaires et des journalistes (la Bourse et l'Agence France Presse sont à deux pas). Le soir, place à la foule animée déboulant des théâtres voisins. Le cadre Art déco brille alors de tous ses feux, les décibels montent et les serveurs, toujours souriants, slaloment de table en table. Pas de doute, Le Vaudeville connaît son rôle sur le bout des doigts : la vraie brasserie parisienne ! À l'affiche, tous les classiques du genre agrémentés de spécialités maison, tels les fruits de mer, l'escalope de foie gras de canard poêlée, l'andouillette, la tranche de morue fraîche à la plancha, ou encore les œufs à la neige. Le tout en formules ou en menus, dont un – clientèle oblige – servi à l'heure du souper. Le petit plus aux beaux jours : la terrasse face au palais Brongniart.

Le Versance

Au goût du jour XXX

B2

16 r. Feydeau ✉ 75002
✆ 01 45 08 00 08
www.leversance.fr

Ⓜ Bourse
Fermé 22 juillet-20 août, 24 décembre-2 janvier, samedi midi, dimanche et lundi

Formule 32 € – Menu 38 € (déjeuner) – Carte 55/75 €

A/C VISA MC AE

Un cadre où poutres, vitraux, mobilier design et tables tirées à quatre épingles font des étincelles. Dans cet écrin gris-blanc épuré, la sobriété le dispute à l'élégance, et le lieu dégage une vraie sérénité. Un coup de maître pour Samuel Cavagnis, dont c'est le premier restaurant. En cuisine, ce jeune globe-trotter formé à bonne école reste fidèle aux saveurs hexagonales. Un retour aux racines françaises illustré par des plats joliment contés et teintés d'exotisme : homard bleu rôti au curry et sa sauce au vin jaune, ris de veau et leur cake au stilton accompagné d'une poire aux épices, Saint-Jacques et ravioles au topinambour, ou encore joli dessert examinant la pomme sous toutes ses coutures...

Rappelez-vous :
les étoiles (✿✿✿...✿) couronnent les meilleures tables.
Et peu importe le cadre : ce que nous distinguons, c'est la cuisine, rien que la cuisine.

I. Cumming / Axiom Photographic Agency/Age fotostock

Le Haut Marais · Temple

S. Sonnet / Hemis.fr

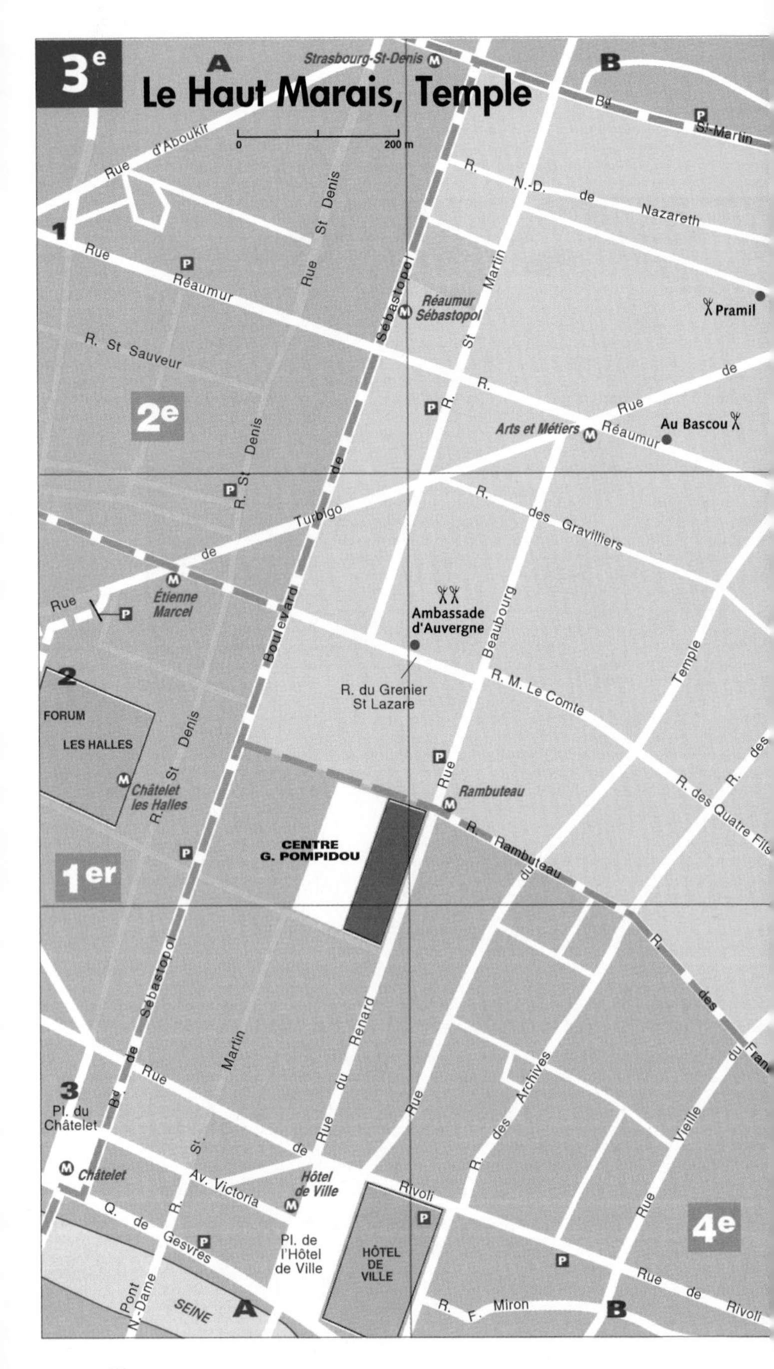
3e
Le Haut Marais, Temple
A
B
0
200 m
Strasbourg-St-Denis
Bd St-Martin
Rue d'Aboukir
Rue St Denis
R. N.-D. de Nazareth
Rue Réaumur
Réaumur Sébastopol
R. St Martin
Pramil
R. St Sauveur
2e
R. St Denis
R. Réaumur
Rue de
Arts et Métiers
Au Bascou
R. des Gravilliers
Turbigo
de
Boulevard de Sébastopol
Étienne Marcel
Rue
Ambassade d'Auvergne
Beaubourg
R. du Grenier St Lazare
R. M. Le Comte
Temple
FORUM LES HALLES
Châtelet les Halles
Rue Rambuteau
Rambuteau
R. des Quatre Fils
R. des
CENTRE G. POMPIDOU
1er
du
R. des Francs
Martin
Rue du Renard
Rue
R. des Archives
Vieille du
3
Pl. du Châtelet
Bd de
Rue de
St.
Châtelet
Av. Victoria
Hôtel de Ville
Rivoli
Q. de Gesvres
R.
Pl. de l'Hôtel de Ville
HÔTEL DE VILLE
4e
Rue de Rivoli
Pont N.-Dame
SEINE
R. F. Miron

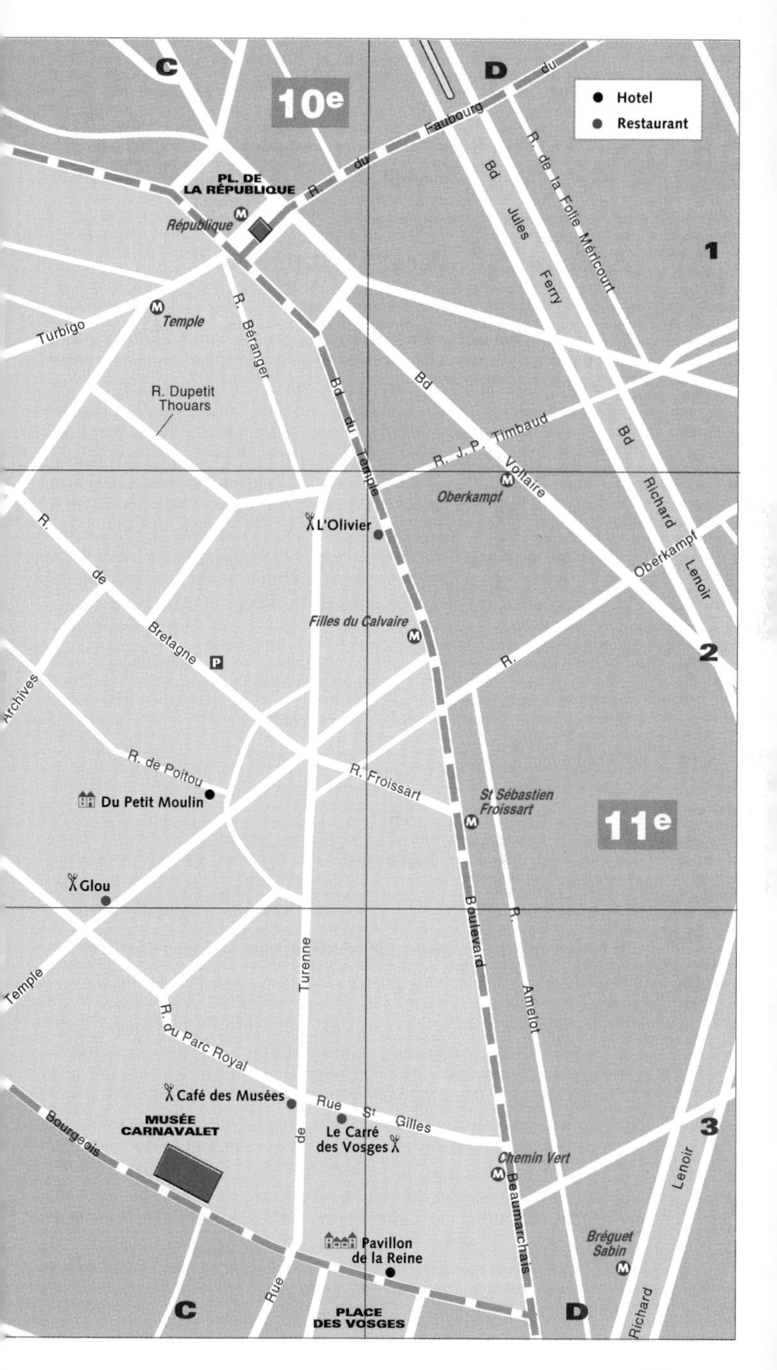

C
D
10e
Hotel
Restaurant
PL. DE
LA RÉPUBLIQUE
République
R. du Faubourg du
Bd Jules Ferry
R. de la Folie Méricourt
1
Turbigo
Temple
R. Béranger
Bd du Temple
Bd Voltaire
R. Dupetit
Thouars
R. J. P. Timbaud
Oberkampf
Bd Richard Lenoir
L'Olivier
R. de Bretagne
Oberkampf
Filles du Calvaire
2
R.
Archives
R. de Poitou
R. Froissart
St Sébastien
Froissart
Du Petit Moulin
11e
Glou
Turenne
Boulevard
R. Amelot
Temple
R. du Parc Royal
Café des Musées
Rue St Gilles
3
MUSÉE
CARNAVALET
Bourgeois
de
Le Carré
des Vosges
Chemin Vert
Beaumarchais
Lenoir
Bréguet
Sabin
Pavillon
de la Reine
Rue
C
PLACE
DES VOSGES
D
Richard

Ambassade d'Auvergne

Terroir XX

B2

22 r. du Grenier-St-Lazare ✉ 75003 — Ⓜ Rambuteau
✆ 01 42 72 31 22
www.ambassade-auvergne.com

Formule 22 € – Menu 28 € – Carte 33/54 €

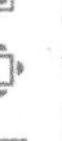

Où mange-t-on l'un des meilleurs aligots de Paris ? À l'Ambassade d'Auvergne, bien sûr, où la cérémonie du filage en salle mérite toute votre attention. Les autres spécialités régionales ne sont pas oubliées : cochonnailles, lentilles vertes du Puy, potée de porc fermier aux choux braisés... Que des bons produits pour des recettes pleines d'authenticité et de générosité. En "ambassade" digne de ce nom, la maison ne lésine pas non plus sur la sélection de fromages (l'Aveyron est également bien représenté sur le plateau) et de vins locaux. Quatre élégantes salles à manger thématiques – Auberge, Artisans, Peintres, Rotonde – pour une délicieuse et copieuse escapade culinaire au cœur d'une province riche de traditions et de saveurs.

Au Bascou

Terroir X

B1

38 r. Réaumur ✉ 75003 — Ⓜ Arts et Métiers
✆ 01 42 72 69 25
www.au-bascou.fr

Fermé août, 24-30 déc., samedi et dimanche

Formule 18 € – Menu 25 € (déjeuner) – Carte 36/60 €

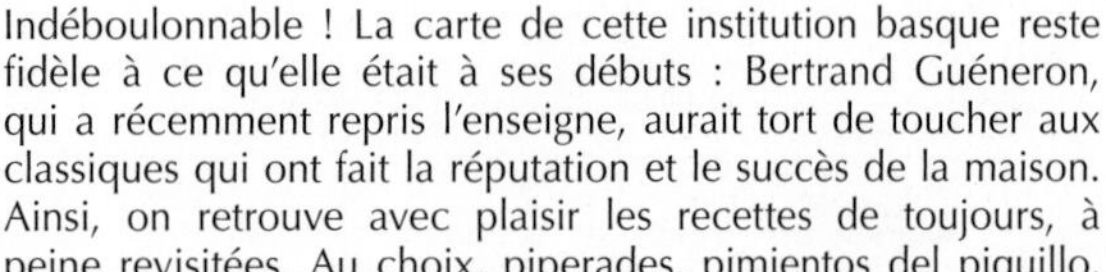
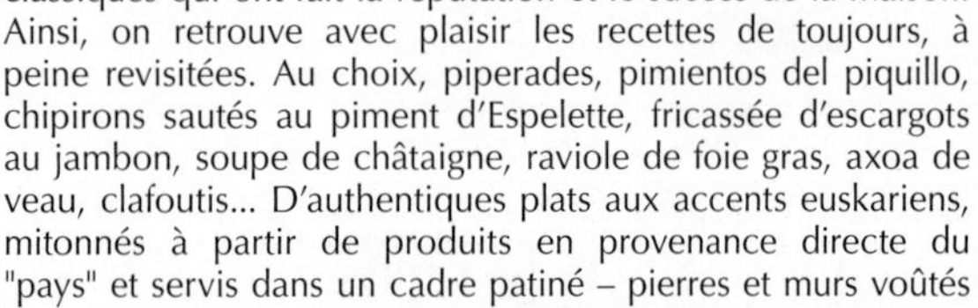

Indéboulonnable ! La carte de cette institution basque reste fidèle à ce qu'elle était à ses débuts : Bertrand Guéneron, qui a récemment repris l'enseigne, aurait tort de toucher aux classiques qui ont fait la réputation et le succès de la maison. Ainsi, on retrouve avec plaisir les recettes de toujours, à peine revisitées. Au choix, piperades, pimientos del piquillo, chipirons sautés au piment d'Espelette, fricassée d'escargots au jambon, soupe de châtaigne, raviole de foie gras, axoa de veau, clafoutis... D'authentiques plats aux accents euskariens, mitonnés à partir de produits en provenance directe du "pays" et servis dans un cadre patiné – pierres et murs voûtés franchement rustiques – et convivial.

Café des Musées

Bistrot

49 r. de Turenne ✉ 75003
✆ 01 42 72 96 17
web cafedesmusees.fr

Ⓜ Chemin Vert
Fermé 2-8 janvier et 6-27 août

Formule 14 € – Menu 22 € (dîner) – Carte 24/47 €

A/C
VISA

Dans le quartier des musées Picasso et Carnavalet, un café parisien dans l'âme, avec un décor 1900 très fidèle à l'idée que l'on peut s'en faire. Charme typique et indémodable... On y mange au coude-à-coude évidemment, dans une ambiance très conviviale. Sans surprise, la cuisine joue la carte de la tradition – on ne change pas des recettes qui marchent ! –, avec à la fois des petits plats bistrotiers, du marché ou canailles. Quelques-unes des spécialités que l'on peut trouver à la carte : terrine ménagère au foie de volaille, champignons farcis à l'escargot, entrecôte à la plancha, échine de cochon noir de Bigorre, crème caramel et son financier, terrine de chocolat...

Le Carré des Vosges

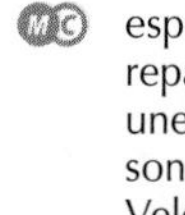

Au goût du jour

15 r. St-Gilles ✉ 75003
✆ 01 42 71 22 21
www.lecarredesvosges.fr

Ⓜ Chemin Vert
Fermé 6-30 août, samedi midi, dimanche et lundi

Formule 15 € – Menu 18 € (déjeuner), 38/62 € – Carte 44/60 €

A/C
VISA

À deux pas de la rue des Francs-Bourgeois et de ses jolies échoppes branchées, ce bistrot de quartier compte bon nombre d'habitués, et pour cause... Non seulement il affiche un style contemporain sobre et plaisant, dans un esprit convivial, mais il est aussi – et surtout – un délicieux repaire gourmand. Le jeune chef, passionné et dynamique, signe une savoureuse cuisine du marché et renouvelle chaque jour son petit menu du déjeuner... À la carte, cruel dilemme ! Velouté de potimarron et sa mousse légère de chèvre ou langoustines en carpaccio et à l'huile de truffe ? Onglet de bœuf et son émulsion de pomme de terre ou encornet farci au pied de porc ? Tarte meringuée au citron niçois ou millefeuille et sa glace verveine-citronnelle ? À peine parti, on programme déjà son prochain festin.

Glou

C2 **Au goût du jour**

101 r. Vieille-du-Temple 75003 St-Sébastien Froissart
01 42 74 44 32
www.glou-resto.com

Formule 15 € – Carte 25/58 €

VISA MC AE

Deux consonnes, autant de voyelles : tel est fait Glou. Syllabe franche et revigorante, comme un verre de vin qui réchauffe les papilles. L'enseigne nous transporte, fort justement, au cœur du concept de ce bistrot où l'on porte la même attention à l'assiette et au flacon. Dans un cadre au format loft (murs en brique, abat-jour d'usine), assise sur des tabourets, la jeune clientèle décontractée, à l'image des serveurs, se délecte de bons petits plats : burger 100 % Aubrac, thon blanc fumé de l'île d'Yeu et sa crème généreuse, lard italien mariné aux herbes et aux épices, tartelette au caramel... Le tout s'accompagne de belles bouteilles, variées et de qualité, avec un choix intéressant au verre. Une adresse attachante, où être à tu et à toi semble parfaitement naturel, dès le début des agapes.

L'Olivier

D2 **Grecque**

15 bd du Temple 75003 Filles du Calvaire
01 42 77 12 51
www.olivier-restau.com

Fermé 10-31 août, 20-28 décembre, samedi midi et dimanche

Formule 17 € – Menu 40 € – Carte 37/44 €

VISA MC

Envie de voyager dans les îles grecques, en vous épargnant un vol Paris-Athènes ? Poussez donc la porte de cet établissement proche de la place de la République : toute une famille grecque vous y accueille à bras ouverts. Le décor, sans extravagance (parquet, murs en pierres apparentes), affiche discrètement quelques photos du pays. La générosité, ici, est en cuisine. Le chef sélectionne ses produits et propose des recettes authentiques, loin des cartes postales. Attention au décollage, avec les savoureuses feuilles de vigne et crème de concombre ; viennent ensuite, à belle altitude, des raviolis de betterave farcis au fromage de chèvre, une dorade servie avec une mousse de tarama, un kefta d'agneau. Optez en dessert pour le muscat de Rio Patras et sa brioche façon pain perdu, pour un atterrissage tout en douceurs...

Pramil

B1

Au goût du jour

9 r. Vertbois 75003
01 42 72 03 60

Temple

Fermé 1er-7 mai, 14-27 août, dimanche midi et lundi

Formule 20 € – Menu 30 € – Carte 30/40 €

VISA MC

Des pierres apparentes, beaucoup de sobriété : le décor est plaisant, mais il a l'élégance de se faire oublier... Il faut dire qu'on vient avant tout ici pour la cuisine d'Alain Pramil. Pour l'anecdote, ce chef autodidacte nourrit une véritable passion pour l'art culinaire, mais il a d'abord été... professeur de physique ! Depuis, il a troqué ses tubes à essai pour des casseroles rutilantes et concocte de bons plats du marché teintés d'influences contemporaines. On ne résiste pas à sa salade de ficoïde glaciale (un légume oublié !), à son onglet de veau poêlé, à son cochon de lait sauce miso ou à ses tartes aux fruits de saison. Quant à la sélection de vins, elle se révèle intéressante. De la générosité, des prix doux et un accueil chaleureux : on fonce chez Pramil.

Déjeunons dehors, il fait si beau ! Optez pour une terrasse, repérable au symbole.

4e Île de la Cité · Île St-Louis · Le Marais · Beaubourg

R. Mattes / Hemis.fr

4e

Île de la Cité • Île St-Louis • Le Marais • Beaubourg

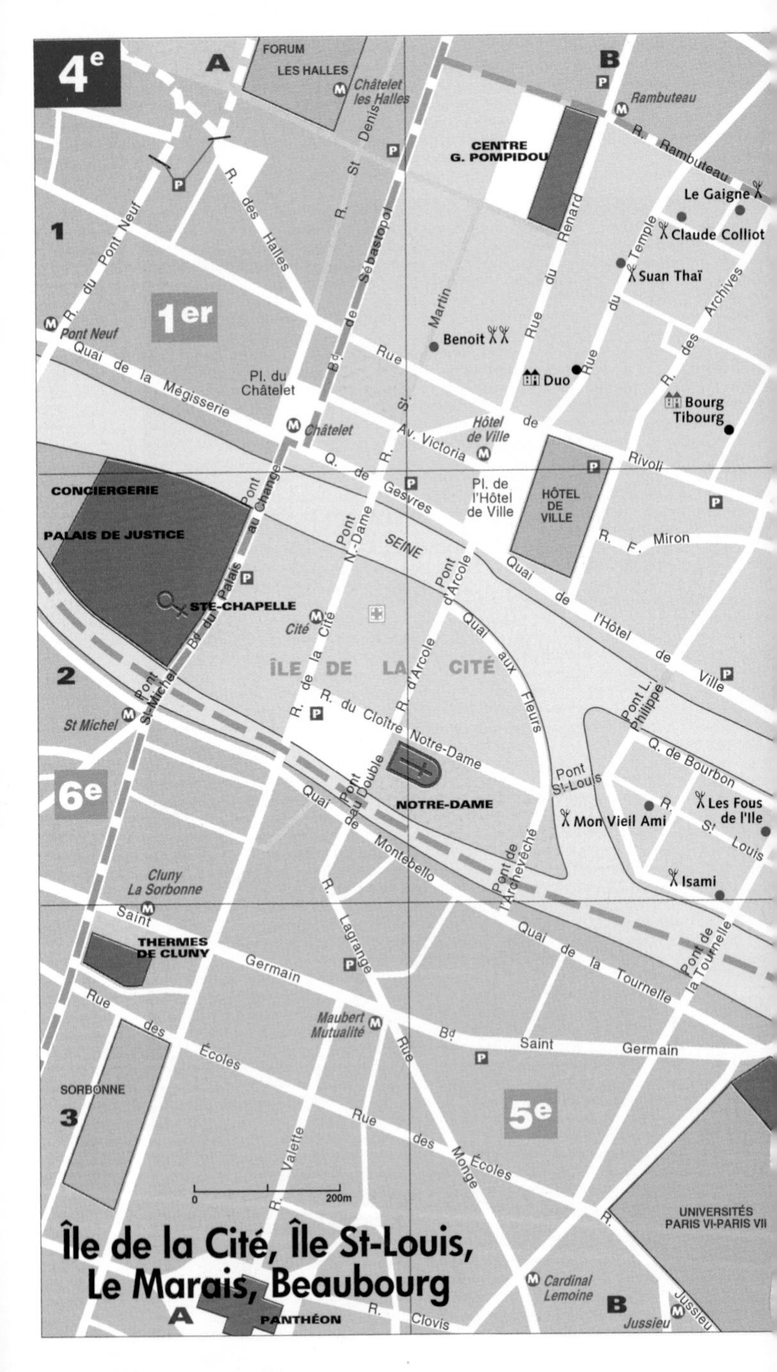
4e
A
B
FORUM
LES HALLES
Châtelet les Halles
Rambuteau
R. Rambuteau
CENTRE G. POMPIDOU
Le Gaigne
Claude Colliot
Suan Thaï
R. du Temple
R. des Archives
Rue du Renard
R. St Denis
Bd. de Sébastopol
R. des Halles
R. du Pont Neuf
Pont Neuf
1
1er
Quai de la Mégisserie
Pl. du Châtelet
Châtelet
Rue St. Martin
Benoit
Duo
Bourg Tibourg
Rue de Rivoli
Hôtel de Ville
Av. Victoria
Q. de Gesvres
Pl. de l'Hôtel de Ville
HÔTEL DE VILLE
R. F. Miron
CONCIERGERIE
PALAIS DE JUSTICE
Pont au Change
Pont N.-Dame
SEINE
Pont d'Arcole
Quai de l'Hôtel de Ville
STE-CHAPELLE
Bd. du Palais
Cité
R. de la Cité
Quai aux Fleurs
R. d'Arcole
ÎLE DE LA CITÉ
2
Pont St-Michel
St Michel
R. du Cloître Notre-Dame
Pont L. Philippe
Q. de Bourbon
Pont St-Louis
6e
Quai de Montebello
Pont au Double
NOTRE-DAME
Mon Vieil Ami
R. St Louis
Les Fous de l'Ile
Pont de l'Archevêché
Isami
Cluny La Sorbonne
R. Lagrange
Saint Germain
THERMES DE CLUNY
Quai de la Tournelle
Pont de la Tournelle
Rue des Écoles
Maubert Mutualité
Bd Saint Germain
Rue Monge
SORBONNE
3
5e
Rue des Écoles
R. Valette
0
200m
UNIVERSITÉS PARIS VI-PARIS VII
Île de la Cité, Île St-Louis, Le Marais, Beaubourg
Cardinal Lemoine
R. Clovis
PANTHÉON
Jussieu
R. Jussieu

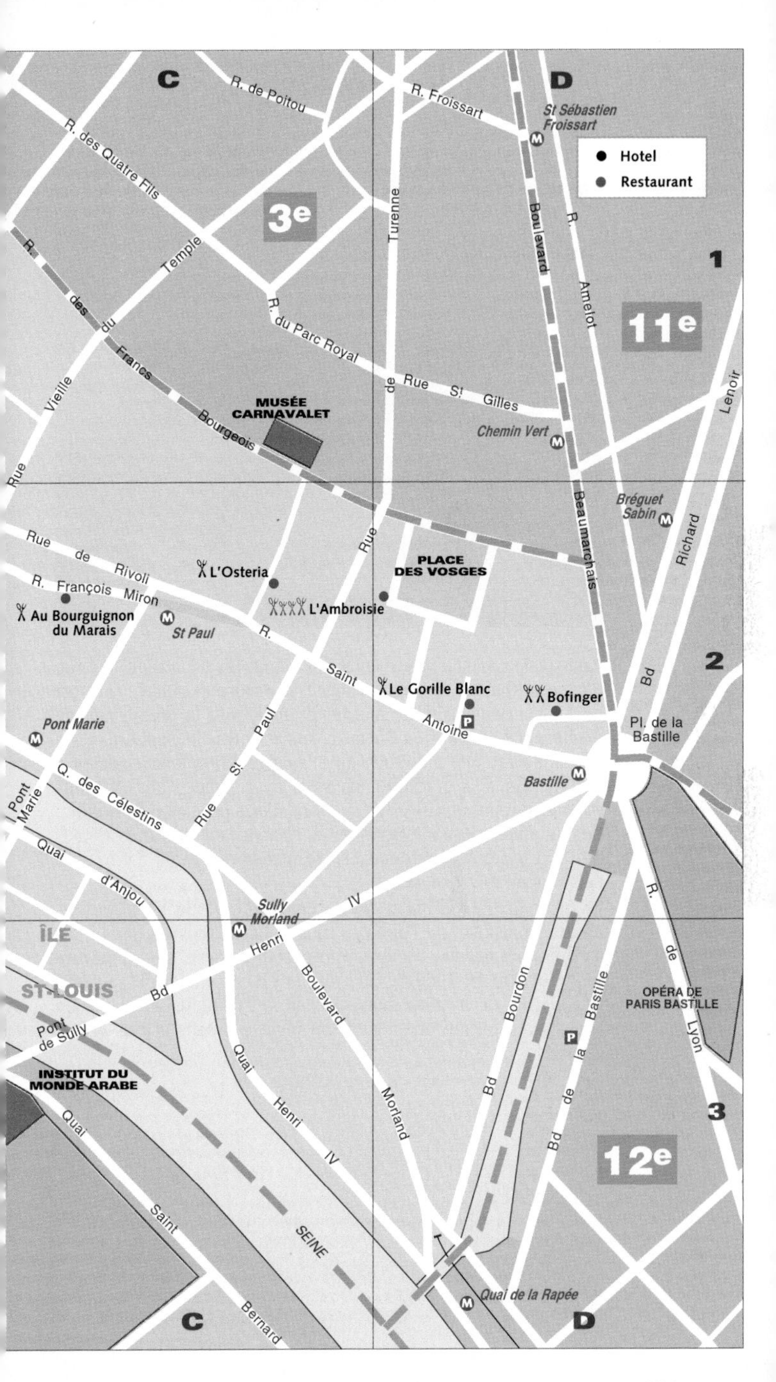
C
D
Hotel
Restaurant
R. de Poitou
R. Froissart
St Sébastien Froissart
R. des Quatre Fils
3e
Temple
Turenne
Boulevard
R. Amelot
1
11e
R. des Francs Bourgeois
R. du Parc Royal
Rue de Turenne
Rue St Gilles
Vieille du
Lenoir
MUSÉE CARNAVALET
Chemin Vert
Rue
Beaumarchais
Bréguet Sabin
Richard
Rue de Rivoli
L'Osteria
PLACE DES VOSGES
R. François Miron
L'Ambroisie
Au Bourguignon du Marais
St Paul
R. Saint Antoine
2
Le Gorille Blanc
Bofinger
Bd
Pont Marie
Pl. de la Bastille
Rue St Paul
Bastille
Q. des Célestins
Pont Marie
Quai d'Anjou
Sully Morland
Bd Henri IV
ÎLE
ST-LOUIS
Boulevard Morland
Bd Bourdon
Bd de la Bastille
R. de Lyon
OPÉRA DE PARIS BASTILLE
Pont de Sully
INSTITUT DU MONDE ARABE
Quai Henri IV
3
12e
Quai Saint Bernard
SEINE
Quai de la Rapée

L'Ambroisie ✿✿✿

Classique XXXX

D2

9 pl. des Vosges ✉ 75004
✆ 01 42 78 51 45

Ⓜ St-Paul
Fermé août, vacances de février, dimanche et lundi

Carte 200/350 €

A/C · VISA · MC · AE

Owen Franken

Ambroisie : (n. f.) "nourriture des dieux de l'Olympe, source d'immortalité" et, par extension, "nourriture exquise". Tout est dit ! Que peut-on donc ajouter pour décrire la divine cuisine de Bernard et Mathieu Pacaud – père et fils de concert –, qui culmine avec une plénitude qui n'a d'égale que leur modestie ? Un hymne à la tradition revisitée avec grâce, des produits soigneusement choisis, des cuissons d'une précision horlogère, des alliances de goûts sans faille, etc. Autant de petits détails qui font toute la différence ; l'essentiel se résumant à ceci : un classicisme maîtrisé, point.

Le cadre luxueux du restaurant – une demeure du 17e s. sous les arcades paisibles de l'une des plus belles places de Paris – est à l'unisson : miroirs anciens, immense tapisserie, sol en marbre blanc et noir, orchidées. Un vrai petit palais italien. Et la place des Vosges de devenir quasi florentine ! Conclusion : pour un repas aussi raffiné qu'élégant, un régal des sens à tous points de vue.

Entrées

- Brioche mousseline à l'œuf mollet et caviar, sabayon au citron.
- Feuillantine de langoustines aux graines de sésame.

Plats

- Aumonière de pigeon au chou vert, sauce au vin jaune.
- Escalopines de bar à l'émincé d'artichaut, beurre au caviar.

Desserts

- Tarte sablée au cacao amer, glace à la vanille Bourbon.
- Pannequets soufflés au citron, coulis aux fruits de saison.

Au Bourguignon du Marais

C2 Terroir

52 r. François-Miron ✉ 75004
✆ 01 48 87 15 40

Ⓜ St-Paul
Fermé 3 semaines en août, vacances de février, dimanche et lundi

Carte 32/63 €

L'enseigne dit tout... ou presque. Dans ce petit restaurant sans chichi, la Bourgogne s'invite dans l'assiette et dans le verre ! On s'installe dans une salle sobre et conviviale pour savourer des petits plats tout en générosité. Œufs pochés en meurette, jambon persillé, andouillette au bourgogne aligoté, escargots à l'ail, incontournable bœuf bourguignon et – rare détour exotique dans cet antre dédié au terroir – croustillant de gambas au chutney et salade d'herbes fraîches... L'alléchante carte est complétée par quelques suggestions faites de vive voix ; quant à la cave des vins, elle ravit les amateurs de beaux flacons 100 % bourguignons. Et dès que le temps le permet, on file en terrasse !

Bofinger

D2 Brasserie 

5 r. Bastille ✉ 75004
✆ 01 42 72 87 82
www.bofingerparis.com

Ⓜ Bastille

Formule 29 € – Menu 34 € – Carte 40/70 €

Succès presque immédiat lorsque Frédéric Bofinger ouvre cette brasserie en 1864 : les Parisiens y font la découverte de la bière "à la pompe", ou bière pression. Royer, Panzani, Spindler et d'autres parmi les plus grands artisans d'art ont par la suite modelé ce "lieu de mémoire" gourmand de la capitale. À l'étage, plusieurs salles offrent un cadre remarquable, dont une aux boiseries peintes par Hansi représentant pêle-mêle kougelhopf, bretzel, cigognes, coccinelles et Alsaciennes en costume. L'endroit fascine toujours autant avec sa magnifique coupole en verre à motifs floraux, ses vitraux, marqueteries, vases animaliers, tableaux... Le livre d'or ? Un vrai bottin mondain du 20e s. Au menu : fruits de mer, grillades... et choucroutes bien sûr !

Benoit ✿

Classique XX

B1

20 r. St-Martin ✉ 75004
Ⓜ Châtelet-Les Halles
✆ 01 42 72 25 76
Fermé août
www.alain-ducasse.com

Menu 34 € (déjeuner) – Carte 55/85 €

A/C · VISA · MC · AE

Marie Hennechart

Pour retrouver l'atmosphère d'un vrai bistrot parisien, poussez donc la porte du 20, rue St-Martin. C'est ici, en plein cœur de Paris, que l'enseigne vit le jour dès 1912, du temps des Halles populaires. À l'origine bouchon lyonnais, le bistrot est resté dans la famille Petit pendant trois générations, lesquelles ont façonné et entretenu son charme si désuet. Belle Époque, plus exactement : boiseries, cuivres, miroirs, banquettes en velours, tables serrées les unes contre les autres... Chaque élément, jusqu'aux assiettes siglées d'un "B", participe au cachet de la maison. Rien à voir avec les ersatz de bistrots à la mode ! Et si l'affaire a été cédée au groupe Ducasse (2005), elle a préservé son âme.

Traditionnelles à souhait, les recettes allient produits du terroir, justesse des cuissons et générosité. Les habitués le savent bien : "Chez toi, Benoît, on boit, festoie en rois." Surtout si l'on pense aux plats canailles que tout le monde connaît, mais que l'on ne mange quasiment jamais... sauf ici.

Entrées

- Escargots en coquille, beurre d'ail et fines herbes
- Langue de veau Lucullus, cœur de romaine à la crème moutardée

Plats

- Tête de veau sauce ravigote.
- Cassoulet maison aux haricots blancs

Desserts

- Profiteroles sauce chocolat chaud.
- Tarte tatin, crème fraîche et glace aux pommes confites

Claude Colliot

B1

Au goût du jour

40 r. des Blancs Manteaux ✉ 75004 Ⓜ Rambuteau
✆ 01 42 71 55 45 Fermé août, dimanche et lundi
www.claudecolliot.com

Formule 24 € – Menu 29 € (déjeuner en semaine), 54/65 € – Carte environ 45 €

A/C VISA MC

Chez Claude Colliot, ancien chef du Bamboche (7e arrondissement), point d'énoncés pompeux, mais une cuisine de saison, qui traite les meilleurs produits avec tous les égards. Les légumes sont excellents (fondants quand il se doit, croquants s'il le faut), les cuissons maîtrisées, les jus bien aromatiques, et le menu "Carte blanche" – cinq plats – offre une jolie palette du savoir-faire de notre homme... En trois mots : léger, sain et savoureux ! Côté flacons, Chantal Colliot est aux commandes. Sa courte carte met en avant les jeunes producteurs adeptes de la biodynamie, cette culture misant sur la synergie des sols et des plantations. Quelques pierres apparentes, du parquet blond, des sièges pistache ou violets : le lieu est chaleureux et compte de vrais fidèles... Pour un dîner en ville, réservez !

Les Fous de l'Île

B2

Bistrot

33 r. des Deux-Ponts ✉ 75004 Ⓜ Pont Marie
✆ 01 43 25 76 67
www.lesfousdelile.com

Menu 18 € (déjeuner en semaine), 22/27 €

A/C VISA MC AE

Ce restaurant du cœur de l'Île-St-Louis est entièrement dédié à la basse-cour. Finie l'ancienne épicerie, le cadre offre désormais un joli décor de bistrot avec tableaux, affiches et une riche collection de coqs et de poules. Une bonne centaine de bibelots de toutes formes et de toutes couleurs sont perchés sur les grandes étagères qui bordent la longue salle à manger. Dans une ambiance très conviviale, sur de petites tables noires, on mange une sympathique cuisine de bistrot en cohérence avec le cadre : terrine, steak tartare, entrecôte, poule au pot, clafoutis et mousse au chocolat. La carte des vins présentée par vigneron offre un choix intéressant, tant pour les provenances, les prix que pour l'offre de vins au verre. Brunch le dimanche.

Le Gaigne

B1 — Au goût du jour

12 r. Pecquay ✉ 75004 — Ⓜ Rambuteau
✆ 01 44 59 86 72 — Fermé août, dimanche et lundi
www.restaurantlegaigne.fr

Formule 17 € – Menu 23 € (déjeuner en semaine), 45/64 € – Carte 47/65 €

VISA MC AE

Voilà une table qui sert une cuisine très en forme ! Le chef, Mickaël Gaignon, passé par de grandes maisons (Gagnaire, le Pré Catelan, la Table du Baltimore), joue désormais en solo et concocte de savoureux plats du marché, jonglant subtilement entre bistrot et gastro : carpaccio de Saint-Jacques d'Erquy, tartare de truite bio parfumée à la noisette, poireaux en vinaigrette ; noix de veau du Ségala rôtie aux citrons, salsifis et épinards ; coing façon saint-honoré au poivre du Népal... On découvre avec plaisir la salle à manger au sobre décor contemporain, et qui ne peut accueillir qu'une vingtaine de clients : la réservation est conseillée ! Formule déjeuner, pour se régaler sans se ruiner ; le soir, joli menu dégustation. Belle carte des vins à prix doux.

Le Gorille Blanc

D2 — Bistrot

4 impasse Guéménée ✉ 75004 — Ⓜ Bastille
✆ 01 42 72 08 45 — Fermé dimanche

Formule 18 € – Carte 29/48 €

VISA MC AE

Gare au Gorille Blanc, il est si gourmand ! Mais dans ce bistrot parisien pur jus, au décor rustique et rétro en diable, le chef concocte une cuisine bistrotière généreuse et bien troussée parsemée de clins d'œil au Sud-Ouest – la région natale du propriétaire –, ainsi que de bons petits plats ménagers qui savent venir à bout des appétits les plus gargantuesques... Terrine de champignons à la crème d'ail, petits chipirons sautés à l'huile d'olive et risotto à l'encre, fricassée de lapin aux oignons et aux raisins secs, confit de canard croustillant et pommes de terre sautées, agneau de lait rôti des Pyrénées, croustade aux pruneaux et à l'armagnac... Après ce bon repas, on pousserait presque la chansonnette chère à Brassens !

Isami

B2 — Japonaise

4 quai d'Orléans ✉ 75004
✆ 01 40 46 06 97

Carte 60/150 €

Ⓜ Pont Marie
Fermé août, vacances de Noël, dimanche et lundi – Nombre de couverts limité, réserver

A/C VISA MC

On sert ici probablement l'un des meilleurs poissons crus de Paris. Voilà qui explique la renommée de l'établissement auprès des Japonais, qui savent où se rendre pour manger "comme chez eux". La clientèle parisienne et internationale ne s'y trompe pas non plus : derrière son bar, Katsuo Nakamura réalise des merveilles de sushis et chirashis. Des produits ultrafrais et une maîtrise fascinante des couteaux ont propulsé ce restaurant confidentiel au premier rang des adresses nippones de la capitale. Pas de folklore suranné dans le décor de la petite salle, juste quelques calligraphies et le mot "Isami" (signifiant ardeur, exaltation), gravé sur un panneau de bois, placé en évidence. Réservation impérative.

Mon Vieil Ami

B2 — Traditionnelle

69 r. St-Louis-en-l'Île ✉ 75004
✆ 01 40 46 01 35
www.mon-vieil-ami.com

Menu 43 € – Carte 43/55 €

Ⓜ Pont Marie
Fermé 1er-20 août, 1er-20 janvier, lundi et mardi

VISA MC AE

Ce Vieil Ami-là ne vous veut que du bien, parole d'Antoine Westermann ! Dans son bistrot de chef plutôt chic se pressent la clientèle étrangère et les gourmets de la capitale... preuve que le talentueux Alsacien a su lui donner la "French touch" qui fait – ou non – le succès universel de ces adresses "nouvelle génération". Sous les hauts plafonds de ces anciennes écuries (près de 5 m !), un décor tout en modernité dont les tons marron et noir épousent les murs en verre dépoli ; une longue table d'hôtes sur la gauche, de petites tables en bois joliment dressées sur la droite : des allures d'auberge tendance, en quelque sorte, où le chef vous régale de goûteuses recettes traditionnelles ponctuées de notes actuelles et de clins d'œil à l'Alsace.

L'Osteria

C2 — Italienne

10 r. Sévigné ✉ 75004 — Ⓜ St-Paul
✆ 01 42 71 37 08 — Fermé dimanche, lundi et fériés – Réserver
www.l-osteria.fr

Formule 19 € – Menu 23 € (déjeuner en semaine) – Carte 38/84 €

VISA MC AE

Ni enseigne, ni menu indiqués sur la façade : l'Osteria cultive un esprit sélect façon club privé qui séduit une clientèle fidèle et people. Des célébrités qui en ont fait leur trattoria d'élection, à deux pas de St-Paul. En guise de témoignage dans le décor de la salle, des dessins, tableaux et autographes en tout genre. Que le commun des mortels se rassure néanmoins : moyennant un budget tout de même bien parisien, lui aussi pourra déguster l'irréprochable cuisine du chef. Gnocchis, risottos, légumes croquants, salade de poulpe, carpaccio de thon, pannacotta, tiramisu... Toutes les stars de la gastronomie italienne, aussi irrésistibles les unes que les autres.

Suan Thaï

B1 — Thaïlandaise

35 r. Temple ✉ 75004 — Ⓜ Rambuteau
✆ 01 42 77 10 20

Formule 15 € – Menu 17 € (déjeuner), 28/38 € – Carte 32/52 €

VISA MC AE

Plus grand, plus beau, plus confortable : fin 2011, le Suan Thaï a déménagé à 100 mètres de son ancienne adresse. Voilà au moins trois raisons supplémentaires de s'y attabler... sachant que l'essentiel demeure : sa cuisine thaïlandaise authentique et très parfumée. Les cuisiniers "maison" sont tous directement recrutés en Thaïlande et le jeune patron met un point d'honneur à ne servir que des recettes de son pays : salade de bœuf mi-cuit à la citronnelle, soupe de galanga au poulet, filet de cabillaud aux trois saveurs, salade de fruits exotiques ou encore soupe de jacquier au lait de coco... Chaque plat est raffiné et présenté avec soin. Il est plus que jamais nécessaire de réserver !

B.Morandi / Hemis.fr

5e

Quartier latin · Jardin des Plantes · Mouffetard

C. Pinheira / Author's Image / Photononstop

19
RUE
DE LA HARPE
FONDUES
La Lune Rousse

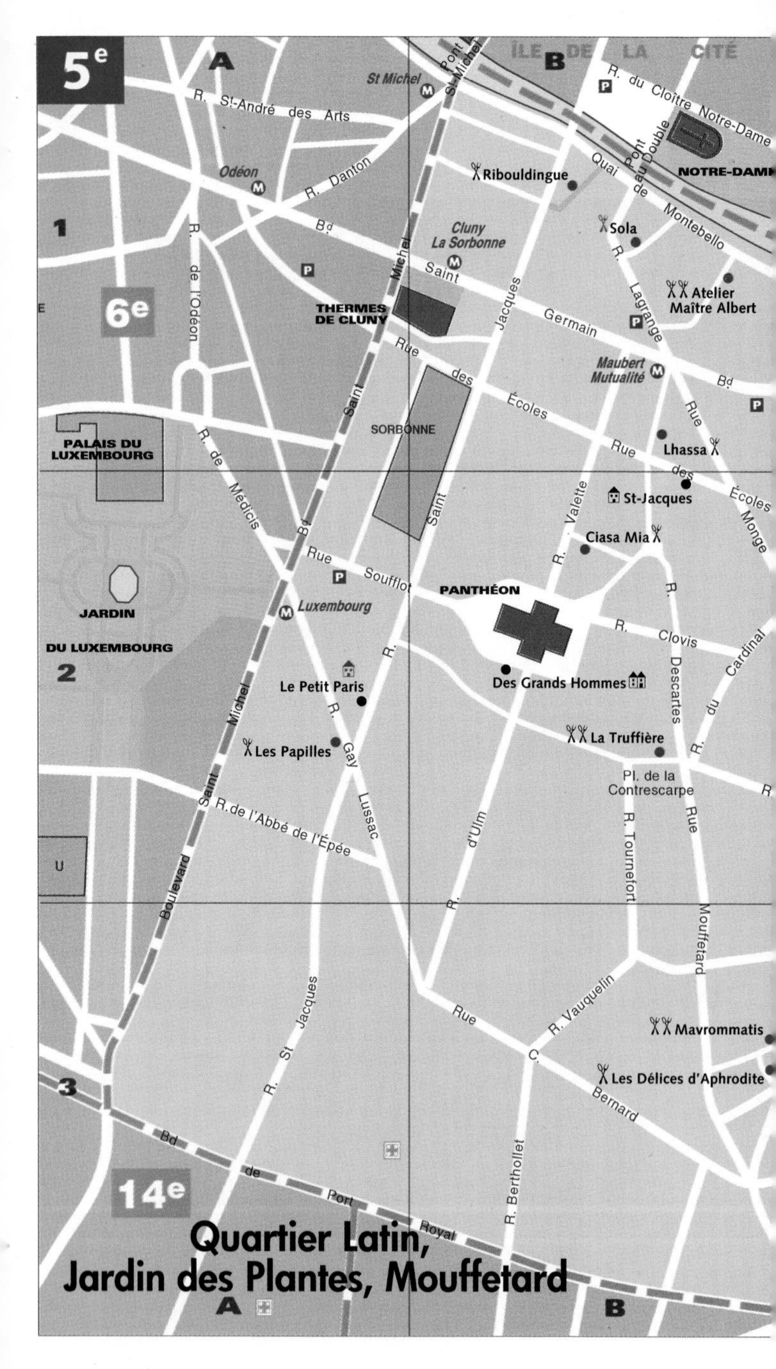
5e
A
B
1
2
3
6e
14e
ÎLE DE LA CITÉ
St Michel
Pont St-Michel
R. St-André des Arts
R. du Cloître Notre-Dame
NOTRE-DAME
Pont au Double
Quai de Montebello
Odéon
R. Danton
Ribouldingue
Sola
Bd Saint Germain
Cluny La Sorbonne
R. Lagrange
Atelier Maître Albert
R. de l'Odéon
THERMES DE CLUNY
Rue des Écoles
Maubert Mutualité
Rue Jacques
PALAIS DU LUXEMBOURG
SORBONNE
Lhassa
Rue des Écoles
St-Jacques
R. de Médicis
R. Valette
Ciasa Mia
Monge
Rue Soufflot
PANTHÉON
Luxembourg
JARDIN DU LUXEMBOURG
R. Clovis
R. du Cardinal
Des Grands Hommes
Le Petit Paris
R. Descartes
La Truffière
Les Papilles
R. Gay Lussac
Pl. de la Contrescarpe
R. de l'Abbé de l'Épée
R. d'Ulm
R. Tournefort
Rue Mouffetard
Boulevard Saint Michel
R. St Jacques
R. Vauquelin
Mavrommatis
Rue C. Bernard
Les Délices d'Aphrodite
R. Berthollet
Bd de Port Royal
Quartier Latin, Jardin des Plantes, Mouffetard

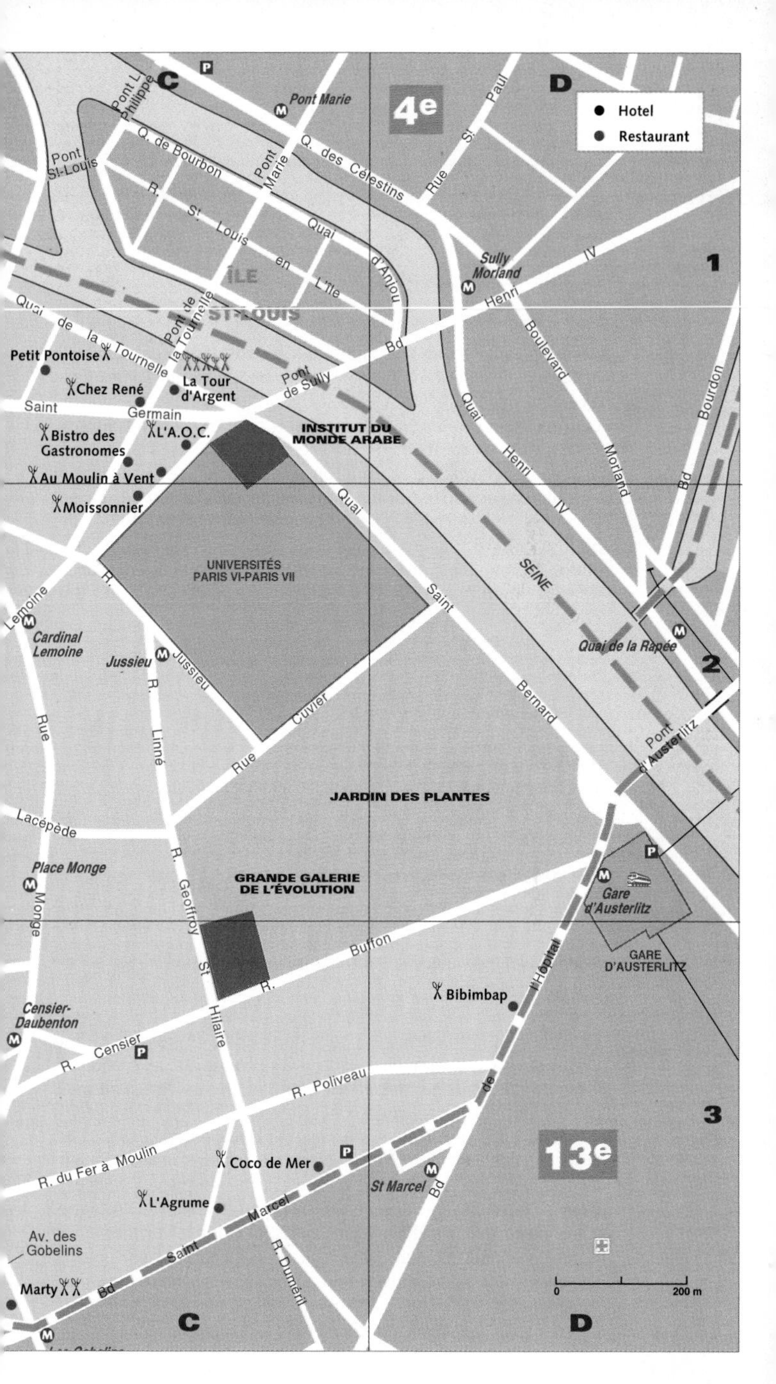

Hotel
Restaurant
4e
13e
Petit Pontoise
Chez René
La Tour d'Argent
Bistro des Gastronomes
L'A.O.C.
Au Moulin à Vent
Moissonnier
INSTITUT DU MONDE ARABE
UNIVERSITÉS PARIS VI-PARIS VII
JARDIN DES PLANTES
GRANDE GALERIE DE L'ÉVOLUTION
Bibimbap
Coco de Mer
L'Agrume
Marty
Pont Marie
Sully Morland
Cardinal Lemoine
Jussieu
Place Monge
Censier-Daubenton
Gare d'Austerlitz
GARE D'AUSTERLITZ
St Marcel
Quai de la Rapée
SEINE
ÎLE ST-LOUIS
Q. des Célestins
Q. de Bourbon
Quai d'Anjou
Quai de la Tournelle
Quai Saint Bernard
Quai Henri IV
Bd Henri IV
Boulevard Morland
Bd Bourdon
Rue St Paul
R. St Louis en L'île
Pont de Sully
Pont d'Austerlitz
Pont de la Tournelle
Pont L. Philippe
Pont St-Louis
Saint Germain
Rue Cuvier
R. Jussieu
R. Linné
Rue Lemoine
Lacépède
Monge
R. Geoffroy St Hilaire
R. Buffon
R. Censier
R. Poliveau
R. du Fer à Moulin
Bd de l'Hôpital
Bd Saint Marcel
R. Duméril
Av. des Gobelins
0
200 m

L'A.O.C.

C1 **Viandes**

14 r. des Fossés St-Bernard ✉ 75005
✆ 01 43 54 22 52
www.restoaoc.com

Ⓜ Maubert Mutualité
Fermé 22 juillet -20 août, dimanche et lundi

Formule 23 € – Menu 31 € – Carte 30/50 €

A/C VISA MC

Autoproclamé "bistrot d'initiés" ou "bistrot carnivore", l'A.O.C. a tout pour allécher les amateurs de belles viandes, certifiées d'origine contrôlée. C'est le credo du propriétaire, Jean-Philippe Lattron, qui connaît parfaitement son affaire. Ancien boucher, comme son père et ses grands-pères, il continue à porter lui-même ses viandes à maturation. Un gage de sérieux auquel s'ajoute un second leitmotiv, la qualité des produits, uniquement de saison, qui accompagnent bœuf de Normandie, de Galice, Simmental de Bavière... Avec son ambiance conviviale, son cadre simple, ses ardoises, sa rôtissoire trônant à l'entrée, derrière le comptoir, l'A.O.C. affiche une mine réjouie et une envie de bien faire qu'il faut saluer.

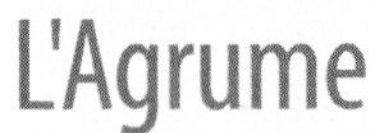

L'Agrume

C3 **Au goût du jour**

15 r. des Fossés-St-Marcel ✉ 75005
✆ 01 43 31 86 48

Ⓜ St-Marcel
Fermé août, 1er-15 décembre, dimanche et lundi

Formule 19 € – Menu 24 € (déjeuner)/39 € – Carte 45/65 €

A/C VISA MC

Dans la famille "bistrot de chef", demandez l'Agrume ! Grand comme un mouchoir de poche – il ne peut accueillir qu'une vingtaine de gourmands à la fois, dont quatre au comptoir avec pleine vue sur les fourneaux – et d'une sobriété reposante, il se niche dans une rue résidentielle, à deux pas des Gobelins. Franck Marchesi-Grandi, passé par de grandes maisons avant de fonder la sienne, y exécute une cuisine simple et précise, à base d'excellents produits frais. Le poisson vient de Bretagne, où le patron a officié quelque temps, et pour les primeurs, ce dernier connaît les meilleures adresses... La carte, assez courte, comme le menu, renouvelé chaque jour, sont très vitaminés ! Au déjeuner, l'addition est sans acidité aucune et, le soir venu, place à la dégustation autour de cinq plats. Un beau zeste.

Atelier Maître Albert

B1 — Traditionnelle

1 r. Maître Albert ✉ 75005
☎ 01 56 81 30 01
www.ateliermaitrealbert.com

Ⓜ Maubert Mutualité
Fermé 1er-15 août, vacances de Noël, samedi midi et dimanche midi

Formule 25 € – Menu 30 € (déjeuner)/35 € – Carte 45/63 € le soir

A/C, VISA, MC, AE

Quand le chef Guy Savoy et l'architecte Jean-Michel Wilmotte s'unissent pour relancer une maison ancienne face à Notre-Dame, cela donne un restaurant-rôtisserie chic et design qui fait le plein de touristes et d'habitués. Poutres, pierres et tons gris se déploient en trois espaces distincts : un salon aux allures de bar new-yorkais ; une salle à manger nantie d'une grande cheminée médiévale, à laquelle répondent une rôtissoire et des cuisines ouvertes ; et un coin vinothèque, plus intime. Au menu, saladier du moment servi avec des foies de volaille, selle d'agneau à la broche accompagnée d'un tian de courgettes et de tomates, volaille fermière rôtie, fondant au chocolat pralin-feuilleté. Produits, précision des cuissons, mise en scène des assiettes, professionnalisme du service... Tout y est.

Au Moulin à Vent

C1 — Bistrot

20 r. des Fossés-St-Bernard ✉ 75005
☎ 01 43 54 99 37
www.au-moulinavent.com

Ⓜ Jussieu
Fermé août, samedi midi, dimanche et lundi

Formule 29 € – Carte 48/85 €

VISA, MC

Ne vous fiez pas à sa modeste devanture : ce bistrot très "atmosphère, atmosphère" cache une jolie petite salle coquille d'œuf qui n'a pas changé depuis sa création, en 1946. Vous êtes au Moulin à Vent, autant prisé des Parisiens que des touristes en quête d'un lieu "frenchy" et authentique. Une longue rangée de tables simplement dressées : à gauche, un groupe d'habitués savoure un bœuf ficelle, un foie de veau ou un magret de canard ; à droite, un couple d'Américains découvre les délicieux escargots de Bourgogne et cuisses de grenouille "à la provençale". Goûtez, vous aussi, à ces plats intemporels sans chichi et ne faites pas l'impasse sur les viandes de race salers, spécialité de la maison, et les gibiers en saison. Desserts et vins au diapason. Classiquement bon !

Bibimbap

D3

Coréenne

32 bd de l'Hôpital 75005
Gare d'Austerlitz
01 43 31 27 42
www.bibimbap.fr

Formule 10 € – Menu 26/34 €

VISA

Êtes-vous plutôt ssambap ou bap ? Pour en décider, faites un tour chez Bibimbap ! Le ssambap est un incontournable de la gastronomie coréenne : un grand bol de riz panaché de légumes – cuisinés avec art – et éventuellement de viande. Quant au bap, il est préparé au barbecue traditionnel : tout juste cuits, bœuf, porc, poulet ou encore fruits de mer sont roulés dans une feuille de salade bien fraîche… Vive, soignée, diététique (pour les initiés : fondée sur l'énergie), cette cuisine est un vrai plaisir ! La carte des boissons permet aussi de continuer la découverte : soju (alcool de céréales), liqueur de riz, vins de framboise ou de prune, thés et bières de Corée, etc. Et l'on se régale en oubliant la modestie du décor (murs en pierre, cave voûtée)…

Bistro des Gastronomes

C1

Traditionnelle

10 r. du Cardinal-Lemoine 75005
Cardinal Lemoine
01 43 54 62 40
Fermé samedi midi et lundi midi
www.bistrodesgastronomes.com

Formule 19 € – Menu 35/40 € – Carte 38/60 €

A/C
VISA
AE

Bonne nouvelle pour les gastronomes : une cantine toute neuve au cœur du Quartier latin ! Voilà bien un bistro comme on les aime, créé en 2011 à l'initiative d'un jeune chef pour le moins partageur. Pourquoi changer des recettes qui marchent quand il est question de plaisirs indémodables ? Poêlée de couteaux en persillade, parmentier de queue de bœuf, figues rôties... Bref, de généreux classiques, reproduits avec une belle sincérité dans toute la fraîcheur du dernier marché. Évidemment, le décor est à l'avenant : boiseries de bois blond, bocaux de condiments, livres de cuisine et nappes blanches.

Chez René

C1 — **Bistrot**

14 bd St-Germain ✉ 75005
✆ 01 43 54 30 23

Carte 30/65 €

Ⓜ Maubert Mutualité
Fermé août, 23 décembre-3 janvier, dimanche et lundi

VISA

Chez René ou le retour gagnant d'un vrai bistrot parigot-lyonnais. Souvenez-vous de cette institution du boulevard St-Germain, qui, depuis 1957, a vu défiler nombre de célébrités et d'anonymes. Aujourd'hui ? À défaut d'un tournant radical, cette table, emblématique d'une autre époque, s'est refait une santé sous la houlette d'une direction qui a de l'allant. Le décor a été dépoussiéré, les murs rafraîchis, redonnant du lustre au lieu qui n'a en revanche rien perdu de sa convivialité. La cuisine non plus n'a pas changé d'un iota. On retrouve donc les classiques indissociables de l'enseigne : rillettes de canard, cochonnailles, cuisses de grenouilles, coq au vin, bœuf bourguignon, rognons de veau, crème caramel, millefeuille. Avis aux nostalgiques.

Ciasa Mia

B2 — **Italienne**

19 r Laplace ✉ 75005
✆ 01 43 29 19 77
www.ciasamia.com

Ⓜ Maubert Mutualité
Fermé 2 semaines en août, vacances de Noël, lundi midi, samedi midi et dimanche – Nombre de couverts limité, réserver

Formule 19 € – Menu 22 € (déjeuner), 42/59 € – Carte 48/65 €

VISA

Dans cette petite rue tranquille près du Panthéon, cette jolie trattoria est une vraie découverte. C'est Francesca, la souriante et pétillante jeune patronne, qui vous reçoit, déjà enthousiaste à l'idée de vous faire découvrir la cuisine de son compagnon, Samuel Mocci. Tous deux originaires du Nord de l'Italie, ils aiment à mettre en valeur un patrimoine gustatif qui s'avère aussi savoureux que surprenant. Tout ici est fait maison, du pain jusqu'aux desserts ! En automne, par exemple, Samuel livre sa version très personnelle des produits de saison. Imaginez un consommé de poulet au foin accompagné de gnocchettis de potiron, un carpaccio de cerf, un "5 minutes" de Saint-Jacques à la fumée de vigne... le tout accompagné de vins italiens, allemands, français. Une vraie maison des délices !

Coco de Mer

C3

34 bd St-Marcel ✉ 75005
✆ 01 47 07 06 64
www.cocodemer.fr

Ⓜ St-Marcel
Fermé 2 semaines en août – Dîner seulement

Formule 18 € – Menu 23/35 € – Carte 28/35 €

VISA

Les vacances sont finies ? Pour vous consoler, réservez une table au Coco de Mer. Ce restaurant vous emmène illico aux Seychelles. Confortablement assis, les pieds nus dans le sable fin (la terrasse est aménagée en plage !), entre une fresque marine et des cocotiers, on se prend volontiers au jeu de ce paradis exotique. Dans l'assiette, la véritable cuisine des îles, mi-indienne, mi-africaine, est au rendez-vous. Tout comme les poissons, importés directement de l'océan Indien et délicatement fumés, marinés, grillés, pochés... Après avoir goûté au tartare de thon frais au gingembre, au bourgeois et son chutney de mangue verte, au cari de poulpe et à la crème gratinée à la banane, vous n'aurez qu'une envie : filer à Mahé !

Les Délices d'Aphrodite

Grecque

B3

4 r. Candolle ✉ 75005
✆ 01 43 31 40 39
www.mavrommatis.fr

Ⓜ Censier Daubenton

Formule 20 € – Carte 31/45 €

Celle que l'on prend pour l'annexe du restaurant des frères Mavrommatis est en fait leur première adresse, créée en 1981. Plus décontractée que la table gastronomique de la rue Daubenton, cette conviviale taverne régale de spécialités grecques pleines de fraîcheur et de parfums ensoleillés. Feuilleté au fromage de brebis, feuilles de vigne farcies au riz et pignons de pin, caviar d'aubergine servi avec une salade d'aubergines fumées, poêlée de poulpe à l'huile d'olive ou mahalepi (crème de lait à la fleur d'oranger) sont servis avec la générosité et l'amabilité typiques du pays. Le cadre bleu et blanc digne des paysages des Cyclades, le lierre qui dégringole du plafond, un vibrant rébétiko en fond sonore... Vous voilà en Grèce !

Lhassa

B1 — Tibétaine

13 r. Montagne-Ste-Geneviève — Maubert Mutualité
75005 — Fermé lundi
01 43 26 22 19

Formule 12 € – Menu 15/25 € – Carte 23/34 €

Pour respirer un peu d'air himalayen sans avoir à prendre trop d'altitude, vous n'avez qu'à escalader... la rue de la Montagne-Ste-Geneviève. Là se trouve l'un des rares bons restaurants tibétains de Paris : Lhassa. Éclairages tamisés, tapis anciens, broderies, poupées, objets de culte, photo du dalaï-lama... On entre ici comme dans un temple sacré, apaisé par l'atmosphère zen et la douce musique d'ambiance. L'accueil attentionné confirme le sentiment de bien-être immédiat. La cuisine ? Elle exhale des parfums d'ailleurs : vapeurs, soupe à base de farine d'orge grillé, d'épinard et de viande, raviolis de bœuf, boule de riz chaud aux raisins dans un yaourt et thé au beurre salé ! Les prix sont dans l'esprit des lieux : pleins de sagesse. Prêt pour le voyage ?

Marty

C3 — Brasserie 

20 av. des Gobelins 75005 — Les Gobelins
01 43 31 39 51 — Fermé août
www.marty-restaurant.com

Menu 38 € – Carte 42/90 €

Affaire familiale depuis 1913, cette vénérable brasserie parisienne – presque centenaire – a su préserver l'essentiel : son âme. Boiseries en acajou, lustres, vitraux, meubles chinés, tableaux d'époque... Du bar aux mezzanines, de la véranda à la terrasse – et au banc d'écailler –, tout rappelle l'atmosphère rétro des années 1930. Les grands plats du répertoire traditionnel – crabe royal et cœurs de laitue, sole meunière, gigot d'agneau rôti, abats (ris, rognons, tête de veau) – jouent les têtes d'affiche, mais savent faire une jolie place à des préparations flirtant avec la tendance, tel un saumon en gravlax. Gardez une petite place pour les desserts : soufflé au Grand Marnier, macaron aux framboises ou profiteroles au chocolat sont tout simplement indémodables... comme ce lieu !

Mavrommatis

Grecque

B3

42 r. Daubenton 75005
01 43 31 17 17
www.mavrommatis.fr

Censier Daubenton
Fermé dimanche soir, mardi midi, mercredi midi, jeudi midi et lundi

Formule 22 € – Menu 35 € (déjeuner en semaine) – Carte 42/55 €

Si, pour vous, manger grec se réduit au régime "souvlaki-tzatziki-moussaka", rendez-vous chez Andreas et Evagoras Mavrommatis pour un irrésistible cours de rattrapage. Pour débuter en beauté, un verre d'ouzo s'impose, à siroter sur la terrasse bordée d'oliviers et de vignes... Puis vient la cuisine, tout simplement une référence en la matière à Paris. Elle ne mise pas sur le folklore – à l'image du décor, très sobre – mais sur la tradition et une qualité de produits irréprochable. Résultat : des plats raffinés, dont il faut garnir la table comme le veut l'usage en Grèce ! Assiette de mezze, poulpe et seiche à la plancha, artichaut poivrade, caille au miel de thym, yaourt de brebis au miel et milk-shake de noix torréfiées rivalisent en saveurs...

A/C
VISA
AE

Moissonnier

Lyonnaise

C2

28 r. des Fossés-St-Bernard 75005
01 43 29 87 65

Jussieu
Fermé août, dimanche et lundi

Carte 30/65 €

VISA

Un typique bouchon lyonnais face à l'Institut du Monde Arabe. L'adresse n'est pas nouvelle, le décor non plus, mais le plaisir reste intact. Ce bistrot "pur jus" met à l'aise avec son zinc rutilant, ses grandes banquettes en moleskine, ses tables en bois, et – touches d'originalité – ses luminaires en forme de cep, ses fûts et sa hotte de vendangeur... Pas de doute, la convivialité et la bonne humeur sont ici la règle. Autour de quelques pots de beaujolais et de vins franc-comtois, Philippe Mayet prépare ses "lyonnaiseries" et autres spécialités avec une réjouissante générosité : queue de bœuf en terrine, tablier de sapeur sauce gribiche, rognons de veau, quenelle de brochet soufflée, poulet au vin jaune et aux morilles... Une adresse tout en tradition, qu'on aurait tort d'oublier.

Les Papilles

A2 — Bistrot

30 r. Gay-Lussac ✉ 75005
✆ 01 43 25 20 79
www.lespapillesparis.com

Ⓜ Luxembourg
Fermé 20-30 mars, 20 juillet-20 août, vacances de Noël, dimanche et lundi

Formule 24 € – Menu 33 € – Carte 39/45 € le midi

VISA MC

Sur place ou à emporter ? Non, vous n'êtes pas dans un fast-food anonyme – loin de là ! – mais aux Papilles, le restaurant-cave-épicerie fine de Bertrand Bluy, situé à proximité du jardin du Luxembourg. Mode d'emploi... De grands casiers à vins, où l'on se sert soi-même contre un droit de bouchon, des étagères garnies d'appétissantes conserves de terrines, foie gras, confitures et autres produits soigneusement sélectionnés, et, au centre, des tables en bois pour savourer une cuisine bistrotière plutôt contemporaine. Quelques exemples de plats à choisir sur la carte à midi ou le soir au menu : gaspacho froid de concombre à la menthe, magret de canard au madère pommes de terre grenaille, et pour finir crème brûlée au café.

Petit Pontoise

C1 — Traditionnelle

9 r. Pontoise ✉ 75005
✆ 01 43 29 25 20

Ⓜ Maubert Mutualité

Carte 35/57 €

A/C VISA MC AE D

Les endroits où l'on se sent comme chez soi sont si rares que le Petit Pontoise fait figure d'exception. Petit, certes, mais tellement attachant avec sa décoration "fifties" sans artifice, ses ardoises alléchantes et sa bonne humeur ambiante. On y croise une clientèle d'habitués qui prend le temps de profiter des bons plats du chef. À l'ardoise (pas de menu), une cuisine de tradition, fine et franche, avec les grands "classiques" : foie gras aux figues, cassolette d'escargots, bar en croûte de sel, parmentier de canard, rognons de veau à l'ancienne, poulet fermier et sa purée maison, tarte Tatin, etc. Côté vins, les flacons s'apprécient au verre, à la bouteille, et même à la ficelle.

Ribouldingue

Bistrot

B1

10 r. St-Julien-le-Pauvre ✉ 75005
✆ 01 46 33 98 80

Formule 26 € – Menu 32 €

Ⓜ Maubert Mutualité
Fermé 1 semaine au printemps, 8-31 août, 27 décembre-4 janvier, dimanche et lundi

Les tripes et les abats sont à la mode ! Pour vous en convaincre, foncez chez Ribouldingue. Osé, ce sympathique néobistrot a réussi le pari de remettre à l'honneur les "canailleries". Les amateurs seront ravis de déguster un ensemble de recettes – classiques ou revisitées – qui fondent en bouche : groin, tétine, cervelle, langue, joue, ris de veau... Rassurez-vous, la carte et les suggestions du jour offrent aussi un large choix de mets plus conventionnels : dos de cabillaud poêlé accompagné de cocos de Paimpol, fricassée de volaille aux girolles, côte de veau rôtie et ses pommes grenaille, glace au yaourt... Assiettes généreuses et parfumées : un coup de cœur à prix d'amis.

Sola ✿

B1

Au goût du jour

12 r. de l'Hôtel-Colbert ✉ 75005
✆ 01 43 29 59 04
www.restaurant-sola.com

Ⓜ Maubert Mutualité
Fermé 12-29 août, 24 décembre-2 janvier, 26-28 février, dimanche et lundi

Menu 35 € (déjeuner), 50/75 €

A/C
VISA
MC
AE
DC

© www.tibo.org

Dans ce très vieil immeuble près des quais, il faut tirer une lourde porte en bois pour entrer dans ce qui ressemble à un vénérable restaurant parisien, avec plafond bas et poutres apparentes. Or, c'est un décor zen qui se présente à vous. Un cadre particulièrement étonnant au sous-sol où, dans la cave voûtée, les tables à même le sol figurent un tatami. La cuisine de Hiroki Yoshitake participe de cette même inspiration, à mi-chemin entre exigence et précision de la gastronomie nippone, richesses du terroir français et saveurs d'Extrême-Orient. On se laisse capter avec plaisir par des menus surprises où le chef imagine des tempura de maïs aux trompettes de la mort, un millefeuille de chou chinois à l'aubergine confite, des pêches au granité de vin rosé et à la gelée de vin rouge... Une cuisine harmonieuse et raffinée, profondément personnelle, que l'on ne saurait réduire à ces simples adjectifs, si élogieux soient-ils.

Entrées

- Homard, créme aux jeunes oignons.
- Tempura de maïs, trompettes de la mort, purée de champignons.

Plats

- Bar au shiso.
- Porc ibérique.

Desserts

- Matcha sésame.
- Pêches granité et gelée au vin.

La Tour d'Argent ✿

Classique 

C1

15 quai de la Tournelle ✉ 75005 Ⓜ Maubert Mutualité
✆ 01 43 54 23 31 Fermé août, dimanche et lundi
www.latourdargent.com

Menu 65 € (déjeuner), 160/180 € – Carte 180/250 €

Tour d'Argent

Une demeure historique liée depuis 1912 à la famille Terrail : André, le fondateur, son fils Claude, et à présent son petit-fils, André. Pour autant, la "saga" de la Tour d'Argent débuta bien avant. Déjà en 1582, l'enseigne signalait une élégante auberge, qui devint un restaurant en 1780. Mais la légende commence véritablement au début du 20e s. lorsque Terrail l'achète, avec cette idée de génie dans la tête : élever l'immeuble d'un étage pour y installer la salle à manger, et jouir ainsi d'un panorama unique sur la Seine et Notre-Dame.

Le cadre cossu a conservé son lustre d'antan. Le service, parfaitement réglé, assure toujours le spectacle, dont le fameux rituel du canard de Challans au sang, inventé en 1890 par Frédéric Delair. L'emblème d'un classicisme indétrônable, mais nullement figé : véritable palimpseste, la carte conserve la mémoire de plusieurs décennies de haute gastronomie française – sans s'interdire des incursions vers la modernité. Quant à l'extraordinaire cave du sommelier David Rigway, elle renfermerait... près de 500 000 bouteilles !

Entrées

- Quenelles de brochet André Terrail
- Foie gras des Trois Empereurs

Plats

- Caneton "Tour d'Argent"
- Tronçon de sole, oignons doux à la grenobloise

Desserts

- Crêpes Belle Époque
- Variation chocolat-orange, crémeux pain d'épice

La Truffière ✿

B2

Au goût du jour

4 r. Blainville ✉ 75005
✆ 01 46 33 29 82
www.latruffiere.com

Ⓜ Place Monge
Fermé 23-30 décembre, dimanche et lundi

Formule 26 € – Menu 30 € (déjeuner en semaine), 75/135 € – Carte 80/140 €

La Truffière

Une valeur sûre que cette maison du 17e s., toute de pierres, de poutres et de voûtes… Au cœur du vieux Paris – à deux pas de la truculente rue Mouffetard –, la Truffière cultive des plaisirs intemporels. À l'unisson de l'atmosphère feutrée et chaleureuse, l'assiette se révèle aromatique et subtile, les produits du terroir et de la mer charnus et colorés. Des parfums nourrissants ! C'est là le travail d'un jeune chef bourguignon, Jean-Christophe Rizet, issu d'une famille d'agriculteurs du Charolais et passionné par la gastronomie depuis l'enfance. Par toutes les gastronomies, car il navigue avec aisance entre recettes traditionnelles et saveurs d'ailleurs. Mais l'enseigne le rappelle : en saison, les suaves fumets de la truffe blanche ou noire viennent rehausser ses créations, pour le plus grand plaisir des amateurs. Sachez également que la carte des vins est tout simplement remarquable, avec pas moins de… 3 200 références, françaises et mondiales. L'adresse a assurément du nez.

Entrées

- Œuf mollet en croûte de pain, piqure de jus de truffe.
- Saint-Jacques rôties, fumet crémé.

Plats

- Parmentier de canard aux truffes.
- Faux-filet Charolais, jus réduit au porto et truffe.

Desserts

- Soufflé chaud au limoncello et yuzu confit.
- Palet gianduja et citron vert.

St-Germain-des-Prés · Odéon · Jardin du Luxembourg

J. Loic / Photononstop

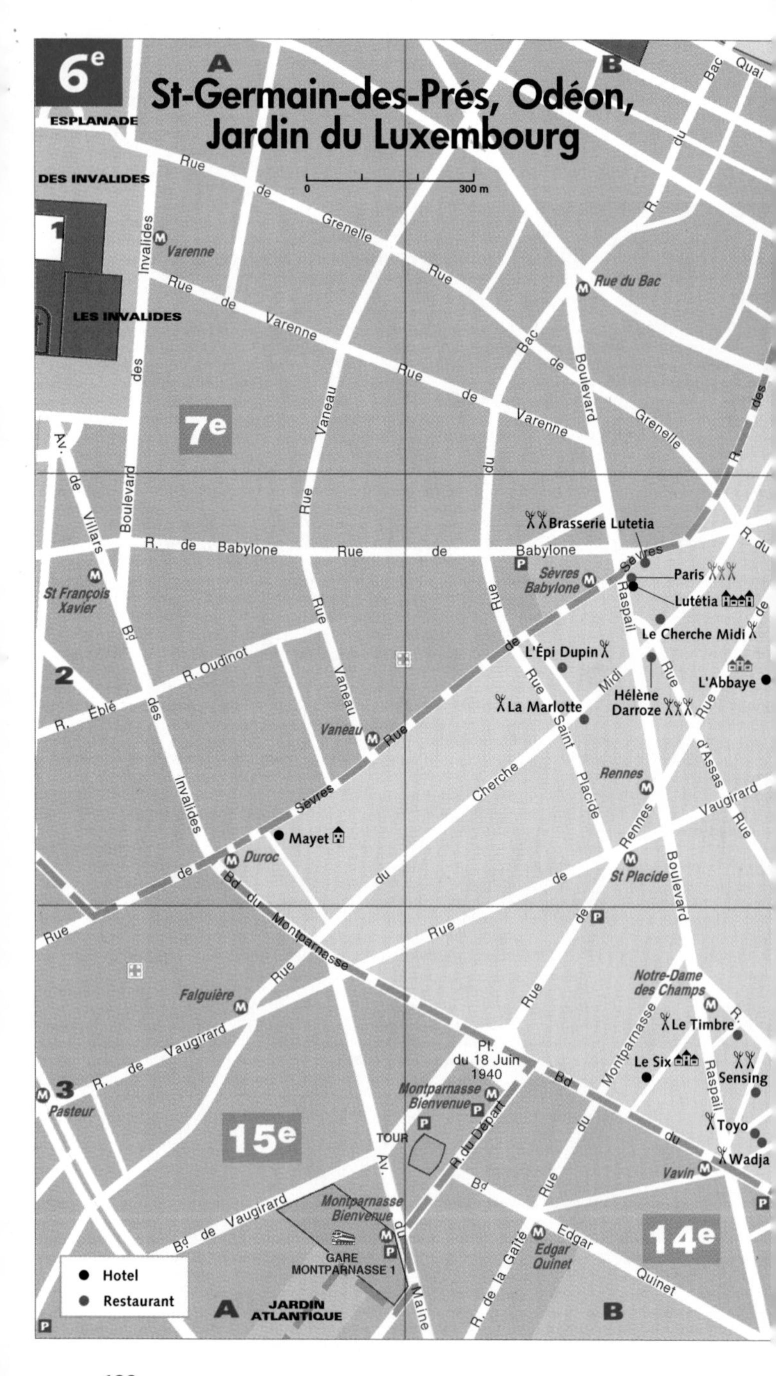
6e
St-Germain-des-Prés, Odéon,
Jardin du Luxembourg
0
300 m
A
B
ESPLANADE
DES INVALIDES
LES INVALIDES
7e
15e
14e
Rue de Grenelle
Rue de Varenne
Varenne
Rue du Bac
Rue du Bac
Boulevard des Invalides
Rue Vaneau
R. de Babylone
Rue de Babylone
Av. de Villars
St François Xavier
Sèvres Babylone
Brasserie Lutetia
Paris
Lutétia
Le Cherche Midi
L'Épi Dupin
L'Abbaye
Hélène Darroze
La Marlotte
Mayet
R. Oudinot
R. Éblé
Vaneau
Rue de Sèvres
Duroc
Rue du Cherche Midi
Rue Saint Placide
Rennes
St Placide
Rue de Rennes
Boulevard Raspail
Rue d'Assas
Rue Vaugirard
Bd du Montparnasse
Falguière
R. de Vaugirard
Pasteur
Pl. du 18 Juin 1940
Montparnasse Bienvenüe
TOUR
R. du Départ
Notre-Dame des Champs
Le Timbre
Le Six
Sensing
Toyo
Wadja
Vavin
Bd Edgar Quinet
Edgar Quinet
R. de la Gaîté
Av. du Maine
Bd de Vaugirard
GARE MONTPARNASSE 1
JARDIN ATLANTIQUE
Hotel
Restaurant

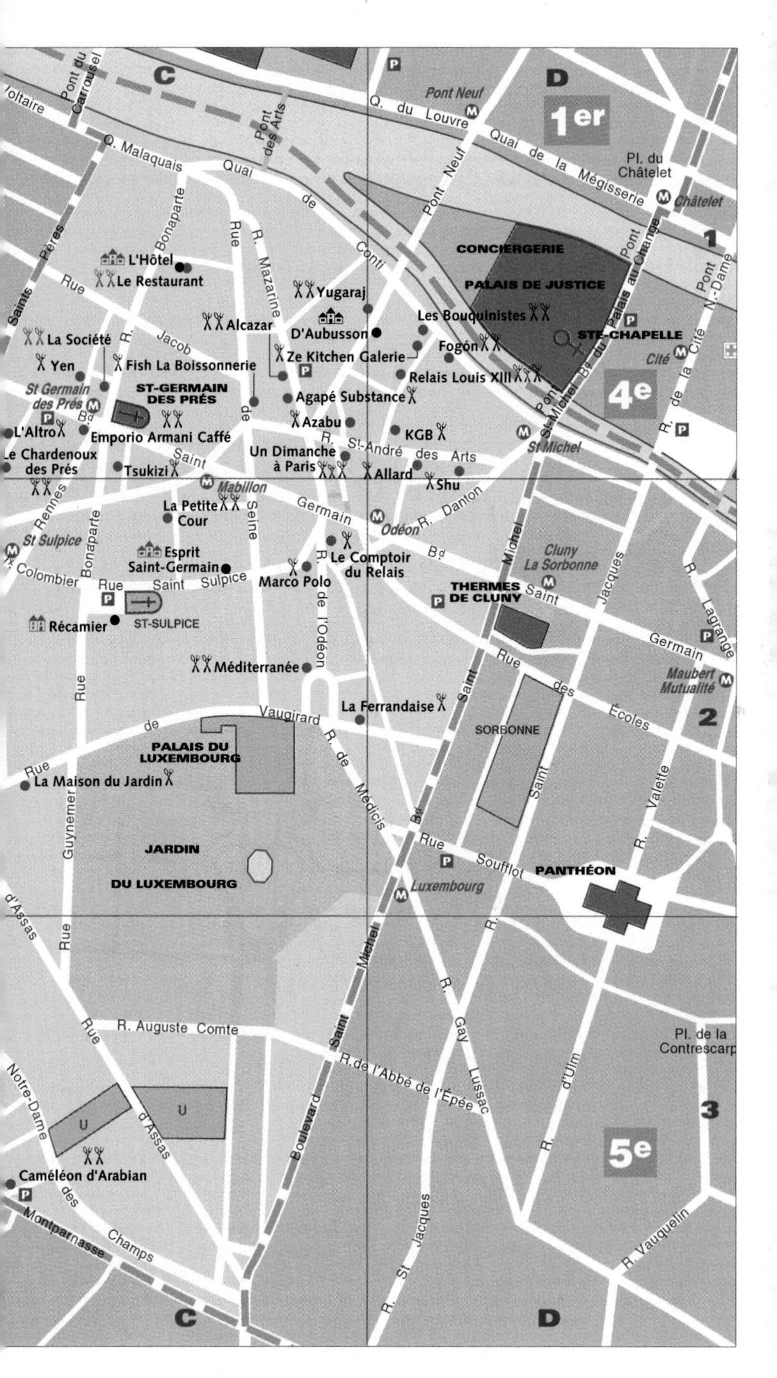

C
D
1er
4e
5e
1
2
3
Pont Neuf
Pl. du Châtelet
Châtelet
CONCIERGERIE
PALAIS DE JUSTICE
STE-CHAPELLE
Cité
St Michel
L'Hôtel
Le Restaurant
Yugaraj
Alcazar
D'Aubusson
Les Bouquinistes
Ze Kitchen Galerie
Fogón
Relais Louis XIII
La Société
Yen
Fish La Boissonnerie
St Germain des Prés
ST-GERMAIN DES PRÉS
Agapé Substance
Azabu
KGB
L'Altro
Emporio Armani Caffé
Le Chardenoux des Prés
Tsukizi
Un Dimanche à Paris
Allard
Shu
Mabillon
La Petite Cour
Odéon
St Sulpice
Esprit Saint-Germain
Le Comptoir du Relais
Marco Polo
Cluny La Sorbonne
THERMES DE CLUNY
Récamier
ST-SULPICE
Méditerranée
Maubert Mutualité
La Ferrandaise
SORBONNE
PALAIS DU LUXEMBOURG
La Maison du Jardin
JARDIN DU LUXEMBOURG
PANTHÉON
Luxembourg
Pl. de la Contrescarp
Caméléon d'Arabian
Q. du Louvre
Quai de la Mégisserie
Q. Malaquais
Quai de Conti
Pont des Arts
Pont du Carrousel
Pont au Change
Pont St-Michel
Pont N.-Dame
Bd du Palais
R. de la Cité
Rue Jacob
R. Bonaparte
Rue de Seine
R. Mazarine
R. St-André des Arts
R. Danton
Bd Saint Germain
Bd Saint Michel
R. de l'Odéon
Rue Saint Sulpice
R. Lagrange
Rue des Écoles
Rue de Vaugirard
R. de Médicis
Rue Soufflot
R. Valette
R. St Jacques
R. Gay Lussac
R. d'Ulm
R. Auguste Comte
R.de l'Abbé de l'Épée
Rue Guynemer
Rue d'Assas
Notre-Dame des Champs
Montparnasse
Boulevard Saint Michel
R. Vauquelin
Rue Saints Pères
Rennes
Colombier

Agapé Substance

C1 — **Créative**

66 r. Mazarine ✉ 75006 — Ⓜ Odéon
✆ 01 43 29 33 83
www.agapesubstance.com

Fermé 15 juillet-21 août, dimanche et lundi – Nombre de couverts limité, réserver

Menu 39 € (déjeuner en semaine), 99/169 €

VISA — MC — AE

Cette annexe de l'Agapé du 17e arrondissement a vu le jour en juin 2011 et déjà elle fait salle comble. Il faut pourtant deviner derrière cette façade discrète du quartier de l'Odéon ce lieu atypique et résolument contemporain. Rien ne sépare la salle à manger des cuisines et une vingtaine de convives seulement peuvent s'y attabler. Qu'il s'agisse de la formule déjeuner ou de la carte blanche du chef, les menus s'articulent autour des produits, toujours bien choisis. Herbes, plantes et racines, parfois énigmatiques, viennent parfumer une succession impressionnante de plats. Des pieds bleus sont servis avec des feuilles de consoude officinale, un risotto à la reine-des-prés accompagne un pavé de lotte d'une grande fraîcheur... Le mariage réussi des textures et des saveurs fait de ces agapes une expérience très originale.

Alcazar

C1 — **Au goût du jour**

62 r. Mazarine ✉ 75006 — Ⓜ Odéon
✆ 01 53 10 19 99
www.alcazar.fr

Formule 29 € – Menu 37 €
(déjeuner en semaine)/42 € – Carte 45/60 €

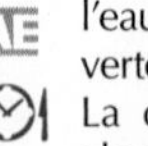

Adresse pour public adepte des ambiances lounge ! Cet ancien cabaret, relancé en 1998 par le designer avant-gardiste Terence Conran, combine déco moderne, cuisine dans l'air du temps, musique électro et chanteurs lyriques (tous les lundis). Rendez-vous à la mezzanine pour boire un verre, accoudé au bar en zinc brossé. Ou en bas, dans la salle du restaurant baignée de lumière, avec ses tables en bois, ses banquettes violettes et sa superbe expo de photos. Le spectacle de la brigade en action chapeautée par Guillaume Lutard (passé par Taillevent) met immanquablement l'eau à la bouche. Caille de Vendée farcie au foie gras et lentilles vertes du Puy, escargots au beurre d'ail, millefeuille à la vanille... La carte, façon brasserie contemporaine, marie un répertoire classique et des recettes du monde, le tout accompagné d'une large sélection de vins étrangers.

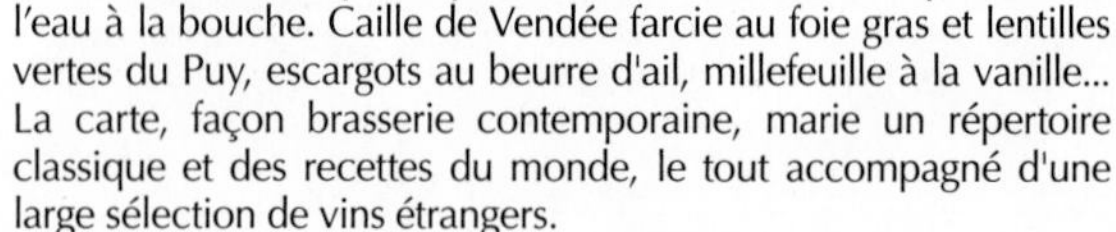

Allard

D1 Bistrot

1 r. de l'Éperon ✉ 75006 — Ⓜ St-Michel
✆ 01 43 26 48 23

Formule 22 € – Menu 30 € (déjeuner)/34 € – Carte 40/65 €

A/C VISA MC AE D

Allard, qui occupe le haut de l'affiche des tables bistrotières depuis 1931, a vu passer de nombreuses personnalités et fidélise de génération en génération les adeptes d'une cuisine franche et sincère. Si aujourd'hui les plats sont plus simples que par le passé, ils restent généreux et ancrés dans la tradition des recettes de nos grands-mères. Entre les escargots de Bourgogne, les filets de hareng pommes à l'huile, le civet de lièvre, le ris de veau aux morilles, le baba au rhum, le paris-brest et les profiteroles, c'est tout un pan de notre patrimoine culinaire qui se rappelle à nos papilles. Et le cadre 1900, témoin de l'atmosphère d'antan, joue sur le même registre (zinc, banquettes en cuir, carrelage et gravures). Un charme inégalable.

L'Altro

C1 Italienne

16 r. du Dragon ✉ 75006 — Ⓜ St-Germain des Prés
✆ 01 45 48 49 49
www.laltro.fr

Fermé 1 semaine en août, dimanche et lundi

Formule 17 € – Menu 22 € (déjeuner en semaine) – Carte 30/60 €

VISA MC

L'Altro, ou l'autre table branchée de l'équipe qui œuvre également aux Cailloux (13e). Toujours italienne, séduisante et décontractée. La carte – en version originale, comme le service sans chichi – parle d'elle-même : délicieux antipasti (assortiment de charcuteries, mozzarella et légumes grillés), penne à la crème de citron, calamars grillés servis avec salade de trévise et fenouil, et mousse au chocolat à l'italienne. À noter aussi un menu du jour et une dizaine de vins au verre. Quant au décor, associant banquettes noires, carrelage en céramique blanche aux murs et cuisines vitrées, il fait le trait d'union entre le bistrot de quartier et le loft new-yorkais. Le style germanopratin en prime.

Azabu

C1 — Japonaise

3 r. A. Mazet ✉ 75006
✆ 01 46 33 72 05
www.azabu-paris.com

Ⓜ Odéon
Fermé 2 semaines en août, dimanche midi et lundi – Nombre de couverts limité, réserver

Formule 19 € – Menu 43 € (dîner), 52/62 € – Carte 40/74 €

A/C VISA MC AE

À Tokyo, Azabu est un quartier reconnu pour sa gastronomie. À Paris, près du carrefour de l'Odéon, c'est le nom d'un restaurant japonais sobre et discret, comme le veut l'habitude pour ce genre d'adresses. Le cadre adopte le même minimalisme, et l'on y déguste son repas en toute tranquillité. Au menu, des classiques de la culture culinaire nippone cuits au teppanyaki – tofu sauté et sa sauce au poulet, bar grillé et coulis de petits pois au dashi –, mais aussi quelques poissons crus. Le chef, tout en restant fidèle à la tradition, s'ouvre aussi aux influences occidentales. Vous pourrez l'admirer en pleine action en vous attablant au comptoir.

Les Bouquinistes

D1 — Au goût du jour

53 quai des Grands-Augustins ✉ 75006
✆ 01 43 25 45 94
www.guysavoy.com

Ⓜ St-Michel
Fermé 5-23 août, 23 décembre-5 janvier, samedi midi et dimanche

Formule 29 € – Menu 32 € (déjeuner)/80 € – Carte 64/75 €

A/C VISA MC AE

Situé face à la Seine, à deux pas des célèbres échoppes de bouquinistes, ce restaurant figure au nombre des annexes de l'empire Guy Savoy. Mis en scène par Daniel Humair, son décor mélange non sans audace une modernité branchée avec des influences Art déco, voire baroques... Quant à la grande baie vitrée, elle permet d'admirer le spectacle des quais et des collectionneurs en quête du "bouquin" de leurs rêves... Côté cuisine, place à la simplicité, et parfois à l'inventivité. En parlant – pourquoi pas ? – littérature, on apprécie par exemple un œuf poché aux champignons et sa brioche au chorizo, un filet de saint-pierre au ragoût de petits pois, un agneau en trois textures, une raviole de homard et chair de crabe, ou encore un dessert "tout chocolat"...

Brasserie Lutetia

B2 — Brasserie XX

HÔTEL LUTETIA,
45 bd Raspail ✉ 75006
✆ 01 49 54 46 76
www.lutetia-paris.com

Ⓜ Sèvres Babylone

Formule 37 € – Menu 45 € (déjeuner), 49/75 € – Carte 57/90 €

A/C VISA MC AE

Roland Barthes, dans un entretien accordé au *Nouvel Observateur* en 1977, racontait avoir vu André Gide "en 1939, au fond de la Brasserie Lutetia, mangeant une poire et lisant"... Tout est dit ! Le Lutetia est évidemment synonyme de chic parisien rive gauche, et sa Brasserie à l'atmosphère inimitable incarne l'élégance et la décontraction "made in St-Germain-des-Prés"... Parmi les chromes et les miroirs, on déguste de beaux plateaux de fruits de mer et de grands classiques, tels un tartare de bœuf, une sole meunière, une bouillabaisse, un poulet de Challans rôti à l'ail, ou encore un riz au lait et un baba au rhum... Et l'on ressuscite soudain "un temps que les moins de vingt ans ne peuvent pas connaître", mais qu'ils adorent imaginer !

Caméléon d'Arabian

C3 — Traditionnelle XX

6 r. Chevreuse ✉ 75006
✆ 0143 27 43 27
www.cameleonjeanpaularabianparis.com

Ⓜ Vavin

Fermé 4-15 août, 24 décembre-3 janvier, samedi midi, dimanche et lundi

Formule 25 € – Menu 29 € (déjeuner)/45 € – Carte 48/90 €

VISA MC AE

Pour Jean-Paul Arabian, cela ne fait aucun doute : c'est chez lui qu'on déguste le meilleur foie de veau de la capitale. Il est vrai que son plat vedette a de quoi tenter les amateurs : directement arrivé de Corrèze, doré au beurre, déglacé au vinaigre de vin et simplement accompagné d'un gratin de macaronis au parmesan... Le maître des lieux se révèle intarissable sur le sujet ! Aussi affable que volubile, il vous accueille dans une salle au cadre simple mais confortable et vous présente une carte bien pensée, honorant la cuisine bourgeoise revisitée : langue de veau sauce gribiche, jambon persillé, sole entière de Bretagne cuite au plat, léger baba au rhum… et son dessert fétiche, le "Tout Noir", une mousse légère au chocolat et sa sauce, sorbet cacao...

Le Chardenoux des Prés

C1 — Au goût du jour XX

27 r. du Dragon ✉ 75006 Ⓜ St-Germain des Prés
✆ 01 45 48 29 68
www.restaurantlechardenouxdespres.com

Menu 25 € (déjeuner en semaine) – Carte 45/70 €

A/C VISA MC AE

Décidément, rien n'arrête Cyril Lignac ! Cette fois, la star du PAF culinaire s'attaque à une institution de la rive gauche. Dans l'une des salles, les portraits des présidents de la République sont toujours là, témoins de la passion de l'ancien propriétaire pour la politique, comme les banquettes en skaï et le papier peint à fleurs sur fond noir. La nostalgie des années 1970 est bien dans la tendance après tout. Et ils sont nombreux à venir goûter la cuisine de bistrot revisitée par Cyril Lignac ! Carpaccio de Saint-Jacques, curry de lotte en cocotte, entrecôte béarnaise ou côte de cochon du Sud-Ouest au satay : les produits sont frais, les préparations font des allusions à la gastronomie contemporaine… Le bonheur est dans le Chardenoux des Prés.

Le Cherche Midi

B2 — Italienne 

22 r. du Cherche-Midi ✉ 75006 Ⓜ Sèvres Babylone
✆ 01 45 48 27 44
Nombre de couverts limité, réserver
www.lecherchemidi.fr

Carte 34/53 €

VISA MC

On cherchait le Midi, on a trouvé l'Italie dans ce bistrot aussi sympathique qu'authentique. Banquettes en moleskine, comptoir en marbre, lampes boules, murs couleur beurre frais... et l'essentiel dans les assiettes : des antipasti tout simplement divins, de superbes charcuteries – dont le jambon de Parme, affiné au moins 24 mois –, des sauces chaque jour différentes... La maison possède même son propre atelier de confection de pâtes fraîches (à l'étage), et la mozzarella – bien crémeuse – arrive par avion deux ou trois fois par semaine ! Tous les lundis, c'est spaghettis aux vongole : les épicuriens énamourés de ce bel endroit (parmi eux quelques grands chefs...) ne manqueraient ce rendez-vous pour rien au monde.

Le Comptoir du Relais

C2 — Bistrot

HÔTEL RELAIS ST-GERMAIN,
5 carr. de l'Odéon 75006
01 44 27 07 50
www.hotelrsg.com

Odéon
Réservation conseillée le soir

Menu 55 € (dîner en semaine)/125 € – Carte 30/50 €

Bienvenue chez Yves Camdeborde ! Ce chef qui, gamin, dans son Béarn natal, rêvait de rugby, était loin d'imaginer ce parcours gastronomique et parisien... Sa passion pour la cuisine s'affirme auprès de Christian Constant, avec lequel il travaille au Ritz, puis au Crillon. En 1992, il se lance seul dans l'aventure en créant la Régalade (14e arrondissement), devenant alors le chef de file de la tendance "bistronomique". Aujourd'hui, on le retrouve, avec son épouse Claudine, à la tête de cet authentique bistrot Art déco, aux tables serrées et aux grands miroirs faisant office d'ardoises... La table alterne deux concepts complémentaires : une cuisine façon brasserie le midi et des préparations plus élaborées le soir, autour d'un menu unique.

Un Dimanche à Paris

C1 — Au goût du jour

4 cours du Commerce-St-André 75006
01 56 81 18 18
www.un-dimanche-a-paris.com

Odéon
Fermé 31 juillet-20 août, dimanche soir et lundi

Formule 26 € – Menu 34 € (déjeuner en semaine), 75/105 € – Carte 61/89 €

Chocolat addicts, ce "concept store", à la fois restaurant, salon de thé, boutique et école de cuisine, est pour vous ! Ce paradis dédié au cacao sous toutes ses formes est élégant, épuré selon les critères de la décoration contemporaine, et s'enroule drôlement autour des vestiges de la tour Philippe-Auguste. 1210 ! Époque cruelle où l'Europe ignorait le goût du chocolat... Heureusement ces temps sont révolus, et viandes et poissons, grâce à l'inventivité de William Caussimon, sont habilement rehaussés de jus ou de vinaigrette au chocolat noir, de sauce aux effluves épicés, d'émulsion de chocolat blanc, etc. Les rappels sont discrets, les harmonies subtiles et les produits de qualité. Mention spéciale pour les desserts, qui sont de pures délices !

Emporio Armani Caffé

C1 — Italienne XX

149 bd St-Germain ✉ 75006 — Ⓜ St-Germain des Prés
✆ 01 45 48 62 15

Formule 29 € – Menu 35 € (déjeuner en semaine) – Carte 40/80 €

Emplacement original pour ce restaurant, situé au 1er étage de l'emporium Armani de St-Germain-des-Prés (non loin de l'église). La salle est épurée et élégante, dans le style du créateur bien sûr : tons noir et chocolat noir, banquettes orange, plateaux en verre, lumière tamisée… N'aurait-on affaire là qu'à un autre type de vitrine ? Au contraire, ce "caffé" compte parmi les bonnes tables italiennes de la capitale ! Le chef, originaire de la péninsule, accommode des produits de grande qualité, très frais, dans l'esprit de la cuisine transalpine contemporaine : carpaccio, appétissant osso-buco, spaghettis à la carbonara, baba à la napolitaine très prisé des habitués, panettone et agrumes... Des saveurs pleine d'authenticité !

L'Épi Dupin

B2 — Au goût du jour X

11 r. Dupin ✉ 75006 — Ⓜ Sèvres Babylone
✆ 01 42 22 64 56
www.epidupin.com

Fermé 1er-24 août, lundi midi, samedi et dimanche – Nombre de couverts limité, réserver

Formule 25 € – Menu 35/49 €

Intéressant rapport qualité-prix pour ce restaurant de poche situé à deux pas du Bon Marché : sous l'apparence d'un petit bistrot au cadre rustique, il dissimule une table tout en finesse qui mérite que l'on s'y arrête. Le décor est d'un charme pas si courant à Paris, avec ses murs en pierre et sa massive charpente en bois aux poutres apparentes. On mange au coude-à-coude, et cela se révèle très convivial ! Autour de produits à la fraîcheur irréprochable, le chef, François Pasteau, prépare des plats simples et goûteux dans la tradition – un peu revisitée – de nos campagnes : poitrine de veau confite et grillée, lieu jaune en croûte de chutney, poire rôtie au miel...

La Ferrandaise

D2

Bistrot 

8 r. de Vaugirard ✉ 75006
✆ 01 43 26 36 36
www.laferrandaise.com

Ⓜ Odéon
Fermé 3 semaines en août, lundi midi, samedi midi et dimanche

Formule 16 € – Menu 34/46 €

VISA

Ne soyez pas surpris si, en poussant la porte de ce joli restaurant près du Luxembourg, il vous semble humer l'air pur de la chaîne des Puys. Gilles Lamiot, le patron, est passionné par cette région, son terroir et la race ferrandaise ! Régulièrement, il rend visite aux meilleurs éleveurs pour ramener des veaux de lait que le jeune chef breton transforme en terrines, en blanquettes... Bien sûr, il imagine aussi des plats tels que le gratin de moules à la bretonne ou l'épigramme d'agneau aux cocos paimpolais. Un conseil avant le dessert : gardez un peu de place pour les fromages fermiers du Puy-de-Dôme !

Fish La Boissonnerie

C1

Bistrot 

69 r. de Seine ✉ 75006
✆ 01 43 54 34 69

Ⓜ Odéon
Fermé 1 semaine en août et 20 décembre-2 janvier

Formule 13 € – Menu 27 € (déjeuner)/35 €

VISA

Rue de Seine, tout le monde connaît les méandres fantastiques de sa façade en mosaïque Art nouveau. C'est qu'il y a belle lurette que cette ancienne poissonnerie s'est transformée en restaurant et bar à vins pour mieux vous prendre dans ses filets. Vieux zinc, allusions marines et bons petits crus... Ici, la cuisine de l'océan prend de la bouteille. Vichyssoise aux huîtres, Saint-Jacques aux cocos de Paimpol, dorade aux artichauts barigoule, tarte au citron et à l'orange façon brûlée : les habitués sont toujours plus nombreux à tomber sous le charme des créations de Matthew Ong, le jeune chef anglais. Delicious !

Fogón

D1 Espagnole XX

45 quai des Grands-Augustins ✉ 75006 Ⓜ St-Michel
✆ 01 43 54 31 33
www.fogon.fr
Fermé 31 juillet-21 août, 24 décembre-7 janvier, lundi et le midi sauf samedi et dimanche

Menu 54/64 € – Carte environ 60 €

A/C VISA

Issu d'une vieille famille de restaurateurs castillans, Juan Alberto Herráiz connaît bien les secrets de la cuisine espagnole, qu'il défend avec passion. Une cuisine vivante, conviviale et authentique. Pour preuve, les charcuteries ibériques et les traditionnelles paellas servies en plats à partager à deux ou plus (aux légumes, à la valencienne, noir aux seiches et calamars, aux langoustines, etc.), les tapas réinterprétées avec originalité, jusque dans le registre sucré... Cette originalité se retrouve dans le décor élégant de la salle habillée de blanc et de mauve. Chaque élément y a été pensé, de l'éclairage au design des tables, imaginées par le chef lui-même, cachant des tiroirs où sont rangés les couverts. Belle carte des vins 100 % espagnole et petite sélection du mois.

KGB

D1 Fusion X

25 r. des Grands-Augustins ✉ 75006 Ⓜ St-Michel
✆ 01 46 33 00 85
www.kitchengaleriebis.com
Fermé 23 juillet-15 août, dimanche et lundi

Menu 27 € (déjeuner en semaine), 34/60 € – Carte 45/59 € le soir

A/C

AE

L'enseigne semble un nom de code pour initiés ; elle est pourtant d'une parfaite – et savoureuse – transparence. KGB, pour Kitchen Galerie Bis, table épigone de la célèbre Ze Kitchen Galerie lancée par l'infatigable William Ledeuil. L'esprit est le même qu'à la maison mère, et l'on s'en réjouit : mobilier minimaliste, touches de couleurs et murs couverts de tableaux contemporains, façon galerie d'art... La carte perpétue les recettes fusion qui ont fait le succès du chef, mêlant tradition hexagonale et assaisonnements asiatiques : gingembre, miso ou coriandre se marient au maquereau, à la joue de veau et aux champignons, pour de délicats mariages de saveurs. Les plats proposés sont juste plus simples – et un peu moins chers – qu'à la première adresse. "Ze" bonne affaire !

Hélène Darroze ✿

B2 — Au goût du jour XXX

4 r. d'Assas ✉ 75006 — Ⓜ Sèvres Babylone
✆ 01 42 22 00 11
www.helenedarroze.com

Menu 65 € (déjeuner), 125/175 €

A/C — VISA — MC — AE

Hélène Darroze

Passé la façade noire de l'enseigne, fleurie par les créations de Christian Tortu, on oublie tout dans la maison d'Hélène Darroze, à l'atmosphère chic et glamour. Salle à manger ou Salon ? Chaque étage joue un rôle et s'adapte aux envies et disponibilités des convives : en haut, univers tamisé et cosy dans des tonalités aubergine et orange pour apprécier un menu gastronomique unique (possibilité de choisir "l'accord mets et vins") ; au rez-de-chaussée, ambiance plus décontractée pour découvrir le même menu décliné en petites portions.
Née dans une famille de cuisiniers et de restaurateurs, Hélène Darroze allie talent et intuition. Celle qui "dévoile ses émotions" réalise une cuisine inspirée aussi bien par son terroir landais que par ses maîtres (dont Alain Ducasse) et sa curiosité. Bref, une cuisine de cœur, racontée à travers un menu attentif aux saisons et aux produits du marché. Ajoutez une sélection de vins intéressante et des armagnacs hors pair : la promesse d'une belle expérience.

Entrées

- Foie de canard des Landes confit aux épices douces, chutney de figue
- Homard bleu, royale de potimarron, miettes de châtaignes.

Plats

- Pigeonneau de Racan flambé au capucin, foie gras de canard grillé au feu de bois
- Agneau de lait des Pyrénées "Chouria", selle farcie, chuletillas à la plancha(printemps).

Desserts

- Noisette du Piémont, mousse praliné, crémeux chocolat et écume de thym citron
- Baba au rhum ambré, gelée samba et crème au sucre (été).

La Maison du Jardin

C2 — Traditionnelle

27 r. Vaugirard ✉ 75006 — Ⓜ Rennes
✆ 01 45 48 22 31
Fermé 1er-22 août, samedi midi, dimanche et fériés – Réserver

Formule 26 € – Menu 32 €

A/C VISA MC AE

"Servir une cuisine simple réalisée avec des produits frais", voilà le credo de Philippe Marquis, le chef-patron de ce bistrot situé à deux pas du jardin du Luxembourg. Midi et soir il présente un sympathique menu-carte inspiré du marché, qu'il complète au déjeuner par une ardoise du jour. Petit avant-goût savoureux : terrine maison, soupe de saison, bourride de joue de lotte au safran accompagnée de tagliatelles de légumes, profiteroles au chocolat... La carte des vins est plutôt courte, à prix sages. Quant au décor, il marie tons chauds, petits miroirs et photos noir et blanc de monuments parisiens. De quoi ravir la clientèle étrangère, mais aussi les habitants du quartier et les sénateurs gourmands...

Marco Polo

C2 — Italienne

8 r. de Condé ✉ 75006 — Ⓜ Odéon
✆ 01 43 26 79 63
Nombre de couverts limité, réserver

Formule 20 € – Menu 36 € – Carte 38/57 €

VISA MC AE

Sénateurs venus en voisins, éditeurs du quartier et amateurs de cuisine transalpine : les habitués sont nombreux et apprécient l'atmosphère à la fois feutrée et conviviale qui règne au Marco Polo... D'ailleurs, ça ne date pas d'hier, puisque Renato Bartolone a ouvert ce restaurant en 1977. Le chef qu'il a embauché, originaire de la région des Pouilles, concocte une cuisine sans esbroufe, mais franche, solide et soignée. Les antipasti mettent évidemment en appétit, et les pâtes sont travaillées dans les règles de l'art. Raviolis aux cèpes, spaghettis aux vongole : il y en a vraiment pour tous les goûts, sans même parler du risotto du jour... Un conseil : pour suivre Marco Polo dans son voyage, réservez votre traversée !

La Marlotte

B2 — Traditionnelle

55 r. du Cherche-Midi 75006
01 45 48 86 79
www.lamarlotte.com

St-Placide
Fermé 15-21 août

Formule 21 € – Menu 26 € (déjeuner en semaine)/29 € – Carte 32/52 €

VISA MC AE

Ici, plus que pour le cadre, on vient pour l'ambiance ! C'est que cette "auberge d'aujourd'hui", comme aime à l'appeler Gilles Ajuelos, est un véritable concentré de restaurant parisien : au cœur de la rive gauche, l'adresse fait le bonheur des éditeurs, galeristes et hommes politiques du quartier. Les propositions sont simples et ultraclassiques : harengs pommes à l'huile, terrine de foies de volaille, pieds et paquets, île flottante, crème caramel... Vous l'aurez compris, le chef respecte la tradition. Ce qui fait la différence ? De beaux produits de saison et une générosité indéniable !

Méditerranée

C2 — Produits de la mer

2 pl. Odéon 75006
01 43 26 02 30
www.la-mediterranee.com

Odéon
Fermé 24-31 décembre

Formule 26 € – Menu 30 € – Carte 50/70 €

A/C

VISA MC AE

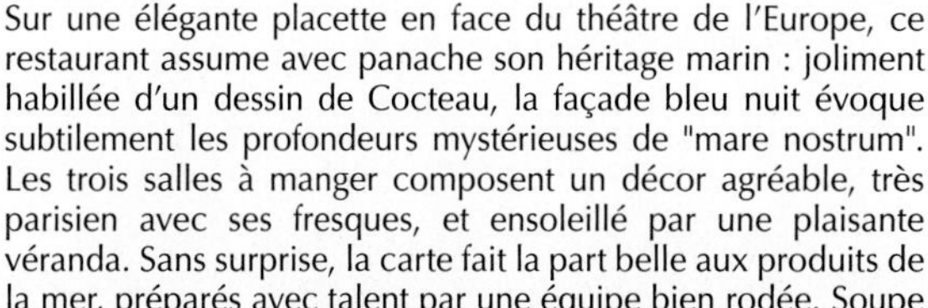

Sur une élégante placette en face du théâtre de l'Europe, ce restaurant assume avec panache son héritage marin : joliment habillée d'un dessin de Cocteau, la façade bleu nuit évoque subtilement les profondeurs mystérieuses de "mare nostrum". Les trois salles à manger composent un décor agréable, très parisien avec ses fresques, et ensoleillé par une plaisante véranda. Sans surprise, la carte fait la part belle aux produits de la mer, préparés avec talent par une équipe bien rodée. Soupe de poissons de roche, bouillabaisse, coquillages et crustacés cuisinés à la minute sont de première fraîcheur, exhibant sans complexe leur accent du Sud, autour de marinades d'huile d'olive, d'herbes parfumées et de saveurs safranées. Il ne manque que la Grande Bleue et le clapotis des vagues !

Paris ✿

B2

Au goût du jour

HÔTEL LUTETIA,
45 bd Raspail ✉ 75006
✆ 01 49 54 46 90
www.lutetia-paris.com

Ⓜ Sèvres Babylone
Fermé août, samedi, dimanche et fériés

Menu 65 € (déjeuner), 75/145 € – Carte 70/160 €

Hôtel Lutetia

A/C
VISA
MC
AE

Ne soyez pas impressionné par l'immense façade sculptée de ce monument de la rive gauche ; l'accueil au restaurant de l'hôtel Lutetia, tout en étant d'une grande élégance, sait rester simple pour vous mettre tout de suite à l'aise. En outre, le cadre Art déco de la salle à manger, réplique de celle de l'ancien paquebot Normandie, vaut le coup d'œil : cet archétype du design des années 1930 a été revisité en douceur par Sonia Rykiel, pour offrir un décor feutré, d'un luxe sobre et élégant. Mobilier de style, boiseries, grands miroirs sur un pan de mur entier, plantes... Tout a été pensé pour préserver l'atmosphère sereine et agréable d'antan.

Le chef lui-même limite volontairement le nombre de couverts, les tables sont bien espacées et le service se fait discret et efficace. De quoi satisfaire les exigences de la clientèle huppée du quartier, amatrice d'une cuisine fine et respectueuse des saisons – la carte est renouvelée chaque mois. À l'heure du déjeuner, le menu se révèle attractif.

Entrées

- Cannelloni de foie gras de canard à la truffe noire du Périgord (déc. à fév.)
- Homard Breton, kamut bio au concombre noa et citron vert

Plats

- Turbot de Bretagne cuit sur l'os, jeunes légumes à la dulce marine et à la laitue de mer
- Agneau de lait des Pyrénées rôti à l'ail rose de Lautrec

Desserts

- Le "tout-chocolat" d'un gourmand de cacao
- Millefeuille aux fruits rouges et noirs (avril à juil.)

La Petite Cour

C2 — Au goût du jour XX

8 r. Mabillon ✉ 75006 — Ⓜ Mabillon
✆ 01 43 26 52 26 — Fermé samedi midi
www.lapetitecour.fr

Formule 27 € – Menu 36 € (dîner)/49 € – Carte 42/60 €

Il faut descendre quelques marches en face du marché St-Germain pour découvrir ce restaurant rétro et son étonnante terrasse, dans une jolie cour pavée... Un cadre doucement fané pour une cuisine qui ne l'est pas ! Un œuf cocotte à la chlorophylle de cresson et ses dés de chorizo, un filet de maquereau mariné minute, une épaule d'agneau confite et sa royale d'oignon à la carbonara, un risotto vanillé et sa glace caramel au beurre salé... Tout est fin, franc, intelligent : l'œuvre de Régis Versieux, un jeune chef au beau parcours – il a fait son apprentissage chez Lasserre et a travaillé, entre autres, pour Joël Robuchon – qui joue dans la Petite Cour des grands !

VISA — MC — AE

Sensing

B3 — Au goût du jour XX

19 r. Bréa ✉ 75006 — Ⓜ Vavin
✆ 01 43 27 08 80 — Fermé août, lundi midi et dimanche
www.restaurant-sensing.com

Menu 55 € (déjeuner), 75 €/140 € – Carte 80/95 €

Dans une petite rue proche du boulevard du Montparnasse, une discrète façade en verre fumé dérobe aux regards des passants cette table design et chic, mise en scène par Malherbe et Faillant-Dumas. Le décor du Sensing fait sensation ! Lignes épurées, sol en marbre blanc, bois de sycomore, cristal, albâtre, velours : une véritable structure d'ambiance, tout en raffinement et sobriété... Et cette modernité est pleinement assumée, jusqu'aux vidéos que l'on projette sur les murs. La cuisine n'est pas en reste. Elle se décline sur une courte carte, très contemporaine, élaborée sous le pilotage de Guy Martin. La brigade témoigne d'un savoir-faire indéniable, au service de produits joliment sélectionnés. Un éveil des sens !

A/C — VISA — MC — AE

Relais Louis XIII ✿✿

Classique XXX

8 r. des Grands-Augustins ✉ 75006 — Ⓜ Odéon
✆ 01 43 26 75 96 — Fermé août, dimanche et lundi
www.relaislouis13.com

Menu 50 € (déjeuner), 80/130 € – Carte 120/150 €

Relais Louis XIII

Une table chargée d'histoire, bâtie sur les caves de l'ancien couvent des Grands-Augustins : c'est ici que, le 14 mai 1610, une heure après l'assassinat de son père Henri IV, Louis XIII apprit qu'il devrait désormais régner sur la France… La salle à manger semble se souvenir des grandes heures du passé : poutres, pierres apparentes, boiseries, vitraux et tentures, tout distille un charme d'autrefois, avec çà et là des objets de collection (tableaux)...

Une atmosphère toute particulière, agréablement hors du temps, propice à la découverte de la belle cuisine classique de Manuel Martinez. Après un joli parcours chez Ledoyen, au Crillon, à la Tour d'Argent, ce Meilleur Ouvrier de France a décidé de poser ses valises chez Louis XIII, en toute simplicité. Ce temple à la gloire des Bourbons et de la gastronomie, si atypique, n'a pas manqué de séduire bon nombre d'habitués, qui apprécient aussi l'intéressante formule déjeuner et les salons particuliers dans les caves.

Entrées

- Ravioli au homard, foie gras et crème de cèpes
- Quenelle de sandre, mousseline de champignons et glaçage au champagne

Plats

- Caneton challandais cuisiné au grès de la saison
- Ris de veau braisé aux échalotes grises, macaroni farci de cèpes

Desserts

- Millefeuille à la vanille Bourbon
- Tartelette pur chocolat grand cru, cuit à la minute, sorbet lait de coco

Le Restaurant ✿

C1

Au goût du jour ✗✗

L'HÔTEL,
13 r. des Beaux-Arts ✉ 75006
✆ 01 44 41 99 01
www.l-hotel.com

Ⓜ St-Germain des Prés
Fermé août, 23-28 décembre, dimanche et lundi

Formule 42 € – Menu 52 € (déjeuner en semaine), 95/160 € 🍷 – Carte 80/115 €

A/C VISA MC AE

Le Restaurant

Le Restaurant de l'Hôtel n'a rien d'une table gastronomique conventionnelle. Il doit son atmosphère baroque, anachronique et éclectique au designer Jacques Garcia, adepte du style Empire revisité. Dans un esprit salon privé, le décor rivalise de drapés, banquettes et fauteuils bas, alcôves, moulures dorées et tons fauves, tel un tableau d'Ingres dans sa période orientaliste. Un peu trop chargé pour certains, dépaysant pour d'autres, en tout cas original ! Le tout agrémenté d'une ravissante cour intérieure où la terrasse et la fontaine font oublier que l'on se trouve au cœur de Paris.
Pour satisfaire les exigences de sa clientèle de "happy few" – people et stars sensibles à son intimité et à ses hôtes illustres (Oscar Wilde, Borges, etc.) –, il fallait tout le savoir-faire d'un jeune chef au beau parcours. Autrefois second et seul aux commandes depuis 2011, ce dernier travaille d'excellents produits et aime revisiter les classiques de la gastronomie française ; ses créations parfumées changent au fil du marché. Accord réussi : les mets eux aussi sortent de l'ordinaire.

Entrées
- Coquillages, mousse raifort en ravigote et salicornes
- Homard bleu, sabayon safrané rafraîchi à la bouillabaisse

Plats
- Lotte cloutée au lomo, poivron rouge et calamar
- Ris de veau "crousti-moelleux", jus aux herbes

Desserts
- Pomme pochée dans un jus de cassis, sablé épicé
- Ananas, bouillon glacé maracuja

Shu

D2 — Japonaise

8 r. Suger ✉ 75006
✆ 0146 34 25 88
www.restaurant-shu.com

Menu 38/56 €

Ⓜ St-Michel
Fermé 2 semaines en août, vacances de printemps et dimanche – Dîner seulement – Nombre de couverts limité, réserver

VISA MC AE

Une cave du 17e s. dans le quartier St-Michel, à laquelle on accède par une minuscule porte et un escalier périlleux qui imposent de courber l'échine... Ainsi pourrait débuter une messe secrète... Et en effet, on rendrait bien des dévotions à la cuisine d'Ukai Osamu, grand maître de Shu ! Ce jeune chef, formé auprès de quelques grandes tables nippones de la capitale, se montre intraitable sur la qualité des produits. Il excelle notamment dans les kushiage – de petites brochettes frites de légume, viande, tofu et autres, bien croustillantes, légères et parfumées –, mais vous concocte aussi des recettes japonaises variant au gré des saisons, ainsi que les incontournables sushis et sashimis... Précision dans la découpe du poisson, dans le frémissement des bouillons, flaveur des assaisonnements (gingembre, sésame, wasabi, etc.) : on sort converti.

La Société

C1 — Au goût du jour

4 pl. St-Germain-des-Prés ✉ 75006
✆ 01 53 63 60 60
www.restaurantlasociete.com

Carte 44/100 €

Ⓜ St-Germain des Prés

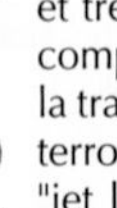

Au cœur de St-Germain-des-Prés, face à l'église et à son décor de carte postale, un antre ultracontemporain né en 2009. Aplats de noir et de gris, réseaux étudiés de lignes géométriques, sculptures en marbre de Carrare, œuvres d'art : le lieu vaut un précis d'architecture intérieure. Glamour et stylé, ce restaurant de la dynastie Costes mérite donc le coup d'œil, d'autant qu'il est imparable pour voir et être vu, notamment sur la jolie terrasse ! Le service est lui-même à la fois très show et très bises, tandis que l'assiette tient ses promesses (prix fort compris) : des produits de choix, cuisinés sans fioritures, dans la tradition française mais avec quelques incursions en Asie. Du terroir pour décor, du marbre en accoudoir et quelques saveurs "jet lag" : ainsi va la société germanopratine d'aujourd'hui, et l'on fait difficilement mieux...

Le Timbre

B3 Bistrot 

3 r. Ste-Beuve ✉ 75006
✆ 01 45 49 10 40
www.restaurantletimbre.com

Ⓜ Notre-Dame des Champs
Fermé 1er-7 mai, 23 juillet-24 août, vacances de Noël, dimanche et lundi – Nombre de couverts limité, réserver

Formule 22 € – Menu 26 € (déjeuner)/30 € – Carte 32/40 € le soir

VISA

Un homme seul aux fourneaux (visibles de la salle), une serveuse, une vingtaine de couverts, une ardoise du jour qui change chaque semaine : voilà pour la brève présentation du lieu, grand comme un timbre-poste. Dans la catégorie "bistrots de poche", celui-ci tire son épingle du jeu. Simple et convivial, il affiche souvent complet, attirant bon nombre de nos voisins anglais, compatriotes du chef, Chris Wright. Ce talentueux autodidacte n'en célèbre pas moins la pure tradition "made in France" à travers une jolie cuisine : terrine de campagne, hure de cochon aux câpres, agneau des Pyrénées accompagné de piquillos... Seule exception, les surprenants fromages anglais (stilton, cheddar...) qui varient au gré du marché. À ne pas rater : le traditionnel millefeuille.

Toyo

B3 Fusion

17 r. Jules Chaplain ✉ 75006
✆ 01 43 54 28 03

Ⓜ Vavin
Fermé août, lundi midi et dimanche

Menu 35 € (déjeuner), 55/99 €

VISA

Dans une autre vie, Toyomitsu Nakayama était le chef personnel du couturier Kenzo ; aujourd'hui, il excelle dans l'art d'assembler les saveurs et les textures, entre France et Japon. Dans son petit restaurant zen et très épuré, pas de carte, mais deux menus le midi et le soir, qui changent selon l'inspiration du moment... Toyo a évidemment quelques plats-signatures, dont le turbot mariné entre deux feuilles de kombu et accompagné de fines lamelles de boutargue, ou encore le carpaccio de veau à sa façon, dans lequel il a subtilement remplacé le fromage par un effiloché d'algues. Et que dire du tiramisu au thé vert ? Il résume à lui seul la cuisine du lieu : fraîche, fine et parfumée. Un mariage franco-nippon des plus heureux !

Tsukizi

C1 — Japonaise

2bis r. des Ciseaux ✉ 75006
✆ 01 43 54 65 19

Ⓜ St-Germain des Prés
Fermé 1er-22 août, 26 décembre-9 janvier, dimanche midi et lundi

Formule 17 € – Carte 35/60 €

VISA MC AE

Cette minuscule adresse, essentiellement fréquentée par les habitués – des Japonais et quelques touristes –, se fait discrète dans une ruelle entre la rue du Four et le boulevard St-Germain. Elle respire la simplicité avec trois petites tables au fond de la salle. Comme au Japon, on s'installe en priorité au comptoir (une dizaine de places) afin d'observer, aux premières loges, ce qui se joue en cuisine. Là, le chef découpe les poissons du jour, exposés dans de petites vitrines réfrigérées, pour ses sashimis, sushis, makis et autres préparations. Dans le respect de la tradition, évidemment. Le temps d'un repas, on s'imaginerait presque dans un vrai sushi ya de Tokyo.

Wadja

B3 — Bistrot

10 r. Grande-Chaumière ✉ 75006
✆ 01 46 33 02 02

Ⓜ Vavin
Fermé 6-25 août, 1 semaine en février, samedi midi, dimanche et fériés

Formule 16 € – Menu 19 € (déjeuner) – Carte 40/50 €

VISA MC

Fondé en 1942 par les Wadja, un couple d'origine polonaise, le Wadja porte non seulement toujours le nom des anciens propriétaires, mais il n'a rien perdu de son âme d'antan... Sol en mosaïque, zinc, miroirs, vieilles affiches : tout ici respire l'authenticité, à l'instar des petits plats de Thierry Coué (Senderens, Les Amognes). Au gré du marché, ce chef épatant vous concocte des ris de veau poêlés au beurre de citron et romarin, une tête de cochon rôti et ses pommes de terre, un jarret de veau confit aux oignons, une crêpe fourrée à la compote d'aubergine et à la cardamome... Des délices qui s'accompagnent de vins de petits propriétaires privilégiant la biodynamie. Une adresse pour les amoureux de la tradition bistrotière et... de l'ambiance surannée du Montparnasse d'autrefois.

Yen

C1

Japonaise

22 r. St-Benoît ✉ 75006 — M St-Germain-des-Prés
✆ 01 45 44 11 18 — Fermé 2 semaines en août et dimanche

Formule 38 € – Menu 68 € (dîner)/85 € – Carte 40/80 €

A/C VISA MC AE

Ce restaurant typiquement japonais est d'une extrême discrétion : sa façade en bois respire une sobriété tout orientale et s'ouvre par une modeste porte latérale. Elle cache deux salles d'inspiration zen (murs blancs, sobre mobilier en bois clair), mais le rez-de-chaussée, ouvert sur la rue, est assez animé : préférez l'étage pour plus d'espace et d'intimité (belles poutres apparentes). La spécialité du chef ? Le soba : des pâtes de sarrasin découpées en fines lamelles et assaisonnées de façon variée. Que les amateurs de sushis se rassurent, les traditionnels poissons crus sont également au menu. L'endroit attire une importante clientèle nippone qui apprécie l'authenticité des mets et la rigueur du service.

Yugaraj

C-D1

Indienne

14 r. Dauphine ✉ 75006 — M Odéon
✆ 01 43 26 44 91 — Fermé août et lundi

Formule 19 € – Menu 28/48 € – Carte 36/54 €

A/C VISA MC AE

Fondé en 1986, Yugaraj est une valeur sûre de la gastronomie indienne. Celle du Nord plus précisément, où les saveurs se révèlent moins puissantes que dans la cuisine du Sud. Le sens de la mesure et l'usage subtil des épices, voilà les principaux secrets du chef, qui réussit à vous faire voyager à l'aide d'assiettes savoureuses. Sans oublier la qualité des produits (poulet de Bresse, agneau de lait de premier choix). Du coup, les tandooris et les currys préparés ici ne ressemblent à nul autre. Boiseries, statuettes anciennes : le décor est lui-même une invitation raffinée au rêve et à l'exotisme... L'Inde par voie express !

Ze Kitchen Galerie ✿

Fusion

D1

4 r. des Grands-Augustins ✉ 75006 — Ⓜ St-Michel
✆ 01 44 32 00 32 — Fermé samedi midi et dimanche
www.zekitchengalerie.fr

Formule 27 € – Menu 39 € (déjeuner)/80 € – Carte environ 70 € le soir

A/C VISA MC AE

Bruno Delessard

Galerie d'art contemporain, atelier de cuisine, cantine arty à la mode new-yorkaise ? Sous son nom hybride, Ze Kitchen Galerie joue sur les frontières entre art et cuisine, avec pour ambition d'unir ces deux expressions dans le décor et l'assiette. Un dessein visible dès qu'on passe la porte de ce restaurant conçu par Daniel Humair : dans des volumes épurés – sans être froids – cohabitent mobilier et vaisselle design, matériaux bruts, tableaux colorés, autour d'une cuisine vitrée pour suivre en direct le spectacle de la brigade.

Aux fourneaux, William Ledeuil donne libre cours à sa passion pour les saveurs de l'Asie du Sud-Est (Thaïlande, Vietnam, Japon) où il puise son inspiration. Galanga, ka-chaï, curcuma, wasabi, gingembre... Autant d'herbes, de racines, d'épices et de condiments du bout du monde qui relèvent avec brio les recettes classiques françaises. Sa carte fusion – à base de poissons, bouillons, pâtes, plats à la plancha – décline ainsi une palette d'assiettes inventives, modernes et ciselées, pour un voyage entre saveurs et couleurs.

Entrées

- Sardines marinées, marmelade de tomate et gingembre
- Homard, condiment avocat, jus de concombre et pomme verte

Plats

- Fleur de courgette, crabe mou en tempura.
- Porc confit et grillé, condiment groseille-gingembre

Desserts

- Glace chocolat blanc et wasabi, condiment framboise
- Crémeux taïnori, sorbet gianduja-menthe

J.Heintz / Hemis.fr

Tour Eiffel · École Militaire · Invalides

I. Wooster / Fotolia.com

7e

Tour Eiffel • École Militaire • Invalides

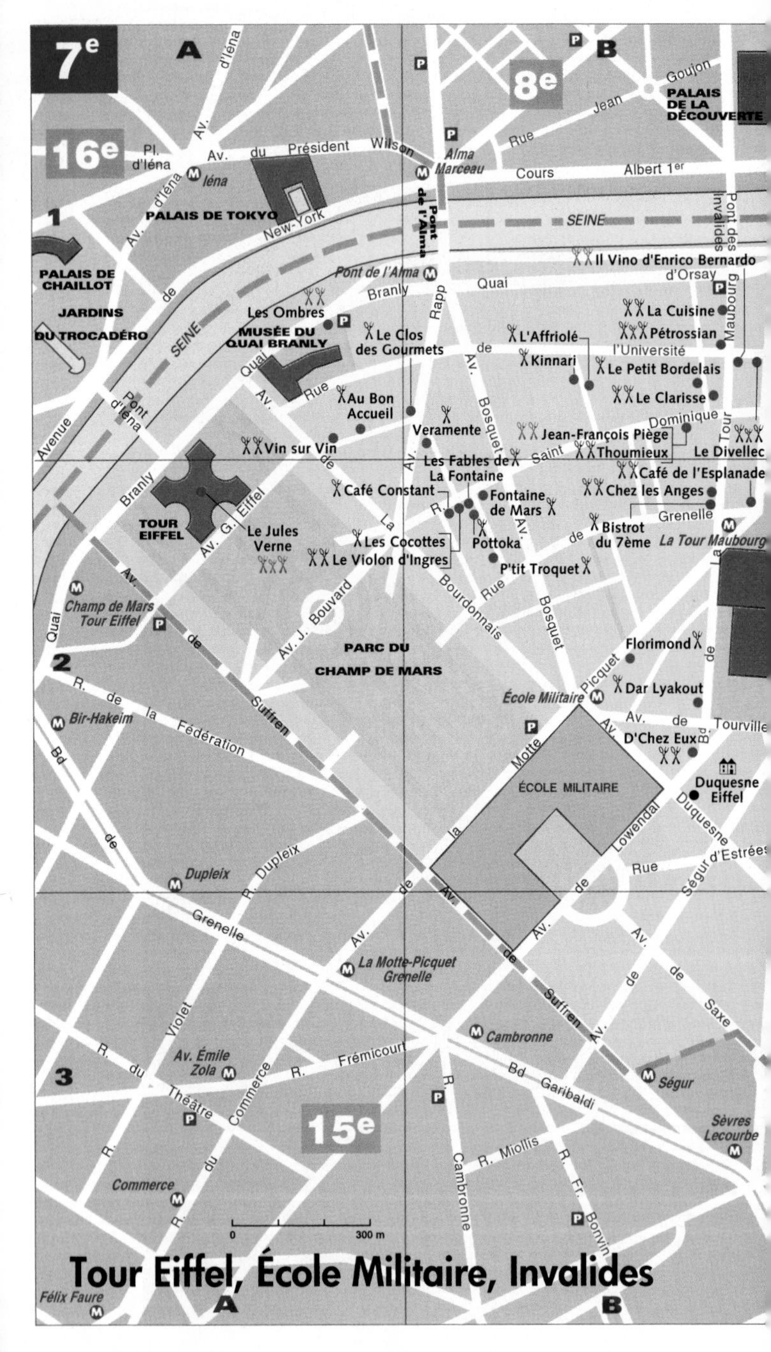

Tour Eiffel, École Militaire, Invalides

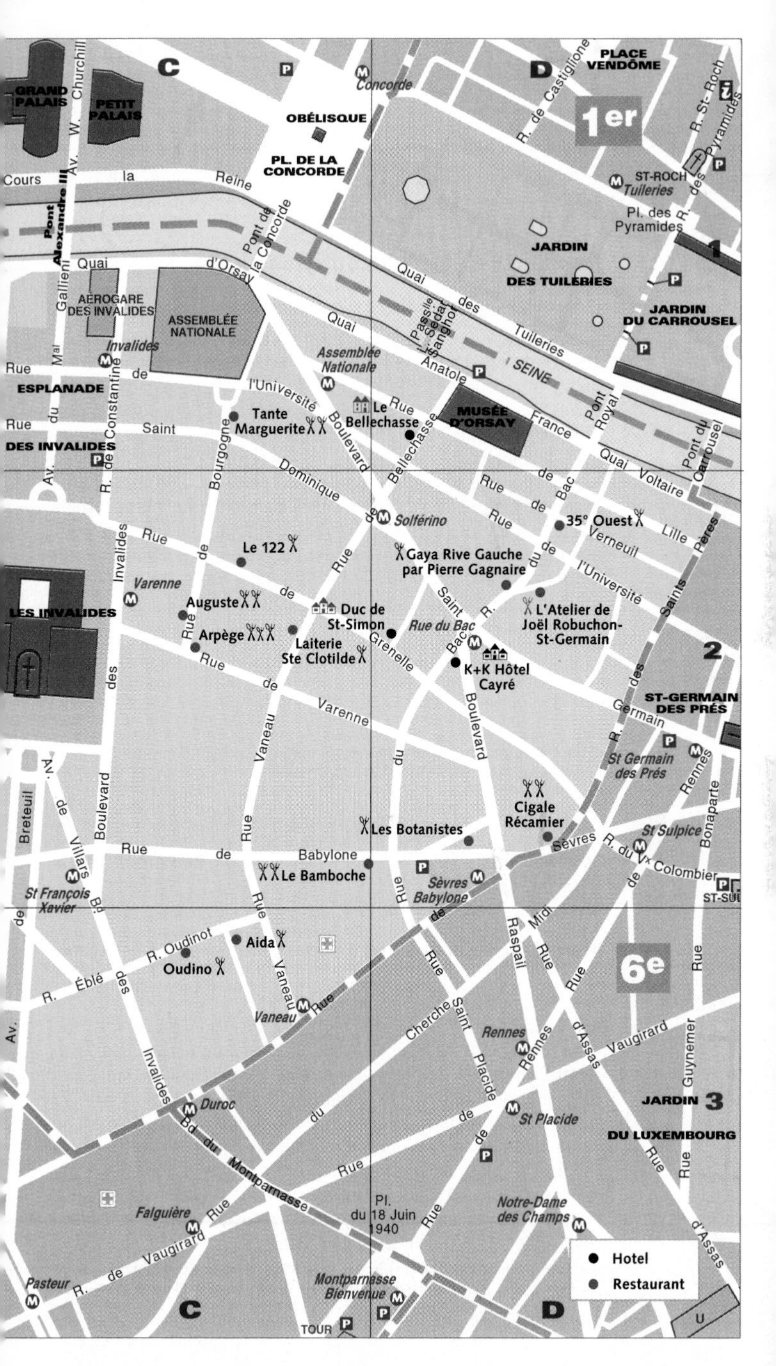
C
D
1er
6e
1
2
3
GRAND PALAIS
PETIT PALAIS
OBÉLISQUE
PL. DE LA CONCORDE
PLACE VENDÔME
JARDIN DES TUILERIES
JARDIN DU CARROUSEL
ASSEMBLÉE NATIONALE
AEROGARE DES INVALIDES
ESPLANADE DES INVALIDES
LES INVALIDES
MUSÉE D'ORSAY
SEINE
ST-GERMAIN DES PRÉS
JARDIN DU LUXEMBOURG
Tante Marguerite
Le Bellechasse
35° Ouest
Le 122
Gaya Rive Gauche par Pierre Gagnaire
L'Atelier de Joël Robuchon-St-Germain
Auguste
Arpège
Duc de St-Simon
Laiterie Ste Clotilde
K+K Hôtel Cayré
Cigale Récamier
Les Botanistes
Le Bamboche
Aida
Oudino
Hotel
Restaurant

L'Affriolé

B1 — Au goût du jour

17 r. Malar 75007
01 44 18 31 33

Invalides
Fermé 3 semaines en août, dimanche et lundi

Formule 18 € – Menu 25 € (déjeuner)/35 €

A/C VISA MC AE

Mobilier design et esprit contemporain (carrelage multicolore, chaises en plexiglas) : le bistrot de Thierry Verola est charmant ; quant à sa cuisine, elle réserve de vraies bonnes surprises... À l'écoute du marché et de ses envies, le chef propose une ardoise quotidienne dont les généreuses assiettes flirtent avec la modernité : croquette de jarret de porc aux lentilles, hamburger d'espadon au fenouil... Et pour les hommes (et les femmes) pressés, on propose aussi une formule "bento", dans laquelle tous les plats sont servis ensemble. On vient ici pour un repas à la fois décontracté et soigné, où les attentions ne manquent pas (radis en amuse-bouche, pots de crème en mignardises). Le tout à prix doux. Affriolant, non ?

Au Bon Accueil

A1 — Au goût du jour

14 r. Monttessuy 75007
01 47 05 46 11
www.aubonaccueilparis.com

Pont de l'Alma
Fermé 1er-15 août, samedi et dimanche

Menu 32 € – Carte 40/65 €

VISA MC AE

Ce bistrot gastronomique a plus d'un tour dans son sac pour conquérir le cœur du public. À commencer par son emplacement, à deux pas de la tour Eiffel. Sous les auspices de la grande dame, on se réfugie avec bonheur dans la salle au décor soigné, à l'élégance discrète. Question cuisine, le marché et les produits de qualité dictent chaque jour les intitulés du menu. Les plats au goût du jour, enrichis de gibier en saison, expriment des saveurs nettes et simples, rehaussées par des crus du Rhône ou de Bourgogne : pâté en croûte au poulet de Bresse, sole de ligne meunière, agneau de lait rôti, baba au rhum, terrine d'orange et pamplemousse, etc. Le rapport qualité-prix est excellent ! Quant à l'accueil, il suffit de lire l'enseigne pour l'imaginer...

Aida ✿

C3

Japonaise

1 r. Pierre Leroux ✉ 75007
✆ 01 43 06 14 18
www.aidaparis.com

Ⓜ Vaneau
Fermé 1 semaine en mars, 3 semaines en août, le midi et lundi – Nombre de couverts limité, réserver

Menu 160 €

Bruno Delessard

La façade blanche de ce petit restaurant niché dans une ruelle se fond si bien dans le paysage qu'on risque de passer devant sans la remarquer. Grave erreur ! Derrière se cache un secret jalousement gardé, celui d'une délicieuse table nippone. L'intérieur zen se révèle à la fois dépaysant, élégant et sans superflu, à l'image des établissements que l'on trouve au Japon. Au choix, attablez-vous au comptoir laqué rouge (seulement huit places) pour être aux premières loges face aux grandes plaques de cuisson (teppanyaki), ou dans le petit salon privé sobrement aménagé et doté d'un tatami. Au menu, une cuisine fine et pointue, valorisant des produits de première fraîcheur et tissant des liens savoureux entre le Japon et la France. Sashimis, huîtres au beurre d'algues déposées sur un lit de cresson frais, et homard de Bretagne, chateaubriand ou ris de veau cuits au teppanyaki peuvent se déguster avec des vins de Bourgogne, sélectionnés avec passion par le chef. Service très attentif et prévenant. Attention, certains plats sont uniquement disponibles sur commande lors de la réservation.

Entrées

- Sashimi
- Foie gras chaud et radis blanc cuit à la vapeur

Plats

- Teppanyaki de chateaubriand de bœuf limousin
- Teppanyaki de homard de Bretagne

Desserts

- Gâteaux de haricots rouges sucrés
- Glace vanille et crème de marron à la truffe (saison)

Arpège ✿✿✿

Créative XXX

C2

84 r. de Varenne ✉ 75007
✆ 01 45 51 47 33
www.alain-passard.com

Ⓜ Varenne
Fermé samedi et dimanche

Menu 120 € (déjeuner)/320 € – Carte 182/287 €

A/C
VISA
AE

Aurore Deligny

Plusieurs décennies déjà qu'Alain Passard a pris ses quartiers près du musée Rodin, en lieu et place de l'Archestrate, l'ancienne table de Senderens, son maître. Artiste "impressionniste", expert en cuissons et auteur d'une cuisine épurée, aboutie, d'une apparente simplicité, il s'attache depuis de nombreuses années à explorer toutes les possibilités culinaires du légume, apportant toute sa noblesse à ce produit d'ordinaire servi en accompagnement. Très attentif aux saisons, il possède même trois potagers dans l'Ouest de la France. Illustration, si besoin est, du goût pour l'authenticité de cet homme passionné. Son restaurant discret – presque insoupçonnable dans la rue de Varenne – lui ressemble : sérénité et modernité du décor ponctué de bacchanales en cristal Lalique, motifs de vagues sur les vitres, et un unique portrait, celui de Louise, sa grand-mère cuisinière. Et afin de découvrir sans trop se ruiner l'œuvre de ce "cuisinier-poète", pourquoi ne pas essayer le "déjeuner des jardins" et sa "collection légumière" ?

Entrées

- Couleur, saveur, parfum et dessin du jardin
- Robe des champs "Arlequin" à l'huile d'argan

Plats

- Aiguillettes de homard "bleu nuit" de l'archipel de Chausey
- Volaille de pays "grande tradition"

Desserts

- Millefeuille Arpège
- Tarte aux pommes "bouquet de roses"

L'Atelier de Joël Robuchon - St-Germain ✿✿

Créative

D2

7e

5 r. de Montalembert ✉ 75007
✆ 01 42 22 56 56
www.joel-robuchon.com

Menu 160 € – Carte 63/172 €

Ⓜ Rue du Bac
Accueil de 11h30 à 15h30 et de 18h30 à minuit. Réservations uniquement pour certains services : se renseigner.

A/C
VISA
MC
AE

L'Atelier de Joël Robuchon

Tour Eiffel • École Militaire • Invalides

Restaurant à part dans le paysage gastronomique, qui balaie les conventions sans négliger le goût du luxe, l'Atelier de Joël Robuchon a de quoi intriguer. Plongé dans une pénombre étudiée, il délimite un espace inédit pour les sens. Deux bars se répondent autour de la cuisine centrale où les plats sont élaborés en direct sous le regard des hôtes, assis au comptoir sur de hauts tabourets. Mobilier en bois laqué noir, sol en granit sombre, lumière discrète diffusée par des faisceaux rougeoyants, bocaux d'épices ou de légumes disposés pour animer ce décor tendance : le travail de l'architecte Pierre-Yves Rochon colle parfaitement à cette première déclinaison parisienne du concept imaginé par Robuchon – qui en a essaimé depuis dans le monde entier. Une idée de "cantine chic", version occidentale des teppanyakis et des bars à sushis nippons, avec au menu une cuisine "personnalisable" (sous forme de portions) créée à partir d'excellents produits aux saveurs franches et nettes, et une belle sélection de vins au verre. À noter : pas de réservation hormis pour les services de 11h30 et 18h30.

Entrées

- Tomates anciennes relevées de sumac à l'huile d'olive (juil. à oct.)
- Pied de cochon sur une tartine gratinée au parmesan

Plats

- Agneau de lait en côtelettes à la fleur de thym
- Merlan frit Colbert, beurre aux herbes

Desserts

- Les tartes de tradition assorties
- "Chocolat tendance", ganache onctueuse, glace au grué de cacao araguani

Auguste ✿

Au goût du jour XX

C2

54 r. Bourgogne ✉ 75007
✆ 01 45 51 61 09
www.restaurantauguste.fr

Ⓜ Varenne
Fermé 1er-22 août, samedi et dimanche

Menu 35 € (déjeuner)/85 € – Carte 75/115 €

A/C VISA MC AE

Auguste

Ambiance zen du côté des ministères ! La petite maison de Gaël Orieux – à peine une trentaine de couverts – offre un calme inattendu dans son élégant cadre contemporain, aux lignes faussement simplistes. Le blanc domine, mais réchauffé d'autant d'éléments qui apportent à cette architecture subtile une pointe d'originalité : touche rouge vif d'une grande banquette, parquet gris anthracite, fleurs et, sur les murs, deux toiles originales représentant le visage de Bouddha.

Un espace chic et "cool" où l'on déguste une cuisine d'une sage modernité : poitrine de porc pochée au foin avec marinière de coquillages, pigeon accompagné de chou-fleur râpé au saké avec rouleau de printemps au tourteau, soufflé à la pistache... La carte, courte mais très souvent renouvelée, séduit par sa variété et la qualité des produits. Gaël Orieux s'approvisionne au marché et a fait notamment le choix de ne servir que des poissons dont l'espèce n'est pas menacée (mulet noir, maigre, tacaud). Quant au choix de vins, il invite à d'agréables découvertes à prix étudiés.

Entrées

- Ormeaux de Groix, julienne de seiche pâtes cuisinées comme une paella
- Croustillants de langoustine de Saint-Guénolé à la verveine

Plats

- Ris de veau croustillant, cacahouètes caramélisées, pleurotes au vin jaune
- Homard bleu Breton, condiments thaï

Desserts

- Soufflé au chocolat pur Caraïbes, glace au miel et pollen
- Soufflé à la pistache, glace vanille (sept. à déc.)

Le Bamboche

C2

Au goût du jour XX

15 r. Babylone ✉ 75007
✆ 01 45 49 14 40
www.lebamboche.com

Ⓜ Sèvres Babylone
Fermé 12-26 août et dimanche midi

Formule 25 € – Menu 32 € (semaine)/80 € – Carte 58/80 €

A/C VISA MC AE

On bamboche ferme dans ce petit restaurant discret, derrière le Bon Marché. Cadre contemporain et fauteuils rouges glamour pour appâter et faire patienter touristes et clientèle de quartier. En cuisine, Serge Arce et Philippe Fabert, installés ici depuis 2004, ont su imposer leurs marques et jouent une partition dans l'air du temps, travaillant de beaux produits avec originalité et mêlant les saveurs : gambas juste poêlées à l'hibiscus, petit verre de piquillos, truffe gelée à la fleur de sureau, dorade marinée au sésame ; chaud-froid de foie gras, pain d'épice et truffe d'été ; dos de cabillaud rôti, carotte violette, risotto mauve aux girolles et coulis d'oseille. De quoi se réveiller les papilles entre deux sessions de shopping...

Le Bistrot du 7ème

B2

Bistrot X

56 bd de La Tour-Maubourg
✉ 75007
✆ 01 45 51 93 08

Ⓜ La Tour Maubourg
Fermé samedi midi et dimanche midi

Formule 14 € – Menu 16 € (déjeuner)/25 € – Carte 29/39 €

VISA MC

Il a tout du discret troquet de quartier. Comptoir en zinc, vieilles affiches, petites chaises en bois et nappes en papier : le décor sans prétention dépasse toutes les modes. De même que la cuisine, on ne peut plus bistrot, qualité comprise : terrine de lapin, dos de saumon sauce béarnaise, rognons de veau sauce moutarde, confit de canard... En dessert, le "patagonia" (glace vanille, confiture de lait et crème chantilly) semble détonner : c'est parce qu'il célèbre les origines argentines de la patronne. Les prix attractifs sont une aubaine dans ce quartier huppé, entre Invalides et tour Eiffel. Avec une ambiance toujours conviviale, cette petite adresse est bien épatante.

Les Botanistes

Bistrot

D2

11 bis r. Chomel ✉ 75007
✆ 01 45 49 04 54

Ⓜ Sèvres-Babylone
Fermé 3 semaines en août, dimanche et fériés

Formule 18 € – Carte 31/57 €

VISA MC

Harengs pommes à l'huile, volaille fermière, terrine de canard aux abricots, fin sablé à la pomme fondante, moelleux au chocolat... À l'ardoise, la fine fleur de la cuisine bistrotière, dans un décor qui ne fait pas plante verte : carrelage en damier, buffet en bois clair, banquettes douillettes, appliques florales d'esprit Art déco, herbiers et natures mortes distillant leur charme champêtre, si joliment suranné. Le chef, qui officiait déjà du temps du Gorille Blanc, propose également des petits plats plus relevés : chipirons au piment d'Espelette et leur risotto d'orge perlé au chorizo, ou encore carottes à l'orange et au cumin... Et la formule déjeuner de cette table des Botanistes, tout en douceur, ravit les belles plantes autant que les jolies vénéneuses !

Café Constant

Bistrot

B2

139 r. St-Dominique ✉ 75007
✆ 01 47 53 73 34
www.maisonconstant.com

Ⓜ École Militaire

Formule 16 € – Menu 23 € (déjeuner en semaine) – Carte 34/52 €

VISA MC

Lentement mais sûrement, l'ancien chef du Crillon, Christian Constant, a fait de la rue St-Dominique un vrai QG gourmand. À deux pas de son restaurant gastronomique, le Violon d'Ingres, cette annexe (dirigée par une jeune équipe) occupe un petit bistrot d'angle sans prétention. Et sans réservation ! Ici, la simplicité règne en maître. Le décor, brut de décoffrage, ne verse pas dans l'épate. La cuisine témoigne d'un sens aigu du produit, conservant un peu de l'esprit des grandes maisons (les manières et les prix en moins). Sur l'ardoise, on trouve de goûteux plats de bistrot, pensés selon le marché : œufs mimosa, côte de veau du Pays basque, agneau de lait rôti, riz au lait... Service complice et ambiance gouailleuse. Constamment épatant, le Constant !

Café de l'Esplanade

B2

Au goût du jour XX

52 r. Fabert ✉ 75007 Ⓜ La Tour Maubourg
✆ 01 47 05 38 80

Carte 60/80 €

Les frères Costes peuvent se vanter de transformer tout ce qu'ils touchent en or. À savoir en endroits branchés, comme cette Esplanade, alchimie réussie d'un lieu, d'une ambiance et d'une cuisine résolument tendance. Démonstration en quatre points. La superbe vue sur les Invalides, notamment en terrasse. La griffe "Jacques Garcia" : un univers lounge (fauteuils couverts de velours) et militaire (canons et boulets), tout en réminiscences Napoléon III. La carte qui revisite, avec légèreté, les classiques de brasserie façon "terroir-urbain" (tartare A-R, œuf coque bio, etc.) ou fusion (risotto aux gambas, canard caramel-coco). Le personnel looké, avec voiturier, au service d'une clientèle people et politique. Verdict : y courir pour voir et être vu, après avoir réservé.

A/C VISA MC AE

Le 122

C2

Au goût du jour X

122 r. de Grenelle ✉ 75007 Ⓜ Solférino
✆ 01 45 56 07 42
www.le122.fr

Fermé 28 juillet-19 août, samedi et dimanche

Formule 19 € – Menu 26 € (déjeuner)/39 € – Carte 39/52 €

Parmi les ministères, rue de Grenelle (au numéro… 122), un bistrot chic pour une savoureuse cuisine actuelle. Ancien kiné, le patron, passionné de gastronomie, a tout abandonné pour passer un bac pro en hôtellerie ; une expérience chez Laurent où il rencontre son chef de cuisine, et l'affaire est lancée. Sa vocation ? Faire beau et bon à prix doux. La formule du jour relève le pari : pavé de thon mi-cuit aux aubergines à la coriandre, croustillant de pied de cochon au foie gras et aux cèpes, brioche italienne façon pain perdu… Dans les deux salles, le décor design (tons gris et mauves, globes lumineux, chaises Ghost signées Starck) se marie parfaitement à ces assiettes bien dans leur époque. À noter, les lundis, mardis et mercredis soir, on sert une formule simplifiée "After Work – apéro dînatoire".

A/C VISA MC AE

Chez les Anges

B2 — Traditionnelle

54 bd de la Tour-Maubourg 75007
01 47 05 89 86
www.chezlesanges.com

La Tour Maubourg
Fermé samedi et dimanche

Menu 34/45 € – Carte 45/100 €

Manger au paradis, cela vous tente ? La salle profite pleinement de la lumière du jour grâce à ses larges baies vitrées, et l'on peut s'attabler autour d'un grand comptoir central... Côté déco, esprit contemporain oblige, des vitrines habillent les murs et abritent de bien jolis nectars honorant toutes les régions viticoles françaises. Ici, on déguste des plats traditionnels, justes et sincères, qui varient en fonction du marché : pintade fermière aux champignons à l'estragon, agneau de Pauillac rôti aux aubergines farcies, baba au rhum. Bel accueil, bon rapport qualité-prix et service angélique : quelle tentation !

Cigale Récamier

D2 — Soufflés

4 r. Récamier 75007
01 45 48 86 58

Sèvres Babylone
Fermé dimanche

Carte 40/55 €

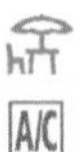

Hiver comme été, la Cigale Récamier chante et régale sans compter sous la houlette de Gérard Idoux, maître des lieux. Les habitués du Tout-Paris, notamment politique et littéraire, s'y retrouvent pour un moment de détente gourmande, au calme. Et le cadre s'y prête vraiment : un havre de paix niché dans une impasse donnant sur un jardin inattendu où la terrasse séduit. Ici, pas de menu mais une carte traditionnelle, complétée par des classiques du registre bistrotier : terrine de foies de volaille, steak tartare, rognons de veau, etc. Autre spécialité du lieu, le soufflé, salé ou sucré, se décline à tous les parfums. Gorgonzola roquette, ratatouille et poivrons, abricot gingembre... ils se parent de toutes les saveurs de saison !

Le Clarisse

B1

Fusion

29 r. Surcouf ✉ 75007
✆ 01 45 50 11 10
www.leclarisse.fr

Ⓜ La Tour Maubourg
Fermé samedi midi et dimanche

Formule 29 € – Menu 35 € (déjeuner), 65/85 € – Carte 67/75 €

Zen, soyons zen ! Au cœur d'une rue très tranquille, voici le Clarisse. Décor noir et blanc, dorures, recoins intimes : so chic... et très apprécié par la clientèle huppée. Côté papilles, le chef – venu du pays du Soleil-Levant – concocte une cuisine métissée et fraîche, où percent évidemment quelques touches japonisantes. La carte mêle joliment viande et poisson ; tout est coloré, élégant... et bon ! Papillote de merlu et légumes à l'asiatique, avec une délicate émulsion de gingembre et une bonne purée de pomme de terre, ou encore sabayon gratiné à la poire, tout en gourmandise et légèreté... Outre la carte des vins (courte mais bien troussée), on propose aussi des sakés froids.

Le Clos des Gourmets

B1

Au goût du jour

16 av. Rapp ✉ 75007
✆ 01 45 51 75 61
www.closdesgourmets.com

Ⓜ Alma Marceau
Fermé 1er-25 août, dimanche et lundi

Menu 30 € (déjeuner)/35 € – Carte 39/55 € le midi

L'adresse n'a pas volé son nom ! Côté clos, une belle salle habillée de boiseries peintes en blanc, relevée de panneaux gris ou bruns, avec des tables bien dressées et une véranda. Simplicité, élégance, chaleur : de tels clos, on en cultiverait beaucoup ! Côté gourmets, le style du chef, Arnaud Pitrois, se reconnaît sans hésitation. Tirant profit des leçons de ses maîtres (Guy Savoy, Christian Constant, Éric Fréchon, etc.), il élabore une cuisine personnelle, inventive et pleine de parfums : crème brûlée à l'infusion d'asperges, wok de légumes au jambon pata negra, épaule d'agneau confite comme un couscous, tête de cochon croustillante à la vinaigrette d'herbes, fenouil confit aux épices douces et son sorbet citron. Et le chapitre n'est pas clos...

Les Cocottes

B2 — Au goût du jour

135 r. St-Dominique ✉ 75007 — Ⓜ École Militaire
www.lesrestaurantsdeconstant.com

Carte 32/54 €

VISA MC

Le concept imaginé par Christian Constant, dans le sillage des autres adresses de son fief gourmand (entendez par là la rue St-Dominique) ? Des cocottes ! Version Staub, en fonte gris anthracite, servies dans un décor à part : ni resto ni bistrot, le lieu s'organise autour d'un comptoir tout en longueur, très stylé avec ses tabourets haut perchés et son design épuré. À la carte de ce concept de "snacking" convivial, de bons petits plats mijotés : suprême de dorade croustillant au fenouil confit, pommes de terre caramélisées farcies au pied de porc, côte de veau rôtie et ses pommes de terre écrasées... Côté vins, une grande ardoise située au-dessus du bar annonce les réjouissances. L'adresse n'a pas de téléphone : on s'invite sans réserver, à la bonne franquette.

La Cuisine

B1 — Traditionnelle

14 bd La Tour-Maubourg ✉ 75007 — Ⓜ Invalides
✆ 01 44 18 36 32 — Fermé samedi midi et dimanche midi
web lacuisine.lesrestos.com

Formule 28 € – Menu 33/40 € – Carte 50/81 €

A/C VISA MC AE

Proche du quai d'Orsay, cette cuisine-là fait son chemin sans faire de bruit, sûre des échos qu'elle éveille parmi sa clientèle d'habitués. Ils sont récompensés par un choix de beaux produits que le chef accommode avec brio dans des préparations fleurant bon la tradition : homard en salade (été), langoustines rôties au thym (hiver), filets de rouget au pistou, carré d'agneau au jus de romarin et son gratin dauphinois, cannelloni de chocolat blanc et ses griottes... Le tout accompagné de bons petits pains maison et d'un choix de vins au verre ou en carafe. Salle à manger contemporaine (tableaux d'art moderne, miroirs, confortables banquettes) : on y apprécie la véranda le jour et la douce lumière des photophores le soir.

Dar Lyakout

B2 Marocaine 

94 bd de la Tour-Maubourg ✉ 75007 Ⓜ École Militaire
☎ 01 45 50 16 16 Fermé 5-25 août
www.darlyakout.com

Formule 19 € – Menu 36 € (déjeuner en semaine) – Carte 31/50 €

Bricks croustillants et dorés ; tajines subtils et raffinés ; couscous cuisinés dans les règles de l'art, aux légumes fondants et aux morceaux de viande tendres et savoureux ; pâtisseries au miel et loukoums délicatement parfumés... Dans la maison (dar) de Lyakout (prénom féminin), on se régale de bons petits plats orientaux, généreux et bien tournés. Telle une douce évocation des Mille et Une Nuits, à la manière d'un riad du Marrakech contemporain, la déco concilie le style lounge et l'artisanat marocain, mêlant tons à la mode (du brun, du prune), lumignons et mosaïques typiques. Entre deux douceurs sucrées et quelques rêveries, on pourrait presque espérer apercevoir le fabuleux génie de la lampe...

VISA MC AE

D'Chez Eux

B2 Sud-Ouest XX

2 av. Lowendal ✉ 75007 Ⓜ École Militaire
☎ 01 47 05 52 55 Fermé août
www.chezeux.com

Formule 29 € – Menu 35 € (déjeuner en semaine) – Carte 60/100 €

D'Chez Eux, c'est une petite adresse avec un accent bien de là-bas. Ce sont les terres du Sud-Ouest dans tout leur débordant appétit, une charmante salle aux airs d'auberge de carte postale, où ne manquent ni les meubles rustiques ni les nappes à carreaux rouge et blanc. D'Chez Eux, tout fleure bon la tradition : produits régionaux, assiettes généreuses, cave imposante – axée en partie sur les bordeaux et les bourgognes – et serveurs en tablier de bougnat. Pas étonnant que la recette séduise depuis plus de 40 ans en restant invariablement sourde aux appels de la mode ! Laissez-vous tenter par la terrine de canard, les escargots de Bourgogne, les cuisses de grenouilles, le coquelet rôti en marmite et les gibiers d'automne, tous irrésistibles.

A/C VISA MC AE

Les Fables de La Fontaine

Produits de la mer

B2

131 r. St-Dominique 75007
01 44 18 37 55
www.lesfablesdelafontaine.net

École Militaire
Fermé 23-28 décembre – Nombre de couverts limité, réserver

Formule 30 € – Menu 35 € (déjeuner en semaine) /90 € – Carte 60/90 €

Les Fables de La Fontaine

Cette adresse de la rue St-Dominique vaut particulièrement le détour. Le décor adopte l'esprit d'un bistrot chic bien dans son époque, et ne s'embarrasse pas du superflu. Épurée sans être austère, la minuscule salle tout en longueur aligne quelques tables en bois foncé (tout comme la devanture), avec un comptoir à l'entrée, et des tons harmonieusement associés (bruns, blancs), relevés par des banquettes orange. L'essentiel est dit : simplicité et qualité.

Même programme côté cuisine. Le choix se porte sur le "tout poisson", avec une belle sélection de vins blancs : langoustines cuites minute et mayonnaise, marinade de thon croustillante avec anchois et piquillos, saint-pierre rôti avec mousseline de patate douce et lait de concombre... La maîtrise technique, au rendez-vous dans toutes les réalisations, sait s'effacer devant l'excellence des produits, qui varient selon les arrivages de la marée. Car l'esprit d'authenticité prime toujours. Un point de plus en faveur de ces Fables d'aujourd'hui aux savoureuses histoires de poissons.

Entrées

- Toro en gelée de rouille et émulsion chaude (mars à sept.)
- Tartare de bar au citron confit et mousse citron-combava

Plats

- Saint-Jacques poêlées et gratin de macaronis au parmesan et truffe noire (nov. à fév.)
- Merlu en croûte d'herbes, cocos de Paimpol

Desserts

- Gâteau basque cuit minute
- Verrine chocolat-banane et sorbet cacao (automne)

Florimond

B2 **Au goût du jour**

19 av. de La Motte-Picquet ✉ 75007 — Ⓜ École Militaire
✆ 01 45 55 40 38

Fermé 27 juillet-16 août, 24-27 décembre, vacances de février, lundi midi, samedi midi et dimanche

Menu 21 € (déjeuner)/35 € – Carte 45/65 €

VISA MC

Si le Florimond emprunte son nom au jardinier de la propriété de Monet à Giverny, il ne faut pas y voir l'indice d'une table impressionniste et chichiteuse. Au contraire, cette petite adresse de quartier est appréciée pour sa cuisine traditionnelle, que l'on découvre sur le menu-carte ou sur l'ardoise du jour. Le chef prend le parti de décloisonner les genres et prépare des recettes qui oscillent entre les registres du marché, du terroir, canaille et gastronomique. Il n'en finit pas de revisiter les classiques, servant aussi bien des spécialités d'antan (chou farci, pressé tiède de boudin, millefeuille à la vanille) que des plats plus actuels (raviole de homard). Avec pour règle, la simplicité, conforme à la sobriété du cadre, d'esprit bistrot.

Fontaine de Mars

B2 **Bistrot** 

129 r. St-Dominique ✉ 75007 — Ⓜ École Militaire
✆ 01 47 05 46 44
www.fontainedemars.com

Carte 38/88 €

VISA MC AE

Depuis que Barack Obama a choisi d'y dîner en juin 2009, l'adresse ne désemplit pas... Juste succès pour ce parfait bistrot des années 1930 (restauré à l'identique), véritable institution dans l'arrondissement. Dans les deux salles joliment rétro, où dominent les incontournables et délicieuses nappes à carreaux rouge et blanc, ou sur la terrasse qui fait face à la fontaine de Mars (d'où l'enseigne), il règne une atmosphère décontractée qui doit beaucoup à la gentillesse de la patronne. On s'y régale donc, à la bonne franquette, de plats traditionnels au parfait esprit bistrotier : foie gras, sole meunière, boudin, andouillette, filet de bœuf sauce béarnaise, magret de canard, etc. Pas besoin d'être le président des États-Unis pour pouvoir en profiter !

Gaya Rive Gauche par Pierre Gagnaire

Produits de la mer

44 r. du Bac ✉ 75007
☎ 01 45 44 73 73
www.pierre-gagnaire.com

Ⓜ Rue du Bac
Fermé 23 décembre-3 janvier et dimanche

Menu 60 € (déjeuner) – Carte 50/110 €

A/C VISA MC AE

Gaya Rive Gauche par Pierre Gagnaire

Sa seconde adresse à Paris, Pierre Gagnaire – qui possède plusieurs antennes dans le monde (Londres, Tokyo, Hong-Kong) – l'a souhaitée "élégante, joyeuse et décalée". Un restaurant quotidien plus accessible, donc, où la cuisine se veut à la fois "bonne et un peu drôle". Pari gagné avec son Gaya, ouvert depuis 2005 sur la rive gauche. Amusant, le décor de Christian Ghion l'est en effet, prenant le parti de l'illustration littérale de ce qui vous attend dans les assiettes : le poisson ! Avec ses couleurs gris sardine et bleu océan, son bar lumineux à effet d'optique (un quadrillage perçu à travers le mouvement ondulatoire de l'eau), son mur en forme d'écailles, ses tables aux motifs de goémon, on plonge tout de suite dans le bain !

Ambiance détendue et astucieuse cuisine très iodée sont au rendez-vous, bien sûr. Attendez-vous à déguster des préparations délicates et créatives, déclinées en fonction des marées "hautes" ou "basses", selon que l'on opte pour la chair de tourteau liée d'une gelée d'herbes fraîches, le merlan saisi au beurre ou la barbue au laurier.

Entrées

- Mousseline de champignons de Paris au porto blanc, encornets farcis de veau à l'estragon
- Œuf poché, fondue d'épinard à la fourme de Montbrison

Plats

- Merlan brillant au beurre d'herbes et moelle de bœuf, timbale de cocos de Paimpol
- Turbotin au thym citron, purée d'oseille

Desserts

- Biscuit citron imbibé au limoncello, marmelade de pamplemousse
- Gâteau chocolat gayas, café au calvados, glace chocolat carupano

Il Vino d'Enrico Bernardo ✿

Au goût du jour XX

B1

13 bd La Tour-Maubourg ✉ 75007
✆ 01 44 11 72 00
www.ilvinobyenricobernardo.com

Ⓜ Invalides
Fermé samedi midi

Formule 25 € – Menu 70 € (déjeuner), 98 € /150 € – Carte 105/150 €

Bruno Delessard

D'habitude, on commence par commander les plats ; puis vient le tour des vins, en accompagnement. Chez Il Vino, la logique veut que l'on fasse radicalement l'inverse. Sur la carte, aucun intitulé apte à vous mettre l'eau à la bouche, uniquement une liste de crus... et pas des moindres : impossible d'énumérer les 1 500 références proposées ! Une lubie du patron, Enrico Bernardo, Meilleur Sommelier du monde 2004 ? Non, plutôt une nouvelle approche des accords mets-vins où ces derniers ont décroché le premier rôle, passion oblige. Pour en savoir plus sur la cuisine, soyez attentifs : une fois les merveilleuses bouteilles choisies, on vous proposera, oralement, les préparations correspondantes. Une partition sans fausse note, elle aussi. Original, déroutant, enivrant... Une chose est sûre, ceux qui aiment se laisser surprendre seront ravis.

Côté décor, place à une atmosphère ultrachic, alliance de sobriété et de design rehaussée par la cave vitrée – illustration manifeste du concept d'Il Vino.

Entrées

- Tartare de turbot, caviar osciètre, fleurs de courgettes et mousse de gin
- Pappardelle au cerfeuil, araignée de mer et artichauts poivrade

Plats

- Caille rôtie, patates douces et crème de Saint Nectaire (hiver)
- Homard breton rôti et son émulsion, coulis de tomates jaunes, concombres et salicorne

Desserts

- Pêches blanches en gelée parfumées à la verveine, crème au yaourt à la vanille
- Soufflé glacé noisette et chocolat, mousse de cannelle et glace caramel

Jean-François Piège ✿✿

Au goût du jour XX

B1

REST. THOUMIEUX,
79 r. St-Dominique (1er étage)
✉ 75007
✆ 01 47 05 79 79
www.thoumieux.com

Ⓜ La Tour Maubourg
Fermé 30 juillet-26 août, samedi et dimanche – Nombre de couverts limité, réserver

Menu 85 € (déjeuner), 115/185 €

A/C
VISA
MC
AE

Restaurant Jean-François Piège

Un escalier confidentiel, offrant un accès discret à l'étage de la brasserie Thoumieux… puis l'impression de pénétrer dans un appartement privé, au décor chic et feutré (une création d'India Mahdavi, inspirée par les années 1950). Alors que vous prenez place, on dresse la table devant vous. Nul doute, Jean-François vous reçoit comme à la maison ! Son ambition : rendre accessible d'une nouvelle manière la haute gastronomie. Le pari est alléchant, sa réalisation atteint l'excellence. Après s'être rendu célèbre au Crillon, Piège cuisine ici en confidence, pour ainsi dire rien que pour vous (à peine vingt couverts par service). À la carte, cinq produits au choix, déclinés, selon votre appétit, en un, deux ou trois plats "surprise". Les effluves qui émanent de la cuisine contiguë – et en partie visible – aiguisent terriblement l'appétit et… la curiosité. Car les propositions du chef font mouche : des assiettes parfaitement pensées et dressées, véritables ateliers d'émotions culinaires, alliant qualité des produits, harmonie des saveurs, finesse, caractère... D'une sincérité éblouissante.

Entrées	*Plats*	*Desserts*
• Sélection des plus beaux produits de saison		

Le Jules Verne ✿

Au goût du jour ✕✕✕

A2

2e étage Tour Eiffel, ascenseur privé pilier sud Ⓜ Bir-Hakeim
✉ 75007
✆ 01 45 55 61 44 – **www.**lejulesverne-paris.com

Menu 85 € (déjeuner en semaine), 165/200 € – Carte 160/205 €

Eric Laignel

Sans vous sentir obligé de gravir les 704 marches qui conduisent au 2e étage de la tour Eiffel, rendez-vous au pilier sud et laissez faire l'ascenseur privé qui mène directement au Jules Verne, à 125 m au-dessus du sol. Ce lieu emblématique repris par Alain Ducasse offre un cadre unique : le midi comme le soir, la vue sur Paris à travers les poutrelles métalliques de la tour est spectaculaire ! Pensez à réserver très tôt (uniquement par Internet) votre table près des baies. Le décor contemporain signé Patrick Jouin (parois en nid-d'abeilles, fauteuils en cuir et fibre de carbone) est à la hauteur, de même que la cuisine classique revisitée façon Ducasse et réalisée par Pascal Féraud, un jeune chef formé à bonne école (Negresco à Nice, Louis XV-Alain Ducasse à Monte-Carlo, Spoon à Londres). Les pâtisseries sont quant à elles réalisées par Christophe Devoille, pâtissier-chocolatier et glacier de formation. La carte des vins, remarquable, compte à elle seule plus de 400 références exclusivement françaises. Un beau symbole.

Entrées

- Homard de nos côtes en bellevue, sabayon au fumet de crustacés et caviar gold
- Coquilles Saint-Jacques au gratin comme autrefois

Plats

- Tournedos de bœuf et foie gras de canard, pommes soufflées, sauce Périgueux
- Sole cuite au sautoir, morilles et épinards étuvés, sauce au vin de Château-Chalon

Desserts

- L'écrou au chocolat et praliné croustillant, glace noisette
- Savarin à l'Armagnac de votre choix, chantilly peu fouettée

Kinnari

B1

Thaïlandaise

8 r. Malar ✉ 75007
01 47 05 18 18

Ⓜ La Tour Maubourg
Fermé dimanche

Formule 19 € – Menu 22/39 € – Carte 30/45 €

VISA
MC

Mais qui est Kinnari ? D'abord une divinité mi-femme, mi-cygne, connue pour la grâce de sa danse et de ses chants. Désormais, c'est également un restaurant parisien, tenu par Bounma Seng Vieng Kham, le frère du patron du Suan Thaï (4e arrondissement). La décoration, laques sombres et teintes mordorées, rend hommage à l'ancien royaume de Siam. Quant à la carte, elle reprend les recettes qui ont fait le succès du Suan Thaï : croustillants de crevettes frits à la thaïe, salade de papaye verte aux crevettes, magret de canard sauce tamarin et litchis. Sans oublier le poulet au curry vert, les larmes du tigre ou les nems au chocolat. Les cuisiniers sont recrutés en Thaïlande pour plus d'authenticité. Une adresse sympathique à prix assez raisonnables.

Laiterie Sainte Clotilde

C2

Bistrot

64 r. de Bellechasse ✉ 75007
01 45 51 74 61

Ⓜ Solférino
Fermé 1er-23 août, vacances de Noël, samedi midi et dimanche

Formule 20 € – Menu 24 € (déjeuner)/29 € – Carte 30/35 €

VISA
MC

Une photo ancienne trône sur le comptoir et nous parle d'un temps où ces lieux faisaient office de laiterie de quartier, au début du siècle passé... Une carte d'identité toute trouvée pour une adresse qui entend creuser un sillon original au milieu des ministères, celui de la nostalgie : sans prétention, convivial et informel – façon bobo ! –, on y cultive le goût d'hier à travers une collection de chaises en formica (dépareillées, évidemment) et... une jolie cuisine ménagère. Soupe du jour (toute l'année), onglet de bœuf et ses pommes grenaille, coquelet farci aux champignons, gâteau au chocolat, etc. : l'ardoise respire l'évidence ! En prime, un choix bien pensé d'une vingtaine de bouteilles (de vin) et une addition qui ne vous prend pas pour... une vache à lait. À déguster d'une traite.

Le Divellec

B1 **Produits de la mer** XXX

107 r. de l'Université ✉ 75007
✆ 01 45 51 91 96

Ⓜ Invalides
Fermé 27 juillet-27 août, 21 décembre-2 janvier, samedi et dimanche

Menu 50 € (déjeuner), 140/180 € – Carte 110/220 €

A/C

VISA

AE

Nicolas Leser

En incorrigible Breton, Jacques Le Divellec s'adonne inlassablement à son air préféré : la Grande Bleue. On peut faire confiance à "l'ambassadeur de la mer" – comme il aime à se qualifier – pour retrouver, dans son pied-à-terre parisien (aux airs de yacht tout de blanc et de bleu), une cuisine qui rappelle La Rochelle, sa ville d'adoption. Tout près des Invalides, il met le cap sur les saveurs océanes et méditerranéennes avec des produits d'une remarquable fraîcheur : tartare de bar, cassolette de langoustines aux truffes, rougets barbets plaqués au fenouil safrané... D'élégantes préparations iodées qui séduisent un cortège doré de personnalités politiques, à deux pas des ministères et de l'Assemblée nationale : grisées par l'appel du large, ici comme chez elles, elles s'y laissent parfois aller à d'amusantes indiscrétions… En un mot, on est ici dans un "conservatoire" chic de la gastronomie marine, reconnu pour son classicisme sans outrance, quoiqu'un peu daté, et son service sans faille. Les prix s'envolent à la carte mais les menus du déjeuner sont plus abordables.

Entrées
- Émincé de turbot truffé
- Langoustines à la vapeur d'algues

Plats
- Tournedos de maquereau facon périgourdine
- Filet de saint-pierre à la réduction de porto et cacao

Desserts
- Soufflé chaud fraises des bois et sorbet coquelicot
- Florilège d'agrumes

Les Ombres

A1

27 quai Branly (musée du Quai Branly - 5ème étage) ✉ 75007 — Ⓜ Alma Marceau
✆ 01 47 53 68 00 – **www**.lesombres-restaurant.com

Formule 26 € – Menu 38 € (déjeuner)/65 € – Carte 65/105 €

Parallélépipèdes colorés, écrans de verre et formes organiques : le musée du Quai-Branly, signé Jean Nouvel, se veut être un hymne à l'architecture contemporaine. Perché sur le toit, son restaurant relève le défi d'une situation unique, celle du voisinage immédiat de la tour Eiffel ! La terrasse comme la salle, coiffée d'une structure métallique peinte du célèbre "brun tour Eiffel" et entièrement vitrée, offrent une parfaite continuité avec ce paysage : le lieu semble tutoyer les nuages et le monument, toujours nimbé de superbes jeux d'ombres – d'où le nom – et de lumières… La carte, dans l'air du temps, ouvre aussi de belles échappées : bouquet de langoustines et mousseline de carotte aux agrumes, agneau de lait au jus de menthe et crème de roquette, conversation aux fraises...

Oudino

Bistrot

C3

17 r. Oudinot ✉ 75007 — Ⓜ Vaneau
✆ 01 45 66 05 09
www.oudino.fr
Fermé 4-19 août, 24 décembre-1er janvier, samedi et dimanche

Formule 19 € – Carte 29/45 €

Une adresse agréable où l'on aime prendre ses habitudes. L'Oudino a tout ce qu'il faut pour susciter la fidélité : une ambiance décontractée au cœur du quartier des ministères, une salle au décor simple – réplique moderne et épurée d'un bistrot Art déco avec miroirs, lustres à boules, mobilier en bois sombre et murs ivoire – et une cuisine bistrotière bien dans l'air du temps. Pousses d'épinards au chèvre frais, croustillant d'épaule d'agneau, parmentier de canard, pavé de cabillaud servi avec piperade et chorizo, financier tiède aux framboises, œufs à la neige... Les plats suivent les saisons, le marché et les idées venues d'ici et d'ailleurs. En prime, de bons vins affichés sur l'ardoise et un accueil attachant qui répond à la devise du restaurant : que l'on s'y sente comme chez soi.

Le Petit Bordelais

B1 — Au goût du jour

22 r. Surcouf ✉ 75007
✆ 01 45 51 46 93
www.le-petit-bordelais.com

Ⓜ Invalides
Fermé août, 1 semaine en février, dimanche et lundi

Formule 19 € – Menu 32/70 € – Carte 50/58 €

A/C VISA MC AE

Le goût des jolis nectars, le sens de la convivialité et l'envie de faire plaisir dans un cadre chatoyant et chic... Ce Petit Bordelais – l'enseigne rend hommage aux origines du chef – n'a pas tardé à se forger une solide clientèle d'habitués, et l'on sait pourquoi ! Aux fourneaux, Philippe Pentecôte n'a pas son pareil pour réaliser une cuisine fraîche, actuelle et sans chichi. Au cœur de son travail, le bon produit et le sens du détail. De la mise en bouche aux mignardises – le canelé bordelais, réalisé dans les règles de l'art, est un incontournable de la maison –, on se régale de petits plats aux saveurs franches du collier, accompagnés de bons vins (intéressante sélection au verre). Là encore, la région bordelaise est à l'honneur, mais pas seulement…

Pétrossian

B1 — Produits de la mer

144 r. de l'Université ✉ 75007
✆ 01 44 11 32 32
www.petrossian.fr

Ⓜ Invalides
Fermé août, dimanche et lundi

Formule 32 € – Menu 70/250 € – Carte 55/110 €

A/C VISA MC AE

Rougui Dia, chef discrète, s'est naturellement imposée pour réinventer les codes de la mythique maison Pétrossian, symbole de la haute gastronomie russe et arménienne depuis 1920. Son approche personnelle du poisson – une façon de le préparer héritée de sa culture peule – et son goût pour les épices insufflent à la carte du "144" une modernité pleine de promesses. Aujourd'hui, le répertoire classique (tartare Alexandre III au caviar, Kyscielli...) s'ouvre aux influences exotiques : arapaïna (poisson du Brésil) grillé, cœurs d'artichauts poivrade ; merus (crabe) impérial du Kamtchatka, caviar Alverta royal ; millefeuille à la vanille et chocolat chaud. À découvrir également, le décor raffiné et contemporain, dont le camaïeu de gris rappelle le produit phare de l'enseigne : le caviar.

P'tit Troquet

B2 — **Bistrot**

28 r. de l'Exposition ✉ 75007
✆ 01 47 05 80 39

Ⓜ École Militaire
Fermé août, samedi midi, lundi midi et dimanche – Nombre de couverts limité, réserver

Formule 21 € – Menu 33/40 €

VISA

Pour sûr, il est p'tit, ce troquet. Mais quelle ambiance à l'intérieur ! La décoration, pour le moins singulière, déborde de nostalgie et se compose d'objets rassemblés au fil du temps : ici des vieilles réclames, là des siphons et des cafetières, tous témoins d'une autre époque, celle des années 1920. Sans oublier le comptoir en zinc d'origine, les boiseries et les tables serrées. Ce charmant petit "musée" – qui a tout pour plaire aux touristes – bouillonne de vie à l'heure des repas. Les habitués se régalent de recettes traditionnelles : sauté de veau en cocotte, bœuf bourguignon, tarte au chocolat-caramel, financier aux pommes et sa glace vanille... La maison prend soin d'eux, avec un service maîtrisant le tempo comme le sourire.

Pottoka

B2 — **Basque** 

4 r. de l'Exposition ✉ 75007
✆ 01 45 51 88 38

Ⓜ École Militaire
Fermé 20-27 décembre et dimanche

Formule 17 € – Menu 22 € – Carte 30/45 €

Pottoka ? Drôle de nom au cœur du très classique 7e arrondissement… Serait-ce un hommage à une spécialité culinaire iroquoise ? à une borne kilométrique aztèque ? à un nouvel art martial pratiqué entre amis ? Mauvaise pioche. Pottoka est l'emblème de l'Aviron Bayonnais – le club de rugby, comme son nom ne l'indique pas –, une sympathique mascotte à mi-chemin entre Footix et Petit Poney ! Depuis l'été 2011, c'est le nom de ce bistrot basque pelotonné au cœur du quartier des ministères. Jambons de Bayonne, chorizo, piment d'Espelette, ossau-iraty, gâteau basque, etc. : essai transformé sur toute la ligne pour une cuisine généreuse, colorée et bien tournée, qui fait galoper jusqu'à la frontière espagnole bien plus vite qu'un TGV. À s'en effilocher les espadrilles !

Tante Marguerite

C1 Traditionnelle XX

5 r. Bourgogne ✉ 75007
✆ 01 45 51 79 42
www.bernard-loiseau.com

Ⓜ Assemblée Nationale
Fermé août, samedi, dimanche et fériés

Menu 35 € (déjeuner)/49 € – Carte 54/74 €

A/C VISA MC AE

Par une heureuse coïncidence, c'est rue de Bourgogne que se situe cette table d'inspiration... bourguignonne. Cette institution bourgeoise du groupe Bernard Loiseau offre un décor cossu, avec boiseries, chaises Louis XV et... une étonnante table design (la n° 20). À la carte et pour les suggestions du marché, de belles recettes du terroir : escargots sautés à la purée d'ail et au jus de persil, jambon persillé du Morvan, ris de veau rôti et son jus de veau, faux-filet de bœuf de Charolles rôti et ses échalotes au vin rouge, mousse de riz au lait au cassis, etc. Sans oublier le gibier en saison. Intimité et lumières douces pour conversations feutrées : à deux pas du Palais Bourbon, les personnalités politiques adorent s'y retrouver...

Thoumieux

B1 Au goût du jour XX

79 r. St-Dominique ✉ 75007
✆ 01 47 05 79 00
www.thoumieux.com

Ⓜ La Tour Maubourg

Formule 29 € – Carte 38/61 €

A/C VISA MC AE

Paris avait frémi d'excitation, en 2009, en apprenant que Jean-François Piège quittait les ors du Crillon pour redonner vie à cette brasserie héritée de la Belle Époque. Fin 2010, l'émotion est montée d'un cran, ou plutôt d'un étage avec la création d'une "annexe" gastronomique très confidentielle (voir le restaurant "Jean-François Piège"). Pour autant, on aurait bien tort de bouder le rez-de-chaussée ! Modernisé, son décor flamboie : grands miroirs, moulures, lampes boules et longues banquettes rouges. Avec le ballet des people et aficionados attirés par la renommée du chef, les lieux ont même renoué avec toute la théâtralité de ces brasseries autrefois capitales, où s'encanaillaient bourgeois, hommes du monde et actrices... La carte elle-même, originale, fait de jolies œillades à l'esprit des lieux !

35° Ouest ✿

D2

Produits de la mer

35 r. de Verneuil ✉ 75007
✆ 01 42 86 98 88

Ⓜ Rue du Bac
Fermé 29 juillet-28 août, 24 décembre-2 janvier, dimanche et lundi – Nombre de couverts limité, réserver

Formule 33 € – Carte 60/110 €

A/C VISA MC AE

35° Ouest

Au 35, rue de Verneuil, vous avez rendez-vous avec les beaux produits de la mer. Créée par Pascal Yar, cette petite table se veut totalement marine. Contemporain, son décor affiche une allure zen et étudiée, sans faute de goût, baignée dans un camaïeu gris-vert des plus apaisants. En complément des quelques tables design, le comptoir en bois ne manque pas de séduire la clientèle cravatée – parfois pressée à midi – du 7e. Côté cuisine, le chef sait apprivoiser les saveurs de l'océan. Poissons et coquillages sont d'une extrême fraîcheur, parfaitement choisis, cuisinés simplement et assaisonnés avec grande justesse. Les portions sont généreuses, les présentations soignées, sans mise en scène : rémoulade de tourteau, tartare de poisson parfumé à l'huile d'olive et au gingembre, sole meunière, langoustines cuites au four nappées d'un beurre à l'estragon... Un produit, une garniture : c'est efficace et goûteux. En outre, le service est diligent et courtois. Un seul mot d'ordre donc : cap à l'Ouest !

Entrées

- Rémoulade de tourteau et granny-smith
- Tartare de poissons, huile d'olive-gingembre

Plats

- Sole poêlée meunière, pommes de terres écrasées
- Risotto aux langoustines, pistou de roquette

Desserts

- Sorbet vanille au muscat de Beaumes-de-Venise
- Tarte chocolat-cannelle

Veramente

Italienne

B1

2 r. Sedillot ✉ 75007
✆ 01 45 51 95 82
www.veramente.fr

Ⓜ Pont de l'Alma
Fermé 2 semaines en août et dimanche

Formule 20 € – Menu 24 € (déjeuner) – Carte 38/62 €

A/C VISA MC AE

Un restaurant italien d'expression contemporaine : la salle évoque un lounge chic et feutré (murs et banquettes en tweed gris perle, tables en laque noire, parquet), convivial quand sa clientèle d'habitués est au rendez-vous, tandis que dans l'assiette le chef d'origine napolitaine laisse s'exprimer toute sa verve et pas mal d'invention. Les saveurs incontournables de l'aubergine, du parmesan ou du poivron éclatent en bouche à la dégustation de ses plats bien tournés, frais et joliment présentés. Mention spéciale aux penne Veramente (tomates, olives noires et mozzarella en papillote) et au tiramisu, classique s'il en est, ici parfaitement traité. Au déjeuner, l'ardoise du jour est intéressante. Veramente buono !

Rappelez-vous :
les étoiles (✿✿✿...✿)
couronnent les meilleures tables.
Et peu importe le cadre :
ce que nous distinguons,
c'est la cuisine, rien que la cuisine.

Vin sur Vin ✿

A1 — Classique XX

20 r. de Monttessuy ✉ 75007
✆ 01 47 05 14 20

Ⓜ Pont de l'Alma
Fermé 4-28 août, 22 décembre -8 janvier, lundi sauf le soir de septembre à mars, samedi midi et dimanche – Nombre de couverts limité, réserver

Menu 60 € (déjeuner) – Carte 80/135 €

A/C
VISA
MC

G.Corbic/MICHELIN

"Un endroit privé que l'on ouvre au public", commente Patrice Vidal pour résumer l'atmosphère de sa "petite" adresse. Pas plus de dix tables et d'une quinzaine de couverts par service ! Vous conviendrez que ce discret restaurant, qui tient assez de la salle à manger familiale, n'est pas ordinaire. De même en coulisses, avec une équipe très réduite : le chef, Pascal Toulza, natif du Sud-Ouest, et Mustapha Rednaoui, son second formé à Marrakech, s'activent au piano, à quatre mains seulement. Ensemble, ils réalisent des plats classiques bien ficelés qui font merveille, rehaussés par le point phare de la maison : le vin.

De fait, l'enseigne est sans équivoque quant à la passion du propriétaire pour les bons crus, et la cave recèle plusieurs centaines de références dénichées avec patience et amour. Même s'il fonctionne "en dehors des circuits", le Vin sur Vin suit sa ligne de conduite avec bonheur. Et, depuis une vingtaine d'années déjà, la formule ne se dément pas.

Entrées
- Galette de pieds de cochon
- Saint-Jacques d'Erquy (oct. à mars)

Plats
- Ris de veau français
- Gibier (saison)

Desserts
- Soufflé chaud
- Millefeuille (hiver-printemps)

Le Violon d'Ingres ✿

B2

Au goût du jour XX

135 r. St-Dominique ✉ 75007 Ⓜ École Militaire
✆ 01 45 55 15 05
www.leviolondingres.com

Menu 36 € (déjeuner en semaine)/80 € – Carte 63/75 €

A/C VISA MC AE D

Violon d'Ingres

Une enseigne au sens double pour Christian Constant : elle évoque à la fois sa passion pour la cuisine, héritée de sa grand-mère, et sa fascination pour le peintre éponyme, originaire comme lui de Montauban. Le nom de son premier restaurant était donc tout trouvé, quand il a décidé de voler de ses propres ailes après une brillante carrière dans les palaces et les grandes maisons (Ledoyen, Ritz, Crillon). Mais ici, fini les grosses brigades, les ambiances très huppées et les recettes qui épatent au-delà de tout. Christian Constant a amorcé un virage à 180 degrés : place à plus de simplicité et à une équipe réduite, dans ce qui ressemble à une néobrasserie de luxe, sobre et contemporaine. La salle, en longueur et baignée de tons blanc, crème et gris, procure un sentiment d'espace et de sérénité. On y déguste des plats d'inspiration classique – avec de belles racines du Sud-Ouest – et d'une parfaite maîtrise technique, mais joliment modernisés et toujours concoctés à base de produits de grande qualité. Un détail : pensez à réserver, c'est souvent complet. La rançon du succès.

Entrées

- Œufs de poule mollets, roulés à la mie de pain, toasts au beurre truffé.
- Millefeuille de langue et foie gras.

Plats

- Suprême de bar croustillant, ravigote aux câpres.
- Andouillettte de pieds de porc panés, sauce à la lie de vin.

Desserts

- Soufflé chaud à la vanille, caramel au beurre salé.
- Traditionnel millefeuille.

8e

Champs-Élysées · Concorde · Madeleine

B. Rieger / Hemis.fr

8e

Champs-Élysées • Concorde • Madeleine

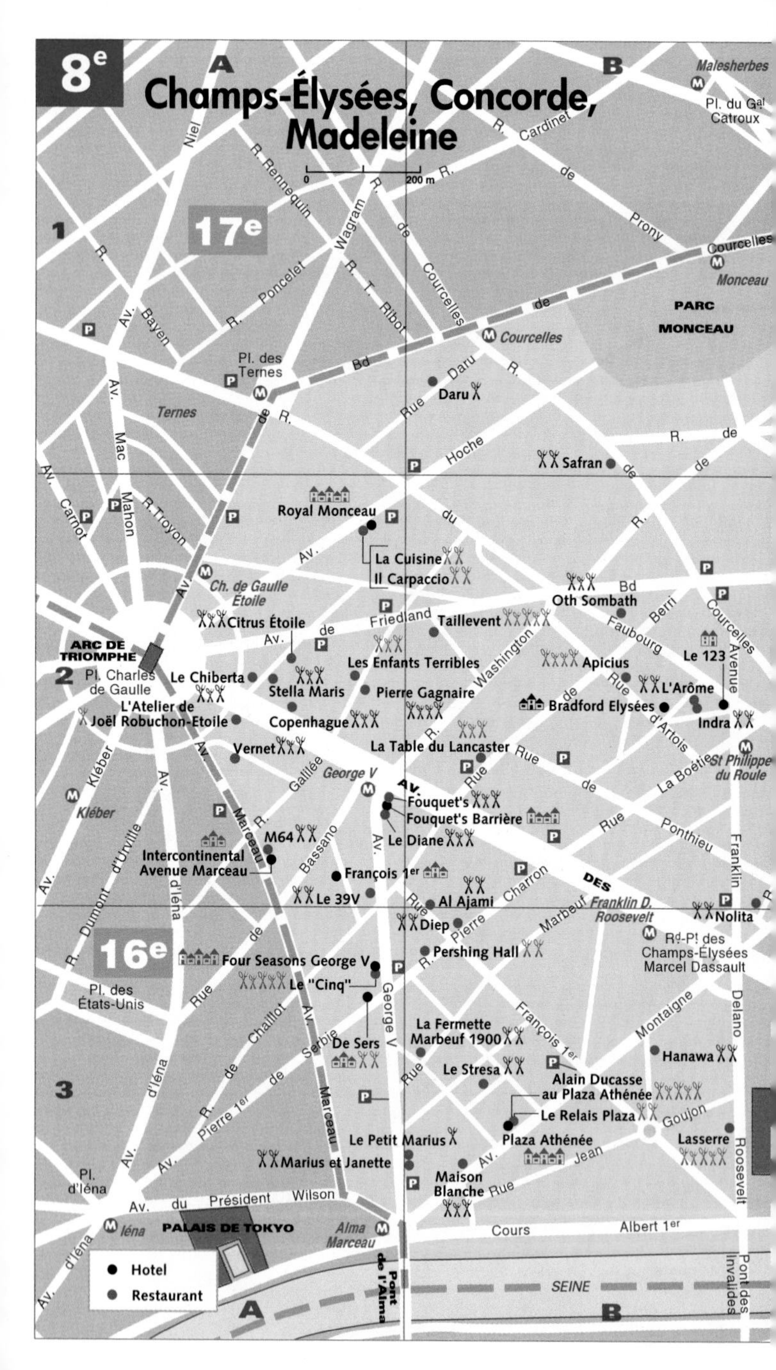
8e
Champs-Élysées, Concorde, Madeleine
17e
16e
Royal Monceau
La Cuisine
Il Carpaccio
Daru
Safran
Oth Sombath
Citrus Étoile
Taillevent
Les Enfants Terribles
Apicius
Le 123
Le Chiberta
Stella Maris
Pierre Gagnaire
L'Arôme
Bradford Elysées
L'Atelier de Joël Robuchon-Etoile
Copenhague
Indra
Vernet
La Table du Lancaster
Fouquet's
Fouquet's Barrière
Le Diane
M64
Intercontinental Avenue Marceau
François 1er
Le 39V
Al Ajami
Diep
Nolita
Four Seasons George V
Le "Cinq"
Pershing Hall
De Sers
La Fermette Marbeuf 1900
Hanawa
Le Stresa
Alain Ducasse au Plaza Athénée
Le Relais Plaza
Lasserre
Le Petit Marius
Plaza Athénée
Marius et Janette
Maison Blanche
ARC DE TRIOMPHE
PARC MONCEAU
PALAIS DE TOKYO
SEINE
Hotel
Restaurant

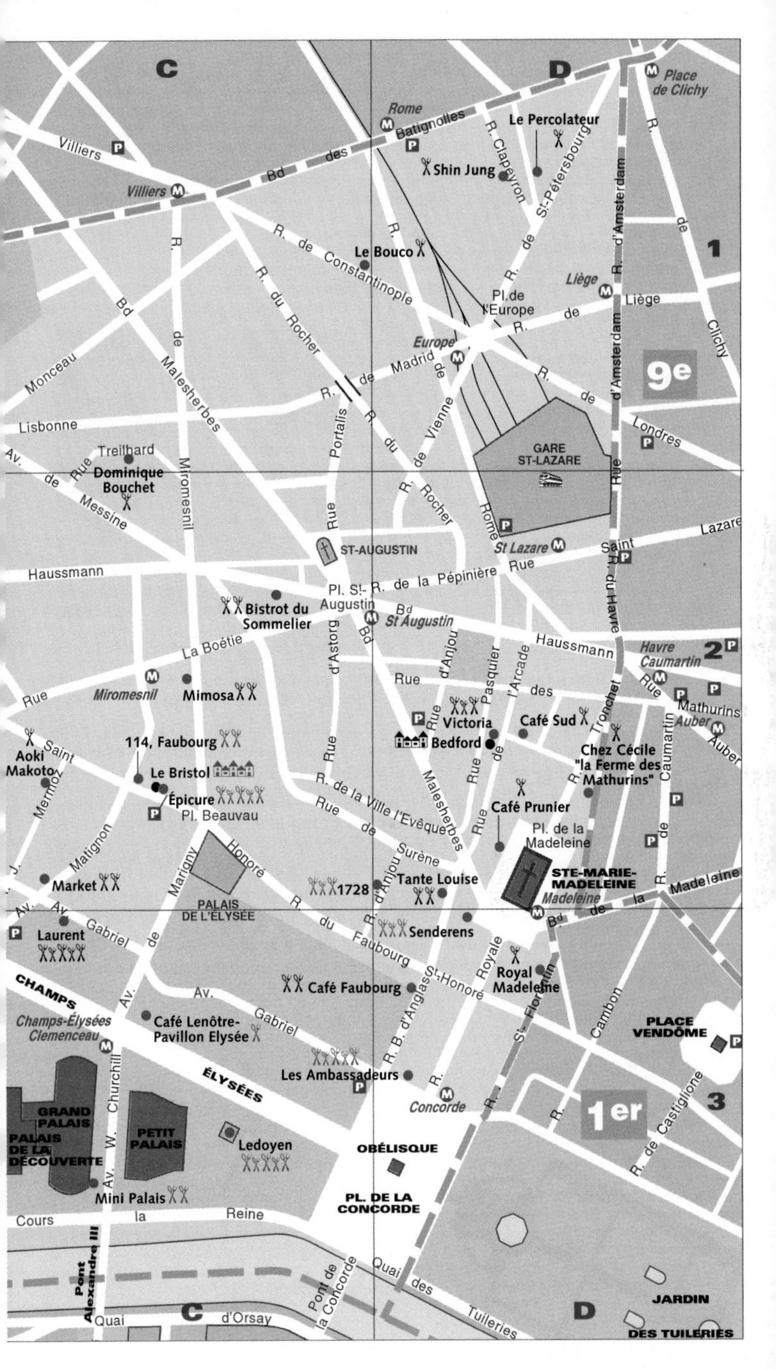

C
D
Place de Clichy
Rome
Bd des Batignolles
Le Percolateur
Shin Jung
R. Clapeyron
R. de St-Pétersbourg
R. d'Amsterdam
Villiers
R. de Constantinople
Le Bouco
Liège
Pl. de l'Europe
R. de Liège
Europe
R. de Madrid
R. du Rocher
Bd Malesherbes
R. de Vienne
R. de Clichy
9e
R. de Londres
Gare St-Lazare
Lisbonne
Treilhard
Dominique Bouchet
Av. de Messine
Rue Miromesnil
Rue Portalis
R. de Rome
St-Augustin
St Lazare
R. St-Lazare
R. du Havre
Haussmann
Pl. St-Augustin
R. de la Pépinière
Bistrot du Sommelier
St Augustin
Bd Haussmann
La Boétie
Havre Caumartin
Miromesnil
Mimosa
Rue d'Astorg
Rue d'Anjou
Rue Pasquier
R. de l'Arcade
Rue des Mathurins
Auber
Victoria
Café Sud
Tronchet
114, Faubourg
Bedford
Aoki Makoto
Chez Cécile "la Ferme des Mathurins"
R. Caumartin
Le Bristol
Épicure
Pl. Beauvau
R. de la Ville l'Evêque
Rue de Surène
Café Prunier
Pl. de la Madeleine
Av. Matignon
Market
1728
Tante Louise
Ste-Marie-Madeleine
Madeleine
R. de la Madeleine
Palais de l'Élysée
Av. de Marigny
R. du Faubourg St-Honoré
Laurent
Av. Gabriel
Senderens
Bd de la Madeleine
Royal Madeleine
Rue Royale
Champs Élysées
Café Faubourg
R. B. d'Anglas
R. St-Florentin
R. Cambon
Place Vendôme
Champs-Élysées Clemenceau
Café Lenôtre-Pavillon Elysée
Les Ambassadeurs
Concorde
1er
R. de Castiglione
3
Grand Palais
Palais de la Découverte
Petit Palais
Av. W. Churchill
Ledoyen
Obélisque
Pl. de la Concorde
Mini Palais
Cours la Reine
Pont Alexandre III
Pont de la Concorde
Quai des Tuileries
Quai d'Orsay
Jardin des Tuileries

Alain Ducasse au Plaza Athénée ✿✿✿

B3 Créative ✗✗✗✗✗

HÔTEL PLAZA ATHÉNÉE,
25 av. Montaigne ✉ 75008
✆ 01 53 67 65 00
www.alain-ducasse.com

Menu 360 € – Carte 220/360 €

A/C
VISA
MC
AE

Thomas Duval

Excellence, tradition, luxe et raffinement… N'en jetez plus ! Vous êtes au Plaza Athénée, palace de légende qui, depuis 1911, domine la prestigieuse avenue Montaigne. Sous l'impulsion d'Alain Ducasse, le designer Patrick Jouin a repensé l'allure de la salle à manger, l'habillant de "magie et de poésie", "comme si le décor, à la faveur d'une seule nuit, avait ajouté ses propres prolongements". Réminiscences Régence du mobilier, lustre central aux milliers de pampilles, enveloppé d'organza métallique, plafond redoré à la feuille d'or, tons clairs… Le résultat colle tout à fait au style gastronomique de l'endroit, à la fois classique et contemporain. Car ici, Alain Ducasse entend délivrer la quintessence de sa cuisine, à travers une partition parfaitement millimétrée, centrée sur le geste brut et le produit lui-même. Ainsi des saveurs extraordinairement cristallines... sublimées par un choix impressionnant de belles bouteilles du monde entier.

Entrées

- Légumes et fruits
- Cèpes de châtaignier (automne)

Plats

- Homard et pommes de mer
- Turbot, coquillages et blettes

Desserts

- Baba au rhum comme à Monte-Carlo
- Caillé de brebis, caramel, poivre

Al Ajami

B2 — Libanaise XX

58 r. François 1er ✉ 75008 — Ⓜ George V
✆ 01 42 25 38 44
www.ajami.com

Formule 17 € – Menu 27 € (déjeuner en semaine), 30/49 € – Carte 38/60 €

Touristes en provenance du Moyen-Orient, Parisiens d'origine libanaise et hommes d'affaires de la capitale : voilà pour la clientèle de ce restaurant posté à l'angle des rues François-Ier et Lincoln. Cette véritable ambassade de la cuisine traditionnelle libanaise est la déclinaison d'une adresse créée à Beyrouth dans les années 1920, qui depuis multiplie les enseignes à travers le monde. Objets orientaux, vases, aquarelles, boiseries, papier peint pourpre et or, confortables sofas et musique d'ambiance : le décor puise aussi son inspiration du côté du pays du Cèdre. Quant aux petits plats – houmous, taboulé, brochettes de viande marinée, pâtisseries orientales, etc. –, ils distillent de doux parfums. Au déjeuner, le menu beyrouthin permet un dépaysement sympathique, à prix sages.

A/C VISA MC AE

Aoki Makoto

C2 — Au goût du jour X

19 r. Jean Mermoz ✉ 75008 — Ⓜ Mirosmenil
✆ 01 43 59 29 24
Fermé août, 24 décembre-6 janvier, samedi et dimanche

Formule 22 € – Menu 45 € (dîner)/65 € – Carte 60/83 €

VISA MC AE

Ne vous fiez pas aux apparences ! L'enseigne de ce petit bistrot contemporain a beau être japonaise, sa cuisine n'en est pas moins typiquement française – et de bonne tenue. Avant d'ouvrir son propre restaurant (à quelques minutes des Champs-Élysées, s'il vous plaît), Aoki Makoto a travaillé pour de belles maisons parisiennes (Palais Royal, Senderens...). C'est avec une application et une exigence toutes nippones qu'il se consacre depuis aux usages et techniques de la gastronomie hexagonale ! Parmi les spécialités proposées sur la courte carte : assiette aux treize légumes, risotto du jour, pigeon rôti au foie gras, baba au rhum... La formule déjeuner présente un excellent rapport qualité-prix.

Les Ambassadeurs ✿

D2 — Au goût du jour XXXXX

HÔTEL CRILLON,
10 pl. de la Concorde ✉ 75008
(*fermeture prévue pour travaux à partir de l'été 2012*)
✆ 01 44 71 16 16 – **www**.crillon.com

Ⓜ Concorde
Fermé dimanche et lundi

Menu 68 € (déjeuner en semaine), 160/270 € – Carte 100/200 €

A/C · VISA · MC · AE

Crillon/Eric Cuvillier

Une ambassade de la grande cuisine, au cœur du célébrissime hôtel de Crillon... La place de la Concorde n'y paraît qu'une entrée en matière ; son décor est un achèvement : dans cette ancienne salle de bal, le 18e s. brille de tous ses feux (marbre de Sienne, pampilles, miroirs, argenterie fine, etc.). Un écrin rare, donc, qui cristallise toutes les représentations du luxe à la française – le service, à l'ancienne, n'étant pas en reste !

Après le départ de Jean-François Piège fin 2009, une toute jeune équipe a repris le flambeau en 2010. Pleine d'allant et d'envie, elle signe une carte tout à fait digne des lieux. Les produits sont de première qualité, les réalisations fines et précises, la créativité mesurée, centrée sur l'harmonie des saveurs. L'art d'assumer un héritage, sans souci de révérence mais avec une technique éprouvée...

Entrées

- Foie gras de canard des Landes cuit en cocotte lutée
- Caviar impérial de Sologne, gelée de concombre et mini blinis

Plats

- Carré d'agneau en cheveux d'anges, quinoa bio à l'aubergine fondante
- Cigale de mer, poêlée de girolles, infusion au sureau

Desserts

- Finger choco-noisette aux nuances citronnées
- Vacherin contemporain, glace à la rhubarbe et fraises des bois

Apicius ✿✿

Classique

B2

20 r. d'Artois ✉ 75008
☎ 01 43 80 19 66
www.restaurant-apicius.com

Ⓜ St-Philippe du Roule
Fermé août, samedi, dimanche et fériés

Menu 160/200 € – Carte 120/215 €

Apicius

Aux fourneaux depuis plus de quarante ans, Jean-Pierre Vigato séduit les plus blasés en élaborant la cuisine qu'il aime : une "cuisine vérité", personnelle et limpide, qui valorise le produit – prédilection pour les plats canailles – et la tradition bourgeoise, entre classicisme et invention.

En 2004, son Apicius (hommage à cet épicurien de l'Antiquité romaine qui aurait écrit le premier livre culinaire) a investi le rez-de-chaussée d'un hôtel particulier classé, impressionnant par ses airs de petit palais et son parc. Si l'espace (trois salles en enfilade côté jardin, deux salons côté cour) profite d'une ampleur qui fait rêver, l'ambiance reste détendue. Le service y est pour beaucoup, le décor aussi : lustres de théâtre, objets d'art chinés, niches ornées de grands bouquets, vaisselle colorée, bar à colonnes antiques et plafond paré d'angelots... Alors, ancien, rococo, contemporain, tendance ? Le tout à la fois, et en tout cas très réussi !

Entrées

- Langoustines bretonnes cuites en coque, thé fumé de crustacés comme une soupe miso
- Foie gras de canard poêlé en aigre-doux radis noirs confits

Plats

- Tourte de canard façon "grande cuisine bourgeoise"
- Cabillaud demi-sel cuit vapeur puis laqué, multitude d'herbes en vinaigrette de soja

Desserts

- Soufflé au chocolat noir et chantilly sans sucre
- Jus de fraises, fruits pochés, petites meringues et sorbet rhubarbe (été).

L'Arôme ✿

B2 — Au goût du jour XX

3 r. St-Philippe-du-Roule ✉ 75008 — Ⓜ St-Philippe-du-Roule
✆ 01 42 25 55 98 — Fermé août, samedi et dimanche
www.larome.fr

Formule 39 € – Menu 69/119 €

A/C VISA MC AE

Exclusive Restaurants

Humer un arôme, un parfum, un bouquet : un beau programme proposé par Éric Martins, grand professionnel de l'accord mets et vins, qui sélectionne minutieusement chaque bouteille de sa cave. Il mène de main de maître cette table délicate, dont le décor a été revu en 2009 afin d'apporter plus de confort et de chaleur. Touches contemporaines, vue sur les cuisines et espace dédié à la sommellerie au sous-sol (avec quelques tables) : l'ensemble est plaisant, à l'unisson de l'assiette.
Grand amoureux des produits de saison, le jeune chef, Thomas Boullault – ancien du Royal Monceau et du George V –, élabore une cuisine raffinée, contemporaine et inventive. Les menus changent chaque jour au gré du marché... Vous tomberez sous le charme de la délicatesse et de l'équilibre des saveurs. Fleur de courgette farcie au tourteau, carré d'agneau de Lozère rôti aux épices du trappeur, déclinaison de noix de coco... entre autres subtils parfums.

Entrées

- Salade de homard breton à la sauce ponzu, guacamole d'avocat
- Burrata, tomates de collection et olives noires (avril à août)

Plats

- Sot l'y laisse de volaille de Bresse aux cèpes et girolles
- Bar de ligne en cocotte de foin, espuma de panais, lard de Colonnata

Desserts

- Millefeuille déstructuré, caramel et noisettes du Piémont
- Fraisier léger crème mascarpone à la vanille de Madagascar

L'Atelier de Joël Robuchon - Étoile ✿✿

Créative

A2

133 av. des Champs-Élysées
(Publicis Drugstore niveau -1)
✉ 75008
✆ 01 47 23 75 75
www.joel-robuchon.com

Ⓜ Charles de Gaulle-Étoile
Accueil de 11h30 à 15h30 et de 18h30 à minuit. Réservations uniquement pour certains services : se renseigner

Menu 37 € (déjeuner)/160 € – Carte 70/130 €

A/C
VISA
AE

L'Atelier de Joël Robuchon

Paris, Londres, New York, Las Vegas, Tokyo, Taipei, Hong Kong… et une nouvelle fois Paris. Avec un deuxième pied dans la capitale française, les célèbres Ateliers du grand chef font, au sens propre, le tour du monde. Beau symbole, ce dernier opus est né fin 2010 à deux pas de l'Arc de Triomphe, au niveau - 1 du Publicis Drugstore des Champs-Élysées (également une entrée avec voiturier rue Vernet).

Destin franco-international, donc, pour ce concept qui colle à l'époque et à la tendance, version planète mondialisée – dans ce qu'elle a de plus chic. Un décor tout en rouge et noir ; un grand comptoir autour duquel on prend place sur de hauts tabourets, face à la brigade à l'œuvre ; une ambiance feutrée et à la fois décontractée : l'enseigne incarne une approche contemporaine de la haute cuisine. Sans se départir de la plus grande exigence, la carte se décline en petites portions, à la manière des tapas et des yakitoris (brochettes). Produits de première qualité, simplicité des préparations, saveurs marquantes… tout est millimétré et on ne s'en lasse pas. À quand le prochain atelier ?

Entrées

- Langoustine en ravioli à l'étuvée de chou vert.
- Pâté en croûte de veau au foie gras de canard.

Plats

- Caille caramélisée au foie gras, pomme purée.
- Noix d'entrecôte aux pimientos grillés.

Desserts

- Minty au chocolat chuao coulant, mousse de lait à la menthe.
- Soufflé chaud au yuzu, sorbet fruits rouges.

Bistrot du Sommelier

C2 — Au goût du jour

97 bd Haussmann ✉ 75008 — Ⓜ St-Augustin
✆ 01 42 65 24 85
www.bistrotdusommelier.com
Fermé 28 juillet-26 août, 22 décembre-1er janvier, samedi et dimanche

Formule 33 € – Menu 39 € (déjeuner), 65 €/110 € – Carte 50/70 €

Ou plutôt devrait-on dire : "Le Bistrot du Meilleur Sommelier du Monde, millésime 1992." Car c'est Philippe Faure-Brac, honoré de ce titre lors de la septième édition du prestigieux concours, qui tient ce restaurant depuis plus de 20 ans. Confortable salle et décor tout entier dédié à Bacchus, atmosphère conviviale, superbe cave aux mille et une références : s'initier aux accords mets-vins élaborés par le sommelier et son complice en cuisine, Guillaume Saluel, est un véritable plaisir ! À noter, "les vendredis du vigneron", des repas-dégustations thématiques au cours desquels un propriétaire présente ses bouteilles et son domaine ; réservation indispensable, *of course* ! Gastronomique et... pédagogique.

A/C — VISA — MC — AE

Le Bouco

C1 — Sud-Ouest

10 r. de Constantinople ✉ 75008 — Ⓜ Europe
✆ 01 42 93 73 33
www.lebouco.com
Fermé août, samedi, dimanche et fériés – Nombre de couverts limité, réserver

Formule 24 € – Menu 31 € (déjeuner), 35/45 €

Entre la place de l'Europe et la gare St-Lazare se cache cette enclave gastronomique aux couleurs basques, imaginée par Jean Bataille, propriétaire au parcours déjà bien fourni (Guy Martin, Gérard Vié et quelques voyages à travers le monde). La cuisine explore les classiques, avec une palette culinaire riche de tous les parfums du Sud-Ouest, et même d'autres terroirs : jambon de porc basque, terrine de foies de volaille, tartare de bœuf au couteau, camembert affiné à la truffe, etc. Les gourmands applaudissent des deux mains ces préparations simples et soignées qui respectent le produit. Réservation hautement conseillée !

VISA — MC — AE

Café Faubourg

D3 — Au goût du jour — XX

HÔTEL SOFITEL LE FAUBOURG,
15 r. Boissy-d'Anglas ✉ 75008
✆ 01 44 94 14 24
www.sofitel.com

Ⓜ Concorde
Fermé samedi midi et dimanche midi

Carte 60/75 €

Keigo Kimura est arrivé en octobre 2011 au Café Faubourg ; ce chef japonais, qui a émoustillé bien des papilles au restaurant Les Bons Enfants de St-Julien-du-Sault, connaît ses grands classiques... Et pour cause : il est passé par de grandes maisons, sous la houlette – entre autres – de Joël Robuchon ou de Marc Veyrat. D'un plat typiquement français, il délivre une interprétation personnelle, puisant aussi son inspiration dans les saveurs du monde. Et bien sûr, sa cuisine a vraiment toute sa place dans ce café feutré et tendance, au cœur du Paris "modeux". Cuissons aux petits oignons, associations fructueuses des mets, table intemporelle mais pile dans l'esprit de l'époque... En un mot : chic !

Café Lenôtre - Pavillon Elysée

C3 — Au goût du jour — X

10 av. des Champs-Elysées
✉ 75008
✆ 01 42 65 85 10
www.lenotre.fr

Ⓜ Champs Elysées Clemenceau
Fermé 3 semaines en août, 19 février-6 mars, dimanche sauf le midi d'avril à octobre et lundi de novembre à mars

Formule 35 € – Carte 51/73 €

À la fois boutique célébrant les arts de la table, école de cuisine et restaurant : le Café Lenôtre est en quelque sorte la vitrine du célèbre traiteur parisien. Cette ambassade gourmande a trouvé son écrin sur la "plus belle avenue du monde", dans ce magnifique pavillon Napoléon III construit pour l'Exposition universelle de 1900. Superbement restauré et résolument contemporain, il donne sur une terrasse très courue, au vert et à l'abri du monde et de l'agitation... L'été, on s'y dore au soleil en lisant la carte, fort appétissante : tarte fine aux légumes et au chèvre, croustillante et pleine de saveur ; filet de dorade au fenouil braisé, bien parfumé... et les incontournables macarons ! Une cuisine dans l'air du temps, moderne, vive et bien sentie.

Café Prunier

D2 — Produits de la mer

15 pl. de la Madeleine ✉ 75008 — Ⓜ Madeleine
✆ 01 47 42 98 91
www.prunier.com

Formule 30 € – Menu 36/125 € – Carte 55/100 €

A/C · VISA · MC · AE

On y pénètre, entre toutes les épiceries fines de la place de la Madeleine, par la boutique "Caviar House et Prunier" : admirez donc au passage les superbes saumons Balik et caviars exposés dans les vitrines réfrigérées ! C'est à l'étage que l'on rejoint ce café chic, inspiré par la célèbre maison mère de l'avenue Victor-Hugo (16e). La salle à manger dévoile un décor signé Jacques Grange, inspiré du style Art déco : murs travaillés à la feuille d'or, luminaires opalescents et, d'esprit plus contemporain, fauteuils chic bleus et verts. Un cadre très élégant pour apprécier de fines spécialités de la mer, parmi lesquelles se distinguent évidemment les saumons et caviars. On entend faire "sympa, léger et goûteux" : mission parfaitement accomplie.

Café Sud

D2 — Au goût du jour

12 r. de Castellane ✉ 75008 — Ⓜ Madeleine
✆ 01 42 65 90 52 — Fermé 14-19 août, samedi midi et dimanche
www.cafesud.com

Formule 35 € – Menu 50 € – Carte 45/60 €

A/C · VISA · MC · AE

Derrière la place de la Madeleine et à deux pas des grands magasins se cache cette agréable table qui vous propose un petit tour… dans le Sud. Le voyage débute dès la première bouchée, et agit encore bien après la dernière : œufs brouillés aux truffes, daurade royale rôtie et sa purée d'aubergine fumée, brochette de queues de gambas accompagnée de riz pilaf à la cardamome, cheesecake à la vanille de Tahiti... Le chef témoigne d'un grand professionnalisme dans la préparation de ces appétissantes assiettes – auxquelles s'ajoutent quelques plats plus traditionnels, telles de bonnes grillades. Côté décor, une petite salle assez sobre : tons beige et gris, banquettes en tissu, chaises en alcantara et bibliothèque pleine de livres… Les hôtels du quartier n'hésitent pas à recommander l'adresse. Un signe qui ne trompe pas.

114, Faubourg

Au goût du jour XX

C2

HÔTEL BRISTOL,
114 r. Fg St-Honoré ✉ 75008
✆ 01 53 43 44 44
www.lebristolparis.com

Ⓜ Miromesnil
Fermé samedi midi et dimanche midi

Formule 46 € – Carte 80/100 €

A/C VISA MC AE D

Dans la nouvelle aile du Bristol, inaugurée en 2009, une brasserie unique, assurément ! Les lieux interpellent au premier coup d'œil : traversée d'imposantes colonnes dorées, la salle arbore sur ses murs orangés de grands motifs de dahlias luminescents... En son cœur évidé s'ouvre un royal escalier, qui dessert le niveau inférieur où les tables côtoient les cuisines ouvertes. C'est dans ce cadre chic et coloré que le jeune chef Éric Desbordes propose, sous la houlette d'Éric Fréchon, une cuisine éclectique (œufs "king crab" mayo au gingembre et citron, fish & chips en hommage au comte de Bristol, millefeuille à la vanille Bourbon...). Petite révolution au chapitre des viandes et poissons : le client peut choisir le mode de cuisson (vapeur, plancha, etc.). Une carte pétillante pour un décor chatoyant.

Chez Cécile - La Ferme des Mathurins

Au goût du jour X

D2

17 r. Vignon ✉ 75008
✆ 01 42 66 46 39
www.chezcecile.com

Ⓜ Madeleine
Fermé samedi midi et dimanche

Formule 29 € – Menu 35/59 €

A/C VISA MC AE

Une institution du quartier de la Madeleine où l'on se sent réellement bien, sans parvenir à expliquer pourquoi. Est-ce l'ambiance bon enfant qui règne entre ces vénérables murs ? Ou la bonne humeur de la clientèle fidèle ? Sûrement un peu des deux... Si bien que le charme de ce bistrot d'antan – Georges Simenon y avait ses habitudes – opère toujours, même si le décor a été modernisé en 2009 (rassurez-vous, les banquettes rouges sont toujours là !). Côté cuisine, la direction a mis les bouchées doubles, avec des assiettes copieuses, soignées et gourmandes (traditionnelles revisitées, de saison et du marché). À noter : les soirées jazz organisées le jeudi, au cours desquelles la patronne elle-même chante et swingue... Pensez à réserver !

Le Chiberta ✿

A2 — Créative XXX

3 r. Arsène-Houssaye ✉ 75008 — Ⓜ Charles de Gaulle-Etoile
✆ 01 53 53 42 00
www.lechiberta.com

Fermé 2 semaines en août, samedi midi et dimanche

Menu 55 € (semaine), 100/155 € – Carte 80/100 €

Stevens Fremont

Le Chiberta version Guy Savoy s'est choisi le noir comme couleur, le vin comme symbole et l'inventivité comme fil conducteur. En entrant, on est plongé dans un autre univers, tamisé, calme et feutré. Parfait pour les repas d'affaires comme pour les rencontres plus intimes. L'aménagement intérieur, conçu par l'architecte Jean-Michel Wilmotte, surprend par son minimalisme radical, tout en chic discret et design. La grande originalité du lieu reste indéniablement la "cave à vins verticale" : de grands crus habillant les murs à la manière d'une bibliothèque ou d'œuvres d'art. Entre deux alignements de bouteilles, des tableaux modernes et abstraits colorent ponctuellement l'espace dominé par le bois et l'ardoise. Le premier menu n'est servi qu'au comptoir ; il convient de s'installer à table pour apprécier toute l'étendue de la cuisine, supervisée par le "patron", qui revisite joliment la tradition. Bon à savoir : le menu du marché est revu quotidiennement, le service irréprochable, et la cave, évidemment, parfaitement composée.

Entrées

- Terrine de foie gras de canard au porto, chutney de melon acidulé
- Asperges blanches tièdess, sauce Lauris (mars)

Plats

- Filet de daurade royale poêlée, écrasé de potimarron et salades amères
- Veau en trois préparations, mousseline d'épinards, penne et jus truffé

Desserts

- Terrine de pamplemousse sauce thé earl grey
- Biscuit de pain de Gênes aux pommes façon tatin, glace caramel au beurre salé (hiver)

Le Cinq ✿✿

Créative XXXXX

A3

HÔTEL FOUR SEASONS GEORGE V,
31 av. George V ✉ 75008
✆ 01 49 52 71 54
www.fourseasons.com/paris

Ⓜ George V

Menu 85 € (déjeuner)/220 € – Carte 170/300 €

A/C · VISA · MC · AE

Le "Cinq"

Tout palace qui se respecte exige le meilleur. Le restaurant de l'hôtel George V ne déroge pas à cette règle, qui rend l'exceptionnel quotidien… et vice versa. Le Cinq brille au firmament grâce à sa magnifique salle à manger Louis XVI, réinterprétée par l'architecte Pierre-Yves Rochon. Baignés dans une harmonie de tons ivoire, dorés et gris, les lieux allient faste et élégance : colonnes altières, énorme lustre en cristal, moulures, tableaux, hautes gerbes de fleurs et palmiers... Sans oublier la douce lumière provenant du jardin intérieur !

Depuis l'arrivée d'Éric Briffard (ancien chef du restaurant Les Élysées) au cours de l'année 2008, il souffle ici un air de renouveau. La table reste empreinte de classicisme, mais un classicisme porté par de savoureuses touches de modernité, de remarquables produits, des cuissons et des assaisonnements proches de la perfection. Cave de haute volée, équipe menée par Éric Beaumard (l'un des meilleurs directeurs de salle de l'Hexagone) pour vous servir. Le luxe, exactement.

Entrées

- Ventrèche de thon rouge de Méditerranée, tartare en gelée et escabèche
- Foie gras de canard, rôti au poivre noir sarrawak

Plats

- Dos de cabillaud nacré, soleil de courgette-fleur , beurre acidulé à la prune umé (été)
- Pithiviers de perdreau, canard colvert, grouse au miel de châtaigner

Desserts

- Lingot chocolat "After-eight", granité peppermint (été-automne)
- Polonaise meringuée, cocktail glacé au citron et gin fizz (automne-hiver)

Citrus Étoile

A2 — Au goût du jour XXX

6 r. Arsène-Houssaye ✉ 75008 — Ⓜ Charles de Gaulle-Étoile
✆ 01 42 89 15 51 — Fermé 23 décembre-4 janvier, samedi, dimanche et fériés
www.citrusetoile.com

Menu 49 € (déjeuner), 75/99 € – Carte 70/90 €

Le chef, Gilles Épié, étoilé au guide MICHELIN à l'âge de vingt-deux ans, a fait son retour à Paris après un séjour de dix ans en Californie. C'est avec son épouse Élizabeth qu'il a pensé cette maison qui est la leur. Elle en a supervisé la décoration (lignes épurées, atmosphère feutrée) et s'occupe de l'accueil, charmant. Lui invente en cuisine de nouvelles associations de saveurs, influencées par ses expériences américaine et asiatique. Imaginez un beignet de foie gras caramélisé au porto, une pièce de cabillaud marinée dans du soja et du saké puis grillée, un foie de veau à la vapeur, et pour le dessert, un cheesecake soufflé... À voir aussi : la cave vitrée et, sur chaque table, un poisson rouge dans son aquarium. Insolite !

Copenhague

A2 — Danoise XXX

142 av. des Champs-Élysées (Maison du Danemark - 1er étage) ✉ 75008 — Ⓜ George V
✆ 01 44 13 86 26 — Fermé 5-26 août, samedi midi, dimanche et fériés
www.copenhague-paris.com

Menu 51/98 € – Carte 70/130 €

Sur les Champs-Élysées, la Maison du Danemark vaut comme une ambassade culinaire du Grand Nord depuis 1955. Au 1er étage, le Copenhague offre un cadre apaisant avec son décor contemporain épuré et ses larges baies vitrées dominant l'avenue. C'est sous l'œil bienveillant de la reine Margaret – un grand portrait orne l'un des murs de la salle – ou installé sur l'agréable terrasse (dans une cour au calme, sur l'arrière), que vous découvrirez des spécialités qui fleurent bon la patrie d'Andersen : foie gras de canard confit à l'aquavit, saumon grillé à l'unilatéral, renne légèrement fumé et rôti, riz au lait aromatisé à la vanille et à la cannelle... "Velbekomme" (bon appétit) !

La Cuisine

A2 — Au goût du jour XX

HÔTEL LE ROYAL MONCEAU,
37 av. Hoche ✉ 75008
✆ 01 42 99 88 00
www.leroyalmonceau.com

Ⓜ Charles De Gaulle Etoile

Carte 80/120 €

A/C VISA MC AE

Impossible de taxer La Cuisine du Royal Monceau de manque d'originalité. Dans la salle à manger aux imposantes proportions, la décoration de Philippe Starck fait merveille. D'innombrables bouteilles se découpent, translucides, sur un mur lumineux ; des lustres en cristal s'échappent d'un plafond rehaussé d'aplats colorés, et de longs rideaux partent des colonnades, modulant ainsi l'espace en autant de petits salons particuliers. Un souci du détail qui donne beaucoup d'allure au restaurant de ce palace entièrement rénové en 2010. Côté cuisines – sur lesquelles on a d'ailleurs une vue directe depuis la salle – la cuisine bourgeoise gagne en légèreté. Un œuf mollet se fait "baroque" sur un fond tiède de duxelles de champignons serti d'écrevisses décortiquées, les desserts sont signés Pierre Hermé : tout est affaire de style.

Daru

B1 — Russe X

19 r. Daru ✉ 75008
✆ 01 42 27 23 60
www.daru.fr

Ⓜ Courcelles
Fermé août et dimanche

Formule 29 € – Carte 50/150 €

A/C VISA MC AE

La première épicerie russe de la capitale, créée par un officier de la garde de Nicolas II en 1918 ! Les lieux débordent de chaleur et de convivialité – la première salle distille l'ambiance d'une échoppe, la seconde est tout en rouge et noir – et transportent dans la Russie d'autrefois : vieux fûts, bouteilles de vodkas rares, portraits de tsars, tableaux, boiseries foncées, poupées... Aujourd'hui, la tradition perdure et l'on continue de régaler les hôtes de zakouskis (taramas en "farandole" pour deux personnes : oursin, saumon fumé, hareng mariné, etc.), de caviar, d'un koulibiac de volaille aux champignons ou d'un incontournable bœuf stroganoff (au paprika). À déguster sur fond de balalaïka et, pour les amateurs, en sirotant une vieille vodka. Typique autant qu'atypique !

Le Diane ✿

A2 — Au goût du jour XXX

HÔTEL FOUQUET'S BARRIÈRE,
46 av. George-V ✉ 75008
✆ 01 40 69 60 60
www.fouquets-barriere.com

Ⓜ Georges V
Fermé 20 juillet-21 août, 5-14 janvier, samedi midi, dimanche et lundi

Menu 60 € (déjeuner), 78/125 € – Carte 90/160 €

Hôtel Fouquet's Barrière

Confidentiel, chic et sobre : au sein de l'hôtel Fouquet's Barrière, le Diane sait rester discret et incarne le restaurant de grand hôtel par excellence ! Sa salle en rotonde, aux tons joliment mordorés, ouvre sur un agréable patio et distille une atmosphère on ne peut plus feutrée. À table règne le même esprit élégant... Le chef connaît bien sa partition et compose un thème gourmand tout en subtilité et finesse, où les produits nobles – choisis avec le plus grand soin – forment un chœur délicat et... délicieux ! Foie gras, truffe blanche, araignée de mer, turbot de ligne, langoustine, ris de veau, caviar, volaille de Bresse : on ne saurait mieux dire ! Le classicisme est à l'honneur, mais laisse poindre ici et là une touche de fantaisie, une note acidulée et quelques variations inattendues. Les règles du grand art culinaire à la française mettent en exergue la pureté des saveurs : Diane, ou la chasseresse des plaisirs du palais...

Entrées
- Tourte de caille au foie gras
- Araignée de mer

Plats
- Turbot aux huîtres
- Filet de daim, purée d'oignon blanc

Desserts
- Soufflé au Grand Marnier, sorbet mandarine
- Finger café

Diep

Chinoise et thaïlandaise

B3

55 r. Pierre-Charon ✉ 75008 — Ⓜ George V
✆ 01 45 63 52 76
www.diep.fr

Carte 40/75 €

À deux pas des Champs-Élysées, ce restaurant fondé par la famille Diep en 1985 paraît... un véritable morceau d'Asie ! Sur la devanture comme dans la grande salle domine la couleur rouge, qui évoque instantanément la Chine, tandis que tout un mur arbore un bas-relief représentant le temple d'Angkor Vat. Des références variées exprimant le syncrétisme de la cuisine, laquelle fait honneur aux spécialités chinoises mais aussi thaïlandaises et, dans une moindre mesure, vietnamiennes : potage pékinois aux légumes, dim-sum, sole au caramel et échalotes, crevettes au gingembre, thon à l'ail et au poivre, canard laqué, filet de bœuf à l'impérial... Avis aux amateurs : crustacés et poissons sont nombreux à la carte.

A/C VISA MC AE

Les Enfants Terribles

Au goût du jour

A2

8 r. Lord-Byron ✉ 75008 — Ⓜ Charles de Gaulle-Etoile
✆ 01 53 89 90 91
www.enfantsterribles-paris.com
Fermé 3 semaines en août, samedi midi et dimanche

Formule 45 € – Carte 56/100 €

Point de petits diables dans cette adresse très chic, proche des Champs-Élysées. Peut-être juste une note d'impertinence dans le décor, à travers des fauteuils de velours mauve et des rideaux formés de grandes résilles noires, qui viennent relever le cadre classique tout de moulures blanches. La salle principale ouvre également sur une intime rotonde, logée sous une superbe verrière métallique. En lieu et place du "Rue Balzac" de Johnny Hallyday est donc née en 2009 cette table élégante, affiliée à la maison éponyme de Megève. On y apprécie une carte aux multiples influences, concoctée par un jeune chef : gambas croustillantes et miso de pommes, risotto carnaroli, filet de bœuf "Enfants terribles", tarte citron jaune et zeste vert... Résultat ? Hommes d'affaires aussi bien qu'esthètes s'y pressent !

A/C VISA MC AE

Dominique Bouchet ✿

Au goût du jour

C1

11 r. Treilhard ✉ 75008
✆ 01 45 61 09 46
www.dominique-bouchet.com

Ⓜ Miromesnil
Fermé 1er-22 août, samedi et dimanche – Réserver

Formule 46 € – Menu 60 € (déjeuner)/98 € – Carte 85/120 €

A/C · VISA · MC · AE

Dominique Bouchet

Du palace au bistrot. Dominique Bouchet a choisi. Lui qui dirigea les brigades du Crillon et de la Tour d'Argent (participant même à l'aventure japonaise de celle-ci) aspirait à plus de légèreté, et peut-être plus de liberté. Plus rien à prouver en matière de haute gastronomie, l'envie de laisser la place aux générations montantes pour ouvrir enfin un restaurant à son nom, la volonté aussi de ne plus courir après la perfection absolue ou les récompenses… Toutes ces raisons l'ont poussé à s'installer "chez lui" et à revenir à l'essentiel : une belle cuisine classique mise au goût du jour et incontestablement maîtrisée. C'est l'avantage de la sagesse que de ne pas s'égarer ! À noter, la belle sélection de vins au verre.

Sobriété, intimité et calme résument l'atmosphère générale de la salle, tout en longueur. Pour seul décor : murs de pierres apparentes, tables en bois wengé, tableaux et cuisines ouvertes au fond. Les repas s'y déroulent sans fausse note. Comme un long fleuve tranquille.

Entrées

- Charlotte de crabe, tomate, avocat, pomme acide, laitue et mangue (avril à août)
- Asperges vertes, œuf frit en croûte de pain de mie aux morilles (avril à juin)

Plats

- Saint-pierre à la vapeur, émulsion de beurre au pamplemousse et fanes de jeunes épinards
- Gigot d'agneau de sept heures à la cuillère

Desserts

- Tarte au chocolat amer et sorbet fruits exotiques
- Pêche glacée sur granité champagne à la gelée de groseille (mai à sept)

Épicure ✿✿✿

Au goût du jour XXXXX

C2

HÔTEL BRISTOL,
112 r. Fg St-Honoré ✉ 75008
✆ 01 53 43 43 00
www.lebristolparis.com

Ⓜ Miromesnil

Menu 130 € (déjeuner)/280 € – Carte 135/280 €

A/C
VISA

Hôtel Le Bristol

Un nouveau nom, un cadre métamorphosé : en 2011, la célèbre table du Bristol a fait sa révolution. Dans ce qui était autrefois la salle d'été du restaurant, face au jardin de l'hôtel particulier, on découvre une salle d'un classicisme brillant, signée Pierre-Yves Rochon. L'esprit du 18e siècle s'y exprime avec sobriété et élégance : mobilier de style Louis XVI, pierre blonde, miroirs, etc., le tout scandé par de grandes portes-fenêtres ouvertes sur la verdure. Sachez qu'aux beaux jours la terrasse extérieure offre un luxe rare au cœur de Paris...

Le palace a choisi le nom d'Épicure pour nouvelle enseigne : un philosophe grec, chantre du plaisir dans la tempérance. Presque une devise pour Éric Fréchon ! La cuisine de ce Meilleur Ouvrier de France impressionne par la subtilité et l'harmonie de ses associations de saveurs, la finesse de ses sauces. Si le chef reste dans le droit fil de la plus belle tradition culinaire, en valorisant notamment de magnifiques produits du terroir, il détourne également les classiques avec talent et créativité. La liberté dans l'exigence, les délices dans la mesure !

Entrées

- Macaronis farcis, truffe noire, artichaut et foie gras de canard
- Foie gras de canard en papillotte, huîtres fumées et bouillon de canard au thé vert

Plats

- Poularde de Bresse cuite en vessie, sauce au vin jaune
- Filets de sole farcis d'une duxelle de girolles, sucs des arêtes à peine crémés

Desserts

- Précieux chocolat "nyangbo", cacao liquide, fine tuile croustillante et sorbet
- Litchis meringués et glacés aux parfums de rose, de poire et de citron

La Fermette Marbeuf 1900

B3 Traditionnelle

5 r. Marbeuf ✉ 75008 Ⓜ Alma Marceau
✆ 01 53 23 08 00
www.fermettemarbeuf.com

Formule 24 € – Menu 33/48 € – Carte 45/70 €

Un lieu mythique qui ravira les amateurs d'Art nouveau ! Ici, tout n'est que volutes, femmes fatales, motifs floraux aux ondulations souples, paons bijoux… Il faut dire que l'architecte Émile Hurté et le peintre Wielorski ont conçu l'extraordinaire salle à manger de ce restaurant chic en 1898, avec tous les matériaux emblématiques de l'époque : verre, céramique, fonte, etc. Pour que l'illusion soit parfaite, le service se fait toujours en tenue sombre et, dans l'assiette, les grands classiques règnent en maître. Pour un peu on imaginerait Cléo de Mérode ou Courteline y déguster un feuilleté aux escargots, un beau turbot sauce hollandaise, une selle d'agneau aux pommes dauphine et, bien entendu, le traditionnel soufflé au Grand Marnier. Quelle Belle Époque !

Fouquet's

A2 Classique

99 av. Champs-Élysées ✉ 75008 Ⓜ George V
✆ 01 40 69 60 50
www.lucienbarriere.com

Menu 89 € – Carte 70/145 €

Il accueille depuis toujours les lauréats de la nuit des Césars ; les prix Jean-Gabin, Romy-Schneider, Louis-Delluc et Marcel-Pagnol y sont décernés chaque année. Les jeunes aviateurs venaient célébrer leurs victoires à son Bar de l'Escadrille dès 1914. Sa célèbre terrasse sur la "plus belle avenue du monde" est le lieu de rendez-vous du Tout-Paris depuis plus d'un siècle... Le Fouquet's est un endroit mythique, une brasserie de luxe où l'on se rend comme on va voir la tour Eiffel lorsqu'on visite Paris. Rénové par Jacques Garcia en 1999, son bel intérieur – classé à l'inventaire des Monuments historiques – séduit hôtes prestigieux et anonymes du monde entier. Un emblème de la capitale, depuis 1899.

Hanawa

B3 — Japonaise XX

26 r. Bayard ✉ 75008
✆ 01 56 62 70 70
www.hanawa.fr

Ⓜ Franklin D. Roosevelt
Fermé dimanche

Formule 35 € – Menu 64 € (déjeuner), 85/125 € – Carte 60/150 €

Plus de mille mètres carrés, trois étages, huit ambiances thématiques. Avec un espace digne d'un mégastore, ce restaurant japonais voit les choses en grand. Contrairement aux premières adresses parisiennes du propriétaire (dont le traditionnel Kinugawa), Hanawa dépasse les frontières gourmandes de l'archipel, fonctionnant avec des chefs qui maîtrisent aussi bien les spécialités nippones que françaises. Ces dernières se dégustent au sous-sol (un salon en demi-lune et plusieurs comptoirs dédiés au teppanyaki). Pour la gastronomie asiatique, rendez-vous à l'étage où l'on propose en plus un sushi-bar. La sobriété raffinée du lieu (bois, fleurs) convient aux déjeuners d'affaires, et il n'est pas rare d'y croiser les élégantes du quartier et quelques têtes connues – les studios de RTL sont à deux pas.

Il Carpaccio

A2 — Italienne XX

HÔTEL LE ROYAL MONCEAU,
37 av. Hoche ✉ 75008
✆ 01 42 99 88 00
www.leroyalmonceau.com

Ⓜ Charles De Gaulle-Etoile
Fermé août, vacances scolaires de février, dimanche et lundi

Carte 90/130 €

Au cœur du Royal Monceau, on accède au Carpaccio par un étonnant et ravissant couloir orné de milliers de coquillages. Quant à la salle, elle évoque un beau jardin d'hiver, à la fois sobre et élégant... Une élégante simplicité qui se retrouve aussi dans l'assiette : en effet, le chef a choisi de travailler de bons produits dans un esprit familial qui sied si bien à la gastronomie italienne. Velouté de châtaigne, poitrine de porc et ricotta ; râble de lapin farci et champignons des bois ; médaillons de veau juste snackés et cocotte de petits légumes de saison ; incontournable pannacotta aux fruits rouges et au chocolat blanc... Cette sympathique cuisine s'accompagne d'une très jolie carte des vins, principalement en provenance du Piémont et de la Toscane.

Indra

B2 — Indienne XX

10 r. Cdt-Rivière ✉ 75008 — Ⓜ St-Philippe-du-Roule
✆ 01 43 59 46 40
www.restaurant-indra.com

Menu 40 € (déjeuner), 44/65 € – Carte 40/60 €

En homme d'affaires visionnaire et talentueux, Yogen Gupta ouvrit en 1976 l'un des premiers restaurants indiens au pays du foie gras et de la baguette. Aujourd'hui, le charme opère toujours. Le secret ? Un décor raffiné, dépaysant juste ce qu'il faut, sans tomber dans le piège du folklore : patchworks aux murs, boiseries, tables joliment dressées, grands miroirs, etc. Côté cuisine, on s'adapte aux palais occidentaux tout en respectant la tradition gastronomique indienne. Le Nord du pays est particulièrement représenté, les saveurs du Sud étant considérées comme plus puissantes. Pour une découverte exhaustive, essayez le thali – repas complet servi sur un plateau d'argent – qui comblera votre curiosité gourmande !

Maison Blanche

B3 — Au goût du jour XXX

15 av. Montaigne ✉ 75008 — Ⓜ Alma Marceau
✆ 01 47 23 55 99 — Fermé 5-25 août, samedi midi et dimanche midi
www.maison-blanche.fr

Formule 39 € – Menu 69 € (déjeuner)/110 € – Carte 60/200 €

Un cadre grandiose ! Tel un cube posé sur le toit du théâtre des Champs-Élysées – un pont suspendu soutient cette étonnante Maison perchée –, la salle semble toiser la capitale à travers son immense baie vitrée... Quant à la terrasse, elle offre une vue tout simplement époustouflante sur la tour Eiffel. Si bien qu'on ne sait plus où poser le regard en entrant dans ce loft ultradesign ! Lové dans l'une des banquettes-alcôves ou installé sur la mezzanine, on ne se lasse pas du spectacle... Côté carte : une cuisine contemporaine bien réalisée, imprégnée d'influences méditerranéennes et asiatiques. Avec une belle sélection de vins venus du Languedoc et de la vallée du Rhône... juste là-bas, derrière les toits de Paris.

Lasserre ✿✿

B3 — Classique

17 av. F.-D.-Roosevelt ✉ 75008 — Ⓜ Franklin D. Roosevelt
✆ 01 43 59 53 43
www.restaurant-lasserre.com

Fermé août, mardi midi, mercredi midi, samedi midi, dimanche et lundi

Menu 80 € (déjeuner)/195 € – Carte 135/250 €

A/C · VISA · MC · AE

Lasserre

Tout près des Champs-Élysées, cet hôtel particulier de style Directoire marque immanquablement les esprits. René Lasserre (disparu en 2006), monté à Paris pour apprendre le métier alors qu'il était adolescent, a élevé son restaurant au rang de symbole. Située à l'étage, la salle à manger arbore un luxueux décor : colonnes, jardinières d'orchidées et de plantes vertes, vaisselle et bibelots en argent, lustres en cristal, porcelaines de Chine... Autre élément propre à la magie de l'endroit, un étonnant toit ouvrant, devenu célèbre, illumine les tables au gré des saisons. Enfin, le service à l'ancienne des serveurs en queue-de-pie ajoute à l'intemporalité des lieux.

Le cadre ignore donc résolument l'époque... et la carte reste emblématique des grandes tables à la parisienne. Sans pour autant être figée. Sous l'égide d'une nouvelle équipe – avec l'arrivée en 2010 de Christophe Moret, ancien chef de cuisine pour Alain Ducasse au Plaza Athénée –, l'assiette relève même le défi d'exalter le classicisme dans la fraîcheur ! La griffe Lasserre, hier comme demain.

Entrées
- Caviar gold en délicate royale de laitue
- Bisque de homard aux amandes fraîches

Plats
- Canette des Dombes aux figues
- Bar de ligne et calmar, pommes de mer et sauce ivoire

Desserts
- Craquant choco-framboise
- Pêches pochées au cerdon

Laurent ✿

Classique ✗✗✗✗✗

C3

41 av. Gabriel ✉ 75008
✆ 01 42 25 00 39
www.le-laurent.com

Menu 85/185 € – Carte 155/240 €

Ⓜ Champs Elysées
Clemenceau
Fermé 23 décembre-2 janvier, samedi midi, dimanche et fériés

VISA

Laurent

Personne ne sait vraiment pourquoi le nom de Monsieur Laurent, qui devint propriétaire de ce restaurant en 1860, a perduré jusqu'à consacrer définitivement l'ancien Café du Cirque édifié par Hittorff – auquel on doit aussi le Ledoyen – en 1842. Cela fait partie du mythe de cette vieille maison, située au cœur des jardins du rond-point des Champs-Élysées. Ancien pavillon de chasse de Louis XIV ou guinguette sous la Révolution – là encore, la légende varie –, Laurent conserve son cadre néoclassique et bourgeois, très en vogue à l'époque de sa création. Pilastres, colonnes, frontons et chapiteaux antiques associés à de confortables banquettes font toujours l'élégance et le charme – un brin désuet – des salles à manger et des salons particuliers.

La cuisine d'Alain Pégouret s'inscrit à merveille dans cet écrin. Classique, elle respecte et valorise les codes de la tradition bleu blanc rouge. On comprend que le Tout-Paris politique et des affaires apprécie cette institution. Encore plus aux beaux jours, quand on peut enfin profiter de sa terrasse ouverte sur la verdure. Un lieu privilégié.

Entrées

- Araignée de mer dans ses sucs en gelée, crème de fenouil.
- Foie gras de canard grillé, posé sur une "cracotte" (avril à oct.)

Plats

- Flanchet de veau de lait braisé, blettes à la moelle (avril à oct.)
- Friands de pied de porc croustillants, purée de pomme de terre

Desserts

- Glace vanille minute
- Soufflé chaud

Ledoyen ✿✿✿

Créative

8e

C3

8 av. Dutuit (carré Champs-Élysées)
✉ 75008
☎ 01 53 05 10 01

Ⓜ Champs Elysées Clemenceau
Fermé 30 juillet-19 août, lundi midi, samedi, dimanche et fériés

Menu 88 € (déjeuner), 199/299 € – Carte 160/280 €

Ledoyen

Christian Le Squer, chef discret mais ô combien inventif, a redoré le blason du Ledoyen, table parisienne mythique. Ce pavillon néoclassique de 1848 rayonne désormais au firmament ! Repas d'exception dans un cadre d'exception, à deux pas des Champs-Élysées... et pourtant comme coupé du monde. De la guinguette du 18e s. tenue par le traiteur Doyen, il ne reste qu'un lointain souvenir, recouvert par l'architecture Second Empire de Hittorff : marquise à l'entrée, colonnes, boiseries blondes, peintures anciennes, passementeries et meubles Napoléon III donnent une idée du luxe du décor, le tout environné de verdure. Du raffinement en toutes choses : dans le service, parfaitement orchestré, et dans la cuisine superbement maîtrisée, pour une carte aussi variée qu'originale (mi-classique, mi-moderne). Exécutés avec finesse et pleins de saveurs, les plats "terre et mer" trahissent les origines bretonnes du chef, et la cave sait être au diapason. Sachez que le menu déjeuner présente un excellent rapport qualité-prix ! En un mot, une valeur sûre. Très sûre.

Entrées

- Grosses langoustines bretonnes, émulsion d'agrumes
- Jardin pétillant de légumes et de fruits crus et cuits

Plats

- Blanc de turbot braisé, pommes de terre ratte truffées
- Noix de ris de veau en brochette de bois de citronnelle rissolée, jus d'herbes

Desserts

- Croquant de pamplemousse cru et cuit
- Givré laitier au goût de levure

Marius et Janette

B3 — Produits de la mer XX

4 av. George V ✉ 75008 Ⓜ Alma Marceau
✆ 01 47 23 41 88

Menu 48 € (semaine) – Carte 78/137 €

Une référence à l'Estaque et aux films de Robert Guédiguian ? Plutôt un petit coin de Saint-Tropez, à en juger par le décor de la salle à manger évoquant un yacht... et par la clientèle sélecte attablée au milieu des cannes à pêche, filets, espadons en plastique accrochés aux murs et autres hublots en cuivre. Dès les premiers rayons de soleil, changement de décor : lunettes tendance et bronzages dorés filent s'afficher en terrasse, installée sur l'avenue George-V. Côté cuisine naturellement, on a aussi le pied marin : poissons, coquillages et crustacés règnent sans partage sur la carte, qui évolue au gré des marées.

A/C VISA MC AE

Market

C2 — Fusion XX

15 av. Matignon ✉ 75008 Ⓜ Franklin D. Roosevelt
✆ 01 56 43 40 90
www.jean-georges.com

Formule 36 € – Carte 50/80 € le soir

En 2001, Jean-Georges Vongerichten – "le plus alsacien des New-Yorkais" – rentre au pays pour créer son adresse parisienne. Associé pour l'occasion à Luc Besson et François Pinault, il adapte sa formule d'outre-Atlantique au goût français. Résultat sans faille : un décor sagement contemporain – façon bistrot chic – orchestré par Christian Liaigre (matériaux bruts, tons gris, beige et blanc, masques africains) ; une équipe jeune et sympathique officiant dans les deux salles, dont l'une ouverte sur la cour intérieure. À la carte, une cuisine fusion qui mêle influences françaises, italiennes et asiatiques : tartare de thon-avocat-gingembre, pizza à la truffe noire, dorade aux épices et son bouillon aigre-doux, poulet en croûte de parmesan, cheesecake à la crème fraîche...

A/C VISA MC AE

1728

D2 — Créative XXX

8 r. d'Anjou ✉ 75008 — Ⓜ Madeleine
✆ 01 40 17 04 77 — Fermé 3 semaines en août, dimanche et fériés
www.1728-paris.com

Menu 35 € (déjeuner en semaine) – Carte 68/100 €

A/C VISA MC AE

Un lieu chargé d'histoire ! Construit par Antoine Mazin en 1728, cet hôtel particulier fut la demeure de La Fayette de 1827 jusqu'à sa mort. Les fastueux salons arborent leurs boiseries d'époque et leur mobilier de style. Les tapisseries et tableaux anciens sont toujours là... Rien ne semble avoir bougé, mais une restauration scrupuleuse a redonné tout son charme et son éclat à ce lieu unique et superbe. En cuisine, une jeune chef créative, Géraldine Rumeau, travaille des ingrédients frais dans les règles de l'art. Dans l'assiette, heureux mariage entre les saveurs de l'Occident et de l'Orient : les produits nobles se déclinent avec pétales de gingembre, algues marines, thé fumé du Tigre, curry rouge... Et de très belles signatures jalonnent la carte des vins, composée avec passion.

Mimosa

C2 — Au goût du jour XX

37 r. de Miromesnil ✉ 75008 — Ⓜ Miromesnil
✆ 01 42 65 78 60 — Fermé août, samedi et dimanche

Menu 36 €

VISA MC AE

En 2010, le Mimosa s'appelait encore Maxan mais affichait déjà sa sobre décontraction dans le quartier de Miromesnil. Désormais, c'est une jeune chef qui tient les rênes de cet établissement qui conserve des allures arty : murs rayés de couleurs vives, banquettes en cuir et lustres en papier japonais. De son expérience chez Gérard Besson, Stéphanie Pécoul a probablement retenu le sens de la mesure, car elle propose un menu-carte plutôt restreint mais vraiment alléchant. Dès l'entrée, on hésite : une jolie soupe aux palourdes, ultrafraîche avec ses parfums de coriandre ou un œuf… mimosa revisité ? Pour la suite, ce sera une dorade à l'émulsion de coquillages, à moins que ce filet de bar en croûte d'escargots ne révèle des saveurs anisées… De beaux parfums, ce Mimosa !

Mini Palais

C3 — Au goût du jour

Au Grand Palais -
3 av. Winston Churchill ✉ 75008
Ⓜ Champs-Elysées Clemenceau
✆ 01 42 56 42 42
www.minipalais.com

Formule 28 € – Carte 32/74 €

Au Grand Palais se cache ce Mini Palais, dédié aux plaisirs du... palais ! Le cadre est superbe, laissant apparaître la structure métallique du bâtiment, mais son plus grand atout est la terrasse sous les immenses colonnes de la façade, avec ses mosaïques et sa vue sur le Petit Palais. On y croirait la Belle Époque ressuscitée ! Sous les rayons du soleil, l'endroit est tout simplement exquis, et l'après-midi il y fait bon goûter d'un thé et d'une petite pâtisserie... Même plaisir à l'heure du repas, avec une cuisine soignée, pensée sous la houlette d'Éric Fréchon (du Bristol) : galantine de volaille fermière et foie gras de canard ; merlan frit, chips et sauce tartare ; baba au rhum géant à partager, etc. Et pour les petits creux, on sert aussi quelques en-cas (tartines, planches, etc.), de midi à minuit.

A/C VISA AE

M64

A2 — Au goût du jour

HÔTEL INTERCONTINENTAL AVENUE MARCEAU,
64 av. Marceau ✉ 75008
Ⓜ George V
Fermé dimanche soir
✆ 01 44 43 36 50
www.ic-marceau.com

Formule 41 € – Menu 49 € (déjeuner) – Carte 70/85 €

C'est dans un cadre chic, contemporain et lounge que s'exprime le talent de Romain Marzet, un jeune chef dynamique et amoureux de son métier. Volontairement "nature", sa cuisine du marché privilégie la spontanéité et, évidemment, l'extrême fraîcheur de produits bien choisis. Sucrine, homard et girolles ; quasi de veau et sa salade tiède de pommes de terre ; cabillaud à la clémentine et au potiron ; macaron à la framboise et au fruit de la passion avec un cœur de crème à la vanille ; tarte au citron meringuée : pas d'esbroufe, mais un savoir-faire indéniable ! Et comme les cuisines ouvrent sur la salle, on peut admirer Romain et sa brigade vaquer à leurs occupations avec sérieux et passion...

A/C VISA AE

Nolita

B2 — Italienne XX

1 av. Matignon
(Motor Village - 2ème étage) ✉ 75008
✆ 01 53 75 78 78
www.motorvillage.fr

Ⓜ Franklin D. Roosevelt

Carte 40/75 €

Sa localisation peut étonner – au sein du MotorVillage, le show-room d'un grand groupe automobile italien – mais ce restaurant est une vraie réussite ! Le décor, très urbain, a été conçu par Jean-Michel Wilmotte : noir et blanc, avec des lignes contemporaines et... une vitrine mettant en scène un bolide transalpin, pour les amateurs de belle mécanique. Pour autant, la cuisine ne fait pas figuration, avec des saveurs qui démarrent au quart de tour ! Le chef, passé par de belles maisons, sait magnifier l'esprit de la Botte : la carte puise dans l'authenticité de ses régions, tout en se teintant d'une belle modernité. Cochon de lait parfumé au tabac (un plat rustique d'origine sarde), salade de calamars extrafrais, carte des vins comptant quelque 150 références... Vrombissements de plaisir !

Oth Sombath

B2 — Thaïlandaise XXX

184 r. du Fg-St-Honoré ✉ 75008
✆ 01 42 56 55 55
www.othsombath.com

Ⓜ St-Philippe-du-Roule
Fermé août et dimanche

Formule 28 € – Menu 35 € (déjeuner), 40/70 € – Carte 55/75 €

Les superlatifs pleuvent sur ce restaurant thaïlandais assez couru : "ultracontemporain", "ultraglam", "ultrapeople"... Et pour cause : le chef, Oth Sombath, est passé par les très médiatiques Blue Elephant et Benkiraï à St-Tropez, et le lieu a été imaginé par le designer Patrick Jouin. Éclairage en verre de Murano, bambous transparents stylisés en guise de rampe d'escalier, formes seventies ; le cadre a de quoi surprendre ! La cuisine offre quant à elle un agréable compromis entre la gastronomie thaïlandaise traditionnelle et une certaine créativité : nems au foie gras, bar au citron vert, crevettes au curry jaune, émincé de bœuf au basilic et ta ko (une crème de coco aux châtaignes d'eau). Un bonheur de thaï...

Le Petit Marius

B3 Produits de la mer

6 av. George V 75008 Alma Marceau
01 40 70 11 76

Carte 50/70 €

Tartare de dorade à l'huile d'olive fraîche, aïoli de morue et ses légumes, poêlée d'encornets en persillade, dorade grise grillée sur l'écaille ou en croûte de sel, etc. Ce Petit Marius chante une douce ritournelle, celle des produits de la mer ! Avec une légère pointe d'accent marseillais (exotique sur l'avenue George-V...), mais sans parti pris aucun : au gré des approvisionnements, la carte propose saumon bio d'Écosse, moules de bouchot de la baie du Mont-Saint-Michel, ou encore langoustines de Bretagne. Le tout s'apprécie dans un décor de bistrot moderne, aux tons chauds et largement ouvert sur la rue, où se distinguent quatre sculptures de barracudas en métal... pour suggérer un appétit féroce.

VISA MC AE

Le Percolateur

D1 Bistrot

20 r. de Turin 75008 Rome
01 43 87 97 59
www.lepercolateur.fr

Fermé 2 semaines en août, samedi midi et dimanche

Formule 15 € – Menu 20 € (déjeuner)/29 € – Carte 30/44 €

VISA MC AE

Il y a peu encore, personne dans le quartier n'aurait pu imaginer, en lieu et place de l'ancienne petite gargote, un tel bistrot... tendance, cool et un rien arty ! On le doit à la belle inspiration de deux frères, David et Philippe Madamour, anciens patrons du "7-15" dans le 15e arrondissement. C'est à New York que Philippe, travaillant alors au célèbre Bilboquet, a commencé sa collection de percolateurs. Brillant de mille feux chromés, ils trônent désormais derrière le comptoir ; la nouvelle enseigne leur rend un juste hommage. Curiosité, goût du voyage, éclectisme : des traits de caractère qui résument assez bien la carte. Terrine maison, macaronis farcis aux olives du soleil, thon pané à la coco, poulet au saté ou cajun, croustade de filet de bœuf ; les nouveaux habitués en redemandent !

Pershing Hall

B3 — Au goût du jour XX

HÔTEL PERSHING HALL,
49 r. Pierre Charron ✉ 75008
✆ 01 58 36 58 36
www.pershinghall.com

Ⓜ George V

Formule 39 € – Menu 45 € (déjeuner en semaine) – Carte 70/100 €

A/C VISA MC AE

Même si l'on vient au Pershing Hall surtout pour manger, le cadre, spectaculaire, est une destination en soi. Les fenêtres théâtrales de cet immeuble haussmannien – ayant abrité la légion américaine du général Pershing – s'ouvrent sur un grand patio surmonté d'une verrière. Là se dresse un mur végétal signé Patrick Blanc, baigné d'une lumière changeant selon le moment de la journée. À l'heure du déjeuner, la discrétion, propice aux repas d'affaires, est de rigueur ; une formule adaptée est d'ailleurs proposée. Dans une atmosphère plus festive et élégante le soir, la cuisine partage son inspiration entre tradition française et saveurs italiennes et asiatiques. Et bien sûr, elle varie avec les saisons !

Le Relais Plaza

B3 — Au goût du jour XX

HÔTEL PLAZA ATHÉNÉE,
25 av. Montaigne ✉ 75008
✆ 01 53 67 64 00
www.plaza-athenee-paris.com

Ⓜ Alma Marceau
Fermé 24 juillet-29 août

Menu 48 € – Carte 75/140 €

A/C VISA MC AE

C'est la cantine chic et intime des maisons de couture voisines ; la brasserie où le Tout-Paris a ses habitudes. Il faut dire que le Relais Plaza a vu et voit passer du beau monde : Grace Kelly, Charles Aznavour, Liza Minelli, Yves Saint Laurent, John Travolta, Albert de Monaco ou encore Junko Koshino. Aussi préserve-t-on, au détail près, le cadre qui vit naître le succès de cette institution : un élégant intérieur Art déco inspiré du paquebot Le Normandie, et délicatement rénové. Dans les assiettes, les grands classiques prennent quelques libertés : Alain Ducasse a confié ses fourneaux à Philippe Marc, auteur d'une carte originale où le club sandwich côtoie le tournedos Rossini !

Pierre Gagnaire ✿✿✿

Créative XXXX

A2

6 r. Balzac ✉ 75008
✆ 01 58 36 12 50
www.pierregagnaire.com

Ⓜ George V
Fermé août, vacances de Noël, samedi et dimanche

Menu 110 € (déjeuner)/265 € – Carte 300/350 €

Pierre Gagnaire

A/C VISA AE

Chef "surbooké" jonglant d'une adresse à l'autre, entre Paris, Londres, Tokyo, Hong-Kong, Séoul et Dubaï, Pierre Gagnaire trace sa voie en solitaire. Comme personne, il réalise une cuisine d'auteur exploratrice, entière, excessive. Car cet équilibriste de talent – également grand amateur de jazz et d'art contemporain – cherche sans cesse : selon lui, l'excellence se joue sur le détail. Pour autant, il sait quand s'arrêter. "J'essaie d'épurer, d'éviter les fausses bonnes idées", souligne-t-il à l'envi. Lui qui ne rédige jamais de recettes compose une carte de mets qui ressemble à un poème, mettant l'imagination en branle et les papilles en émoi avant même le début du repas. Préparez-vous à un festival de saveurs ! Une avalanche de mets qui n'attend de vous que curiosité et ouverture d'esprit...
Un mot, enfin, sur le cadre du restaurant de la rue de Balzac – l'enseigne mère de Gagnaire : moderne et sobre, il joue la note du raffinement discret, ton sur ton avec le service délicat.

Entrées

- Saveurs estivales
- Homard et huile d'olive

Plats

- Sole et anémone de mer
- Poularde du Patis et carabineros

Desserts

- Le Grand Dessert de Pierre Gagnaire
- Le soufflé Angélique et Izarra

Royal Madeleine

D3 **Bistrot**

11 r. Chevalier-St-George ✉ 75008
✆ 01 42 60 14 36
www.royalmadeleine.com

Ⓜ Madeleine
Fermé 1er-16 janvier et week-ends en juillet-août

Carte 42/75 €

A/C VISA MC AE

Foie gras, escargots au beurre d'ail et persil, blanquette de veau servie en cocotte, pied de porc pané, profiteroles, crêpes Suzette à l'ancienne... Dire que la carte est ancrée dans la tradition bistrotière est un euphémisme. Et que penser de la salle avec son carrelage ancien en carreaux de ciment, son zinc et ses murs couverts de nombreux miroirs et de petites gravures rétro ? Elle comble simplement les touristes et les habitués, heureux de trouver tant d'authenticité à deux pas de l'église de la Madeleine. Les amoureux du nectar des dieux ronronneront également de plaisir à la seule lecture de la carte des vins, riche de beaux flacons et adaptée à toutes les bourses. Un bistrot... royal.

Shin Jung

D1 **Coréenne**

7 r. Clapeyron ✉ 75008
✆ 01 45 22 21 06
www.shinjung.fr

Ⓜ Rome
Fermé 1er-15 août, dimanche midi et fériés le midi

Formule 14 € – Menu 16/45 € – Carte 26/40 €

A/C VISA MC

Les fidèles de cette sympathique adresse familiale viennent déguster, en toute simplicité, une véritable cuisine coréenne. Souvent moins connue que celle des autres pays asiatiques, elle est pourtant tout aussi appétissante. La gastronomie de la Corée se caractérise notamment par son penchant pour le poisson cru, l'emploi du kimchi (chou mariné et pimenté) et l'importance des grillades, réalisées sur de petits barbecues. L'autre incontournable, c'est le bibimbap – ici un vrai délice... Authenticité garantie ! À découvrir dans une petite salle toute simple et sobre. Le service est rapide, agréable et sans chichi, ce qui explique l'affluence certains midis en semaine...

Senderens ✿✿

Créative XXX

D3

9 pl. de la Madeleine ✉ 75008
✆ 01 42 65 22 90
www.senderens.fr

Ⓜ Madeleine
Fermé 1er-21 août et fériés

Menu 116/160 € – Carte 90/140 €

Roberto Frankenberg

L'institution de la place de la Madeleine – pour mémoire, la maison Lucas-Carton ouvrit en 1925 et céda la place au Senderens en 2005 – a bel et bien changé. Ni bistrot, ni brasserie, c'est une table gastronomique décontractée, au look tant rétro que futuriste, pour le moins insolite. Imaginez plutôt : les boiseries inventées par Majorelle au début du siècle dernier, classées, cohabitent maintenant avec des plafonniers aux formes arrondies qui inondent la salle du rez-de-chaussée d'une douce lumière ; les tables, fauteuils et banquettes imposent leur style contemporain dans des camaïeux gris, blanc, beige...

Point de regard rétrospectif vers le passé, Senderens est vraiment en prise avec son époque, comme l'illustrent son équipe rajeunie, son service moins solennel et son état d'esprit en cuisine. Jérôme Banctel, son chef très créatif, valorise avec talent des produits de grande qualité, avec la volonté de réussir de subtils accords mets-vins. À l'étage, le bar Le Passage propose un menu du jour à un prix très séduisant.

Entrées

- Saumon snacké, sushis de légumes et pamplemousse.
- Foie gras pur, jus de betterave au wasabi.

Plats

- Cochon de lait de Burgos, carottes fanes aux baies roses et avocat.
- Perdreau rouge rôti, gâteau de chou confit trois heures au four.

Desserts

- Millefeuille à la vanille de Tahiti.
- Coulant de samana, pur cacao de Saint Domingue, noix de pécan caramélisées.

Stella Maris ✿

A2

Au goût du jour XXX

4 r. Arsène Houssaye ✉ 75008 Ⓜ Charles de Gaulle-Etoile
✆ 01 42 89 16 22

Fermé samedi midi, dimanche et fériés

Menu 68 € (déjeuner), 70/130 € – Carte 80/110 €

A/C VISA AE

Stella Maris

Derrière le Stella Maris, un homme : Tateru Yoshino, chef japonais... épris de gastronomie française. Arrivé en France en 1979, il en a appris les bases, le tour de main et les secrets à bonne école, notamment auprès de Robuchon et de Troisgros. En amoureux de la plus pure tradition française, il commence par s'en faire l'ambassadeur au pays du Soleil-Levant, dans ses deux adresses – dont son premier Stella Maris basé à Odawara. Un retour aux sources peu banal qui a séduit ses compatriotes.

C'est en 1997 qu'il s'installe à Paris pour reprendre l'ex-Vancouver. À la jonction de deux cultures, l'endroit témoigne d'un grand raffinement. Son cadre épuré associe au style Art déco la modernité de beaux volumes traités de façon zen (lampions longilignes, fleurs discrètes, petit salon en mezzanine).

Quant à sa cuisine, inutile de dire qu'elle révèle un grand talent et une belle subtilité. À la fois précise et originale, elle exploite les produits les plus naturels et recherche l'harmonie des goûts. De la manière la plus délicate qui soit.

Entrées

- Millefeuille de thon mariné et aubergine en tapenade
- Terrine tiède de ris de veau, langoustine poêlée (printemps-été)

Plats

- Carré d'agneau de Lozère rôti en persillade
- Tête de veau en cocotte, crête de coq, œuf frit et jus en tortue

Desserts

- Kouign amann façon penthièvre, sorbet au cidre, sauce pomme verte
- Soufflé, glace vanille

Safran

B1 Au goût du jour XX

HÔTEL HILTON ARC DE TRIOMPHE,
51 r. de Courcelles ✉ 75008
✆ 01 58 36 67 96
www.hilton.com

Ⓜ Courcelles

Formule 31 € – Carte 40/85 €

Des parfums de safran ténus ne seraient guère surprenants dans cette rue de Courcelles où trône, non loin de l'hôtel Hilton Arc de Triomphe, la curieuse maison Loo, pagode insensée imaginée dans les années 1920 par un collectionneur chinois. Dès que l'on pénètre dans cet hôtel cossu, le Purple Bar surprend par son style Art déco, puis le restaurant séduit avec son mobilier contemporain et son atmosphère feutrée. Les terrasses – si calmes – sont également très demandées, surtout celles qui contemplent un jardin intérieur où poussent des palmiers. Un cadre idéal pour déguster des "Hilton classics" (salade caesar, Hilton burger, etc.) et une cuisine française, élégante et gourmande, revisitée par le chef, Philippe Daigneaux. Le brunch du dimanche est si prisé des Parisiens qu'il vaut mieux réserver !

De Sers

A3 Au goût du jour XX

HÔTEL DE SERS,
41 av. Pierre 1er de Serbie ✉ 75008
✆ 01 53 23 75 75
www.hoteldesers.com

Ⓜ George V
Fermé août et dimanche soir

Formule 35 € – Menu 50/109 € – Carte 50/80 €

Élégance minimaliste, esprit design empreint de quiétude, jolie terrasse et jardin d'hiver : le restaurant de l'hôtel de Sers est un lieu apaisant. En cuisine, le jeune chef privilégie les produits bio et concocte aussi des plats "basses calories", un détail utile lorsqu'on multiplie les repas d'affaires. Ainsi, les plus raisonnables opteront pour un maquereau en ligne mariné au miso, un filet de cardine cuit à la vapeur, sa marinière de coquillages et ses petits légumes, et finiront sur une note sucrée avec des perles du Japon au lait de coco accompagnées d'une gelée de fraise et rhubarbe ; les gourmands apprécieront quant à eux un foie gras de canard du Sud-Ouest, un suprême de pintade fermière et son risotto, sans parler de l'onctueux cheesecake...

Le Stresa

B3 — Italienne XX

7 r. Chambiges ✉ 75008
✆ 01 47 23 51 62
www.lestresa.com

Ⓜ Alma Marceau
Fermé août, 20 décembre-4 janvier, 1er-8 mai, samedi et dimanche – Réserver

Carte 70/110 €

Cette trattoria aussi minuscule que chic, au cœur du Triangle d'Or, est l'un des rendez-vous préférés des "beautiful people" français et étrangers, du monde des affaires et du show-biz. Aussi le commun des mortels devra-t-il s'y prendre à l'avance pour réserver une table au royaume des frères Faiola... Antonio reçoit ses hôtes dans un décor presque immuable où se distinguent compressions de César, œuvres d'Arman, etc. Le service stylé n'ôte rien à la convivialité des lieux. En cuisine, place à Marco. Il régale avec ses plats transalpins mitonnés "comme à la maison" : pas de chichi, des portions généreuses et rien que des bons produits. Le goût de l'Italie, authentique. À des prix qui restent eux... très parisiens.

A/C — VISA — MC — AE — D

Tante Louise

D2 — Traditionnelle XX

41 r. Boissy-d'Anglas ✉ 75008
✆ 01 42 65 06 85
www.bernard-loiseau.com

Ⓜ Madeleine
Fermé août, samedi, dimanche et fériés

Formule 25 € – Menu 38/59 € – Carte 60/72 €

Il y a Marguerite et il y a Louise, les deux "tantes" de Bernard Loiseau. Pour tout dire, la seconde doit son nom à la "Mère" parisienne qui créa ce restaurant en 1936. Un passé glorieux dont on sent l'empreinte dès l'avenante façade où l'on peut lire : "Les produits de Bourgogne s'invitent à Paris." Rien de surprenant donc à ce que l'on puisse déguster ici une cassolette d'escargots au beurre persillé ou des rognons de veau accompagnés d'une purée de rattes bien moelleuse. Quant à la jolie mezzanine Art déco, les vitraux de Lardeur ou la table d'hôtes du caveau, ils forment un cadre élégant. Autre savoureux détail, la carte des vins est élaborée par le sommelier du Relais de Saulieu. Voilà une "tantine" à qui l'on aimerait rendre visite plus souvent !

A/C — VISA — MC — AE — D

La Table du Lancaster

B2 — Au goût du jour

HÔTEL LANCASTER,
7 r. de Berri 75008
01 40 76 40 18
www.hotel-lancaster.fr

George V
Fermé samedi midi

Menu 52 € (déjeuner en semaine), 115/145 € – Carte 95/165 €

La Table du Lancaster

VISA AE

Visionnaires, les propriétaires du Lancaster ? Avertis, assurément, puisqu'en faisant appel à Michel Troisgros pour superviser leur Table, celle-ci a gagné une belle touche de vitalité et d'exotisme. Le Maître de Roanne a défini l'esprit de la cuisine et des recettes, influencées par ses voyages (Asie, Russie, États-Unis). Originales, elles s'articulent autour de thématiques et de produits choisis selon la sensation qu'ils procurent : "l'éclat des citrons et des agrumes", "la verdeur des légumes, des herbes et des fruits", "le piquant des condiments et des épices", "la vivacité du vin et le mordant des vinaigres", "l'aigrelet des laitages"... On en réapprendrait presque le vocabulaire des sens.

Le cadre de ce restaurant d'hôtel, qui n'est plus l'apanage de ses seuls pensionnaires, offre une élégance à la croisée du luxe à la française et de l'Asie du 19e s. (lignes sobres, estampes chinoises...). Ne manquez pas de jeter aussi un coup d'œil sur la cour-jardin, surprenante par son minimalisme chic, où le rouge du décor contraste à ravir avec la végétation.

Entrées

- Grenouilles à la meunière sauce persil-parmesan
- Cannelloni de céleri au caviar et anguille fumée

Plats

- Sole à la ciboulette selon la recette historique des frères Troisgros
- Côte de veau aux noisettes et romarin

Desserts

- Soufflé à la noix de coco et à l'ananas.
- Dim sum au chocolat et lait Calpis

Taillevent ✿✿

Classique XXXXX

B2

15 r. Lamennais ✉ 75008
✆ 01 44 95 15 01
www.taillevent.com

Ⓜ Charles de Gaulle-Etoile
Fermé 28 juillet-27 août, samedi, dimanche et fériés – Nombre de couverts limité, réserver

Menu 82 € (déjeuner)/195 € – Carte 130/225 €

Taillevent

Cette adresse qu'on ne présente plus porte fièrement les couleurs de la tradition. Par ses propriétaires, en premier lieu : la famille Vrinat qui, depuis trois générations, a fait la réputation de ce restaurant incontournable et est désormais associée à la famille Gardinier (Les Crayères à Reims). Par son nom : référence à l'auteur du "Viandier", le plus ancien manuscrit de recettes rédigé en français (vers 1379). Par son cadre, enfin : l'ancien hôtel particulier du duc de Morny (19e s.), classique, feutré et propice aux rendez-vous politiques et aux repas d'affaires. L'éclairage tamisé et l'harmonie de tons bruns, rouges et beiges favorisent un climat d'intimité, enrichi depuis 2004 par des œuvres d'art contemporain. Une façon d'entretenir des liens avec l'air du temps. Comme en cuisine, où le sixième chef de la maison, Alain Solivérès, mêle l'ancien au moderne, les recettes empruntées à la haute gastronomie à des touches méditerranéennes et actuelles. Et, cerise sur le gâteau : les caves, pléthoriques en vins rares, qui comptent parmi les plus belles de la capitale.

Entrées

- Rémoulade de tourteau à l'aneth, sauce fleurette citronnée
- Épeautre du pays de Sault en risotto au potiron, lard di Colonnata et romarin (oct. à janv.)

Plats

- Selle et côte d'agneau de Lozère dorées, fenouil confit aux saveurs méridionales
- Turbotin sauvage doré au beurre salé, une grenobloise à la niçoise (oct. à janv.)

Desserts

- Tarte renversée au chocolat et au café grillé
- Douceur de pomme et pistache (oct. à janv.).

Le 39V ✿

A2 — Au goût du jour XX

39 av. George V (6ème étage) (entrée par le 17 r. Quentin-Bauchart) ✉ 75008
☎ 01 56 62 39 05
www.le39v.com

Ⓜ George V
Fermé août, samedi et dimanche

Formule 40 € – Menu 50 € (déjeuner)/85 € – Carte 65/125 €

A/C
VISA
MC
AE

Le 39V

La température monte au 39... de l'avenue George-V ! Franchissez donc le porche de ce discret immeuble haussmannien : de là, un ascenseur vous mène directement au 6e étage. Dans les hauteurs, sur les toits de Paris, niche cette petite cité pour gastronomes... D'abord le bar, habillé de noir, où l'on peut siroter quelque cocktail avant de rejoindre sa table. Puis la grande salle, coiffée de verre et dont les larges baies ouvrent sur une délicieuse petite terrasse.

Les lieux sont raffinés ; l'assiette n'est pas en reste. Le chef, Frédéric Vardon, propose une belle relecture de la cuisine de tradition. Très attaché à la qualité des ingrédients, il met un point d'honneur à rendre visite à ses fournisseurs sur leur domaine de production. Un travail aux origines et une véritable clef de voûte pour des assiettes raffinées et démontrant de solides bases classiques. On s'enfièvre pour ce 39V plein de saveurs !

Entrées
- Pâté de canard en croûte, jeunes pousses et condiments.
- Œuf bio cuit mollet, royale de champignons.

Plats
- Saint-pierre de Bretagne, artichauts bouquet et sucs persillés.
- Veau fermier et macaronis au vieux comté.

Desserts
- Carré "39V" tout chocolat.
- Paris-brest, glace "praliné-noisette".

Le Vernet

A2 — Au goût du jour XXX

HÔTEL VERNET,
25 r. Vernet ✉ 75008
✆ 01 44 31 98 00
www.hotelvernet.com

Ⓜ Charles de Gaulle-Etoile
Fermé 3 semaines en août, samedi et dimanche

Formule 39 € – Menu 105 € (dîner) – Carte 63/100 €

A/C VISA MC AE

D'abord, il y a le hall de l'hôtel Vernet, le petit salon fleuri d'orchidées, puis la ravissante salle à manger surplombée d'une impressionnante verrière signée Gustave Eiffel, typique du charme Belle Époque. Décoré dans un style à la fois précieux et discret, le restaurant met en valeur le travail de Laurent Poitevin. Ce chef, passé par des maisons prestigieuses comme Taillevent, élabore une cuisine maîtrisée, désireuse de transcender les classiques à partir de produits choisis. C'est avec disponibilité et politesse que l'on vous sert des tempuras de grenouilles – à la chair tendre et fondante –, une déclinaison de veau de lait ou un sabayon aux fraises onctueux. Dans les règles de l'art...

Le Victoria

D2 — Traditionnelle XXX

HÔTEL BEDFORD,
17 r. de l'Arcade ✉ 75008
✆ 01 44 94 77 77
www.hotel-bedford.com

Ⓜ Madeleine
Fermé août, le soir, samedi, dimanche et fériés

Formule 39 € – Menu 47 € – Carte 59/65 €

A/C VISA MC AE

Un décor 1900 avec une profusion de motifs décoratifs et une superbe coupole en vitrail : le Victoria est le joyau de l'hôtel Bedford. Tout y est raffinement divin – admirez donc ces jolis angelots en stuc qui peuplent la salle ! – et l'on a tôt fait de s'imaginer hôte d'un véritable palais Belle Époque... Dans un tel cadre, la cuisine traditionnelle est vraiment à sa place. Terrine de foie gras de canard maison, carré d'agneau rôti aux herbes, filet de bar de ligne poêlé et fricassée de brocolis, carpaccio de fraises au champagne... On passe un moment sympathique (seulement à l'heure du déjeuner lorsqu'on ne loge pas à l'hôtel), avant de partir à la conquête des charmes éternels de Paris, entre musées, ruelles pavées, petites échoppes et grands magasins.

Opéra · Grands Boulevards

A. Chicurel / Hemis.fr

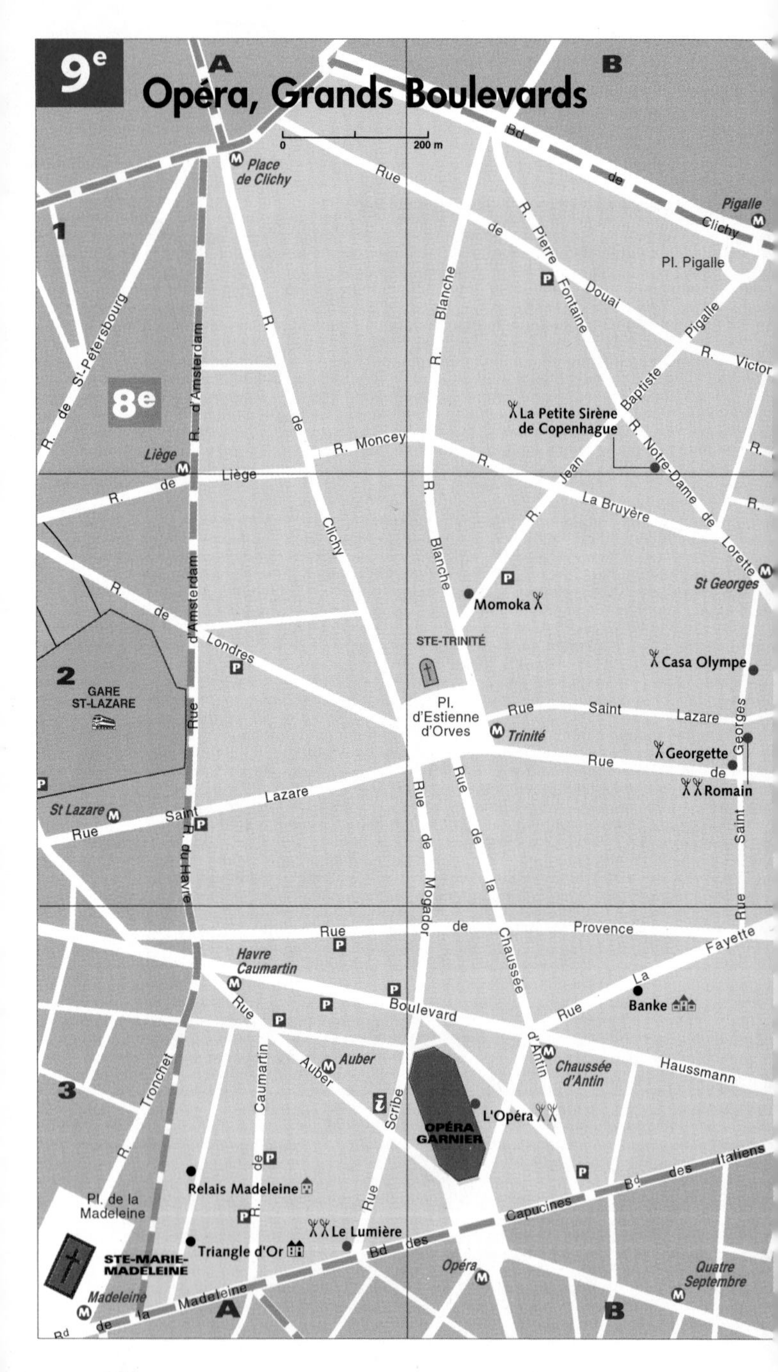
9e
Opéra, Grands Boulevards
8e
La Petite Sirène de Copenhague
Momoka
Casa Olympe
Georgette
Romain
Banke
L'Opéra
Relais Madeleine
Le Lumière
Triangle d'Or
STE-TRINITÉ
GARE ST-LAZARE
OPÉRA GARNIER
STE-MARIE-MADELEINE
Place de Clichy
Pigalle
Pl. Pigalle
Liège
St Georges
Trinité
Pl. d'Estienne d'Orves
St Lazare
Havre Caumartin
Auber
Chaussée d'Antin
Opéra
Quatre Septembre
Madeleine
Pl. de la Madeleine

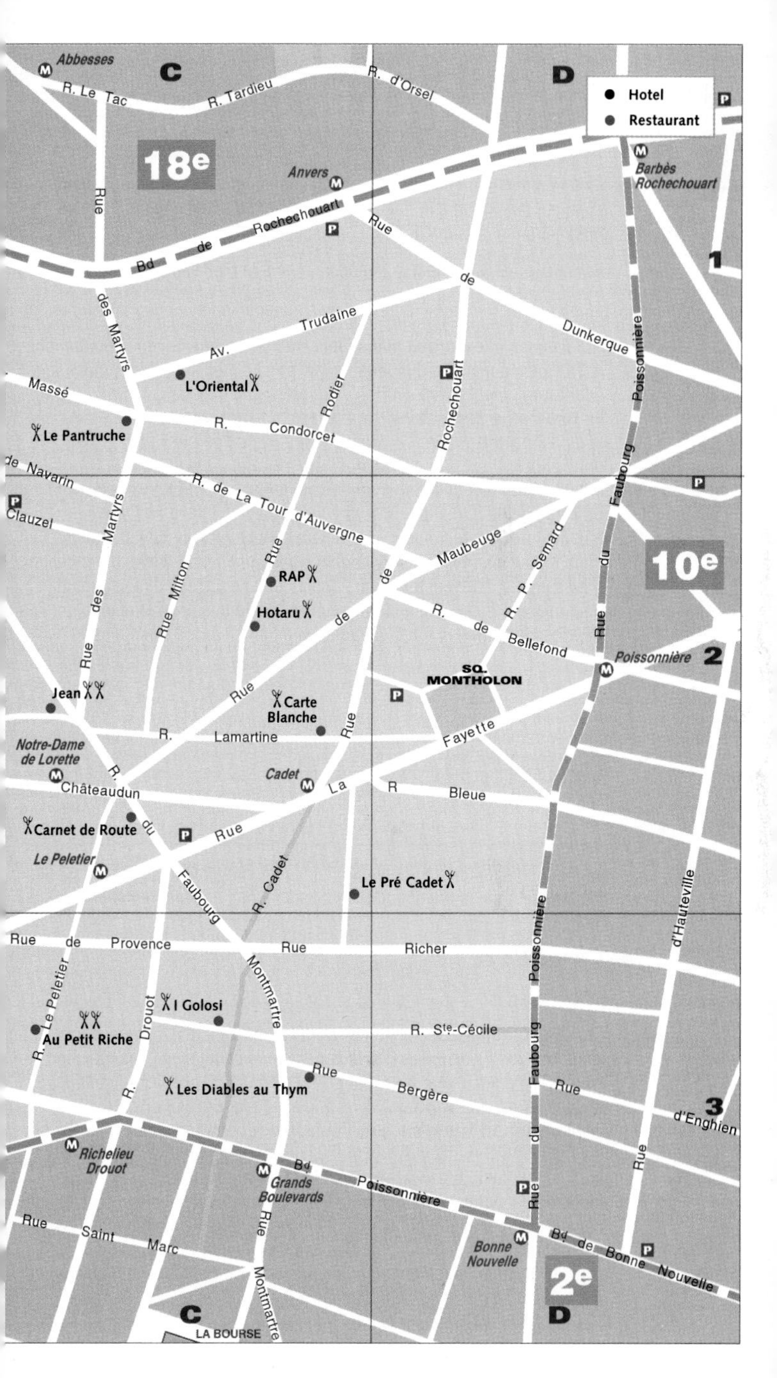

Hotel
Restaurant
18e
10e
2e
C
D
1
2
3
Abbesses
Anvers
Barbès Rochechouart
Poissonnière
Notre-Dame de Lorette
Cadet
Le Peletier
Richelieu Drouot
Grands Boulevards
Bonne Nouvelle
L'Oriental
Le Pantruche
RAP
Hotaru
Jean
Carte Blanche
Carnet de Route
Le Pré Cadet
I Golosi
Au Petit Riche
Les Diables au Thym
SQ. MONTHOLON
LA BOURSE
R. Le Tac
R. Tardieu
R. d'Orsel
Bd de Rochechouart
Rue de Dunkerque
Av. Trudaine
Rue des Martyrs
Massé
R. Condorcet
Rue Rodier
Rochechouart
Rue du Faubourg Poissonnière
de Navarin
Clauzel
R. de La Tour d'Auvergne
Rue Milton
Rue de Maubeuge
R. P. Semard
R. de Bellefond
R. Lamartine
R. Châteaudun
Rue La Fayette
R Bleue
R. du Faubourg Montmartre
R. Cadet
Rue de Provence
Rue Richer
R. Le Peletier
R. Drouot
R. Ste-Cécile
Rue Bergère
Rue d'Enghien
Rue d'Hauteville
Bd Poissonnière
Bd de Bonne Nouvelle
Rue Saint Marc
Rue Montmartre

Au Petit Riche

C3 Traditionnelle XX

25 r. Le Peletier ✉ 75009
✆ 01 47 70 68 68
www.aupetitriche.com

Ⓜ Richelieu Drouot
Fermé week-ends de mi-juillet à fin août et fériés

Formule 23 € – Menu 29/35 € – Carte 35/60 €

A/C VISA MC AE

Maupassant l'évoquait dans *Bel Ami*, Mistinguett et Chevalier le fréquentaient assidûment : c'est bel et bien une institution ! D'ailleurs, les "petits riches" qui venaient ici dès 1854 vous le diraient : ses salons façon 19e s. sont restés tels quels, avec banquettes en velours rouge, miroirs finement gravés, chapelières, élégantes tables au coude-à-coude... Le chef fait le bonheur des habitués – une belle clientèle de quartier et étrangère – en perpétuant une carte à l'esprit bistrotier traditionnel (pâté en croûte, huîtres, haddock poché, côte de veau et sa purée maison, baba au rhum, etc.). Une tranche d'histoire à "déguster" sur fond de recettes d'inspiration tourangelle, et à arroser d'une bouteille de la superbe sélection de vins de Loire.

Carnet de Route

C2 Chinoise X

57 rue Faubourg-Montmartre
✉ 75009
✆ 01 77 19 55 73

Ⓜ Notre Dame de Lorette
Fermé dimanche

Carte 22/30 €

VISA MC

La spécialité de ce petit restaurant chinois, très prisé de la diaspora ? "Les nouilles de riz qui traversent le pont", un intitulé mystérieux pour une bien jolie légende gastronomique... Dans la province du Yunnan, il y a bien longtemps, un lettré se consacrant à l'étude sur une île isolée recevait chaque jour un plat de nouilles concocté par son épouse. Malheureusement, son repas arrivait toujours froid, et cette dernière eut l'idée de le faire cuire dans un bouillon fumant. Aujourd'hui, on se régale donc encore de nouilles bien chaudes et parfumées, en se rêvant mandarin… Parmi les autres délices de la maison, le poulet sauté au piment sec (réservé aux amateurs de sensations fortes), ou encore les aubergines à la viande hachée. À noter : pas de réservation possible.

Carte Blanche

Au goût du jour

6 r. Lamartine ✉ 75009
Ⓜ Cadet
01 48 78 12 20
Fermé 29 juillet-20 août, samedi midi, dimanche et fériés
www.restaurantcarteblanche.com

Formule 28 € – Menu 35/49 €

Certes, les néobistrots se ressemblent souvent, mais derrière sa façade toute simple, celui-ci a un charme bien à lui, avec des murs en pierre, des poutres apparentes et des lignes épurées. Quant à la cuisine... Dans un registre classique, le chef concocte des plats plutôt sophistiqués, mais il s'accorde aussi quelques escapades exotiques honorant les saveurs du monde. Ses mets sont savoureux, maîtrisés et gourmands. Résultat : on se régale d'un foie gras de canard poêlé "dans son coing", d'un filet de maigre et ses légumes du soleil, ou même d'une version gastronomique plutôt originale et osée du... Kinder Bueno !

Casa Olympe

B2 — Traditionnelle

48 r. St-Georges ✉ 75009
Ⓜ St-Georges
01 42 85 26 01
Fermé 1er-15 mai, 2-26 août, 23 décembre-3 janvier, samedi et dimanche – Nombre de couverts limité, réserver
www.casaolympe.com

Formule 33 € – Menu 43 € – Carte 47/65 €

Dominique Versini – plus connue sous le pseudonyme d'Olympe (du nom de sa propre mère) – fut l'égérie culinaire des années 1980. Une des premières femmes chefs et l'instigatrice de ce qu'on appelait la "nouvelle cuisine". Loin des feux de la rampe, elle règne aujourd'hui sur deux petites salles ocre dans la rue St-Georges. Avec son caractère bien trempé, elle est restée fidèle à une cuisine sous influence méditerranéenne : croustillant de boudin, thon au lard et aux oignons, épaule d'agneau rôtie au thym, sorbet cacao maison, etc. Aussi financiers et assureurs se disputent-ils une place dans leur "cantine". Et peu importe si l'on mange au coude-à-coude : cette casa-là mérite bien qu'on se serre un peu !

Les Diables au Thym

C3 — Au goût du jour

35 r. Bergère ✉ 75009
01 47 70 77 09
www.lesdiablesauthym.com

Ⓜ Grands Boulevards
Fermé 3 semaines en août, samedi midi et dimanche

Formule 24 € – Menu 30 € – Carte 45/60 €

A/C VISA MC AE

Ah, les Grands Boulevards... Le Palace et les Folies Bergère ne sont pas loin et, de jour comme de nuit, l'animation est à son comble. Hommes d'affaires et habitués du quartier aiment à se retrouver dans ce bistrot contemporain, aux tables serrées juste ce qu'il faut. Tentez par exemple la soupe du moment, des poivrons marinés... au thym, un pavé de maigre poêlé servi avec une ratatouille à la fleur... de thym, et, pour finir, pourquoi ne pas essayer un clafoutis aux fruits de saison ? Les cuissons justes et les assaisonnements bien dosés flattent les papilles. Pour accompagner le tout, la carte des vins propose quelques jolis flacons labellisés bio. L'adresse joue souvent à guichets fermés, mais c'est bien le diable si vous n'arrivez pas à vous caser !

Georgette

B2 — Traditionnelle

29 r. St-Georges ✉ 75009
01 42 80 39 13

Carte 32/48 €

Ⓜ Notre-Dame de Lorette
Fermé vacances de Pâques, août, vacances de la Toussaint, samedi, dimanche et lundi

VISA MC AE

Une plongée au cœur des sixties, voilà ce que propose Georgette. Derrière ce prénom rétro, il y a un sympathique bistrot qui réjouira les nostalgiques des tables multicolores en formica et des sièges en skaï vert olive. Le cachet insolite du lieu plaît aussi aux touristes en mal d'authenticité, heureux de goûter à cette atmosphère décontractée. "Retour aux sources" également dans la cuisine, inspirée par la tradition et réalisée avec des produits de qualité. Le chef vous régale avec ses harengs aux oignons doux, son pâté en croûte façon Ducloux ou des oreilles de cochon au vin blanc doux. Encore un petit creux ? Tentez le riz au lait ou un Eton mess, un dessert typiquement britannique. Si c'est Georgette qui vous le dit !

Hotaru

C2 — Japonaise

18 r. Rodier ✉ 75009
✆ 01 48 78 33 74

Ⓜ Notre-Dame de Lorette
Fermé 3 semaines en août,
24 décembre-3 janvier, dimanche et lundi

Formule 18 € – Menu 39/75 € – Carte 36/73 €

VISA MC

Association originale que celle de ce restaurant typiquement parisien avec un chef japonais né dans la capitale mais totalement imprégné de ses origines nippones. Car si Isao Ashibe ne renie pas ses origines, l'ambiance des lieux rappelle l'époque de ses prédécesseurs, malgré l'apport de quelques touches asiatiques. Outre les incontournables makis, sushis et sashimis, on trouve à la carte d'autres recettes moins connues, principalement à base de poisson et de fruits de mer (comme le foie de lotte), des plats mijotés et des fritures (agemono). Une vraie cuisine traditionnelle et familiale japonaise, où la qualité et la fraîcheur des produits sont au rendez-vous.

I Golosi

C3 — Italienne

6 r. Grange-Batelière ✉ 75009
✆ 01 48 24 18 63

Ⓜ Richelieu Drouot
Fermé 5-20 août,
samedi soir et dimanche

Carte 30/50 €

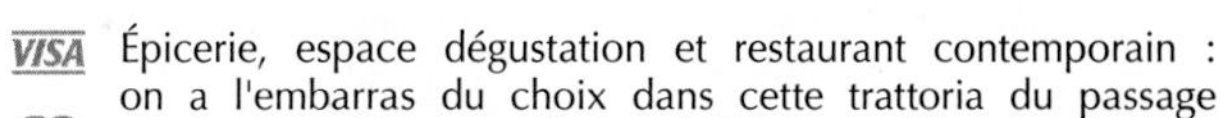

VISA MC

Épicerie, espace dégustation et restaurant contemporain : on a l'embarras du choix dans cette trattoria du passage Verdeau. La décoration design de l'étage, mêlée à l'accent des serveurs, donne un chic inimitable à cette adresse qui s'est forgé une solide réputation. Demandez par exemple la carte, hyperbolique, de vins transalpins – plus de 500 références –, afin d'accompagner antipasti, soupes de saison et alléchants plats de pâtes. Chaque semaine, une petite sélection d'accords mets-vins vous est d'ailleurs proposée. Vous craquez ? Un tour par la boutique attenante et vous voilà muni des meilleurs pastas, huiles et biscuits italiens. Une botte secrète, en quelque sorte. Réservation conseillée !

Jean ✿

C2

Créative XX

8 r. St-Lazare ✉ 75009
✆ 01 48 78 62 73
www.restaurantjean.fr

Ⓜ Notre-Dame de Lorette
Fermé 30 juillet-20 août, samedi et dimanche

Menu 46 € (déjeuner), 50/95 € – Carte 70/90 €

A/C
VISA
AE

Jean

Poutres peintes, tentures fleuries, atmosphère feutrée, charme bourgeois, etc. En plein cœur du 9e arrondissement, Jean donne l'illusion d'une charmante escapade en dehors du Paris contemporain... et sa cuisine cultive des plaisirs authentiques ! En novembre 2011, Attilio Marazzo a repris les rênes des fourneaux, secondé à la pâtisserie par Sébastien Exposito. Ce jeune chef italien a fait ses armes chez Joël Robuchon ; c'est imprégné de son expérience chez ce grand nom de la gastronomie française – tout comme des goûts de son enfance – qu'il imagine des mets raffinés, presque épurés, aux saveurs tranchées, où cuissons et textures se mettent mutuellement en valeur. Esthétique, comme ce black cod mariné au miso de campagne avec ses légumes de saison merveilleusement colorés, accompagnés d'un sabayon au wasabi... Le vendredi soir, laissez faire le chef, il n'y a pas de carte mais un menu unique où il laisse libre cours à son imagination.

Entrées

- Tartare et carpaccio de Saint-Jacques
- Œuf croustillant poché et pané

Plats

- Bar de ligne poêlé, pommes de terre de Noirmoutier au beurre d'algue
- Pigeon rôti, le suprême farci de foie gras, macaroni truffé

Desserts

- Baba au rhum, fruits frais et chantilly à la vanille
- Fine gelée de café, bicuit Savoiardi et mascarpone au café

Le Lumière ✿

Au goût du jour XX

A3

HÔTEL SCRIBE, Ⓜ Opéra
1 r. Scribe ✉ 75009
✆ 01 44 71 24 24
www.hotel-scribe-paris.com

Formule 45 € – Menu 110 € (semaine) – Carte 56/90 €

Le Scribe Paris

A/C VISA AE

Silence, moteur... action ! On peine à imaginer l'émotion qu'ont dû ressentir les spectateurs du premier film des frères Lumière. Et pourtant, c'est ici même, au sein de l'hôtel Scribe, qu'il fut projeté en 1895. Désormais, c'est l'art culinaire qui y attire les regards. Confortablement installé sous une splendide verrière, dans une ambiance mi-lounge mi-Belle Époque, on découvre la cuisine du chef, Sébastien Crison. Soignée et créative, elle se fonde sur des produits de saison choisis avec passion et travaillés avec une indéniable originalité. Un savoir-faire que l'on perçoit dans sa version déstructurée du boudin noir, ou dans ce suprême de pintade aux pleurotes à la chair tendre et goûteuse, accompagné de navets parfumés et d'une sauce brillante et fine... Pour finir, le chariot des desserts invite à la tentation avec de superbes éclairs ou, par exemple, un paris-brest réalisé dans les règles de l'art. Cadrage, scénario, émotion : le chef est un savant metteur en scène ! Carte plus simple le week-end.

Entrées

- Croustillant de pain noir et boudin "maison", soupe de cresson et girolles sautées
- Foie gras mi-cuit et poitrine de canette fumée au bois de hêtre

Plats

- Cabillaud cuit sur la peau, gros poireau farci d'un risotto au cidre
- Suprême de pintade fermière rôti en crépine, navets glacés à la fleur de thym

Desserts

- Chariot de pâtisseries classiques et de créations
- Macaron blanc sur chocolat noir, duo de mousses en pellicule craquante.

Momoka

B2 — Japonaise

5 r. Jean-Baptiste Pigalle
75009
01 40 16 19 09

Trinité d'Estienne d'Orves
Fermé août, samedi midi, dimanche et lundi – Nombre de couverts limité, réserver

Formule 25 € – Menu 39 € (déjeuner), 49/68 € – Carte 32/42 €

A/C
VISA
MC

Hashimoto Masayo a passé neuf ans dans une pâtisserie française à Osaka... puis elle a rejoint l'Hexagone, emportant dans ses bagages la douceur des plats traditionnels de son enfance au pays du Soleil-Levant. Ses créations du jour évoluent au gré du marché et de son inspiration, et elle adore plus que tout concocter de belles salades, travailler les légumes et les poissons avec simplicité et précision. Et comme son Momoka est vraiment mini, la minicuisine est visible de la minisalle (quatorze couverts seulement) et vous laisse tout loisir d'observer le maxi savoir-faire de cette chef hors pair, dans une atmosphère "comme à la maison"... Évidemment, il faut juste penser à réserver !

L'Opéra

B3 — Au goût du jour

pl. Jacques-Rouché - Palais Garnier 75009
01 42 68 86 80
www.opera-restaurant.fr

Opéra

Formule 40 € – Carte 50/100 €

A/C
VISA
MC
AE

Fantôme ? Petit rat ? Non, gourmet de l'Opéra ! Au rez-de-chaussée de l'Opéra de Paris – sous la rotonde qui accueillait autrefois les fiacres –, l'architecte Odile Decq a imaginé un espace tout en courbes... Les piliers d'origine, en pierre de Paris, prennent une nouvelle dimension, mis en valeur par une mezzanine aux airs de grand vaisseau spatial. Tour à tour fifties, sixties, contemporain et 19e s., ce lieu étonnant a du style, c'est indéniable ! Dans l'assiette, même raffinement autour d'une cuisine de saison. Foie gras poêlé accompagné de fraises et de miel issu des ruches de l'Opéra, agneau poché et rôti, petits pois et fromage de brebis frais, avant de finir sur l'incontournable opéra. La carte, élaborée par le chef étoilé Christophe Aribert (Grand Hôtel à Uriage-les-Bains), a tout d'une partition gourmande...

L'Oriental

C1 Marocaine

47 av. Trudaine ✉ 75009 Ⓜ Pigalle
✆ 01 42 64 39 80
www.loriental-restaurant.com

Menu 34 € – Carte 31/50 €

Sur l'avenue Trudaine, où s'étend sa terrasse aux beaux jours, L'Oriental est fidèle à l'esprit marocain, sa patrie de cœur : tons ocre, banquettes confortables, éclairages tamisés... sans oublier quelques notes "couleur locale" comme les tables ornées de faïence, les tableaux classiques et la fontaine importée directement de Marrakech. En cuisine, la tradition demeure une valeur sacrée. Pour preuve, les plats authentiques et parfumés qui témoignent d'un savoir-faire transmis de génération en génération. Tajines, couscous et autres bricks se dégustent dans une ambiance chaleureuse, grâce à la clientèle d'habitués et au service attentionné.

Le Pantruche

C1 Bistrot

3 r. Victor-Massé ✉ 75009 Ⓜ Pigalle
✆ 01 48 78 55 60
www.lepantruche.com

Fermé 3 semaines en août, 23 décembre-2 janvier, samedi et dimanche – Nombre de couverts limité, réserver

Formule 17 € – Menu 32 €

Paris canaille, Paris la gouaille, Pantruche ! Les titis de Pigalle se sont transformés en gourmets avertis et se pressent dans ce bistrot vintage. Miroirs piqués, banquette rétro et zinc enjôleur : bien qu'actuel, le cadre fait de l'œil au Paris des années 1940. Sur l'ardoise, on reconnaît le style de Franck Baranger, un chef au beau parcours. Selon la saison, il imagine un tartare d'huîtres à la crème de laitue, une poitrine de veau confite à la verveine, petits pois à la menthe ou un inimitable soufflé au Grand Marnier. C'est simple, généreux, et l'on repart le sourire aux lèvres : "Ah, Paname !"

La Petite Sirène de Copenhague

Danoise

B1

47 r. N.-D.-de-Lorette ✉ 75009
Ⓜ St-Georges
✆ 01 45 26 66 66
Fermé août, 23 décembre-2 janvier, samedi midi, dimanche et lundi – Réserver

Menu 31 € (déjeuner)/35 € – Carte 50/70 €

VISA MC AE

À peine entré, vous serez sous le charme de cette authentique ambassade du Danemark. Pourtant cette sirène-là n'envoûte pas en chantant : elle attire les gourmets dans ses filets avec de succulents harengs aigres-doux et un incomparable saumon fumé. Deux vedettes incontestées d'une carte de mets sucrés-salés en provenance directe de la patrie d'Andersen. Naturellement, le reste suit : Peter et sa sympathique équipe prennent votre commande avec un délicieux accent nordique, en vous proposant un pigeon au chou rouge, une sole et ses pommes de terre à l'aneth... ainsi que d'excellentes *øl* (bières danoises) et un incontournable aquavit – à consommer avec modération, bien sûr. Couleur locale aussi, le sobre décor : tomettes cirées, photos anciennes du parc de Tivoli de Copenhague... Un régal !

Le Pré Cadet

Traditionnelle

C2

10 r. Saulnier ✉ 75009
Ⓜ Cadet
✆ 01 48 24 99 64
Fermé 2 semaines en août, samedi midi, dimanche et lundi – Nombre de couverts limité, réserver

Menu 30 € – Carte 36/69 €

A/C VISA MC AE

Cantine du quartier des banques le midi ; point de ralliement des noctambules le soir... L'herbe est toujours verte au Pré Cadet, et la salle bien remplie. D'un coup d'œil sur la carte, on comprend les raisons de ce succès : une cuisine traditionnelle canaille et copieuse, proposée à prix d'amis. Ici, la tête de veau sauce gribiche, l'andouillette, le foie et les ris de veau sont l'orgueil de la maison ! Mais on peut évidemment se sustenter d'une solide côte de bœuf de race salers rehaussée d'une sauce marchand de vin et accompagnée de pommes de terre sautées. Pour finir, on hésite entre des profiteroles et une pêche melba... Tradi, on vous l'a dit !

RAP

Italienne

C2

24 r. Rodier ✉ 75009
✆ 01 45 26 86 26
www.rapparis.fr

Ⓜ Cadet
Fermé 2 semaines en août, lundi et mardi

Formule 16 € – Menu 28 € (déjeuner en semaine), 38/85 € – Carte 41/90 €

VISA MC AE

RAP ? Pour Restaurant Alessandra Pierini, la propriétaire (et chef) de cet authentique repaire transalpin. Cette dernière adore parler des produits de sa terre natale, et elle les connaît bien ! Pour preuve, ce restaurant sobre et contemporain, bien sûr, mais aussi l'épicerie fine, située au numéro 15 de la même rue. Chez RAP, Alessandra concocte une cuisine traditionnelle, gourmande, copieuse et élégante. La plupart des produits arrivent tout droit de la Botte, les pâtes fraîches sont faites maison, la carte des vins s'adapte à celle des mets, laquelle change toutes les trois semaines… Autrement dit, on se régale de plats parfumés et fins. Encornet farci au riz noir italien et sa jolie salade de fenouil à l'huile d'olive, taglioni cuits al dente aux petits pois et à la lotte… Delizioso !

Romain

Italienne

B2

40 r. St-Georges ✉ 75009
✆ 01 48 24 58 94

Ⓜ St-Georges
Fermé août, samedi et dimanche

Formule 29 € – Menu 35 € – Carte 40/70 €

A/C VISA MC AE

Ode à la cuisine transalpine pour cette adresse qui compte parmi les bonnes tables italiennes de la capitale. À sa tête, une famille franco-suisse, les Bürkli, qui a pris goût à la "dolce vita". Monsieur, aux fourneaux, renouvelle chaque mois sa courte carte avec des plats tels cette généreuse salade d'écrevisses, une joue de bœuf braisée au vin de Vénétie ou ces spaghettis neri aux fruits de mer. Saluons la fraîcheur des produits, du premier choix uniquement : pâtes fraîches maison, charcuteries succulentes, truffe d'hiver. Madame se charge de l'accueil et du service en salle (un cadre soigné et lumineux, chargé de tableaux et de fleurs). Quant au fils, Romain – un prénom prédestiné –, il saura vous conseiller les meilleurs vins de la péninsule qu'il connaît sur le bout des doigts.

Gare de l'Est · Gare du Nord · Canal St-Martin

B. Rieger / Hemis.fr

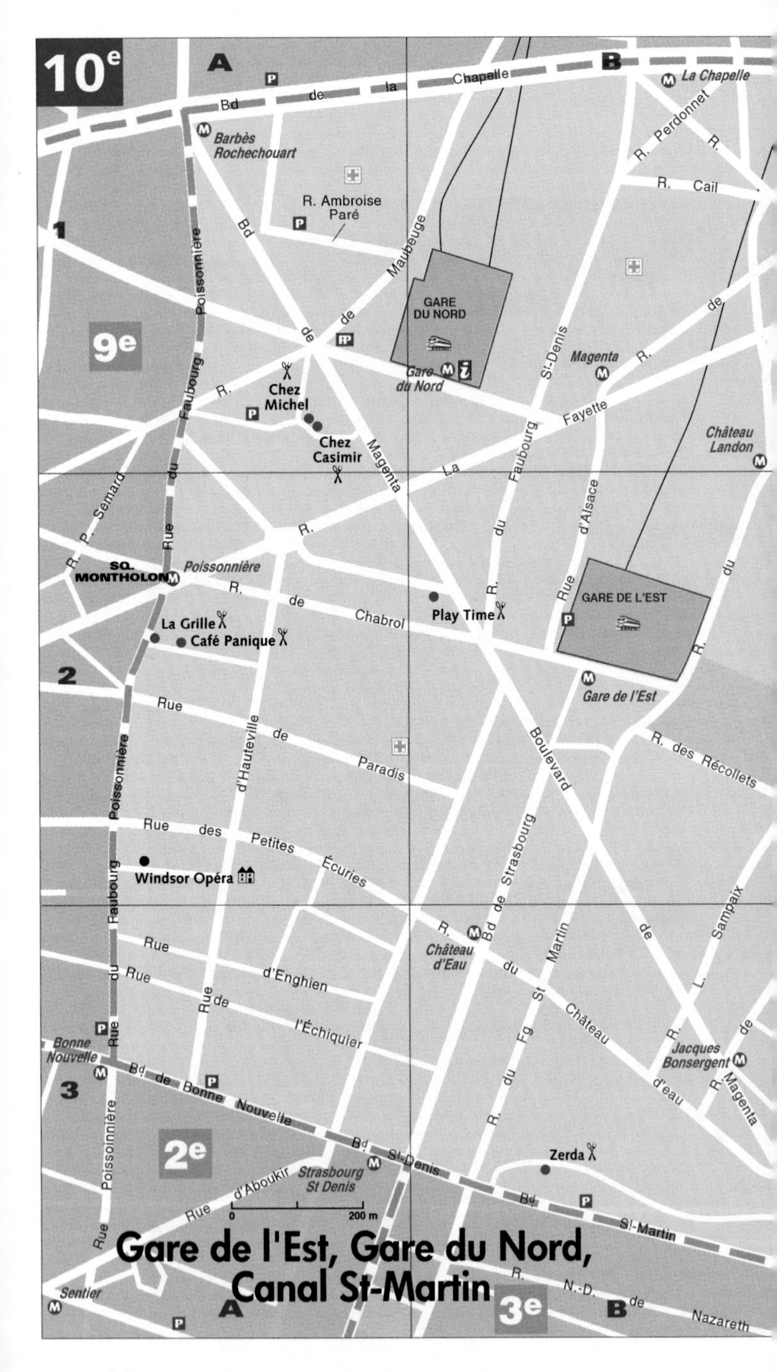
10e
A
B
1
2
3
Bd de la Chapelle
La Chapelle
Barbès Rochechouart
R. Perdonnet
R. Cail
R. Ambroise Paré
Bd de Magenta
GARE DU NORD
Gare du Nord
9e
Rue du Faubourg Poissonnière
St-Denis
Magenta
Chez Michel
Chez Casimir
R. La Fayette
Château Landon
R. P. Semard
SQ. MONTHOLON
Poissonnière
R. de Chabrol
Play Time
R. du Faubourg St-Denis
Rue d'Alsace
GARE DE L'EST
Gare de l'Est
R. du
La Grille
Café Panique
Rue de Paradis
Rue d'Hauteville
Boulevard
R. des Récollets
Rue des Petites Écuries
Windsor Opéra
Bd de Strasbourg
R. du Château d'eau
Château d'Eau
Rue d'Enghien
Rue de l'Échiquier
R. du Fg St Martin
Bonne Nouvelle
R. L. Sampaix
Jacques Bonsergent
R. de Magenta
Bd de Bonne Nouvelle
Bd St-Denis
2e
Zerda
Rue d'Aboukir
Strasbourg St Denis
0
200 m
Bd St-Martin
Rue Poissonnière
Gare de l'Est, Gare du Nord, Canal St-Martin
Sentier
R. N.-D. de Nazareth
3e

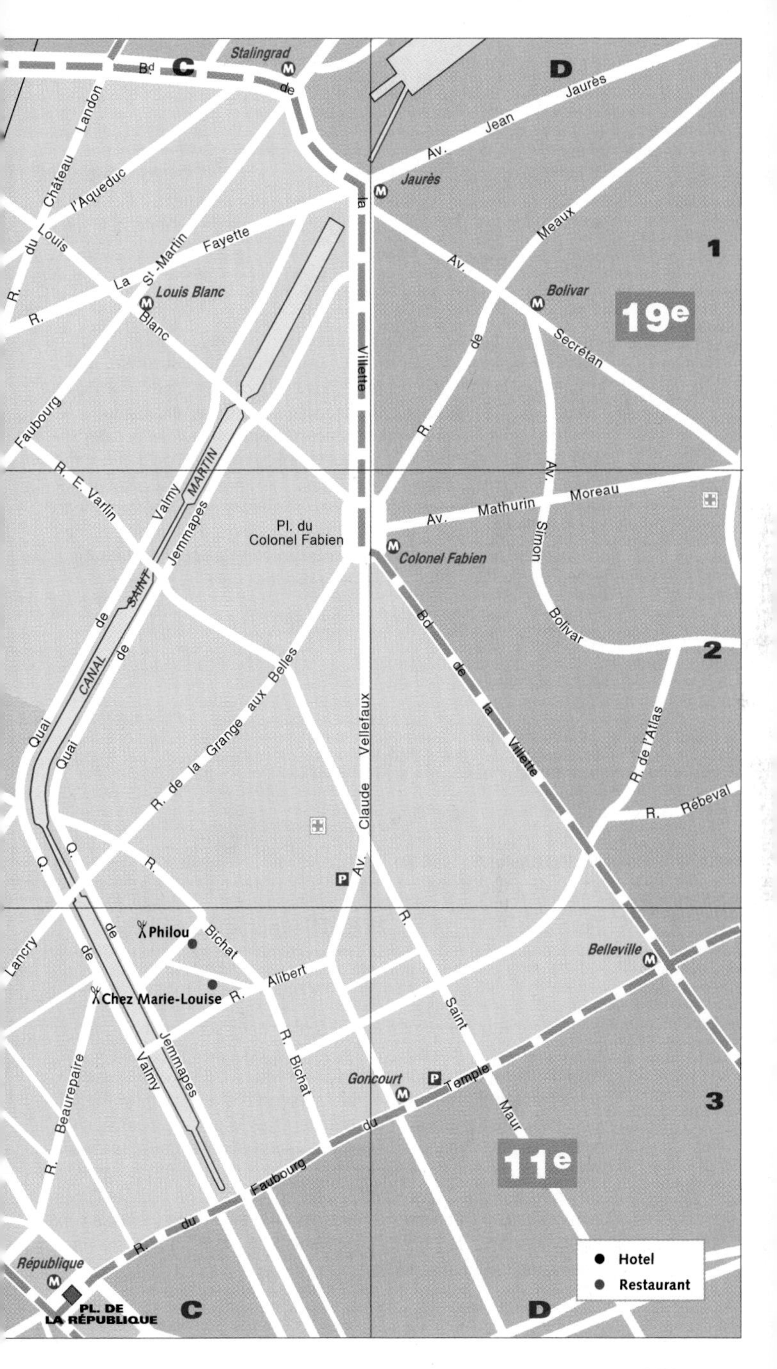
Stalingrad
Bd de la Villette
C
D
Av. Jean Jaurès
Jaurès
Château Landon
R. de l'Aqueduc
R. Louis Blanc
R. du Faubourg St-Martin
R. La Fayette
Louis Blanc
Av. de la Villette
Av. Secrétan
Bolivar
R. de Meaux
1
19e
R. E. Varlin
Quai de Valmy
Quai de Jemmapes
CANAL SAINT MARTIN
Pl. du Colonel Fabien
Av. Mathurin Moreau
Colonel Fabien
Av. Simon Bolivar
Bd de la Villette
2
R. de la Grange aux Belles
Av. Claude Vellefaux
R. de l'Atlas
R. Rébeval
R. Bichat
Philou
Chez Marie-Louise
R. Alibert
R. Lancry
R. Beaurepaire
R. Saint Maur
Belleville
Goncourt
R. du Faubourg du Temple
3
11e
République
PL. DE LA RÉPUBLIQUE
Hotel
Restaurant

Café Panique

A2 — Au goût du jour

12 r. des Messageries ✉ 75010 — Ⓜ Poissonnière
✆ 01 47 70 06 84
www.cafepanique.com

Fermé août, 1 semaine en février, le midi, samedi, dimanche et fériés

Menu 35/43 €

VISA MC

Adresse cachée – il faut traverser un long couloir pour y accéder –, le Café Panique réserve plus d'une surprise. Voici un atelier textile reconverti avant l'heure en restaurant aux allures de loft industriel (mezzanine, verrière, expositions de photos, sans oublier les cuisines vitrées). Installée ici depuis 1992, Odile Guyader a troqué l'enseignement de l'allemand pour la cuisine. Bien lui en a pris ! Affinées au fil du temps, ses recettes d'auteur, inventives et alléchantes, mettent l'eau à la bouche : roulé de betterave et chèvre à la menthe, filet de bœuf poêlé, émulsion de foie gras et gnocchis à la sauge, tiramisu au Carambar... De quoi piquer votre curiosité.

Chez Casimir

A1 — Bistrot

6 r. Belzunce ✉ 75010 — Ⓜ Gare du Nord
✆ 01 48 78 28 80

Formule 24 € – Menu 28 € (déjeuner en semaine)/32 €

VISA

Bistrot typiquement parisien – tables bien serrées, banquettes en skaï rouge, chaises bistrot – que ce Casimir imaginé par Thierry Breton, le patron de Chez Michel. Dans la semaine, on se régale d'une cuisine fraîche, simple et efficace, qui fait la part belle aux produits du marché. Mais la grande affaire, c'est le traou mad ("bonnes choses") des samedis et dimanches midi. Imaginez un peu : un buffet de hors-d'œuvre variés à volonté, de la soupe, de l'omelette, le plat en cocotte du jour et, pour ceux qui en sont encore capables, un dessert. Et le vin est à prix coûtant, on va le choisir soi-même à la cave ! Chut, ne dites rien, c'est déjà l'affluence...

Chez Marie-Louise

C3 — **Bistrot**

11 r. Marie-et-Louise ✉ 75010 — Ⓜ Goncourt
✆ 01 53 19 02 04 — Fermé août, dimanche, lundi et fériés
www.chezmarielouise.com

Formule 14 € – Menu 18 € (déjeuner en semaine) – Carte 29/38 €

VISA MC

Ah, le canal St-Martin et l'hôpital St-Louis, quartier bobo s'il en est ! Rue Marie-et-Louise, ce néobistrot est on ne peut plus au cœur du sujet. Banquettes en moleskine, moulures, propositions alléchantes à l'ardoise, etc. ; l'ambiance va bon train. On se laisse tenter, sur les conseils de Christophe, par un ceviche de saumon, un boudin noir aux aromates ou une canette de Barbarie aux coings… C'est simple, doucement parfumé et on n'en finit plus de commenter l'excellente crème pâtissière du millefeuille à la vanille. Compliments au chef, Pierre, qui, tout sourire, vient voir en salle si tout va bien. Bien sûr !

Chez Michel

A1 — **Traditionnelle**

10 r. Belzunce ✉ 75010 — Ⓜ Gare du Nord
✆ 01 44 53 06 20 — Fermé août, vacances de Noël, de février, lundi midi, samedi et dimanche

Menu 50/70 €

VISA MC

Dans ce bistrot aux airs de caveau de dégustation, l'atmosphère informelle et conviviale attire tant les habitués du quartier que les touristes. On vient ici pour la fameuse cuisine de Thierry Breton, qui a l'art de concocter une carte traditionnelle et... bretonne (sa terre natale), complétée par de jolies suggestions à l'ardoise. Quant au "plat du boulanger", qui mijote longtemps dans le four à pain trônant dans la salle, il ravira les amateurs de belles pièces de viande, de baeckoefe, etc. Bisque de homard, cotriade de lieu jaune, kouin "miam miam" (version personnelle du kouign amann), paris-brest-paris et gibier en saison... Breizh, mais pas seulement !

La Grille

A2 — Bistrot

80 r. du Faubourg-Poissonnière ✉ 75010 — Ⓜ Poissonnière
✆ 01 47 70 89 73 — Fermé 3 semaines en août, samedi et dimanche

Carte 31/55 €

VISA MC

Passez la grille et voici le Paris d'autrefois qui resurgit ! Un bistrot "pur jus" avec ses vieux miroirs piqués par les années qui semblent refléter les dîneurs du temps passé, son carrelage hors d'âge et ses chaises bistrot… Le service cadre avec l'atmosphère de l'endroit, et l'on vous explique avec gouaille les classiques du lieu. Rien ne semble avoir changé et pourtant… En janvier 2010, quatre associés ont repris en main cette institution et la voilà à nouveau pleine d'entrain. Il convient de faire honneur à une solide cuisine du genre, parfumée et soignée. Filets de hareng ? Tête de veau sauce gribiche ? Bœuf bourguignon ? Rognons de veau au porto ? On a l'embarras du choix et surtout la certitude qu'abondance et saveurs seront au rendez-vous.

Philou

C3 — Bistrot

12 av. Richerand ✉ 75010 — Ⓜ Gouncourt
✆ 01 42 38 00 13 — Fermé août, 24 décembre-1er janvier, samedi et dimanche

Formule 25 € – Menu 30 €

VISA

De grandes et alléchantes ardoises, des miroirs, une affiche des *Enfants du paradis* de Marcel Carné... Voilà une sympathique adresse bistronomique qui joue la carte de la convivialité gourmande. Au gré du marché et pile dans la tendance, le chef japonais, Shin Madia, vous concocte un millefeuille de thon, une crème de navet au jambon, un pigeon rôti, un blanc-manger d'estragon, un filet de maigre et sa poêlée de légumes du moment, une tarte au citron ou encore un fondant au chocolat... En vogue aussi, la carte des vins, qui fait la part belle aux petits vignerons indépendants, le tout à prix doux. Avec son bistrot de copains près du canal St-Martin, Philou a tout compris. Filez-y !

Play Time

A2 — Au goût du jour

5 r. des Petits-Hôtels ✉ 75010 — Ⓜ Gare du Nord
01 44 79 03 98
Fermé août, 23 décembre-2 janvier, lundi soir, samedi et dimanche

Formule 20 € – Menu 25 € (déjeuner)/37 €

A/C VISA MC

Il est grand temps de jouer ! Viveka Sandklef et Jean-Michel Rassinoux sont restés de grands enfants, amoureux de l'originalité, et M. Hulot aurait certainement apprécié leur cuisine ludique, où le beau classicisme français se pare d'influences scandinaves et japonaises. Harengs en saumure sur miroir en jaune d'œuf et gelée de carotte et gingembre, tataki de veau aux épices, filet mignon de porc au manchego sauce prune rouge, sandwich au chocolat et parfait glacé de pêches au vin blanc : un voyage à travers le monde et une échappée dans le temps... Car ce lieu, vibrant hommage au film éponyme de Jacques Tati, revisite les fifties avec humour et décontraction. Time to play !

Zerda

B3 — Nord-Africaine

15 r. René-Boulanger ✉ 75010 — Ⓜ Strasbourg-St-Denis
01 42 00 25 15
Fermé août, lundi midi, samedi midi et dimanche – Nombre de couverts limité, réserver

Carte 27/45 €

VISA MC AE

À la tête du Zerda – une institution née dans les années 1940–, Jaffar Achour, originaire de Kabylie, s'impose comme un spécialiste, un défricheur, voire un démiurge, toujours à la recherche de combinaisons inédites. Du classique couscous méchoui (agneau et merguez) à l'insolite couscous seffa (poulet, dattes, raisins secs, amandes, pistaches, fleur d'oranger, cannelle et spéculos), il joue avec les belles potentialités et les riches parfums de ce plat emblématique… qui hisse le partage au rang d'art de vivre. Le tout dans un décor arabisant, comme il se doit, et une ambiance familiale qui met à l'aise – comme le joli choix de vins d'Afrique du Nord qui mérite attention. Une bonne graine, pour sûr !

Nation · Voltaire · République

R. Mazin / Photononstop

CIRQUE
D'HIVER
TEMPO

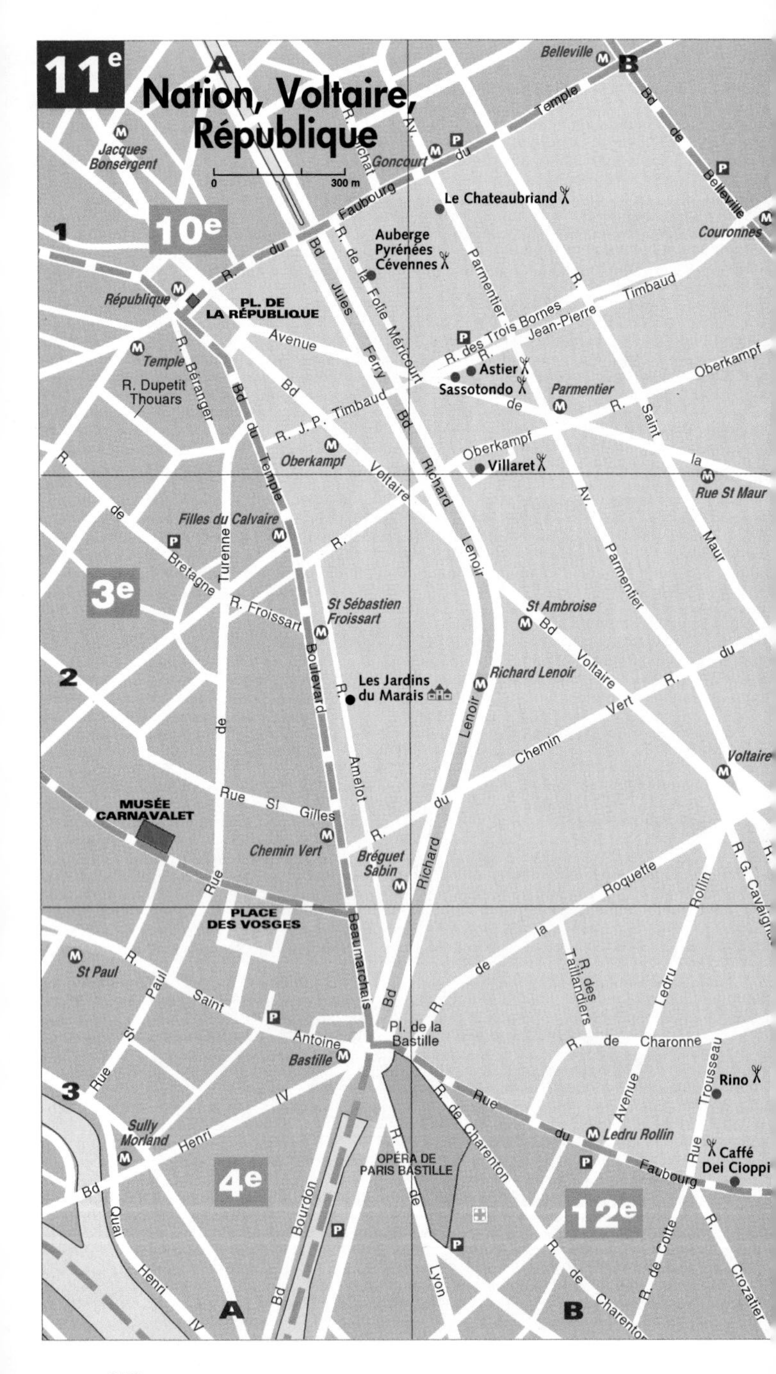

11e
Nation, Voltaire, République
0
300 m
10e
3e
4e
12e
PL. DE LA RÉPUBLIQUE
MUSÉE CARNAVALET
PLACE DES VOSGES
OPÉRA DE PARIS BASTILLE
Pl. de la Bastille
Le Chateaubriand
Auberge Pyrénées Cévennes
Astier
Sassotondo
Villaret
Les Jardins du Marais
Rino
Caffé Dei Cioppi
République
Jacques Bonsergent
Goncourt
Belleville
Couronnes
Temple
Oberkampf
Parmentier
Rue St Maur
Filles du Calvaire
St Sébastien Froissart
St Ambroise
Richard Lenoir
Voltaire
Chemin Vert
Bréguet Sabin
St Paul
Bastille
Ledru Rollin
Sully Morland

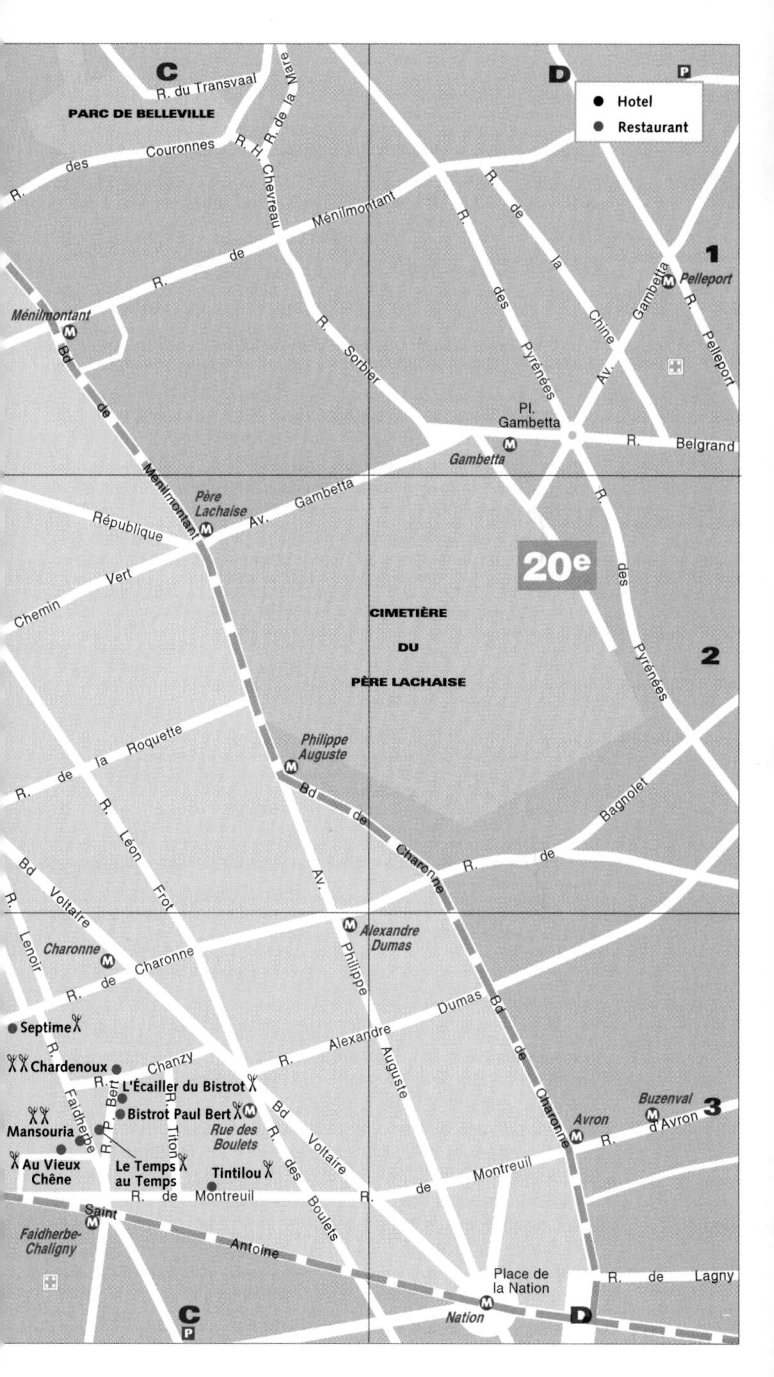
C
D
Hotel
Restaurant
PARC DE BELLEVILLE
R. du Transvaal
R. de la Mare
R. des Couronnes
R. H. Chevreau
R. de Ménilmontant
Ménilmontant
Bd de Ménilmontant
R. Sorbier
R. des Pyrénées
R. de la Chine
Av. Gambetta
Pelleport
R. Pelleport
1
Pl. Gambetta
Gambetta
R. Belgrand
Père Lachaise
R. République
Av. Gambetta
Chemin Vert
20e
CIMETIÈRE
DU
PÈRE LACHAISE
2
Philippe Auguste
R. de la Roquette
Bd de Charonne
R. de Bagnolet
R. Léon Frot
Bd Voltaire
Av. Philippe Auguste
Alexandre Dumas
R. Lenoir
Charonne
R. de Charonne
R. Alexandre Dumas
Septime
Chardenoux
R. Chanzy
R. Faidherbe
R. P. Bert
L'Écailler du Bistrot
Bistrot Paul Bert
Mansouria
R. Titon
Rue des Boulets
R. des Boulets
Buzenval
3
Avron
R. d'Avron
Au Vieux Chêne
Le Temps au Temps
Tintilou
R. de Montreuil
Saint Antoine
Faidherbe-Chaligny
Place de la Nation
Nation
R. de Lagny

Astier

B1 — **Bistrot**

44 r. J.-P.-Timbaud ✉ 75011
☎ 01 43 57 16 35
www.restaurant-astier.com

Ⓜ Parmentier
Fermé dimanche en août, samedi midi et lundi midi – Réserver

Formule 21 € – Menu 27/35 € – Carte 37/65 €

A/C VISA MC AE

Boudin noir servi avec un jus de viande déglacé au cidre, poitrine de porc braisée au foin, pintade fermière, plateau de fromages (où l'on se sert à volonté) : un vrai "lieu de gourmandise et de bavardage", selon les vœux du patron ! Et il faut aussi parler de la cave, d'une belle richesse (environ 400 références), où les vins se déclinent avec poésie : vins de soif, vins gourmands, vins de méditation, grands flacons... Tradition, simplicité et bon rapport qualité-prix : la recette d'Astier est imparable. Et le succès de cette institution ne se dément pas. On ne se lasse pas de son accueillant décor de bistrot patiné, des tables à touche-touche, des nappes à carreaux et de la vaisselle siglées Astier– en un mot, de son caractère à la bonne franquette !

Auberge Pyrénées Cévennes

A1 — **Terroir**

106 r. Folie-Méricourt ✉ 75011
☎ 01 43 57 33 78

Ⓜ République
Fermé 30 juillet-20 août, samedi midi, dimanche et fériés

Menu 31 € – Carte 30/72 €

A/C VISA MC AE

La bonne humeur qui se dégage de cette maison est communicative. Les plaisanteries fusent et la patronne prodigue un accueil inégalable. Dans la salle, les tables sont accolées ; des files de jambons, saucissons et grappes de piments d'Espelette pendent au plafond... Aucun doute, ici, les bons vivants sont rois ! L'assiette propose un véritable tour de France gourmand, qui passe inévitablement par les Pyrénées et les Cévennes, sans négliger pour autant les autres régions. Des recettes généreuses et authentiques, des plats canailles et des "lyonnaiseries" dont le plus fidèle compagnon – un gouleyant pot de beaujolais, par exemple – ne saurait être oublié. Tout le charme d'une auberge régionale, à prix sages et sans chichi.

Au Vieux Chêne

Bistrot

7 r. du Dahomey ✉ 75011 — Ⓜ Faidherbe Chaligny
✆ 01 43 71 67 69
www.vieux-chene.fr
Fermé 23 avril-1er mai, 20 juillet-15 août, 24 décembre-2 janvier, samedi et dimanche

Formule 14 € – Menu 18 € (déjeuner)/33 € – Carte 35/47 €

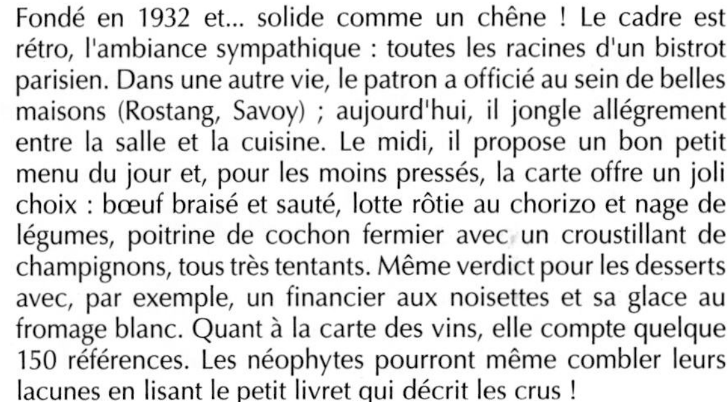

Fondé en 1932 et... solide comme un chêne ! Le cadre est rétro, l'ambiance sympathique : toutes les racines d'un bistrot parisien. Dans une autre vie, le patron a officié au sein de belles maisons (Rostang, Savoy) ; aujourd'hui, il jongle allégrement entre la salle et la cuisine. Le midi, il propose un bon petit menu du jour et, pour les moins pressés, la carte offre un joli choix : bœuf braisé et sauté, lotte rôtie au chorizo et nage de légumes, poitrine de cochon fermier avec un croustillant de champignons, tous très tentants. Même verdict pour les desserts avec, par exemple, un financier aux noisettes et sa glace au fromage blanc. Quant à la carte des vins, elle compte quelque 150 références. Les néophytes pourront même combler leurs lacunes en lisant le petit livret qui décrit les crus !

Bistrot Paul Bert

Bistrot

18 r. Paul-Bert ✉ 75011 — Ⓜ Faidherbe Chaligny
✆ 01 43 72 24 01
Fermé août, dimanche et lundi – Réserver

Menu 18 € (déjeuner en semaine)/36 € – Carte 35/55 €

Deux salles décorées de bouteilles, de banquettes et de miroirs, et une troisième logée dans une ancienne boucherie aux jolies faïences murales de 1920 : vous êtes prêt pour découvrir une cuisine de bistrot au mieux de sa forme. Ici, on ne badine pas avec les bonnes choses ! Les assiettes sont copieuses, sans chichi et bien goûteuses : marbré de foie gras et poireaux, hure de cochon, parmentier de joue et queue de bœuf, cochon de lait aux girolles, filet de bœuf au poivre de Sarawak... On salive aussi à la pensée des desserts, tels le macaron aux framboises, le soufflé au Grand Marnier ou le fameux paris-brest maison. Vous êtes encore indécis ? Songez à l'impressionnante carte des vins, qui affiche près de 500 références !

Caffé dei Cioppi

B3 — Italienne

159 r. du Faubourg-St-Antoine ✉ 75011 — Ⓜ Ledru Rollin
✆ 01 43 46 10 14

Fermé août, 24 décembre-2 janvier, samedi, dimanche et lundi – Nombre de couverts limité, réserver

Carte 25/40 €

VISA MC

Une histoire digne du meilleur cinéma italien... À l'affiche ? Federica Mancioppi, pâtissière ayant grandi à Milan avant de gagner Paris, et Fabrizio Ferrara, passé de la Sicile au Relais Plaza. Le générique ? Une devanture toute simple, dans un passage piéton du faubourg St-Antoine. Le décor ? Cinq tables, pas une de plus, pas une de moins, réservées à quelques chanceux, avec en arrière-plan les fourneaux visibles de la salle, au-dessus desquels s'active le duo complice. Le scénario ? Tout un défilé de grandes saveurs italiennes, pétillantes ou fondantes, incontournables ou plus inattendues : risotto à l'encre de seiche, linguine aux palourdes, sbrisolona (amandes et farine de maïs) et sa crème de mascarpone… À la fin du film, pas de doute : le héros, c'est vous !

Chardenoux

C3 — Bistrot

1 r. Jules-Vallès ✉ 75011 — Ⓜ Charonne
✆ 01 43 71 49 52
www.restaurantlechardenoux.com

Menu 25 € (déjeuner en semaine) – Carte 44/63 €

VISA MC AE

Rouvert à l'occasion de son 100e anniversaire en 2008, ce bistrot parisien trouve un second souffle sous l'impulsion du très médiatique Cyril Lignac. Ses deux petites salles à manger ont gardé tout leur charme d'origine : comptoir en marbre coloré, zinc, plafond mouluré orné de ciels peints et mobilier bistrot. Côté cuisine, la carte opte pour un séduisant registre traditionnel avec la terrine de campagne, l'œuf cocotte aux cèpes, le sauté de bœuf aux olives préparé en cocotte, l'andouillette et la côte de veau de lait de Corrèze à partager. Les plats du jour remettent sous les projecteurs hachis parmentier de canard ou bœuf bourguignon, et des desserts tels le paris-brest ou le soufflé au chocolat. On en salive d'avance...

Le Chateaubriand

B1 Au goût du jour

129 av. Parmentier ✉ 75011
✆ 01 43 57 45 95
Menu 55 €

Ⓜ Goncourt
Fermé 25 décembre-1er janvier, dimanche et lundi – Dîner seulement

VISA MC AE

Inaki Aizpitarte, célèbre jeune chef basque, attire la clientèle branchée du Tout-Paris avec son bistrot "pur jus". D'hier, le lieu a conservé le décor – tel qu'on pouvait encore en trouver dans les années 1930 – jouant sur le mélange néo-rétro (zinc, ardoises, haut plafond et tables étroites). D'aujourd'hui, il possède le répertoire culinaire et un service stylé avec des serveurs tout droit sortis d'un défilé de mode, aux allures décontractées. Chaque soir, l'unique menu dégustation offre une cuisine créative, osée et goûteuse. Produits et vins sont choisis avec soin chez des producteurs indépendants. Pensez à réserver, vu la médiatisation de cette table et la grande affluence.

L'Écailler du Bistrot

C3 Produits de la mer

22 r. Paul-Bert ✉ 75011
✆ 01 43 72 76 77
Menu 18 € (déjeuner en semaine)/50 € – Carte 42/60 €

Ⓜ Faidherbe Chaligny
Fermé août, dim. et lundi

A/C VISA MC

Ici, on ne sert que des produits de la mer. Les huîtres arrivent directement de Bretagne, en provenance de Riec-sur-Belon (maison Cadoret), mais aussi d'autres bassins ostréicoles. L'ardoise du jour présente plusieurs poissons, tous de belle fraîcheur, cuisinés très simplement pour conserver leurs agréables saveurs iodées. Autres points forts de la maison : le menu homard, servi presque toute l'année, et la carte des vins étoffée, comptant près de 500 références. Quant au décor des deux petites salles à manger, il transporte les Parisiens droit vers les flots avec ses maquettes de voiliers et autres embarcations, ses peintures marines et ses boiseries évoquant les cabines de bateaux. Avant d'embarquer, il est prudent de réserver.

Mansouria

C3 — Marocaine XX

11 r. Faidherbe ✉ 75011
✆ 01 43 71 00 16
www.mansouria.fr

Ⓜ Faidherbe Chaligny
Fermé lundi midi et dimanche – Réserver

Menu 28/36 € – Carte 32/48 €

A/C VISA MC

Fatema Hal est une figure parisienne de la gastronomie marocaine et son restaurant une véritable institution en la matière. Ethnologue de formation, auteur de livres traitant de la cuisine de son pays, elle a insufflé à ce lieu authentique le meilleur de ses racines. Voilà pourquoi le Tout-Paris vient et revient depuis toujours dans ce décor mauresque pour savourer les "vraies" spécialités d'Afrique du Nord, préparées par d'habiles cuisinières originaires de là-bas : tajines, couscous, pastillas, crème parfumée à la fleur d'oranger, etc. Le service, aussi souriant que courtois et efficace, ne souffre aucune comparaison. Est-il besoin de le préciser : mieux vaut réserver sa table, en particulier le soir en fin de semaine...

Rino

B3 — Au goût du jour X

46 r. Trousseau ✉ 75011
✆ 01 48 06 95 85

Ⓜ Ledru-Rollin
Fermé août, 24-28 décembre, dimanche et lundi – Déjeuner seulement sauf vendredi et samedi – Nombre de couverts limité, réserver

Formule 20 € – Menu 25 € (déjeuner), 38/55 €

MC

Juste à côté du square Trousseau, les habitués du quartier plébiscitent cette adresse discrète pour sa cuisine pleine de tempérament. Ici, c'est le plaisir gustatif qui prime ! Le chef, Giovanni Passerini, a travaillé dans de belles maisons un peu partout en Europe et a conservé de ses expériences un goût pour les beaux produits de saison et une inspiration franchement latine. Des gnocchis au citron confit auxquels des couteaux apportent une note iodée, un cabillaud dont la chair translucide atteste de la justesse de la cuisson, un canard en deux cuissons accompagné de quinoa : c'est à la fois équilibré, simple et bon. Ne venez pas sur un coup de tête, le nombre de places est limité : mieux vaut réserver...

Sassotondo

B1 — Italienne

40 r. J.-P. Timbaud ✉ 75011
✆ 01 43 55 57 00

Ⓜ Parmentier
Fermé août, 25 décembre-1er janvier, mercredi midi, jeudi midi, vendredi midi, lundi et mardi

Menu 34 € – Carte 32/49 €

VISA MC

Nouvelle aventure pour la rue Jean-Pierre Timbaud, quartier branché s'il en est, où l'on est bien aise de trouver cette trattoria contemporaine. Chaises et tables en bois sombre, lumières tamisées, ambiance décontractée : le ton est donné. Sassotondo est le nom d'un domaine viticole et tout ici vient de la Botte ! À commencer par les vins et par le chef, d'origine toscane. Le pain et les pâtes sont faits maison, à partir d'une farine italienne ; l'occasion de découvrir des plats trop souvent méconnus en France comme l'acquacotta (un bouillon de légumes servis avec des croûtons et des œufs), les crêpes à la florentine fourrées de ricotta et d'épinards, la côte de veau rôtie aux salsifis, etc. Va bene !

Septime

C3 — Au goût du jour

80 r. de Charonne ✉ 75011
✆ 01 43 67 38 29
www.septime-charonne.fr

Ⓜ Charonne
Fermé 3 semaines en août, 1 semaine vacances de Noël, lundi midi, samedi et dimanche

Formule 26 € – Menu 55 € (dîner) – Carte 46/61 €

VISA MC

Dès l'ouverture du restaurant, en mai 2011, le bouche-à-oreille a été impressionnant et la conquête du quartier presque immédiate. Il faut dire que nous ne sommes pas loin de la Bastille, dans une de ces rues animées où l'on se presse en un incessant ballet à la terrasse des cafés. Un rien sévère ce Septime ? D'aspect seulement et uniquement pour mieux séduire avec ses matériaux bruts ; un "nu" très étudié où l'escalier en colimaçon joue les équilibristes presque au milieu de la salle. Beaucoup de fraîcheur dans l'assiette : le jeune chef, Bertrand Grébaut, concocte une cuisine tout en légèreté, sans cesse à la recherche des "perles" du marché. Comme quoi, un style à la fois jeune et décontracté peut parfaitement cohabiter avec une cuisine des plus soignées.

Tintilou

C3 — Au goût du jour

37 bis r. de Montreuil 75011
01 43 72 42 32
www.tintilou.fr

Faidherbe-Chaligny
Fermé 3 semaines en août, 1 semaine en février, lundi soir, samedi midi et dimanche

Menu 25 € (déjeuner), 35/58 €

VISA MC AE

Cet ancien relais de mousquetaires du 16e s., avec ses plafonds à la française et sa cour classée, s'est paré en 2011 de toutes les couleurs de l'arc-en-ciel : rouge cerise, vert anis, jaune safran, bleu céruléen… Le résultat est élégant et original, comme cette cuisine qui rêve de voyages et de parfums. La carte est courte et change chaque mois, présentant les plats par d'énigmatiques associations : "saumon – potiron – fenouil – poutargue", "canard colvert – cacao", etc. Et lorsque l'on déguste une assiette de couteaux à la coriandre fraîche, on se prend à rêver de promenade en bord de mer à marée basse… Savoureuse simplicité !

Le Temps au Temps

C3 — Bistrot

13 r. Paul-Bert 75011
01 43 79 63 40

Faidherbe Chaligny
Fermé 9-24 août, 20-29 décembre, dimanche et lundi

Formule 18 € – Menu 29/33 €

VISA MC AE

Entre Nation et Bastille, ce petit bistrot repris par Denis Sabarots en 2008 poursuit sur sa lancée. Parquet, murs caramel et vieilles pendules derrière le comptoir composent le décor de la salle à manger, grande comme un mouchoir de poche. Le chef-patron propose une cuisine de saison à tendance actuelle, déclinée sur l'ardoise du jour, courte et simple. Quelques exemples ? Crème de topinambours et dés de foie gras, raviole végétale, filet de bar caramélisé au combava, pintade rôtie et son riz bohémienne, paris-brest, ganache au chocolat... À noter, l'alléchante formule du déjeuner et la sympathique petite sélection de vins de propriétaires. À (re)découvrir sans tarder, en réservant, car le nombre de couverts est limité.

Villaret

B1

Bistrot 

13 r. Ternaux ✉ 75011 Ⓜ Parmentier
✆ 01 43 57 75 56 Fermé 1er-15 août, samedi midi et dimanche

Formule 20 € – Menu 25 € (déjeuner)/32 € – Carte 45/55 €

A/C VISA AE

Les délicieux parfums qui vous accueillent dès la porte ne trompent pas : voilà une vraie adresse gourmande ! Son credo : bien faire, en toute simplicité. Le décor de parfait bistrot met à l'aise : beau bar en zinc, bois omniprésent, briques et colombages. La cuisine est franche et sympathique, à base de produits de qualité que le chef sait travailler avec justesse : œufs cocotte à la crème de foie gras ; dos de cabillaud poêlé sur la peau, petits pois et lard ; croustillant au chocolat, glace thym-basilic. La cave offre un choix étonnant : les amateurs de bourgognes et de côtes-du-rhône devraient trouver leur bonheur ! On propose aussi des vins à petits prix désignés avec humour comme "les médicaments du jour", à l'unisson de l'accueil qui est... aux petits soins.

Ce guide vit avec vous : vos découvertes nous intéressent. Coup de colère ou coup de cœur, faites-nous part de vos impressions : écrivez-nous !

Bastille · Bercy · Gare de Lyon

Ph. Renault / Hemis.fr

12e

Bastille • Bercy • Gare de Lyon

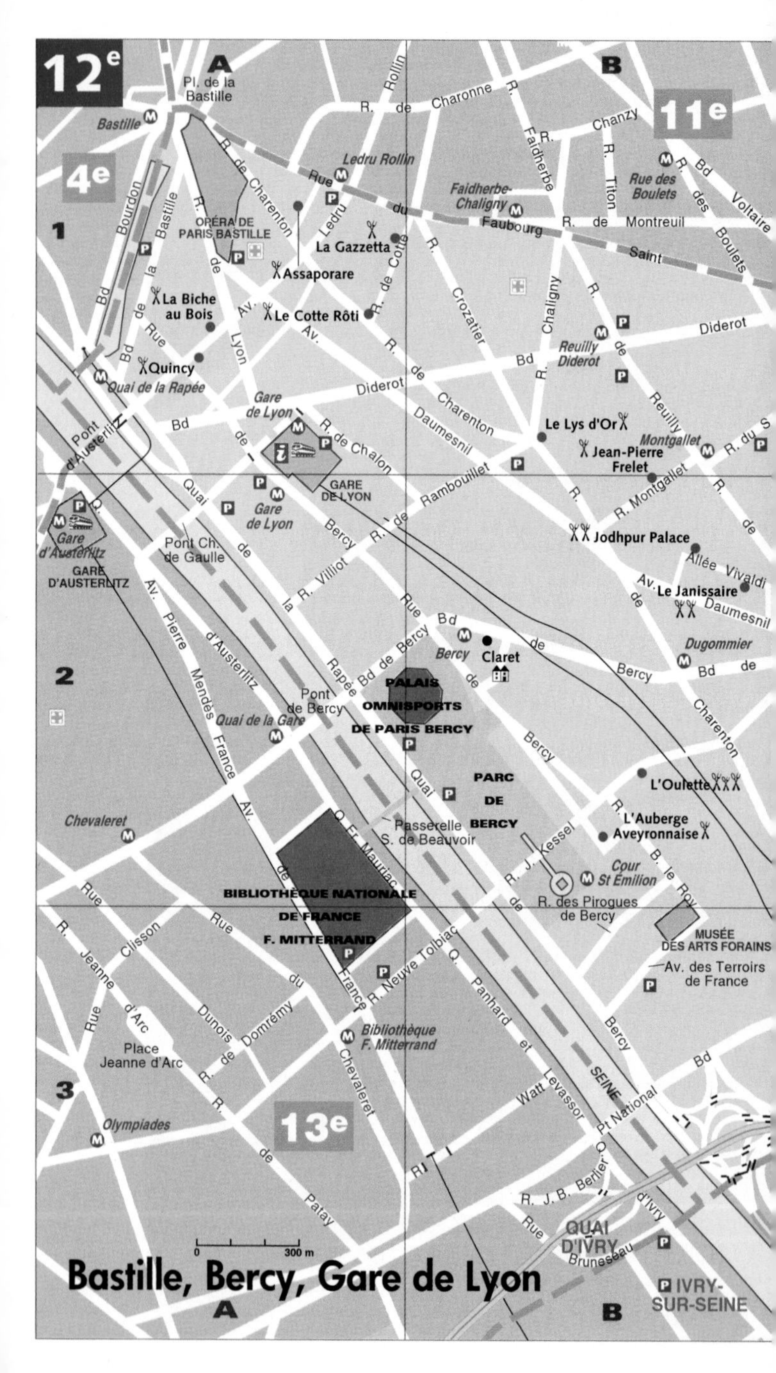
12e
11e
4e
13e
A
B
1
2
3
Pl. de la Bastille
Bastille
Ledru Rollin
Faidherbe-Chaligny
Rue des Boulets
OPÉRA DE PARIS BASTILLE
La Gazzetta
Assaporare
La Biche au Bois
Le Cotte Rôti
Quincy
Quai de la Rapée
Reuilly Diderot
Gare de Lyon
GARE DE LYON
Le Lys d'Or
Jean-Pierre Frelet
Montgallet
Jodhpur Palace
Le Janissaire
Gare d'Austerlitz
GARE D'AUSTERLITZ
Pont Ch. de Gaulle
Dugommier
Bercy
Claret
PALAIS OMNISPORTS DE PARIS BERCY
Pont de Bercy
Quai de la Gare
PARC DE BERCY
L'Oulette
L'Auberge Aveyronnaise
Chevaleret
Passerelle S. de Beauvoir
Cour St Émilion
R. des Pirogues de Bercy
BIBLIOTHÈQUE NATIONALE DE FRANCE F. MITTERRAND
MUSÉE DES ARTS FORAINS
Av. des Terroirs de France
Bibliothèque F. Mitterrand
Place Jeanne d'Arc
Olympiades
SEINE
QUAI D'IVRY
IVRY-SUR-SEINE
0
300 m
Bastille, Bercy, Gare de Lyon

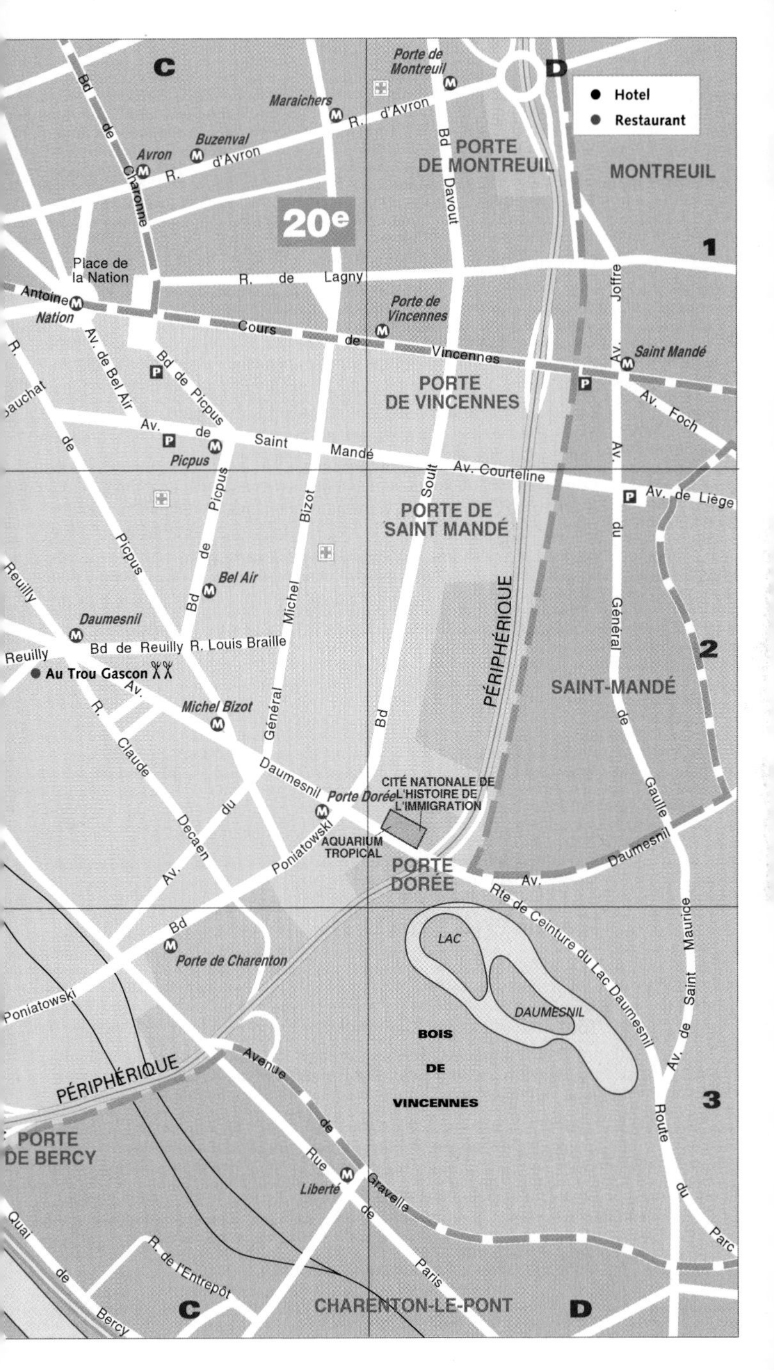

Hotel
Restaurant
PORTE DE MONTREUIL
MONTREUIL
20e
Place de la Nation
Nation
Avron
Buzenval
Maraichers
Porte de Montreuil
Porte de Vincennes
Saint Mandé
Picpus
Bel Air
Daumesnil
Michel Bizot
Porte Dorée
Porte de Charenton
Liberté
PORTE DE VINCENNES
PORTE DE SAINT MANDÉ
SAINT-MANDÉ
PORTE DORÉE
PÉRIPHÉRIQUE
Au Trou Gascon
CITÉ NATIONALE DE L'HISTOIRE DE L'IMMIGRATION
AQUARIUM TROPICAL
LAC DAUMESNIL
BOIS DE VINCENNES
PORTE DE BERCY
CHARENTON-LE-PONT
R. d'Avron
Bd de Charonne
R. de Lagny
Cours de Vincennes
Av. de Saint Mandé
Av. Courteline
Av. de Liège
Av. Foch
Av. du Général de Gaulle
Bd Davout
Bd Soult
Av. du Général Michel Bizot
Bd de Picpus
R. de Picpus
Av. de Bel Air
Bd de Reuilly
R. Louis Braille
Av. Daumesnil
R. Claude Decaen
Av. du Bd Poniatowski
Rte de Ceinture du Lac Daumesnil
Av. de Saint Maurice
Route du Parc
Avenue de Gravelle
Rue de Paris
R. de l'Entrepôt
Quai de Bercy
C
D
1
2
3

Assaporare

A1 — Italienne

7 r. St-Nicolas ✉ 75012
✆ 01 44 67 75 77

Ⓜ Ledru-Rollin
Fermé août, vacances de Noël, mardi soir, mercredi soir, dimanche et lundi – Nombre de couverts limité, réserver

Formule 14 € – Carte 38/63 €

A/C VISA MC

Un lieu contemporain et... vintage, parisien et... tellement napolitain ! Pierres apparentes, poutres, dallage d'époque, cuisines ouvertes sur la salle et petit coin épicerie pour faire quelques emplettes : le chef, Guiseppe Lo Casale, qui est aussi architecte – son cabinet est au bout de la rue ! –, a fait de cet ancien local commercial un *Little Italy*. Aidé de Bianca, comédienne toute pétrie du beau savoir-faire de sa "mamma", et d'un autre Guiseppe, il concocte une franche et fraîche cuisine de la Botte. Antipasti délicats, marinés dans une huile d'olive parfumée, ravioles aux épinards et à la ricotta, pâtes fraîches maison, tiramisu au citron... Simple, mais tellement bon ! Quant aux vins, ils sont sélectionnés par le chef sommelier du très sélect Cinq. Il n'y a plus qu'à "assaporare" (savourer).

L'Auberge Aveyronnaise

B2 — Terroir

40 r. Gabriel-Lamé ✉ 75012
✆ 01 43 40 12 24

Ⓜ Cour St-Émilion
Fermé 1er-15 août

Formule 19 € – Menu 25/31 €

A/C VISA MC AE

Tout est dit dans l'enseigne : bienvenue en Aveyron ! Cette adresse du Bercy moderne, avec sa cheminée et ses traditionnelles nappes à carreaux, reste solidement ancrée dans le terroir rouergat. Les spécialités mettent l'eau à la bouche : tripoux, boudin, jarret aux lentilles, chou farci, charcuteries, aligot, millefeuille à l'ancienne, flan à la louche... Des portions généreuses, cuisinées avec les meilleurs produits (veau du Ségala, bœuf de l'Aubrac, tomme fraîche de Laguiole) et arrosées de pichets de vins locaux. En été, profitez des deux terrasses, sur la rue ou dans la cour privée (ouverte exclusivement à l'heure du déjeuner).

Au Trou Gascon ✿

C2 — Sud-Ouest XX

40 r. Taine ✉ 75012
✆ 01 43 44 34 26
www.autrougascon.fr

Ⓜ Daumesnil
Fermé août, 22 décembre-1er janvier, samedi et dimanche

Menu 40 € (déjeuner)/60 € – Carte 60/90 €

A/C
VISA
MC
AE

Au Trou Gascon

Alain Dutournier y a fait ses débuts en 1973, donnant au terroir gascon ses lettres de noblesse dans la capitale. Aujourd'hui, le chef étoilé a conquis une autre grande table des beaux quartiers (le Carré des Feuillants), mais son ancien bistrot 1900 est resté une affaire de famille. Dirigé par son épouse, Nicole, avec aux fourneaux le chef Thibault Sombardier, le Trou Gascon continue d'enchanter les fins connaisseurs des spécialités du Sud-Ouest. De l'Adour et de l'Océan, plus précisément. À commencer par le cassoulet – exemplaire –, les gibiers ou le vieux jambon "au couteau". Des classiques qui ne doivent cependant pas faire oublier l'autre aspect de la cuisine : créative et contemporaine. Le terroir, respecté et revisité, valorisé par une sublime carte des vins (presque 1 000 références), a décidément de beaux jours devant lui ! Une bien agréable maison donc, où l'on vient également pour l'élégant décor d'une modernité épurée, tout en gris et beige, qui sait mettre en valeur moulures Empire et tableaux. L'accueil est lui aussi un régal...

Entrées

- Infusion de crevettes à la citronnelle et royale coraillée (été)
- Huîtres spéciales d'Arcachon en crépinette de ris de veau à la truffe (hiver)

Plats

- Lièvre à la mode "royale", enrichi de foie gras et parfumé de truffe (automne-hiver).
- Filet de lotte laqué d'olive noire, jus de chipirons

Desserts

- Framboises façon vacherin sorbet de caillé de brebis, granité menthe fraîche (printemps-été)
- Crumble de poire au thé fumé, glace de marrons glacés

La Biche au Bois

A1 — Traditionnelle

45 av. Ledru-Rollin ✉ 75012
✆ 01 43 43 34 38

Ⓜ Gare de Lyon
Fermé 20 juillet-20 août, 23 décembre-2 janvier, lundi midi, samedi et dimanche

Formule 24 € – Menu 29/37 € – Carte 26/32 €

VISA, MC, AE, Diners

Les inconditionnels de la Biche au Bois apprécient l'adresse pour sa qualité et ses prix serrés. Cadre simple de bistrot classique et convivial, tables nappées à touche-touche, argenterie... et cuisine à l'ancienne : le patron, consciencieux et motivé, met un point d'honneur à préserver la tradition. Foie gras au torchon, terrine de campagne au poivre vert, pavé de saumon sauce forestière tiennent le haut de l'affiche. Suivent d'autres incontournables, dont les gibiers, toujours à l'honneur en saison. Pour la note sucrée : l'"Opéra Biche" maison (un gâteau moelleux et sa crème anglaise) ou la tarte aux fruits. En un mot, une carte aux puissants accents du terroir qui justifie le succès de l'établissement.

Le Cotte Rôti

A1 — Au goût du jour

1 r. de Cotte ✉ 75012
✆ 01 43 45 06 37

Ⓜ Ledru-Rollin
Fermé 3 semaines en août, 24 décembre-2 janvier, samedi midi, dimanche et lundi

Formule 17 € – Menu 36/43 €

VISA, MC

Dans ce quartier d'Aligre toujours en ébullition, le Cotte Rôti est à l'image de son chef, Nicolas Michel : convivial et épicurien. À sa cuisine de bistrot, il apporte un certain sens de la rigueur hérité des belles maisons où il a travaillé. Le pressé de hareng rencontre l'aneth et la moutarde douce, la salade d'artichaut se frotte au citron frais et au parmesan, l'épaule d'agneau de sept heures fricote avec des lasagnes aux champignons... Les rencontres entre bons produits sont nombreuses et changent, comme le menu à l'ardoise, au gré de l'humeur et du marché, tout proche. Beaucoup de finesse donc dans cette adresse pour gourmands où les couleurs vives claquent aux murs. Et la carte des vins rend un hommage bien mérité aux crus de Bourgogne, sans faire l'impasse sur quelque jolie bouteille de côte-rôtie !

La Gazzetta

A1 — Au goût du jour

29 r. de Cotte ✉ 75012 — Ⓜ Ledru Rollin
01 43 47 47 05 — Fermé août, dimanche et lundi
www.lagazzetta.fr

Formule 17 € – Menu 39 € (dîner)/52 €

A/C VISA MC AE

L'équipe du China Club et du Fumoir a ouvert une troisième adresse, La Gazzetta, mi-bistrot cosy, mi-brasserie moderne. Son concept tout en un – restaurant, bar à vins, café culturel (presse française et étrangère à disposition) – en fait un repaire branché où la cuisine ne démérite pas avec une carte dédiée aux produits de la Méditerranée. La Gazetta a trouvé son rythme de croisière grâce à Petter Nilsson (ex-chef des Trois Salons à Uzès). Suédois d'origine, parfaitement à l'aise avec les spécialités corses, italiennes et espagnoles, il privilégie les saveurs simples. Délicieuses, l'épaule d'agneau au miel et la "cassata" (ricotta sicilienne glacée et sucrée aux fruits confits), ensoleillés, les vins de terroir.

Le Janissaire

B2 — Turque

22 allée Vivaldi ✉ 75012 — Ⓜ Daumesnil
01 43 40 37 37 — Fermé samedi midi et dimanche
www.lejanissaire.fr

Menu 13 € (déjeuner), 25/45 € – Carte 25/45 €

VISA MC AE

Le Janissaire offre un beau concentré de Turquie, certifié authentique grâce à une équipe originaire de là-bas. D'emblée, la terrasse invite à s'attabler avant même d'avoir vu la salle, tout aussi séduisante avec ses touches ottomanes : tapis, peintures, vitraux. Un bel écrin pour découvrir – ou redécouvrir – les spécialités gastronomiques de cette contrée : "ezme" (purée de tomates épicée), "borek" (feuilleté au fromage), "tavuk" (brochette de poulet)... Au dessert, osez les surprenants et rares "kabak tatlisi" et "yeniceri tatlisi" (aubergine et potiron confits). Si les vins de pays se révèlent tout à fait honnêtes, testez l'"ayran", cette boisson locale à base de yaourt salé et de citron... le dépaysement n'en sera que meilleur.

Jean-Pierre Frelet 

Traditionnelle

B1-2

25 r. Montgallet ✉ 75012
✆ 01 43 43 76 65

Ⓜ Montgallet
Fermé 28 mai-5 juin, 29 juillet-28 août, samedi midi et dimanche

Formule 21 € – Menu 29 € (dîner) – Carte 35/55 €

A/C
VISA
MC

Les Frelet vous reçoivent chez eux comme des amis de longue date. En vrais passionnés, ils travaillent avec la précision des artisans. Elle en salle et lui aux fourneaux, ils forment un duo parfait : gentillesse de l'accueil et savoir-faire au service d'une cuisine du marché, franche et sans fausse note. Pleins feux sur les produits, rien que les produits, fraîchement accommodés dans des plats chaque jour différents : pâté de volaille, brandade de morue, croustillant à la frangipane... Voilà la clé du succès de ce petit restaurant de quartier au décor minimaliste. La formule déjeuner, très bien pensée, attire immanquablement les gourmets avertis... et chanceux (seulement une vingtaine de couverts par service). Une bonne adresse à essayer d'urgence.

Jodhpur Palace

Indienne

B2

42 allée Vivaldi ✉ 75012
✆ 01 43 40 72 46
www.jodhpurpalace.com

Ⓜ Daumesnil

Formule 13 € – Menu 25/29 € – Carte 22/35 €

A/C

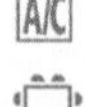

Sous-représentée dans le 12e arrondissement, la cuisine indienne a trouvé refuge dans ce spacieux "palace" oriental à la devanture rouge très engageante. Pour sa deuxième adresse parisienne, Baldev Singh a choisi une rue calme près de la coulée verte. Un merveilleux havre de paix (précipitez-vous sur la terrasse ombragée !) qui vous emmène au pays des épices et des saris. Le décor étonne en associant les traditionnelles fresques et boiseries acajou au blanc immaculé des murs, plus moderne. On est loin de l'ambiance tamisée attendue (quoique préservée dans une petite alcôve au fond), mais les recettes classiques sont au rendez-vous : palak panir, poulet tikka, massala, byriani... Pour un voyage gastronomique vers le Nord de l'Inde.

Le Lys d'Or

B1 Chinoise

5 pl. Col-Bourgoin 75012 — Reuilly Diderot
01 44 68 98 88
www.lysdor.com

Formule 15 € – Menu 24/32 € – Carte 25/40 €

Toutes les saveurs gastronomiques de la Chine à Paris. Qui plus est dans un décor de palais luxuriant, dominé par la couleur rouge et la verdure (jardin intérieur de bambous, rivières et fontaines). Ouvert depuis 1993 et auréolé de prix, le Lys d'Or invite à découvrir l'art culinaire de l'Empire du Milieu, trop méconnu. Sichuan, Shanghai, Canton, Pékin : les quatre cuisines régionales étonnent par leur diversité et leur grand raffinement. Loin des seules bouchées vapeur – tout de même présentes sur la carte –, on se laisse tenter par les "gui fei" (grillades), le tartare de tofu à la coriandre, le crabe aux légumes croustillants, le "gou fen" (paella asiatique)... Le tout assorti d'un bon choix de vins chinois et français.

L'Oulette

B2 Au goût du jour

15 pl. Lachambeaudie 75012 — Cour St-Émilion
01 40 02 02 12 — Fermé 7-23 août, samedi et dimanche
www.l-oulette.com

Menu 41/85 € – Carte 65/85 €

Que mijote Marcel Baudis dans son "Oulette", une petite marmite en langue d'oc ? Des spécialités du grand Sud-Ouest, sa terre natale, qu'il revisite avec talent. Parmi ces mets hauts en saveurs : velouté d'artichaut à la crème truffée, cabillaud rôti en croûte d'épices, queue de bœuf braisée, ou l'original pain d'épice perdu à la coque. Des idées – classiques ou décalées – puisées du Quercy aux Corbières, de la Gascogne aux Cévennes. Et une sélection experte de produits et de vins (une centaine d'étiquettes en cave). Quant à l'ambiance chaleureuse de la salle, sagement contemporaine et feutrée, elle réussit à dérider la clientèle "costard-cravate" du midi. Le petit plus : la charmante terrasse à l'ombre des thuyas.

Quincy

A1 **Traditionnelle**

28 av. Ledru-Rollin 75012
01 46 28 46 76
www.lequincy.fr

Gare de Lyon
Fermé 5 août-5 septembre, samedi, dimanche et lundi

Carte 55/80 €

Alors que Paris devient une grande bourgeoise, il reste encore des tables "tradi" à l'abri des vogues et des modes. Le Quincy en fait partie et c'est tant mieux ! Inchangé depuis une trentaine d'années, ce bistrot rustique comme on n'en fait plus (attention, même la carte de crédit n'a pas sa place ici !) est à l'image de son propriétaire, Michel Bosshard, dit "Bobosse". Bon vivant et volubile, généreux et entier, il propose des plats qui lui ressemblent, 100 % maison et influencés par l'Ardèche et le Berry. Viandes et charcuteries en tête, on trouve aussi le foie gras, la terrine fermière, le chou farci, le cassoulet, la mousse au chocolat... Mieux qu'une madeleine nostalgique, ces recettes au bon goût d'antan vous réservent un pur moment de bonheur.

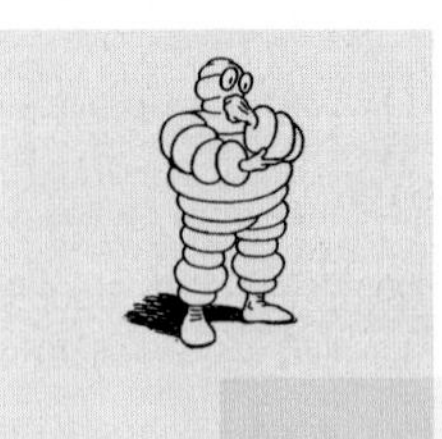

Le rouge est la couleur de la distinction : nos valeurs sûres ! Passés en rouge, les symboles et repèrent donc les établissements les plus agréables.

C. Lehenaff / Photononstop

Place d'Italie · Gare d'Austerlitz · Bibliothèque nationale de France

J. Saget / AFP Creative/Photononstop

13e

Place d'Italie • Gare d'Austerlitz • Bibliothèque nationale de France

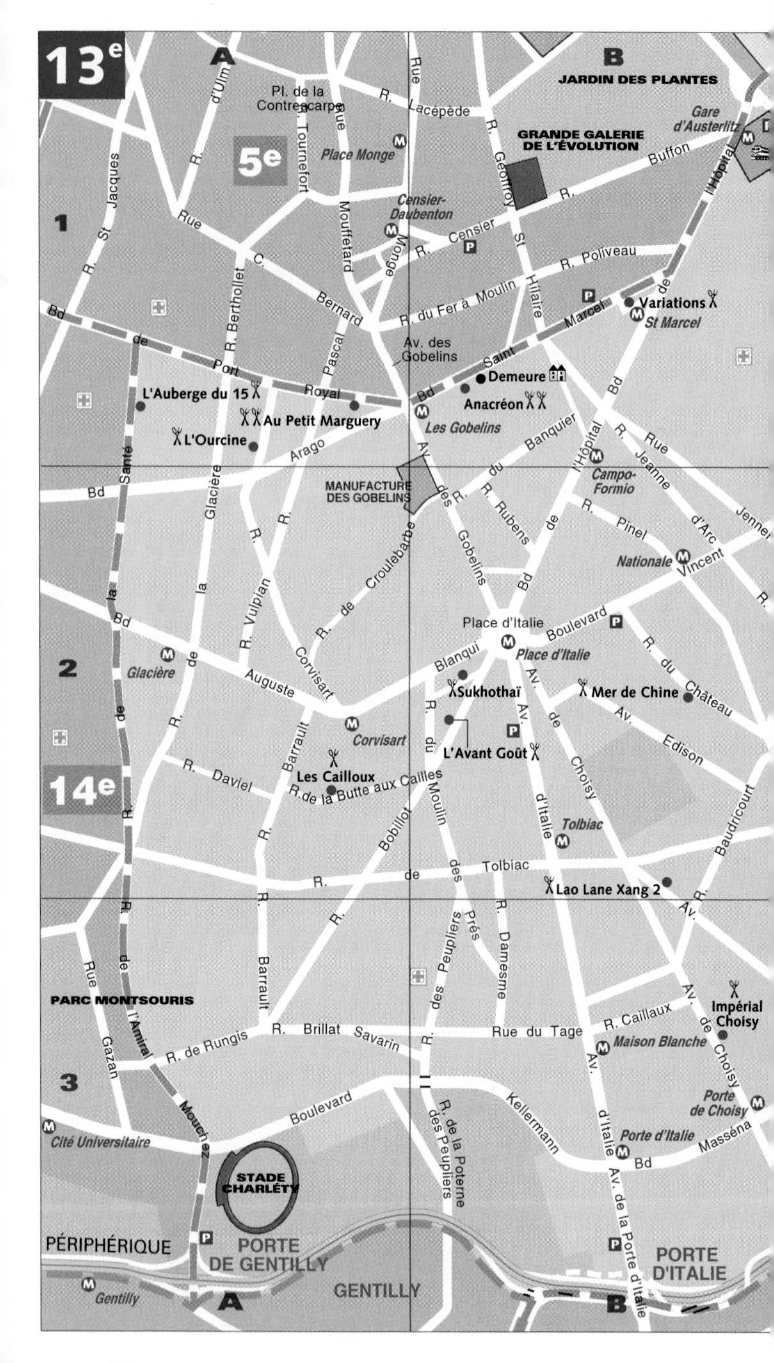
13e
5e
14e
JARDIN DES PLANTES
GRANDE GALERIE DE L'ÉVOLUTION
Gare d'Austerlitz
Pl. de la Contrescarpe
Place Monge
Censier-Daubenton
St Marcel
Les Gobelins
Campo-Formio
Nationale
Place d'Italie
Glacière
Corvisart
Tolbiac
Maison Blanche
Porte de Choisy
Porte d'Italie
Cité Universitaire
Gentilly
MANUFACTURE DES GOBELINS
PARC MONTSOURIS
STADE CHARLÉTY
PÉRIPHÉRIQUE
PORTE DE GENTILLY
GENTILLY
PORTE D'ITALIE
Variations
Demeure
Anacréon
L'Auberge du 15
Au Petit Marguery
L'Ourcine
Sukhothaï
Mer de Chine
L'Avant Goût
Les Cailloux
Lao Lane Xang 2
Impérial Choisy

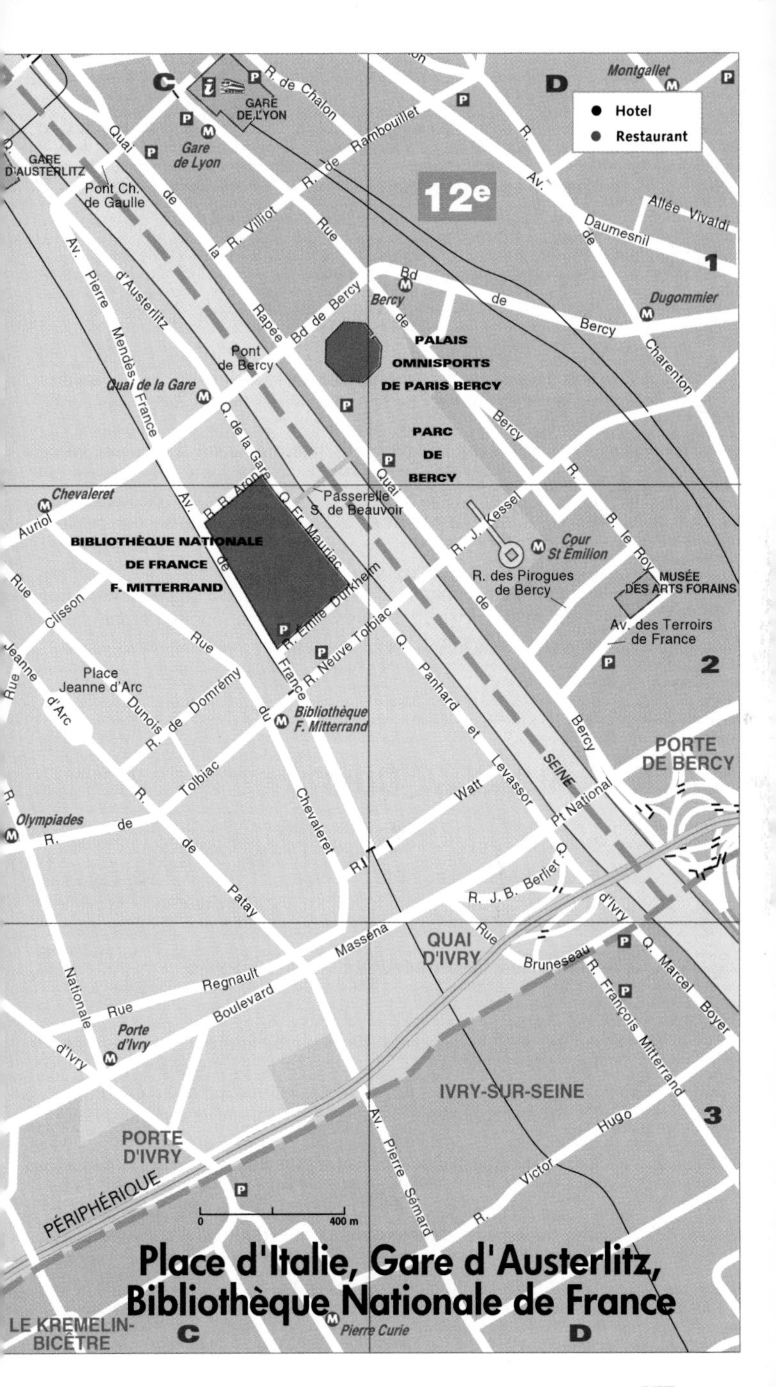

Place d'Italie, Gare d'Austerlitz, Bibliothèque Nationale de France

Anacréon

B1 — Produits de la mer XX

53 bd St-Marcel ✉ 75013 — Ⓜ Les Gobelins
✆ 01 43 31 71 18 — Fermé 31 juillet-20 août, dimanche et lundi
www.anacreon.fr

Formule 19 € – Carte 27/50 €

A/C VISA MC

Si dans l'Antiquité le poète Anacréon avait loué Poséidon et non Dionysos, il aurait pu vanter la fraîcheur des moissons océanes, la chair ferme et goûteuse des trésors de pêche... Éric Tessier, le jeune et sympathique chef de cette maison reprise en 2009, ne l'aurait pas contredit, tant il s'ingénie à préparer avec simplicité – et recherche discrète – les beaux produits de la mer, sélectionnés avec soin. Un esprit que l'on retrouve dans le décor, contemporain et plutôt épuré, rehaussé par petites touches de rose shocking sur les sièges, les tentures... Le cadre idéal pour déguster des huîtres de Cancale, des sardines grillées "tout simplement", une bonne soupe de poisson ou un crumble de cabillaud accompagné d'une fondue de poireaux. Et les desserts sont à l'avenant ! Un bon plan dans le quartier.

L'Auberge du 15

A1 — Classique X

15 r. de la Santé ✉ 75013 — Ⓜ Glacière
✆ 01 47 07 07 45 — Fermé août, vacances de Noël, dimanche et lundi
www.laubergedu15.com

Menu 26 € (déjeuner)/68 € – Carte 60/90 €

VISA MC

Après de jolis parcours dans de belles maisons, ces deux frères originaires de Lozère – respectivement chef et pâtissier – ont eu envie d'ouvrir leur propre restaurant... C'est chose faite avec l'Auberge du 15, un repaire gourmand, intemporel et élégant, en lieu et place d'un ancien pub irlandais. Fruits, légumes, viandes tendres à cœur : tout, ou presque, vient de l'Aubrac et tout est préparé avec soin... Les classiques prennent un vrai coup de jeune, mais ne perdent rien de leur sel : on se régale par exemple d'un carré de veau aux légumes de saison, d'une côte de bœuf à la sauce au vin rouge accompagnée d'un aligot gourmand, ou d'une tarte aux cerises et sa chantilly si délicate... Une bonne auberge !

L'Avant Goût

B2 — Au goût du jour

26 r. Bobillot ✉ 75013 — Ⓜ Place d'Italie
✆ 01 53 80 24 00
www.lavangout.com

Fermé 5-13 août, dimanche et lundi – Nombre de couverts limité, réserver

Formule 15 € – Menu 32 € – Carte 39/50 €

A/C VISA MC

L'engouement pour ce bistrot contemporain de la Butte aux Cailles ne se dément pas, il grandit même d'année en année ! Du coup, il affiche complet midi et soir. Indispensable donc de réserver. Le succès tient à la patte de Christophe Beaufront, ancien élève de Michel Guérard et Guy Savoy, qui invente sans cesse de nouvelles associations de saveurs, avec un penchant prononcé pour les épices. En dehors de l'emblématique pot-au-feu de cochon aux épices, laissez-vous tenter par la terrine de foie gras à la vanille, le dos de cabillaud et les fraises façon tiramisu... Les menus changent tous les mois, profitez-en ! Présentés à l'ardoise, ils participent au décor sympathique et simple (banquettes rouges, tables serrées) qui va de pair avec l'ambiance décontractée.

Les Cailloux

A2 — Italienne 

58 r. des Cinq-Diamants ✉ 75013 — Ⓜ Corvisart
✆ 01 45 80 15 08
www.lescailloux.fr

Fermé 1 semaine en août et à Noël

Formule 14 € – Menu 18 € (déjeuner) – Carte 25/60 €

VISA MC

Envie d'une virée en Italie dans le pittoresque quartier de la Butte-aux-Cailles ? Une seule adresse : Les Cailloux. Ce restaurant a déjà conquis le cœur de nombreux fidèles qui ne se lassent pas de son ambiance informelle et de sa cuisine ensoleillée. Carpaccio de bœuf, thon en croûte de tapenade avec fenouil mariné et roquette, mozzarella fumée et frite, pennette au confit de veau et romarin, tiramisu, pannacotta à la vanille. La carte des mets, imitée par celle des vins (jolie sélection à tous les prix), regorge de propositions 100 % transalpines. Côté décor, c'est un mélange de trattoria et de bistrot à la mode (plancher en bois brut, petit zinc, murs beiges). Service souriant et places prises d'assaut. N'oubliez pas de réserver !

Impérial Choisy

B3 — Chinoise

32 av. de Choisy ✉ 75013 — Ⓜ Porte de Choisy
✆ 01 45 86 42 40

Carte 18/30 €

A/C VISA MC

D'appétissants canards laqués suspendus en vitrine donnent tout de suite le ton et l'ambiance de ce restaurant : vous êtes au cœur du Chinatown parisien. Destination : la cuisine cantonaise avec ses nombreuses spécialités, réalisées ici dans les règles de l'art. Salade de méduse, soupe de raviolis aux crevettes et nouilles, poulet fermier au gingembre et à la ciboulette, canard laqué aux cinq parfums, mais aussi un bon choix de poissons diversement préparés. Les assiettes sont généreuses, les produits frais et parfumés. Pas de fioritures inutiles dans cette salle tout en longueur, sobre et claire, qui ne désemplit pas (service non-stop) et où l'on mange au coude-à-coude. Un vrai goût d'authenticité, sans se ruiner.

Lao Lane Xang 2

B2 — Vietnamienne

102 av. d'Ivry ✉ 75013 — Ⓜ Tolbiac
✆ 01 58 89 00 00
www.restolaolanexang.com

Formule 11 € – Menu 22 € – Carte 22/34 €

VISA MC

L'histoire parisienne des Siackhasone, originaires du Laos, commence dans les années 1990, avec la création successive des restaurants Rouammit et Lao Lane Xang 1, aux 103 et 105 de l'avenue d'Ivry. En 2007, Do et Ken – frères et dignes héritiers du savoir-faire familial – ouvrent cette table "bis", située juste en face de ses aînées. La carte marie avec finesse spécialités laotiennes, thaïes et vietnamiennes, et le décor, sobre et contemporain, renouvelle totalement l'habituel style "cantine" du quartier. Pour savourer une soupe de crevettes à la citronnelle bien parfumée ou un canard laqué au tamarin, à la fois tendre et croustillant, pensez à réserver !

Mer de Chine

B2 — **Chinoise**

159 r. Château-des-Rentiers ✉ 75013
✆ 01 45 84 22 49

Ⓜ Place d'Italie
Fermé août et mardi

Formule 15 € – Menu 25 € – Carte 30/60 €

A/C — VISA — MC

De la cuisine cantonaise, on connaît bien peu de choses à l'exception de son riz, parfois bien maltraité. Dans cette Mer de Chine, à l'écart de l'agitation de Chinatown, on s'immerge dans des recettes aux subtils mariages de saveurs et de textures : salade de méduse au blanc de volaille, crabe en mue sauté à l'ail, nouilles sautées au soja et œuf de cent ans... Avec une bière Tsingtao et un (léger) fond musical "made in China", on ne boude pas son plaisir ! Signe qui ne trompe pas : les Asiatiques se précipitent à chaque service dans la coquette petite salle, qui arbore une sobre décoration d'inspiration chinoise. Non, la cuisine cantonaise ne se résume pas à son riz.

L'Ourcine

A1 — **Bistrot**

92 r. Broca ✉ 75013
✆ 01 47 07 13 65

Ⓜ Les Gobelins
Fermé 3 semaines en août, dimanche et lundi

Formule 26 € – Menu 34 €

VISA — MC

Qualité et modestie résument joliment l'esprit de l'Ourcine, un bistrot "pur jus" qui a ses fidèles. Sa façade rouge grenat attire l'œil en proclamant d'entrée de jeu qu'ici on a affaire à une "cuisine de cuisinier" et à des "vins de vignerons" ! De doux pléonasmes pour dire la passion du chef, Sylvain Danière (ayant travaillé chez Yves Camdeborde et à l'Épi Dupin), pour l'authenticité : sa cuisine du marché et de saison ne triche ni avec les produits ni avec les saveurs. Menu du jour, plats du moment, petite ardoise "coups de cœur" (parfois avec supplément) regorgent de belles propositions : raviole d'araignée de mer sauce à la citronnelle, pressé de céleri-rave et foie gras de canard relevé à la coriandre, blanquette de veau façon l'Ourcine...

Au Petit Marguery

Traditionnelle

A1

9 bd de Port-Royal ✉ 75013 Ⓜ Les Gobelins
✆ 01 43 31 58 59
www.petitmarguery.fr

Formule 23 € – Menu 26 € (déjeuner en semaine)/35 €

A/C VISA MC AE

La réputation du Petit Marguery n'est plus à faire, et tout y semble immuable : le décor Belle Époque rose et bordeaux, digne de figurer au patrimoine ; les serveurs qui n'ôteraient leur classique tenue noir et blanc pour rien au monde ; l'esprit chaleureux du lieu et... la carte qui joue la grande tradition ! Les habitués ne s'y trompent pas et reviennent en nombre déguster de copieux plats bistrotiers, comme les terrines maison ou la tête de veau sauce ravigote. En saison, on se bouscule également pour les spécialités de gibier, tels le fameux lièvre à la royale ou le filet de chevreuil sauce grand veneur. Des plats aussi satisfaisants que le rapport qualité-prix... Une institution indéboulonnable !

Sukhothaï

Thaïlandaise

B2

12 r. Père-Guérin ✉ 75013 Ⓜ Place d'Italie
✆ 01 45 81 55 88
Fermé 3 semaines en août, lundi midi et dimanche

Formule 12 € – Menu 23/26 € – Carte 23/38 €

A/C VISA MC

Du nom de la première capitale du Siam (fondée au 13e s.), ce restaurant thaï situé à deux pas de la place d'Italie est vraiment beaucoup moins cher qu'un vol direct pour Bangkok ! Dans la salle à manger de poche, quelques bouddhas sculptés, des gravures et des fleurs de-ci de-là suffisent à planter le décor. Le service lui aussi joue la discrétion et les serveurs se faufilent avec aisance parmi les tables en rang d'oignons. Quant à la carte, elle présente un grand choix de saveurs thaïlandaises traditionnelles : bœuf, canard, porc et crustacés se frottent à la citronnelle, au basilic, au piment ou au lait de coco. Et quelques spécialités chinoises viennent compléter cette offre déjà large. Réservation fortement conseillée.

Variations

B1 — Traditionnelle

18 r. des Wallons ✉ 75013 — Ⓜ Saint-Marcel
✆ 01 43 31 36 04 — Fermé août, samedi midi et dimanche
www.restaurantvariations.com

Formule 14 € – Menu 17 € (déjeuner), 35/48 € – Carte 35/63 €

VISA MC AE

Un vrai bistrot, celui-là : des banquettes, des tables en bois, des moulures et de grands miroirs anciens. Le chef (un ancien pilote de chasse !) compose de bien jolis thèmes, avec leurs variations autour du marché et des saisons. Amoureux des beaux produits, il aime donner du piquant à la cuisine traditionnelle, avec une pincée de poivre de Madagascar par exemple, au parfum de bois et de fleur. À la carte : de spectaculaires pastas flambées à la grappa dans une meule de parmesan, un filet de dorade aux petits légumes et, pourquoi pas, une crème brûlée au sirop de coquelicot ou une brioche façon pain perdu, avec du caramel... Aux beaux jours, la salle s'épanche doucement sur la rue, si calme, et pourtant si proche de la Pitié-Salpêtrière.

Nous essayons d'être le plus exact possible dans les prix que nous indiquons. Mais tout bouge ! Lors de votre réservation, faites-vous préciser les tarifs du moment.

14e

Montparnasse · Denfert-Rochereau · Parc Montsouris

J. Loic / Photononstop

Montparnasse • Denfert-Rochereau • Parc Montsouris

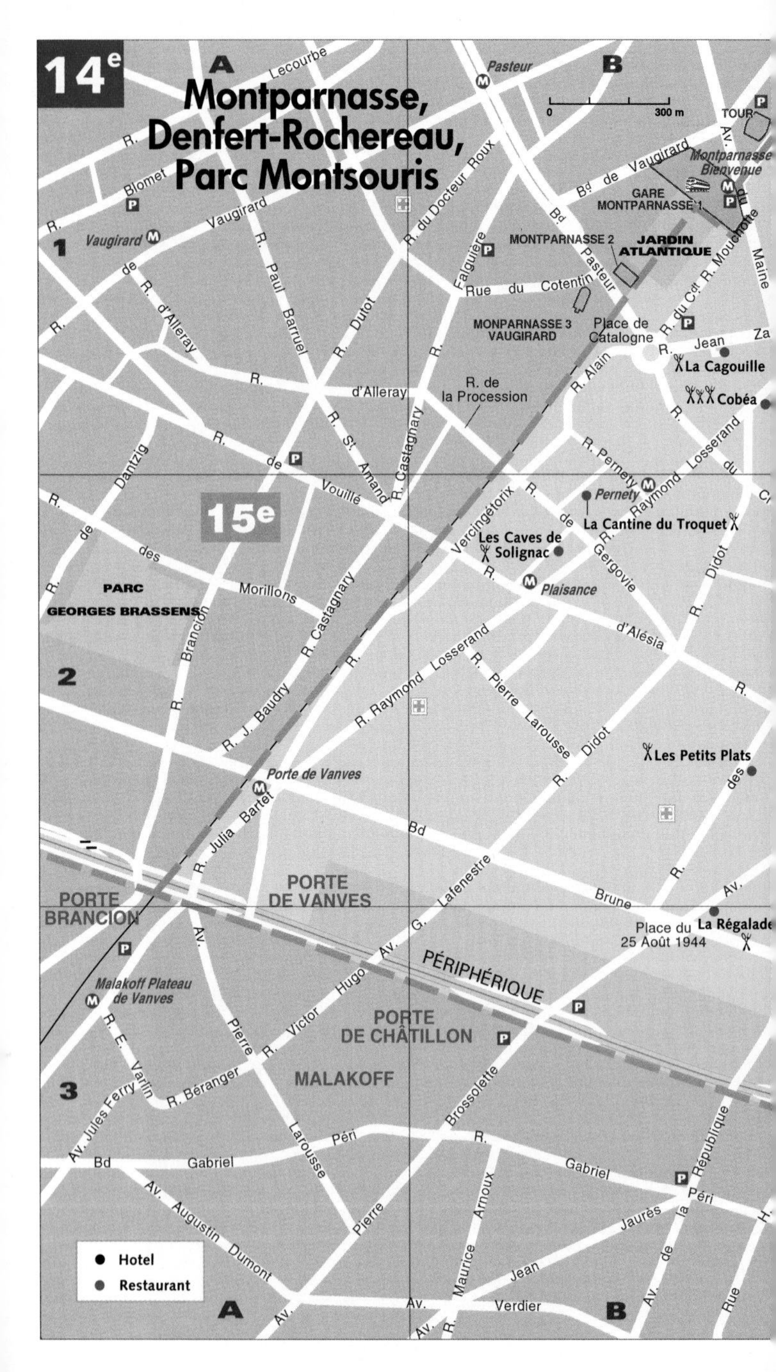
14e
Montparnasse,
Denfert-Rochereau,
Parc Montsouris
A
B
0
300 m
Pasteur
Vaugirard
Montparnasse Bienvenüe
GARE MONTPARNASSE 1
MONTPARNASSE 2
JARDIN ATLANTIQUE
MONPARNASSE 3 VAUGIRARD
Place de Catalogne
La Cagouille
Cobéa
Pernety
La Cantine du Troquet
Les Caves de Solignac
Plaisance
15e
PARC GEORGES BRASSENS
Les Petits Plats
Porte de Vanves
PORTE DE VANVES
PORTE BRANCION
Place du 25 Août 1944
La Régalade
PÉRIPHÉRIQUE
Malakoff Plateau de Vanves
PORTE DE CHÂTILLON
MALAKOFF
Hotel
Restaurant

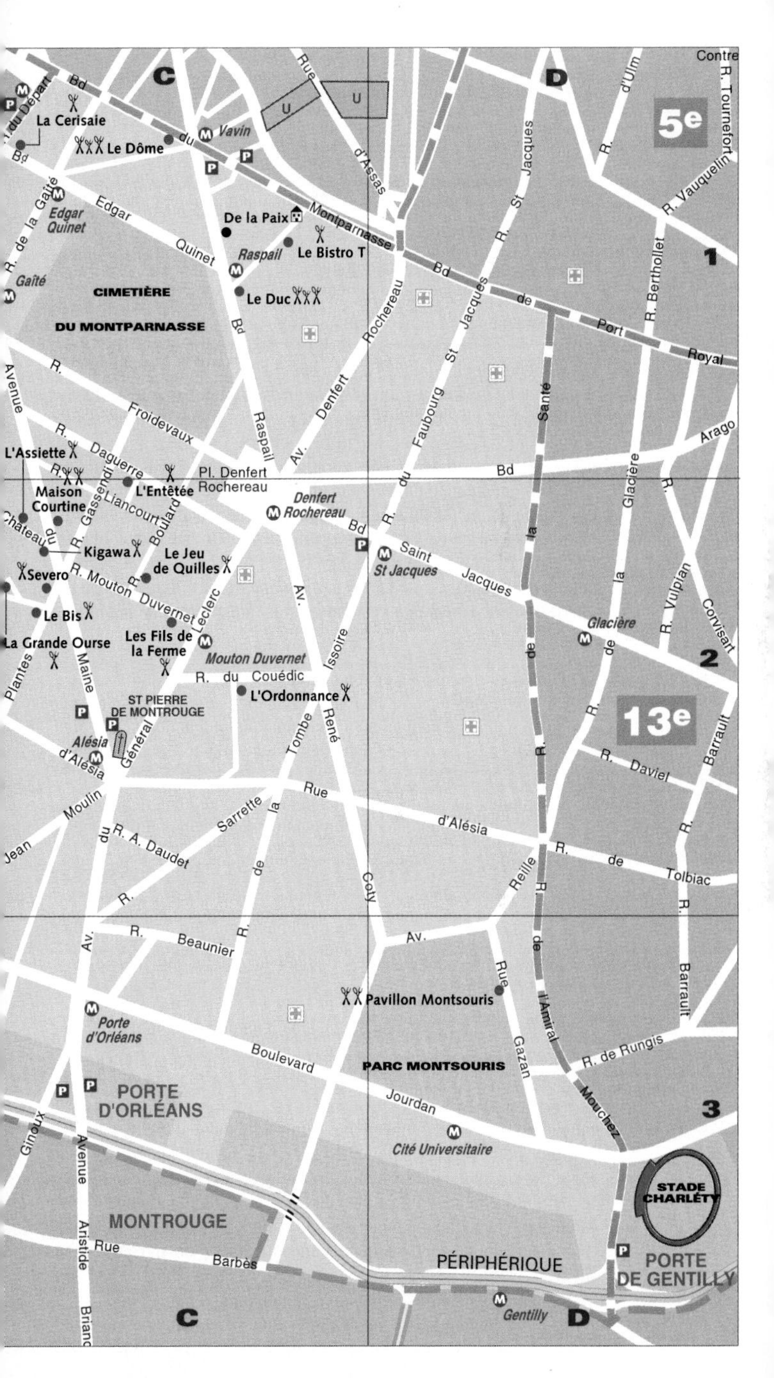

C
D
5e
13e
1
2
3
La Cerisaie
Le Dôme
Vavin
De la Paix
Le Bistro T
Raspail
Le Duc
Edgar Quinet
Gaîté
CIMETIÈRE
DU MONTPARNASSE
L'Assiette
Maison Courtine
L'Entêtée
Pl. Denfert Rochereau
Denfert Rochereau
Kigawa
Le Jeu de Quilles
Severo
Le Bis
La Grande Ourse
Les Fils de la Ferme
Mouton Duvernet
L'Ordonnance
ST PIERRE DE MONTROUGE
Alésia
St Jacques
Glacière
Pavillon Montsouris
Porte d'Orléans
PARC MONTSOURIS
PORTE D'ORLÉANS
Cité Universitaire
STADE CHARLÉTY
MONTROUGE
PÉRIPHÉRIQUE
PORTE DE GENTILLY
Gentilly
Bd du Montparnasse
Bd Edgar Quinet
Bd Raspail
Av. Denfert Rochereau
R. du Faubourg St Jacques
R. St Jacques
Bd de Port Royal
Bd Arago
R. de la Santé
R. Froidevaux
R. Daguerre
R. Gassendi
R. Liancourt
R. Boulard
R. Mouton Duvernet
Av. du Général Leclerc
Bd Saint Jacques
Av. du Maine
R. du Couédic
Av. René Coty
R. de la Tombe Issoire
Rue d'Alésia
R. de Tolbiac
R. Daviel
R. Barrault
R. de la Glacière
R. Vulpian
R. Corvisart
R. Berthollet
R. Vauquelin
R. d'Ulm
R. Tournefort
Rue d'Assas
R. de la Gaîté
R. A. Daudet
R. Sarrette
R. Beaunier
Rue Gazan
R. de l'Amiral Mouchez
R. Reille
R. de Rungis
Boulevard Jourdan
Avenue Aristide Briand
Rue Barbès
Rue Ginoux
Jean Moulin
R. des Plantes
R. du Château
Contre

L'Assiette

C2 — Classique

181 r. du Château ✉ 75014
✆ 01 43 22 64 86
www.restaurant-lassiette.com

Ⓜ Mouton Duvernet
Fermé août, lundi et mardi – Réserver

Formule 23 € – Carte 40/80 €

VISA MC AE

Après plusieurs années derrière les fourneaux de deux restaurants de la galaxie Ducasse (Benoit, Aux Lyonnais), où il a appris la rigueur et l'amour des beaux produits, David Rathgeber a choisi l'indépendance. Sa maison a remplacé le bistrot Chez Lulu – une institution et une ex-boucherie – mais en a gardé la convivialité et la patine d'origine. Dans la cuisine, visible à l'entrée, le chef et sa brigade mitonnent de bons petits plats classiques revus à la mode bistrot chic. Cassoulet maison, rillettes de jarret de cochon confit, tartare de crevettes bleues, crème caramel au beurre salé, soufflé au chocolat : c'est tout simplement bon, de saison et sans esbroufe, à l'image du décor, plaisant avec ses tables en bois et ses céramiques au plafond.

Le Bis

C2 — Bistrot

16 r. des Plantes ✉ 75014
✆ 01 40 44 73 09

Ⓜ Mouton Duvernet
Fermé 1 semaine en avril, 2 semaines en août, 24-29 décembre, dimanche et lundi

Formule 21 € – Menu 25 € (déjeuner en semaine)/35 € – Carte 37/55 €

VISA MC

Marco Paz, un jeune Mexicain plein d'allant, a repris le Bis en 2011 et a su en conserver le bel esprit bistrot... Banquettes rouges, vieux carrelage noir et blanc, zinc, grande ardoise présentant les vins du moment : bistrot, on vous l'a dit ! À table, on ne se fait pas prier pour acclamer avec ferveur le boudin noir, le croustillant de pied de porc, les ris de veau rôtis, le poisson du jour, les tuiles aux amandes, ou encore le millefeuille... Tout cela fleure bon la tradition, mais le chef n'hésite pas à parsemer sa cuisine de touches asiatiques ou world. Après le café, on a vraiment envie de demander un bis !

Le Bistro T

C1 — Bistrot

17 bis r. Campagne-Première ✉ 75014 — Ⓜ Raspail
01 43 20 79 27
www.bistro-t.fr

Fermé 22-30 avril, 30 juillet-31 août, 24-31 décembre, le 4ème samedi du mois, dimanche et lundi

Formule 18 € – Menu 24 € – Carte 33/41 €

A/C — VISA — MC — AE

Le Bistrot T ? T comme "top", comme "très bon" ? À moins que cela ne soit T comme Thoumieux, du nom de la famille de restaurateurs parisiens à qui l'on doit la célèbre brasserie éponyme (7e arrondissement), fondée en 1923. Presque un siècle plus tard, le Thoumieux a changé de mains, et les Bassalert, descendants de la dynastie, ont repris le flambeau. Au Bistrot T, donc… Un nouvel opus qui honore la bistronomie et ses grands classiques, francs, expressifs et propices à la convivialité – banquettes de velours rouge comprises. Les must de la maison ? La tête de veau comme Martial Thoumieux, le pot-au-feu de joue de porc servi tiède avec une vinaigrette, le croustillant de queue de bœuf, la crème brûlée, ou encore le gâteau tout chocolat. Vraiment "T" !

La Cagouille

B1 — Produits de la mer

10 pl. Constantin-Brancusi ✉ 75014 — Ⓜ Gaîté
01 43 22 09 01
www.la-cagouille.fr

Formule 26 € – Menu 42 € – Carte 38/68 €

VISA — MC

Une placette empreinte de quiétude et un programme 100 % poissons, coquillages et crustacés de très belle fraîcheur, cela vous tente ? Cette table du quartier Montparnasse porte le nom du petit gris charentais, mais point d'escargots à la carte ! Que des produits des mers et rivières travaillés sans fioriture. Pavé de cabillaud à la crème d'ail, dos de saint-pierre grillé et beurre de cerfeuil, et en dessert des profiteroles ou encore le "noir au noir". La salle à manger dégage une sympathique atmosphère marine avec boiseries, poulies, cordages, coquillages et tables de bistrot en marbre. Et pour profiter des beaux jours, filez sur la délicieuse terrasse chlorophyllée. Belle collection de cognacs en prime.

La Cantine du Troquet

B2 — Bistrot

101 r. de l'Ouest ✉ 75014 — Ⓜ Pernety

Formule 23 € – Menu 32 € – Carte 27/37 €

VISA

Une Cantine, certes, mais la cantine du charismatique Christian Etchebest ! On s'y retrouve entre copains et l'on s'invite sans réserver, pour échanger une franche part de convivialité. Ambiance décontractée et décor de néobistrot : zinc, banquettes rouges, couverts et serviettes dans des pots à même les tables, photos des camarades. Sur la grande ardoise murale – ni menu ni carte –, les plats aux influences basques (cochonnailles, poulet des Landes, piquillos, fromages des Pyrénées servis avec une bonne confiture de cerise noire, etc.) fraternisent avec les classiques bistrotiers (œuf mayo, frites maison, riz au lait, tarte du jour...). Tous à la Cantine !

Les Caves de Solignac

B2 — Bistrot

9 r. Decrès ✉ 75014 — Ⓜ Plaisance
0145 45 58 59

Fermé 1 semaine en mai, 3 semaines en août, vacances de Noël, samedi midi, dimanche et lundi – Nombre de couverts limité, réserver

Formule 16 € – Menu 19 € (déjeuner)/30 € – Carte 30/38 €

VISA

Si, au hasard d'une promenade, vos pas vous mènent dans le fin fond de ce 14e arrondissement trop injustement méconnu, laissez-vous tenter par cette devanture à l'ancienne. Passez la porte et vous serez charmé par un décor évoquant les bistrots 1900 ; mais attention, c'est minuscule ! Sur l'ardoise, des rillettes de maquereau, du confit de canard, du foie de veau poêlé au vinaigre de cidre, un fondant au chocolat… Le temps se serait-il arrêté ? Pas du tout, mais les propriétaires, Philippe et Pascale Moisan, font tout pour satisfaire leurs clients. N'oubliez surtout pas de goûter un de leurs petits vins gouleyants !

La Cerisaie

C1 Sud-Ouest

70 bd E.-Quinet ✉ 75014 Ⓜ Edgar Quinet
01 43 20 98 98
www.restaurantlacerisaie.com
Fermé 14 juillet-15 août, 25 décembre-1er janvier, samedi et dimanche – Réserver

Carte 33/40 €

Si vous venez sans réserver, Maryse Lalanne risque fort de vous annoncer, d'un air désolé mais charmant : "C'est complet !" Il faut dire que ce restaurant de poche (vingt places) est très prisé, et l'on s'y presse volontiers pour découvrir l'ardoise du jour et de savoureuses spécialités régionales. Parmi les classiques de la maison, les terrines de saison, le magret d'oie aux poires rôties et aux épices, ou encore la tarte fondante au chocolat... De bons petits plats qui reflètent tout le talent d'un chef passé par les plus grandes maisons toulousaines. Côté cave, des vins bien choisis les sublimeront sans mal. La Cerisaie ? Une belle ambassade du Sud-Ouest... en plein quartier breton !

Le Dôme

C1 Produits de la mer 

108 bd Montparnasse ✉ 75014 Ⓜ Vavin
01 43 35 25 81

Carte 85/110 €

Bienvenue dans ce qui fut l'un des temples de la bohème littéraire et artistique des Années folles. Le Dôme... La célèbre brasserie marine de Montparnasse, à l'atmosphère unique, chic et animée. Orné de photos d'époque et d'une fresque du peintre Carzou – un habitué –, le bel intérieur Art déco témoigne de ce glorieux âge d'or. Boiseries omniprésentes, banquettes en cuir fauve et vert, vitraux colorés, lumières tamisées par des abat-jour... Chaque détail participe à l'âme du lieu, précieusement conservée au fil du temps. La cuisine et le service sont au diapason. Les produits de la mer occupent la scène, préparés au gré des arrivages et joliment présentés dans des assiettes généreuses à souhait – les vins aussi font honneur à la table. Comme au temps des Montparnos.

Cobéa ✿

Au goût du jour

11 r. Raymond Losserand ✉ 75014
✆ 01 43 20 21 39
www.cobea.fr

Ⓜ Gaité

Fermé août, 18-26 décembre, 26 février-5 mars, dimanche et lundi – Nombre de couverts limité, réserver

Menu 38 € (déjeuner), 55/95 €

Restaurant Cobéa

A/C
VISA
MC
AE

Cobéa ? Une plante d'Amérique du Sud et un clin d'œil aux propriétaires : **Co** comme Jérôme Cobou en salle, **Bé** comme Philippe Bélissent aux fourneaux et **A** comme Associés. Mais avant d'être associés, ces deux compères sont surtout amis et... passionnés de gastronomie ! Après avoir fait leurs armes dans de belles maisons, Philippe et Jérôme décident de se lancer en 2011, pleins d'enthousiasme... Monsieur Lapin – institution du 14e arrondissement fondée dans les années 1920 – se libère : qu'à cela ne tienne, Cobéa est né ! Dans ce restaurant à la déco sage et élégante, on se sent tout simplement bien et l'on a tout loisir d'admirer Philippe Bélissent s'activer en cuisine, toujours inspiré... Déjà étoilé au Restaurant de l'Hôtel, dans le 6e arrondissement, il n'a rien perdu de son talent. Sens du produit, goût du bon, harmonie des saveurs et subtilité... Ses assiettes sont franches et fines. Couteaux en persillade, lotte confite à l'avocat grillé, foie gras poêlé, châtaignes et champignons : **Co** comme Contentement, **Bé** comme Béatitude et **A** comme Allez-y sans tarder !

Entrées

- Couteau de plongée, encornet et persillade
- Foie gras poêlé, pâtes et girolles

Plats

- Saint-pierre, chou-fleur et citron
- Dos de biche et endives caramélisées

Desserts

- Poire, meringue, chocolat et lait épicé
- Gourmandises

Le Duc

C1 **Produits de la mer** 

243 bd Raspail ✉ 75014
Ⓜ Raspail
✆ 01 43 20 96 30
Fermé 28 juillet-27 août, 23 décembre-3 janvier, samedi midi, dimanche et lundi

Menu 50 € (déjeuner) – Carte 70/145 €

A/C · VISA · MC · AE

On a beau être au cœur de la rive gauche, on se croirait dans une cabine de yacht... Peut-être celle d'un duc épris de voyages au long cours et de saveurs iodées ? Cette atmosphère chic et classique a séduit bon nombre de fidèles, toujours ravis de déguster des plats goûteux et raffinés. Le chef, Pascal Hélard, ne sélectionne que des poissons et fruits de mer de tout premier choix – en provenance directe des ports de pêche –, et s'attache à les travailler avec simplicité, pour en magnifier la saveur... Un beurre émulsionné, une huile d'olive bien choisie : aller à l'essentiel, sans chichi mais avec savoir-faire, pour une cuisine qui sonne juste. Évidemment, on se réjouit aussi à l'arrivée du chariot des desserts, qui regorge de mille délices indétrônables dans le cœur des gourmands : baba au rhum, millefeuille, île flottante, etc. Embarquement immédiat !

L'Entêtée

Au goût du jour

4 r. Danville ✉ 75014
Ⓜ Denfert Rochereau
✆ 01 40 47 56 81
www.wix.com/lentetee/entetee
Fermé août, 1 semaine à Noël, dimanche, lundi et fériés – Dîner seulement – Nombre de couverts limité, réserver

Menu 34/39 € – Carte environ 45 €

A/C · VISA · MC

Non loin de la rue Daguerre, le petit bistrot de Julie Ferrault a le charme de sa simplicité. Sur l'immense tableau noir recouvrant tout un pan de mur, on découvre les recettes très personnelles de cette chef pleine de mordant... Dans une autre vie, elle pratiquait l'équitation, puis, après ses études universitaires, cette entêtée a fait de la gastronomie son cheval de bataille. Aujourd'hui, qu'elle concocte un crumble de saumon et lentilles, une caille au vin blanc, des encornets aux poivrons et riz épicé, un risotto aux champignons et sa crème de ciboulette, ou encore une petite tatin aux fruits du moment, elle pique immanquablement notre curiosité et réveille nos papilles... Avis aux amateurs : ses suggestions sont renouvelées tous les mois.

Les Fils de la Ferme

C2 — Bistrot

5 r. Mouton-Duvernet ✉ 75014 — Ⓜ Mouton Duvernet
✆ 01 45 39 39 61 — Fermé 3 semaines en août, 1er-10 janvier, dimanche et lundi
www.filsdelaferme.com

Formule 21 € – Menu 30 €

Issus d'une famille de restaurateurs – leurs parents tenaient La Ferme du Périgord dans le 5e arrondissement, – Jean-Christophe et Stéphane Dutter, après avoir fait leurs classes chez Ducasse et Robuchon pour l'un, chez Georges Blanc et Christian Morisset pour l'autre, ont ressenti le besoin de se poser sur leur propre territoire. Chose faite depuis 2004 avec cette table d'esprit très bon enfant, où ils concoctent à quatre mains une cuisine de bistrot légèrement modernisée (médaillons de foies de volaille au chutney orange-fenouil, filet mignon de cochon rôti, pannacotta au chocolat blanc...). Le cadre aux airs d'auberge, avec pierres apparentes, comptoir en zinc et mobilier rustique en bois sombre, a quelque chose d'attachant. À noter : prix sages et vins sélectionnés directement auprès de petits producteurs.

La Grande Ourse

C2 — Au goût du jour

9 r. Georges Saché ✉ 75014 — Ⓜ Mouton Duvernet
✆ 01 40 44 67 85 — Fermé août, dimanche et lundi
www.restaurantlagrandeourse.fr

Formule 18 € – Menu 20 € (déjeuner)/37 € – Carte le soir

Inutile d'attendre la nuit tombée et de scruter le ciel pour profiter de la Grande Ourse. Il suffit de sillonner le quartier d'Alésia pour découvrir, campé sur une petite place, ce bistrot tout ce qu'il y a de terrien. Le cadre n'atteint pas la Lune et n'en est que plus chaleureux (tons prune et orange, tables en bois). Quant à la cuisine, elle rend bien hommage à la "Grande Casserole" (un clin d'œil ?) dont elle fait son enseigne : avec finesse, le chef travaille de savoureux produits frais. Au déjeuner, ses propositions sont assez simples ; elles se révèlent plus étoffées le soir. Extraits d'ardoise : tartare d'huîtres à la crème de beaufort, croustillant de joue de bœuf aux panais, sablé aux fraises... On finit la soirée le nez en l'air, pour apprécier les scintillements de l'autre Grande Ourse.

Le Jeu de Quilles

C2 — Bistrot

45 r. Boulard ✉ 75014
☎ 01 53 90 76 22

Mouton Duvernet
Fermé 3 semaines en août, 24 décembre-2 janvier, dimanche, lundi et mardi – Réserver

Formule 17 € – Menu 21 € (déjeuner) – Carte 34/50 €

A/C VISA MC

Une adresse minuscule, conviviale et sans prétention. Esprit dépouillé – à l'entrée, un coin épicerie et, au fond, une cuisine-comptoir communiquant avec la salle – car l'essentiel se joue autour des produits. Il faut dire que Benoît Reix (ex-Triporteur, Wadja, Fines Gueules) se fournit auprès des meilleurs commerçants du quartier, et cela fait toute la différence. L'ardoise du jour propose un choix volontairement limité. À la simplicité des intitulés répondent des saveurs intactes (ris de veau aux morilles, cuisses de grenouilleS sautées à l'ail et aux échalotes, faux-filet aux pommes de terre rôties, soupe de chocolat, clafoutis aux fruits de saison). À l'heure du déjeuner comme le soir, la réservation est conseillée, pour ne pas arriver... comme un chien dans un jeu de quilles !

Kigawa 

C2 — Traditionnelle

186 rue du Château ✉ 75014
☎ 01 43 35 31 61
www.kigawa.fr

Mouton Duvernet
Fermé mardi – Nombre de couverts limité, réserver

Formule 18 € – Menu 24 € (déjeuner)/29 € – Carte 40/65 €

VISA MC AE

Kigawa comme Michihiro Kigawa, le chef et patron de cet établissement tout simple ouvert en mars 2011... et comme Junko, sa femme, qui accueille les clients avec toute la politesse propre au pays du Soleil-Levant. Ne vous attendez pas pour autant à déguster makis ou sushis : le jeune chef a travaillé pendant une dizaine d'années dans un restaurant français d'Osaka avant de venir à Paris. En goûtant son pâté en croûte, son pigeon rôti, sa terrine de foies de volaille aux pistaches ou sa langue de bœuf croustillante à la marjolaine, vous comprendrez mieux toute l'étendue de sa maîtrise de la gastronomie hexagonale.

Maison Courtine

C2 — Au goût du jour XX

157 av. du Maine ✉ 75014
01 45 43 08 04
www.lamaisoncourtine.com

Mouton Duvernet
Fermé 3 semaines en août, 1 semaine en février, lundi midi, samedi midi et dimanche

Formule 25 € – Menu 37/58 €

A/C VISA MC AE

Jadis bastion bien connu de la cuisine du Sud-Ouest entre Montparnasse et Alésia, la Maison Courtine est désormais un restaurant contemporain, au cadre intime et frais... Côté papilles, on savoure ici une cuisine bien dans son époque, rehaussée de touches méridionales. Ainsi, au gré du marché, le chef vous propose une poêlée de supions et gambas au soja et aux brocolis, une charlotte de champignons et magrets fumés accompagnée d'une vinaigrette à l'estragon, des ris de veau et leur réduction au citron confit, ou encore un millefeuille au chocolat et au lait épicé. Pour accompagner tous ces mets, la carte des vins se révèle intéressante, avec un choix opportun de demi-bouteilles.

L'Ordonnance

C2 — Traditionnelle X

51 r. Hallé ✉ 75014
01 43 27 55 85

Mouton Duvernet
Fermé 1er-15 août, samedi sauf le soir en hiver et dimanche

Formule 25 € – Menu 32/42 €

VISA MC

Dans une rue tranquille du 14e arrondissement, ce bistrot nouvelle vague appose sans les opposer cuisine sérieuse et bonne franquette. Les trois petites salles toutes simples respirent la franche convivialité : le chaleureux patron quitte souvent les cuisines pour se consacrer à ses clients ! Les plats forcent l'admiration par leurs saveurs franches, leurs cuissons et assaisonnements précis : poireaux vinaigrette, œuf poché et foie gras poêlé ; carré d'agneau rôti au thym ; clafoutis aux cerises (en saison)... Une ordonnance à prescrire sans hésitation, à un risque près : l'accoutumance.

Pavillon Montsouris

D3 — Au goût du jour XX

20 r. Gazan ✉ 75014 — Ⓜ Cité Universitaire
✆ 01 43 13 29 00 — Fermé vacances de février et dimanche soir de mi-septembre à Pâques
www.pavillon-montsouris.fr

Menu 51 € – Carte 60/100 €

VISA · MC · AE

Cette adresse jouit d'une situation exceptionnelle : le parc Montsouris. Superbe, le pavillon Belle Époque offre à ses convives le luxe rare et enviable de la campagne en plein Paris. Sous une grande verrière – vrai puits de lumière –, le décor soigné d'inspiration coloniale (bois roux, plantes vertes, luminaires en bronze, etc.) fait oublier en un éclair l'agitation urbaine. Et lorsqu'on a la chance de prendre son temps sur la délicieuse terrasse cernée par la verdure et ouverte dès les beaux jours, le sentiment d'évasion est à son comble. Deux cadres enchanteurs pour déguster, en toute quiétude, une cuisine dans l'air du temps, franche et fine. On se régalera par exemple de gambas croustillantes au basilic accompagnées de petits légumes méditerranéens, d'une daurade royale au gâteau d'aubergine, de ris de veau... Salons particuliers à disposition.

Les Petits Plats

B2 — Bistrot X

39 r. des Plantes ✉ 75014 — Ⓜ Alésia
✆ 01 45 42 50 52 — Fermé 1er- 22 août et dimanche – Nombre de couverts limité, réserver

Formule 15 € – Menu 35 € – Carte 35/56 €

Moulures immaculées, miroirs, très beau comptoir en bois, parquet et grande ardoise présentant les mets du moment : un petit bistrot élégant, dans son jus 1910 ! Alexis Minot, le jeune patron, a repris cette affaire en janvier 2010 avec un credo : faire partager son goût de la bonne chère et des jolis vins. Pari réussi : ici, les petits plats bistrotiers du chef, Mickaël Streiff, côtoient une cuisine ménagère goûteuse, simple et de saison ; la formule du jour, joliment canaille, s'affiche à prix très doux. Terrine de lapereau, croustillant de pied de porc et son jus à la sauge, viande d'Aubrac, vacherin à la vanille ou mi-cuit au chocolat servi en cocotte... Savoureux, convivial et sans chichi mais... sur réservation, pour être sûr d'avoir une table !

La Régalade

B3 — Bistrot

49 av. Jean-Moulin ✉ 75014 — Ⓜ Porte d'Orléans

✆ 01 45 45 68 58

Fermé 25 juillet-20 août, 1er-10 janvier, lundi midi, samedi et dimanche – Réserver

Menu 34 €

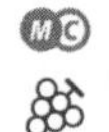

Ce bistrot qu'on ne présente plus ne désemplit pas, si bien qu'une deuxième Régalade a ouvert rue St-Honoré ! Aux fourneaux depuis 2004, Bruno Doucet (Gagnaire, Apicius...) propose une cuisine mi-terroir, mi-marché et toujours généreuse. Pour preuve, cette terrine déposée sur la table en guise d'amuse-bouche, à déguster avec du bon pain de campagne... La suite du repas est à l'avenant : les plats sont copieux, accompagnés de beaux vins de propriétaires, et mettent en valeur les produits. Authenticité, gentillesse, plaisir... On comprend le succès du lieu. Seul regret : on ne se régale qu'en semaine !

Severo

C2 — Bistrot 

8 r. des Plantes ✉ 75014 — Ⓜ Mouton Duvernet

✆ 01 45 40 40 91

Fermé vacances de Noël, de février, de Pâques, 30 juillet-27 août, samedi et dimanche – Nombre de couverts limité, réserver

Carte 29/60 €

Ce bistrot de viande, sans chichi ni manière, s'est taillé une bonne petite réputation. Il faut dire qu'à sa tête, William Bernet se démène. Il virevolte entre les tables pour prendre les commandes et partage avec ses convives son amour des bons nectars. Une passion qui s'exprime à travers les grandes ardoises posées sur toute la hauteur des murs. On peut y choisir des vins de propriété en provenance de tous les terroirs et accessibles à toutes les bourses. Spécialisée dans les grillades, la carte honore également la belle tradition bistrotière. Et rappelons qu'ici le patron – un ancien boucher – rassit lui-même sa viande !

N. Alliard / Photononstop

Porte de Versailles · Vaugirard · Beaugrenelle

F. Guiziou / Hemis.fr

15e

Porte de Versailles • Vaugirard • Beaugrenelle

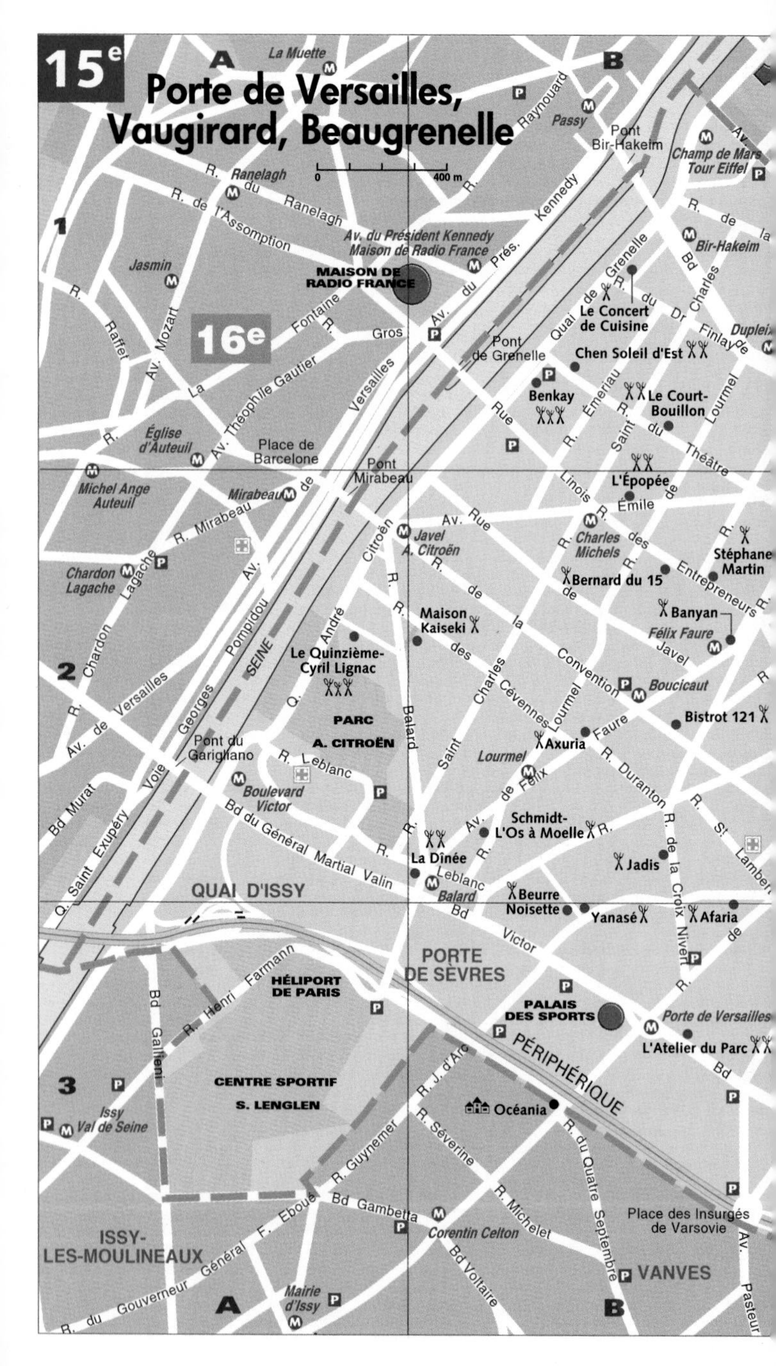
15e
Porte de Versailles, Vaugirard, Beaugrenelle
16e
MAISON DE RADIO FRANCE
Le Concert de Cuisine
Chen Soleil d'Est
Benkay
Le Court-Bouillon
L'Épopée
Stéphane Martin
Bernard du 15
Banyan
Maison Kaiseki
Le Quinzième-Cyril Lignac
PARC A. CITROËN
Bistrot 121
Axuria
Schmidt-L'Os à Moelle
La Dînée
Jadis
Beurre Noisette
Yanasé
Afaria
PORTE DE SÈVRES
HÉLIPORT DE PARIS
PALAIS DES SPORTS
L'Atelier du Parc
PÉRIPHÉRIQUE
CENTRE SPORTIF S. LENGLEN
Océania
QUAI D'ISSY
ISSY-LES-MOULINEAUX
VANVES
Place des Insurgés de Varsovie
SEINE

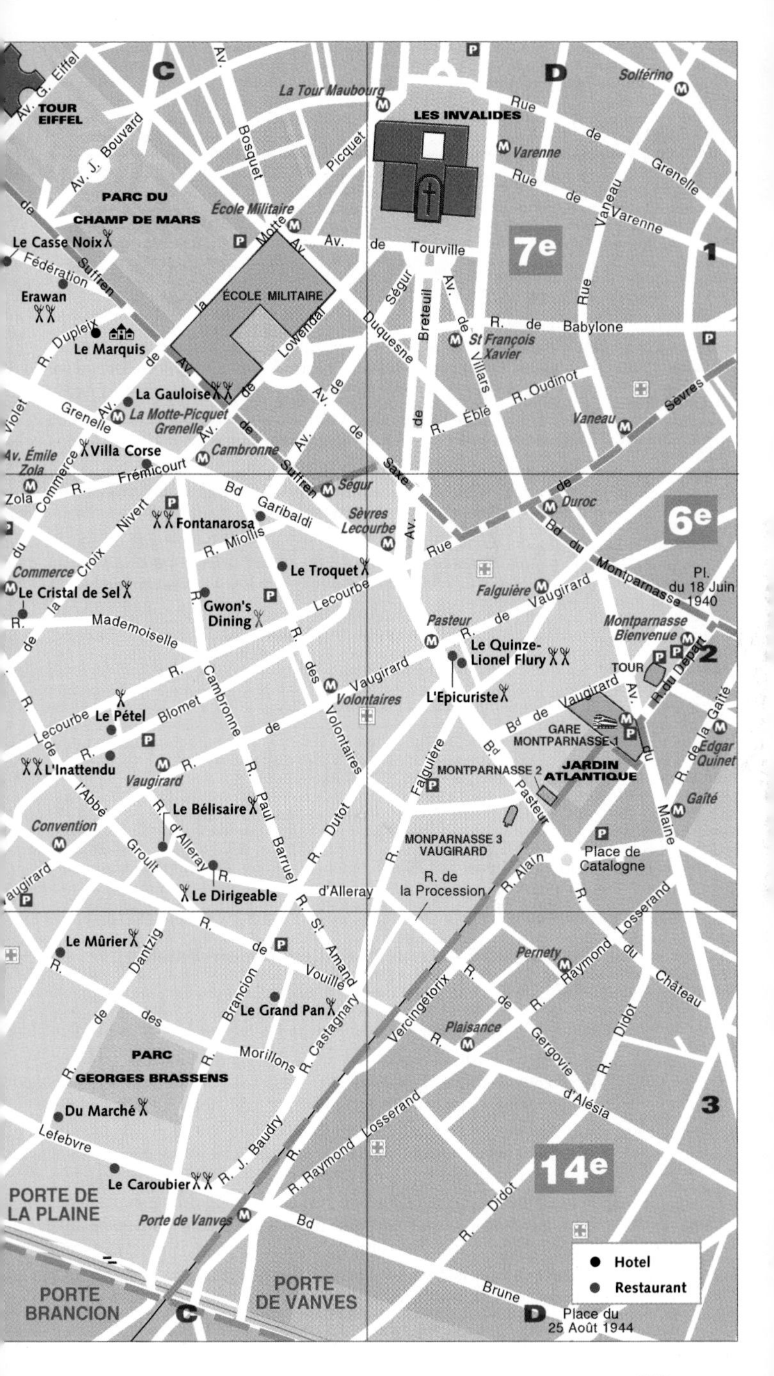
C
D
TOUR EIFFEL
Av. G. Eiffel
Av. J. Bouvard
PARC DU CHAMP DE MARS
LES INVALIDES
La Tour Maubourg
Solférino
Varenne
Rue de Grenelle
Rue de Varenne
Vaneau
Av. Bosquet
Picquet
École Militaire
ÉCOLE MILITAIRE
Av. de la Motte
Av. de Tourville
Av. de Suffren
Av. Duquesne
Av. de Lowendal
Av. de Ségur
Av. de Saxe
Av. Breteuil
Av. de Villars
R. de Babylone
St François Xavier
R. Oudinot
R. Éblé
Rue de Sèvres
Rue Vaneau
7e
1
Le Casse Noix
Fédération
Erawan
R. Dupleix
Le Marquis
La Gauloise
La Motte-Picquet Grenelle
Grenelle
Violet
Av. Émile Zola
Zola
Villa Corse
Cambronne
R. Frémicourt
Ségur
Av. du Commerce
Commerce
Bd Garibaldi
Fontanarosa
R. Nivert
R. Miollis
Sèvres Lecourbe
Duroc
Bd du Montparnasse
6e
Pl. du 18 Juin 1940
Rue de Vaugirard
Le Troquet
Le Cristal de Sel
R. de la Croix
Gwon's Dining
R. Lecourbe
Falguière
R. Mademoiselle
Pasteur
Le Quinze-Lionel Flury
Montparnasse Bienvenue
TOUR
R. du Départ
2
R. Cambronne
R. des Volontaires
Volontaires
L'Épicuriste
Bd de Vaugirard
GARE MONTPARNASSE 1
Le Pételle
R. Blomet
R. Falguière
Bd Pasteur
MONTPARNASSE 2
JARDIN ATLANTIQUE
R. de la Gaîté
Edgar Quinet
L'Inattendu
R. de l'Abbé Groult
Vaugirard
Av. du Maine
Gaîté
Le Bélisaire
R. Paul Barruel
R. Dutot
MONPARNASSE 3 VAUGIRARD
Convention
R. d'Alleray
Place de Catalogne
R. Alain
R. de la Procession
Le Dirigeable
R. St. Amand
R. Losserand
Le Mûrier
R. de Dantzig
R. de Vouillé
Pernety
R. Raymond Losserand
R. du Château
R. Vercingétorix
R. Brancion
Le Grand Pan
R. Castagnary
Plaisance
R. de Gergovie
R. Didot
R. des Morillons
PARC GEORGES BRASSENS
R. d'Alésia
3
Du Marché
Lefebvre
R. J. Baudry
Le Caroubier
14e
PORTE DE LA PLAINE
Porte de Vanves
Bd Brune
PORTE BRANCION
PORTE DE VANVES
Place du 25 Août 1944
Hotel
Restaurant

Afaria

B3 — Créative

15 r. Desnouettes ✉ 75015
✆ 01 48 56 15 36

Ⓜ Convention
Fermé 1er-24 août, vacances de février, dimanche et lundi

Formule 21 € – Menu 24 € (déjeuner en semaine)/45 € – Carte 35/55 €

Afaria signifie "À table" en basque. Comment résister à cette invitation lancée par Julien Duboué, un chef plein de talent qui officia au Carré des Feuillants, chez Daniel Boulud (New York) et chez Drouant ? À l'heure de l'apéritif, on s'attarde dans la première salle, autour de la table d'hôte, pour déguster des tapas. Côté restaurant, on s'éloigne du Sud-Ouest, dans un décor de bistrot, pour découvrir les surprises que réserve une carte de cuisine inventive ouverte sur le monde. Laissez-vous tenter par le boudin en croûte de moutarde et pommes, le lieu jaune au bouillon japonisant, et par un sympathique baba gascon. Sélection de vins affichée sur les grands miroirs de la salle. La réservation est vivement conseillée, à moins que vous ne vouliez résister encore à l'invitation...

L'Atelier du Parc

B3 — Au goût du jour

35 bd Lefèbvre ✉ 75015
✆ 01 42 50 68 85
www.atelierduparc.fr

Ⓜ Porte de Versailles
Fermé 2 semaines en août, lundi midi et dimanche

Formule 20 € – Menu 25 € (déjeuner en semaine), 35/78 €

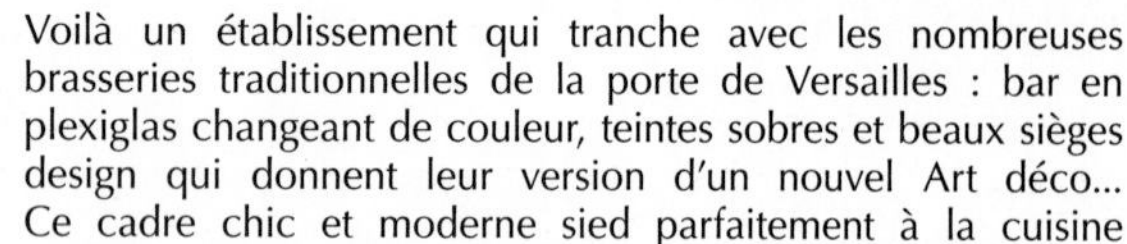

Voilà un établissement qui tranche avec les nombreuses brasseries traditionnelles de la porte de Versailles : bar en plexiglas changeant de couleur, teintes sobres et beaux sièges design qui donnent leur version d'un nouvel Art déco... Ce cadre chic et moderne sied parfaitement à la cuisine inventive et soignée de deux jeunes chefs pleins d'allant. Pâté en croûte au foie gras relevé d'un sorbet à la moutarde à l'ancienne, tartare de dorade au jus de gingembre et mélisse, bouillabaisse revisitée, épaule d'agneau confite 36 heures aux épices, baba à la crème chantilly vanillée ; tout est fait maison ! Beaucoup de finesse, de la créativité et une belle surprise face au parc des expositions.

Axuria

B2 Au goût du jour

51 av. Félix Faure ✉ 75015 Ⓜ Boucicaut
✆ 01 45 54 13 91
www.axuria-restaurant.fr

Formule 22 € – Menu 35 € – Carte environ 48 €

A/C VISA MC AE

Axuria, c'est l'agneau de lait des Pyrénées, en basque... Et le Pays basque, c'est précisément la région du propriétaire, Olivier Amestoy ! Après avoir passé huit ans dans ce restaurant (alors nommé La Chaumière) en tant que chef, il décide de reprendre l'affaire en 2011, pour créer un lieu qui lui ressemble... Pari réussi : contemporain, chaleureux et très "nature", Axuria colle parfaitement à la cuisine d'Olivier, fraîche, centrée sur le beau produit, nourrie de classiques mais néanmoins personnelle et tendance... Selon les saisons, vous vous régalerez peut-être de bulots et de bigorneaux cuisinés aux herbes sur un lit de petits poireaux à l'huile de noix, d'un filet de rouget barbet et son wok de légumes croquants, d'un soufflé au Grand Marnier... ou, bien sûr, d'agneau des Pyrénées !

Banyan

B2 Thaïlandaise

24 pl. E. Pernet ✉ 75015 Ⓜ Félix Faure
✆ 01 40 60 09 31
www.lebanyan.com

Formule 20 € – Menu 25 € (déjeuner en semaine), 35/55 € – Carte 36/56 €

A/C VISA MC AE

Le Banyan ? Un petit bout de Thaïlande authentique en plein Paris, pour un dépaysement des papilles garanti ! Saveurs du curcuma et du galanja, parfums du basilic et arômes puissants de la citronnelle et du curry : les recettes sont fines et fleurent bon les jardins de Bangkok et les mille senteurs de l'Orient... Pour éviter toute mauvaise surprise, la carte signale les plats les plus épicés et les palais sensibles apprécient... Qu'ils soient relevés ou non, ces mets se dégustent sur des tables en bois brut, dans une petite salle sans prétention, mais confortable et décorée d'esquisses traditionnelles. Bon à savoir : la maison concocte aussi des plats à emporter et vous propose un sympathique brunch dominical.

Le Bélisaire

Bistrot

C2

2 r. Marmontel ✉ 75015
☏ 01 48 28 62 24

Ⓜ Vaugirard
Fermé 29 juillet-19 août, 24 décembre-1er janvier, samedi midi et dimanche

Formule 21 € – Menu 24 € (déjeuner)/35 €

À deux pas de la rue Vaugirard, ce restaurant (qui rend hommage au roman de Marmontel) a su se forger une bonne réputation auprès des gastronomes du quartier. Ce qui le rend si sympathique ? Son atmosphère conviviale de bistrot à l'ancienne, sans aucun doute. Dans les trois salles au décor tout droit sorti des années 1900 – vieux comptoir, carrelage d'époque, banquettes, lustres rétro –, la grande ardoise du jour circule de table en table, quand ce n'est pas le chef qui vient lui-même conseiller ses clients. Bien inspiré, il associe spécialités typiques et recettes plus personnelles : saumon farci au chèvre de Touraine, joue de bœuf braisée au vin rouge, sabayon aux pêches, crème brûlée à la pistache, etc. Frais et généreux !

Benkay

Japonaise

B1

NOVOTEL TOUR EIFFEL,
61 quai de Grenelle ✉ 75015
☏ 01 40 58 21 26
www.restaurant-benkay.com

Ⓜ Bir-Hakeim
Fermé août

Menu 38 € (déjeuner), 85/150 € – Carte 60/110 €

Au quatrième et dernier étage d'un petit building du Front de Seine, ce restaurant nippon se révèle élégant, sobre et raffiné avec sa vue plongeante sur la Seine et la Maison de la Radio. On y honore les différentes facettes de la gastronomie japonaise : installé autour du teppanyaki, émerveillez-vous du spectacle des mets crépitant sur les cinq plaques de cuisson, ou bien – de manière plus classique – profitez d'une cuisine washoku (service à table) ; enfin, admirez le savoir-faire de l'excellent maître sushi sur un comptoir dédié. Les produits sont de qualité, les préparations aussi alléchantes que spectaculaires : filet de bœuf saisi devant le convive, calamars sautés sur le vif et crêpes flambées avec leur neige carbonique, etc. Une belle expérience pour les amateurs d'exotisme.

Bernard du 15

B2 — Au goût du jour

62 r. des Entrepreneurs ✉ 75015 — Ⓜ Charles Michels
✆ 01 40 59 09 27 — Fermé août et dimanche soir

Menu 18/33 € – Carte 36/52 €

VISA MC AE

Ravioles de gambas et combava, tajine de poisson aux olives et citron de Nice, carré d'agneau rôti au foin, millefeuille à la vanille... À la lecture de la carte, on voyage déjà entre les saveurs d'ici et d'ailleurs, entre classicisme et modernité. Car la cuisine de Bernard Sellin (qui a ouvert ce restaurant début 2008) aime mélanger les influences et surprendre. Pour cela, ce chef expérimenté puise son inspiration dans sa Bretagne natale, ses périples aux Caraïbes, ses expériences parisiennes, l'humeur du moment et le rythme des saisons. Le résultat – des recettes subtilement épicées – se révèle convaincant ! Des épices qu'on retrouve d'ailleurs exposées dans le sobre décor, à côté de tableaux évoquant eux aussi des terres lointaines.

Beurre Noisette

B2-3 — Au goût du jour

68 r. Vasco-de-Gama ✉ 75015 — Ⓜ Lourmel
✆ 01 48 56 82 49 — Fermé 1er-24 août, dimanche et lundi
www.lebeurrenoisette.com

Formule 22 € – Menu 32/50 € – Carte 32/45 €

VISA MC AE D

Si son nom est alléchant, les petits plats qu'on y sert mettent franchement l'eau à la bouche ! Intérieur chaleureux entièrement rénové en 2011, belle table d'hôte et ambiance accueillante et conviviale : on se sent tout de suite à l'aise dans ce bistrot situé dans une rue tranquille entre Balard et Lourmel. Le chef, qui a travaillé pour les plus grandes maisons parisiennes, imagine les recettes du jour au gré du marché et de son inspiration. Et voilà qu'apparaissent sur l'ardoise tourte feuilletée au canard et foie gras, pressé de pintade et anguille fumée, volaille des Landes au vin d'Arbois... Le tout accompagné, comme il se doit, d'une belle sélection de vins au verre ou au pichet, à prix doux !

Bistro 121

B2 — Au goût du jour

121 r. de la Convention ✉ 75015 — Ⓜ Boucicaut
✆ 01 45 57 52 90
www.bistro121.fr

Formule 28 € – Menu 34 €

A/C VISA MC AE

Des expos d'art, un œuf cocotte aux champignons et au foie gras ; un vieux comptoir (unique vestige du passé), des supions crémeux accompagnés d'un risotto à l'encre de seiche ; une déco contemporaine raffinée et cosy, une tête de veau sauce ravigote ; un service aux petits soins, un véritable paris-brest, ou encore un lingot au chocolat noir… Dit comme ça, on pourrait croire à un inventaire à la Prévert, et c'est un peu vrai ! Car tout se mêle au Bistrot 121 : les gens, les rires, les senteurs, l'art sur les murs et dans les assiettes, les couleurs de bons petits plats bistrotiers d'hier et d'aujourd'hui, le sens du partage… Et cette atmosphère 121 % chaleureuse ne fait pas perdre de vue l'essentiel : une cuisine bien ficelée, gourmande et généreuse… à prix doux !

Le Caroubier

C3 — Marocaine

82 bd Lefèbvre ✉ 75015 — Ⓜ Porte de Vanves
✆ 01 40 43 16 12 — Fermé 24 juillet-25 août et lundi
www.restaurant-lecaroubier.com

Menu 18 € (déjeuner en semaine)/28 € – Carte 31/45 €

A/C VISA MC AE D

Une véritable oasis de douceur... tout près de la porte de Versailles ! Le Caroubier incarne depuis plus de trente ans le meilleur de la cuisine marocaine. Dans une ambiance chaleureuse, entre tapis et objets d'Afrique du Nord, on déguste une cuisine savoureuse, préparée dans les règles de l'art. Couscous délicats, tajines aux saveurs subtiles et franches, pastillas gorgées du soleil de l'Atlas... tous les grands classiques sont exécutés sans fausse note et servis avec générosité. L'accueil est prévenant, le service rapide et efficace, les prix modérés : nul besoin d'un billet d'avion pour vivre à l'orientale !

Le Casse Noix

C1

Bistrot

56 r. de la Fédération 75015
01 45 66 09 01
www.le-cassenoix.fr

Bir Hakeim
Fermé 28 juillet-20 août, samedi et dimanche

Formule 20 € – Menu 25 € (déjeuner)/32 € – Carte 32/50 € le midi

VISA MC AE

À moins de rendre visite à un ami ou de faire un tour à la maison de la culture du Japon, on n'avait que peu de raisons de traverser la tranquille rue de la Fédération... Et puis est arrivé le Casse Noix. Ce bistrot rétro et convivial n'a vraiment rien d'un rendez-vous de casse-pieds ! Vieilles affiches, pendules et meubles vintage : le décor est planté. Côté petits plats, l'authenticité prime aussi. Charcuteries et boudin en provenance directe de chez le papa du chef, Meilleur Ouvrier de France à Orléans ; délicieuse cuisine canaille ; bons vins... Ce Casse Noix casse des briques !

Chen Soleil d'Est

B1

Chinoise

15 r. du Théâtre 75015
01 45 79 34 34

Dupleix
Fermé août et dimanche

Menu 40 € (déjeuner)/75 € – Carte 65/95 €

A/C VISA MC AE

Avec les deux lions qui encadrent son entrée, ce restaurant chinois montre d'emblée qu'il a du caractère… et de la finesse. Façon yin et yang, la cuisine de madame Chen révèle, au premier chef, des saveurs à la fois affirmées et délicates, qu'il s'agisse des "classiques" qui font la réputation de la maison (demi-canard pékinois en trois services, mijoté d'aileron de requin entier façon mandarin, etc.) ou des propositions du jour variant au gré du marché. La carte des vins offre un choix intéressant et ajoute encore au plaisir de la table. Enfin, le décor révèle une autre sorte de raffinement : boiseries d'acajou, bas-reliefs représentant des scènes traditionnelles, tables joliment dressées et beaux bouquets de fleurs fraîches...

Le Concert de Cuisine

Fusion

B1

14 r. Nélaton ✉ 75015
✆ 01 40 58 10 15

Ⓜ Bir-Hakeim
Fermé 7-28 août, lundi midi, samedi midi et dimanche – Nombre de couverts limité, réserver

Formule 24 € – Menu 29 € (déjeuner), 40/57 €

A/C VISA MC AE

En véritable homme-orchestre, le chef japonais Naoto Masumoto plaque de beaux accords sur son teppanyaki... jouant souvent à guichets fermés ! Et pour cause, une semaine après l'ouverture en 2009, un certain Jacques Chirac et son épouse réservaient leurs places au parterre, suscitant un certain engouement médiatique… Point de cacophonie pour autant, la cuisine a conservé le goût de la simplicité et de la précision. Le chef travaille devant les clients et n'hésite pas à assurer lui-même le service. De mets en mets, thèmes japonais et gammes françaises se succèdent en une habile fusion : terrine de foie gras aux épices sansho, steak de thon mi-cuit au wasabi, cochon laqué au sésame et sa purée de céleri, tiramisu au thé vert… De quoi vouloir un rappel !

Le Court-Bouillon

Au goût du jour

B1

51 r. du Théâtre ✉ 75015
✆ 01 45 77 08 18
www.lecourtbouillon.com

Ⓜ Av. Émile Zola
Fermé vacances de Noël, dimanche et lundi

Formule 38 € – Menu 44/49 €

Entre Charles-Michels et Dupleix, ce restaurant né en 2009 n'a pas tardé à se forger une jolie réputation dans le quartier. Non seulement tout y est élégant, doux et raffiné – l'accueil d'Isabelle Achard, la femme du chef, en tête –, mais la cuisine d'Éric se révèle subtile et appétissante, à prix modérés. Avec savoir-faire et passion, ce chef formé derrière les fourneaux de grandes maisons (Taillevent, Plaza Athénée) travaille de bons produits de saison et, sur des bases traditionnelles, concocte des plats pleins de fraîcheur. Ravigote de crabe et salade d'herbes, foie gras de canard maison à la fleur de sel de Guérande, feuilleté aux asperges, onglet de bœuf aux échalotes... Dans ce Court-Bouillon gorgé de saveurs, le plaisir de la bonne chère ne tourne pas court !

Le Cristal de Sel

C2 — Au goût du jour

13 r. Mademoiselle ✉ 75015 — Ⓜ Commerce
✆ 01 42 50 35 29
www.lecristaldesel.fr
Fermé 29 avril-8 mai, 3 semaines en août, vacances de Noël, dimanche et lundi

Formule 18 € – Carte 40/50 €

A/C — VISA — MC

Le Cristal de Sel porte bien son nom avec son décor immaculé : poutres et murs blanchis, grandes ardoises, mobilier de bistrot (tables zinguées et chaises en bois design), cuisines ouvertes sur la salle permettant d'admirer le travail du chef, Karil Lopez. Autour de lui, une équipe jeune et dynamique qui fait montre d'une passion communicative dès qu'on évoque la gastronomie... et concocte des plats aux petits oignons ! Ici, les excellents produits sont mariés avec finesse, et l'on se régale d'un croustillant de gambas à la coriandre et aux épices tandoori, d'une sole meunière au beurre d'algue et de son gratin de blettes... Côté dessert, on craque pour un financier à la framboise et son sorbet à la rhubarbe, ou encore pour une crème légère à l'orange et son florentin.

La Dînée

B2 — Au goût du jour

85 r. Leblanc ✉ 75015 — Ⓜ Balard
✆ 01 45 54 20 49
www.restaurant-ladinee.com
Fermé août, samedi et dimanche

Formule 39 € – Menu 47 €

A/C — VISA — MC

La Dînée, dans le Littré, c'est une auberge où l'on s'arrête pour le repas. Non loin du métro Balard, cette Dînée-là ne fait pas mentir le dictionnaire... Spécialisée dans la cuisine de la mer, l'adresse s'est imposée comme une valeur sûre du quartier. Le chef travaille des produits de qualité et élabore des préparations simples et harmonieuses. La salle à manger déploie un agréable décor contemporain : murs et banquettes aux tons pastel, tableaux abstraits et éclairage tamisé. Les assiettes, soignées, fleurent bon le grand large : poêlée de chipirons au citron, tartare de Saint-Jacques et bulots, etc. Que les amateurs de viande se rassurent : ils trouveront également leur bonheur, avec, par exemple, un quasi d'agneau du Limousin rôti au romarin et sa purée maison...

Le Dirigeable

C2 — Bistrot

37 r. d'Alleray ✉ 75015
✆ 01 45 32 01 54

Ⓜ Vaugirard
Fermé 24 décembre-1er janvier, dimanche et lundi

Formule 19 € – Menu 22 € (déjeuner) – Carte 30/40 €

VISA MC AE

À quelques minutes du métro Vaugirard, embarquez pour une croisière culinaire dans cet aérostat au charme discret. Ce sympathique restaurant de quartier révèle un cadre sans chichi, avec ses banquettes, son mobilier en bois et ses murs clairs décorés de larges miroirs. On y déguste une cuisine traditionnelle de bonne facture élaborée à partir de produits bien sélectionnés. Le menu du midi – attractif – est renouvelé chaque jour et, le soir, la carte se fait plus audacieuse. La qualité des plats, l'ambiance conviviale et décontractée, la grande gentillesse du personnel ont su au fil des années fidéliser une importante clientèle d'habitués.

L'Épicuriste

D2 — Au goût du jour

41 bd Pasteur ✉ 75015
✆ 01 47 34 15 50

Ⓜ Pasteur
Fermé 3 semaines en août, dimanche et lundi

Menu 24 € (déjeuner), 28/34 €

VISA MC AE

En guise d'Épigramme – l'ancien établissement d'Aymeric Kräml et Stéphane Marcuzzi – cet Épicuriste pourrait écrire à son fronton : "Le plaisir des sens et la tranquillité de l'âme." Dans ce bistrot à l'ancienne, mais sans fausse nostalgie, les cuisines ouvertes flattent la vue et l'odorat, l'ouïe s'imprègne d'une ambiance sonore et chaleureuse. Quant à l'ardoise, elle aiguise l'appétit. Couteaux en persillade, harengs marinés aux aromates, cochon basque rôti, crémeux au mascarpone, quenelles de chocolat aux cerises : l'inventaire délicieux du goût et... du toucher d'un chef fort doué.

L'Épopée

B2 — Traditionnelle XX

89 av. Émile-Zola ✉ 75015
✆ 01 45 77 71 37
www.lepopee.fr

Ⓜ Charles Michels
Fermé 9-17 août, 24 décembre-2 janvier, samedi midi et dimanche soir

Formule 32 € – Menu 38/46 €

A/C VISA MC AE

L'Épopée continue d'écrire sa petite histoire sous l'égide de l'équipe qui l'a reprise en 2008. Point de récits merveilleux ou de hauts faits mythologiques, mais une chronique du quotidien où l'éloge de la tradition se conjugue au présent, avec de-ci de-là des touches contemporaines bien dosées. Le menu laisse ainsi le choix entre la raviole de langoustine au saté, le filet de bar vapeur aux coques et couteaux, l'entrecôte au foie gras, le millefeuille poire-cannelle ou les pêches rôties... Des plats qui s'accompagnent de nectars bien choisis. Quant au décor, il mêle joliment parquet flottant, boiseries et aquarelles marines. Tout près du métro Charles-Michels, la simplicité – dans la qualité – a trouvé ses hérauts.

Erawan

C1 — Thaïlandaise XX

76 r. Fédération ✉ 75015
✆ 01 47 83 55 67

Ⓜ La Motte Picquet Grenelle
Fermé 3 semaines en août, lundi midi et dimanche

Formule 13 € – Menu 22/31 € – Carte 20/55 €

A/C VISA MC AE

Dans la mythologie thaïlandaise, Erawan est un éléphant tricéphale doté d'un appétit proverbial : nul doute que l'animal se serait senti à son aise dans cet agréable restaurant thaï dissimulé derrière une devanture asiatique très discrète. Salle à manger décorée d'œuvres d'art traditionnelles et rehaussée de boiseries et bas-reliefs tantriques, ambiance feutrée et éclairage tamisé : le décor évoque la mystique épurée des cultures de l'Asie du Sud-Est. Dans cette affaire familiale, père et fils proposent une cuisine typique, légère et parfumée. Le bœuf poêlé au lait de coco, le magret de canard au poivre vert et les autres plats aux senteurs de citronnelle ou de curcuma sont bien alléchants.

Fontanarosa

C2 — Italienne XX

28 bd Garibaldi ✉ 75015 — Ⓜ Cambronne
✆ 01 45 66 97 84
www.restaurant-fontanarosa.fr

Menu 19 € (déjeuner en semaine)/30 € – Carte 32/78 €

Cette sympathique trattoria est opportunément située sur le boulevard Garibaldi, qui porte le nom du père de l'unité italienne : en plein quartier de Grenelle, cette ambassade de la tradition culinaire sarde a su immédiatement trouver sa place. Façade d'un joli rose, verdoyante terrasse protégée et intérieur aux tons pastel rehaussé de tableaux végétaux évoquant la Sardaigne : c'est dans ce cadre typique que vous dégusterez de savoureuses spécialités italiennes, soignées et copieusement servies. Antipasti variés et adaptés à la saison, gnocchis aux saveurs franches gorgées de soleil transalpin ou risotto à la milanaise vous feront adorer la face gourmande de la "Botte". La carte des vins, très complète, couvre toutes les régions du pays.

La Gauloise

C1 — Brasserie XX

59 av. La Motte-Picquet — Ⓜ La Motte Picquet Grenelle
✉ 75015
✆ 01 47 34 11 64

Formule 24 € – Menu 29 € – Carte 33/50 €

À en juger par l'abondance de photos dédicacées affichées fièrement sur ses murs, la Gauloise a accueilli, au cours de sa longue histoire, bon nombre de personnalités du monde politique et médiatique. Son décor façon 1900 rappelle les fameux bistrots d'antan et leur caractère bien trempé : vieilles banquettes au confort spartiate, miroirs vénérables et lustres en cascade, tout évoque l'âge d'or de la brasserie parisienne. Pas de surprise en cuisine, où l'on concocte des plats traditionnels classiques, simples et soignés : soupe à l'oignon, œuf mollet et légumes de pot-au-feu, turbot sauce béarnaise ou entrecôte de bœuf. À noter, la plaisante terrasse aux beaux jours et le petit salon, pour recevoir les convives en toute intimité.

Le Grand Pan

C3 — Viandes

20 r. Rosenwald ✉ 75015 — Ⓜ Plaisance
01 42 50 02 50 — Fermé 1 semaine en mai, 10-30 août, vacances de Noël, samedi et dimanche
www.legrandpan.fr

Formule 21 € – Menu 29 € (déjeuner) – Carte 30/47 €

VISA MC AE

Comptoir, tables et chaises en bois, ardoises aux murs et propositions inscrites à la craie : voilà un bistrot de quartier que n'aurait pas renié Georges Brassens, qui habita tout près (l'enseigne, tirée de l'une de ses chansons, lui rend d'ailleurs hommage). Après avoir longtemps secondé Christian Etchebest au Troquet, Benoît Gauthier poursuit ici sa route en solo. Avec d'alléchantes assiettes et des spécialités : soupes en entrée le midi et, le soir, de belles viandes – côte de porc ibaïona, côte de bœuf blonde d'Aquitaine de Mauléon – servies pour deux et merveilleusement cuites (à la plancha). Côté desserts, retour vers l'enfance garanti, avec par exemple un riz au lait crémeux et sa compotée de rhubarbe...

Gwon's Dining

C2 — Coréenne 

51 r. Cambronne ✉ 75015 — Ⓜ Cambronne
01 47 34 53 17 — Dîner seulement

Carte 40/50 €

MC

En créant ce restaurant coréen, M. et Mme Gwon, respectivement philosophe et sociologue, souhaitaient faire connaître les saveurs les plus subtiles de leur pays, en ne servant que des plats authentiques. Objectif atteint, puisque cet élégant Gwon's Dining – le décor, tout en sobriété contemporaine, évoque le raffinement asiatique par moult jolis détails – a su séduire et fidéliser Coréens, Japonais et... Parisiens. Aux fourneaux, une chef passée par de grandes maisons de Séoul prépare des recettes devenues incontournables : tartare de bœuf mêlé au jaune d'œuf et à la poire, ragoût de bœuf aux légumes, champignons et châtaignes ou ragoût de travers de porc aux épices. Quant au service, il est très prévenant. Une belle échappée culinaire !

L'Inattendu

C2 — Au goût du jour

99 r. Blomet ✉ 75015
01 55 76 93 12

Ⓜ Vaugirard
Fermé août, 1 semaine en janvier, samedi midi, lundi midi et dimanche

Formule 27 € – Menu 31/40 €

A/C
VISA
MC

Après un joli parcours au sein de grandes maisons, Patrick Delmas et Loïc Risse ont mis leurs expériences en commun pour ouvrir, il y a quelques années, ce petit restaurant au cœur du 15e arrondissement. En 2011, ils ont même créé à côté... une poissonnerie, de quoi garantir la fraîcheur des produits ! La carte change avec les saisons et se double de suggestions du jour qui varient selon l'humeur de Patrick – et parfois de Loïc : carpaccio d'ossau-iraty, ravioles de langoustine à la crème d'estragon, tartare de magret de canard, croustillant de gambas au basilic, etc. Des propositions canailles, bien ficelées et parfois... inattendues. Cadre feutré et élégant.

Jadis

B2 — Au goût du jour

208 r. de la Croix-Nivert ✉ 75015
01 45 57 73 20
www.bistrot-jadis.com

Ⓜ Convention
Fermé 3 semaines en août, samedi et dimanche

Formule 25 € – Menu 34/65 € – Carte 45/60 €

VISA
MC
AE

Il était une fois un chef doué qui décida de s'engager dans l'aventure de la bistronomie... Après plus de trois ans à la tête des cuisines du Gaya Rive Gauche de Pierre Gagnaire, Guillaume Delage a choisi de travailler en solo, et cela lui réussit. Son restaurant restitue un bel esprit bistrot, marqué par une douce nostalgie, celle du temps jadis... Pavé de sandre rôti au bouillon d'oseille et à l'épeautre, porc basque à la laitue braisée et aux blettes, crème caramel et financier à la fève tonka : le menu-carte change au fil du marché et des saisons. "Jadis" et pourtant tellement d'aujourd'hui !

Maison Kaiseki

B2 — Japonaise

7 r. André-Lefebvre ✉ 75015 — Ⓜ Javel André Citroën
✆ 01 45 54 48 60
www.kaiseki.com

Fermé 14-30 avril, dimanche et lundi – Nombre de couverts limité, réserver

Formule 20 € – Menu 50 € (semaine), 70/170 € – Carte 50/200 €

VISA · MC · AE

Bienvenue au "labo" d'Hisayuki Takeuchi ! Ce chef japonais hyper créatif s'applique à revisiter la cuisine de son pays et à moderniser le kaiseki, festin servi dans les restaurants traditionnels nippons. Ses assiettes sont composées comme des œuvres d'art. L'idéal est de choisir le menu omakase, une "carte blanche" composée au gré du marché et de son inspiration. L'expérience mérite d'être vécue ! Le style très dépouillé de la salle à manger en déroutera plus d'un, puisqu'elle ne comporte que trois grandes tables en bois de six personnes. Un lieu insolite qui se prolonge d'un salon de thé où le chef poursuit ses expérimentations culinaires avec d'étonnantes pâtisseries sans cesse réinventées – à base de sucre noir d'Okinawa notamment – et quelques "classiques" comme la madeleine au thé vert.

Du Marché

C3 — Bistrot 

59 r. Dantzig ✉ 75015 — Ⓜ Porte de Versailles
✆ 01 48 28 31 55
www.latabledefrancis.com

Fermé août, dimanche et lundi

Menu 32 €

VISA · MC

Situé à quelques pas du parc Georges-Brassens, ce bistrot ressuscite l'atmosphère rétro des années 1950 : carrelage en mosaïque, lampes boules, banquettes en skaï fatiguées, tables et chaises en bois, sans oublier l'indétrônable comptoir en zinc. Un petit goût de nostalgie qui n'est pas pour déplaire aux nombreux habitués du quartier. Il faut dire que la cuisine – d'un rapport qualité-prix tout à fait appréciable – ne dément pas l'esprit du lieu, convivial et chaleureux. Ainsi, on retrouve des plats bien ficelés, servis à la bonne franquette, tels le parmentier de canard, la poêlée de girolles ou encore le pain perdu et sa glace caramel. Aux beaux jours, la terrasse, cachée derrière son écrin de verdure, se révèle des plus agréables. Une adresse attachante.

Le Mûrier

C3 Traditionnelle

42 r. Olivier-de-Serres ✉ 75015
✆ 01 45 32 81 88
Ⓜ Convention
Fermé 9-22 août, samedi et dimanche

Menu 21/26 €

VISA MC

Ambiance tranquille et conviviale pour cette petite adresse sans prétention et aux prix doux. Dans une rue plutôt paisible et proche du métro Convention, sa façade timide dissimule une salle à manger tout en longueur dans les tons jaunes, où les tables sont joliment dressées. Des affiches du début du siècle confèrent à l'endroit un vrai côté "vieux troquet", tandis que de petites touches de bleu et quelques éléments de verdure apportent de la gaieté. La cuisine, simple et soignée, est à l'image du cadre, et s'épanouit dans le respect de la tradition. Parmi les grands classiques, on notera les bonnes pièces de bœuf grillé, les rognons de veau à la moutarde ou les terrines maison. Le service est efficace et sympathique.

Le Pétel

C2 Traditionnelle

4 r. Pétel ✉ 75015
✆ 01 45 32 58 76
www.lepetel.com
Ⓜ Vaugirard
Fermé 1er-24 août, dimanche et lundi

Formule 17 € – Menu 25 € (déjeuner), 32/39 € – Carte 36/46 €

A/C VISA MC AE D

Voilà un bistrot de quartier convivial et chaleureux comme on les aime. Dès qu'on pousse la porte, on se sent à l'aise, séduit par l'ambiance rétro caractéristique du lieu : comptoir en zinc, banquettes en tissu, boiseries patinées, bougies et quelques photos sur les murs. Côté cuisine, le chef, Michel Marie, propose ses suggestions du jour à l'ardoise, ainsi que des plats à la carte qui revisitent la tradition en toute simplicité. Pressé de canard aux pistaches, rognons de veau sauce moutarde, compotine d'oignons... Des recettes qui mettent en appétit ! Sans parler des bons petits vins et du service attentionné. Si votre moral est en berne, faites un saut au Pétel, il remontera en flèche, c'est certain...

Le Quinze - Lionel Flury

D2 — Au goût du jour XX

8 r. Nicolas-Charlet ✉ 75015
✆ 01 42 19 08 59
www.lequinzelionelflury.fr

Ⓜ Pasteur
Fermé 30 juillet-21 août, 24 décembre-2 janvier, lundi soir et dimanche

Menu 42 € (déjeuner en semaine), 55/80 € – Carte 58/80 €

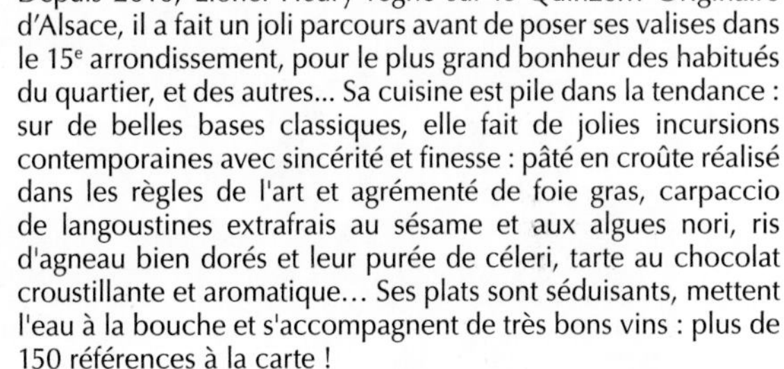

A/C VISA MC AE

Depuis 2010, Lionel Fleury règne sur le Quinze… Originaire d'Alsace, il a fait un joli parcours avant de poser ses valises dans le 15e arrondissement, pour le plus grand bonheur des habitués du quartier, et des autres... Sa cuisine est pile dans la tendance : sur de belles bases classiques, elle fait de jolies incursions contemporaines avec sincérité et finesse : pâté en croûte réalisé dans les règles de l'art et agrémenté de foie gras, carpaccio de langoustines extrafrais au sésame et aux algues nori, ris d'agneau bien dorés et leur purée de céleri, tarte au chocolat croustillante et aromatique… Ses plats sont séduisants, mettent l'eau à la bouche et s'accompagnent de très bons vins : plus de 150 références à la carte !

Schmidt - L'Os à Moelle

B2 — Bistrot X

3 r. Vasco-de-Gama ✉ 75015
✆ 01 45 57 27 27

Ⓜ Lourmel
Fermé 2 semaines en août, dimanche et lundi

Formule 24 € – Menu 29 € (déjeuner)/55 € – Carte 36/58 €

VISA MC AE

Au cours de l'été 2011, un nouveau chef a repris le bistrot bien connu de Thierry Faucher… et l'on s'y presse toujours autant. Dorénavant aux commandes : Stéphane Schmidt, cuisinier alsacien rompu aux bonnes maisons (notamment Le Violon d'Ingres de Christian Constant) et dont le savoir-faire n'est plus à démontrer. Au menu : de belles saveurs traditionnelles, franches et sans chichi (pâté en croûte de mon enfance, bar aux cèpes et pommes grenaille, coings rôtis au miel et aux épices, etc.), avec quelques clins d'œil à sa région d'origine – de même pour la carte des vins. Et si la maison affiche complet, direction la Cave de l'Os à Moelle, juste en face, qui fait bar à vins et table d'hôte : on y propose des plats plus simples et à peine plus rustiques. Pour faire le plein de gourmandise et de finesse...

Le Quinzième - Cyril Lignac ✿

Au goût du jour XXX

A2

14 r. Cauchy ✉ 75015 — Ⓜ Javel
✆ 01 45 54 43 43 — Fermé samedi midi, dimanche et lundi
www.restaurantlequinzieme.com

Menu 49 € (déjeuner), 130/175 € – Carte 100/130 €

A/C VISA AE

Cuisine Attitude

Le restaurant de Cyril Lignac semble tout aussi sympathique que son médiatique de chef ! À quelques enjambées du parc André-Citroën, voilà bien une adresse en vue : à la fois trendy et feutrée, chic et très contemporaine. Une élégante table d'hôte ouvre sur les fourneaux par une large baie vitrée, permettant d'admirer la brigade à l'œuvre. Car l'art de cuisiner est à la mode, surtout quand il est "live" ! Il faut dire que ces assiettes siglées Lignac font belle impression : esthétiquement très abouties et soignées, elles révèlent des associations de saveurs originales et flatteuses. Ainsi ce filet de sole de petit bateau présenté dans une ballottine d'un blanc immaculé, accompagné d'un liseré de crème aux épinards, d'une excellente sauce au vin jaune légère et parfumée, ainsi que d'une purée de ratte légèrement vanillée – des accords très séduisants… Harmonieuses et bien pensées, ces recettes pourraient passer à la télé !

Entrées

- Foie gras de canard mi-cuit.
- Velouté et copeaux de châtaignes, suprême de pamplemousse.

Plats

- Ris de veau de Corrèze braisé, purée de carotte au curcuma.
- Sole de petit bateau cuisinée au vin jaune.

Desserts

- Crème de chocolat au lait tanariva, croustillant praliné.
- Millefeuille caramelisé à la fève tonka.

Stéphane Martin

B2 **Au goût du jour**

67 r. des Entrepreneurs ✉ 75015
Ⓜ Charles Michels
✆ 01 45 79 03 31
www.stephanemartin.com
Fermé 22-30 avril, 5-27 août, 23 décembre-3 janvier, dimanche et lundi

Formule 17 € – Menu 22 € (déjeuner en semaine)/35 € – Carte 42/55 €

A/C VISA MC

Tout le monde se presse chez Stéphane Martin, qui jouit d'une réputation enviable auprès de tous les gourmets de la rive gauche. Il faut dire que le cadre est cosy et de bon goût : coloris à dominante lie-de-vin et caramel, mobilier en bois sombre et bibliothèque en trompe l'œil pour les plaisirs de l'âme... Et une fois attablé, on déguste d'appétissantes recettes bien dans leur époque, réalisées par un chef qui met du cœur à l'ouvrage. Commandez donc un sorbet au foie gras et sa brioche au lard paysan, une tête de veau meunière ou un foie du même animal accompagné d'une onctueuse purée avec, pour finir, un délicieux clafoutis aux cerises. Les lettres de noblesse du registre canaille !

Le Troquet

C2 **Terroir**

21 r. François-Bonvin ✉ 75015
Ⓜ Cambronne
✆ 01 45 66 89 00
Fermé 1 semaine en mai, 3 semaines en août, 1 semaine en décembre, dimanche et lundi

Formule 24 € – Menu 32 € (déjeuner en semaine)/41 € – Carte 30/38 €

VISA MC

Le "troquet" dans toute sa splendeur : décor bistrotier usé par les ans, banquettes en moleskine, ardoises, miroirs et petites tables au coude-à-coude invitant à la convivialité... Autant dire qu'on vient ici autant pour l'atmosphère que pour la cuisine ! Un nouveau chef, Marc Mouton, a remplacé Christian Etchebest, mais ses délicieuses recettes, concoctées avec des produits ultrafrais, ont toujours l'accent du Sud-Ouest ; il faut dire que la même équipe est restée en place. Pour vous en convaincre, essayez la tartelette chaude aux piquillos et jambon cru, généreusement garnie de savoureux copeaux de parmesan, ou un filet de merlan accompagné de ratatouille. Alors, séduit ?

La Villa Corse

C1 Corse

164 bd Grenelle ✉ 75015
Ⓜ La Motte Picquet Grenelle
✆ 01 53 86 70 81
Fermé dimanche
www.lavillacorse.com

Formule 29 € – Carte 50/60 €

La Corse à Paris, vous en rêviez ? Cet élégant restaurant du quartier Cambronne porte haut le flambeau de la gastronomie insulaire et propose une cuisine aux saveurs puissantes qui fleure bon le maquis. L'adresse ne manque pas de charme, dans un esprit feutré et élégant... Dans l'assiette, les plats revendiquent fièrement leurs origines : charcuteries de caractère, herbes locales au bouquet enlevé et robustes vins locaux composent une cuisine vigoureuse et noble qui a tout pour subjuguer le "pinsut" (l'étranger, en langue corse). Ce dernier se régalera par exemple d'un velouté de châtaigne, d'un bon pavé de cabillaud accompagné d'une purée maison et d'un délicieux coulis de tomate et poivron, ou encore d'un moelleux au chocolat et... à la châtaigne, star décidément incontestée de l'île de Beauté !

Yanasé

B3 Japonaise

75 r. Vasco-de-Gama ✉ 75015
Ⓜ Lourmel
✆ 01 42 50 07 20
Fermé 2 semaines en août, lundi midi et dimanche
www.yanase.fr

Formule 18 € – Menu 35 € (déjeuner en semaine), 45/65 € – Carte 38/60 € le soir

Les amoureux du Japon se réjouissent encore de l'arrivée, sur la place parisienne, de ce premier restaurant de cuisine "robata" – littéralement "autour du feu". Yanasé (un cèdre du sud de l'archipel) pratique l'art du barbecue au charbon de bois, ici placé au centre de la salle et encadré par un comptoir. On y grille sous vos yeux viandes et poissons, servis à l'aide d'une pelle en bois. Autre spécificité du lieu : son mélange de tradition et de modernité. Ainsi, les serveurs vêtus de kimonos évoluent dans un espace clair très contemporain et d'une belle sérénité. Les classiques sushis, sashimis et makis complètent la belle carte de cette adresse qui compte quelques merveilles de finesse.

P. Escudero / hemis.fr

Trocadéro · Étoile · Passy · Bois de Boulogne

P. Escudero / Hemis.fr

16e

Trocadéro • Étoile • Passy • Bois de Boulogne

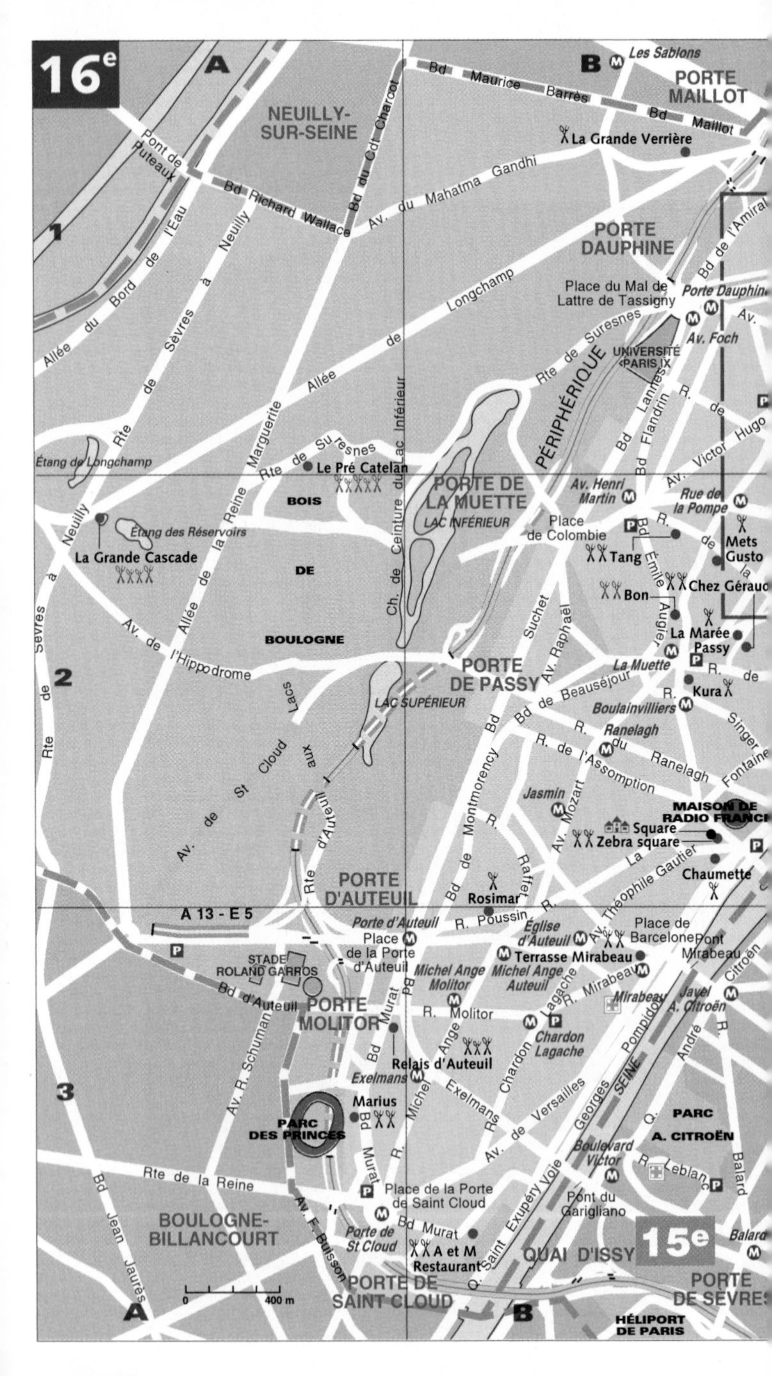
16e
NEUILLY-SUR-SEINE
PORTE MAILLOT
PORTE DAUPHINE
La Grande Verrière
Le Pré Catelan
La Grande Cascade
BOIS DE BOULOGNE
PORTE DE LA MUETTE
PORTE DE PASSY
PORTE D'AUTEUIL
PORTE MOLITOR
PARC DES PRINCES
BOULOGNE-BILLANCOURT
PORTE DE SAINT CLOUD
QUAI D'ISSY
15e
PARC A. CITROËN
PORTE DE SÈVRES
HÉLIPORT DE PARIS
MAISON DE RADIO FRANCE
Tang
Bon
Chez Géraud
Mets Gusto
La Marée Passy
Kura
Square
Zebra square
Chaumette
Rosimar
Terrasse Mirabeau
Relais d'Auteuil
Marius
A et M Restaurant
STADE ROLAND GARROS
A 13 - E 5
400 m

Trocadéro, Étoile, Passy, Bois de Boulogne

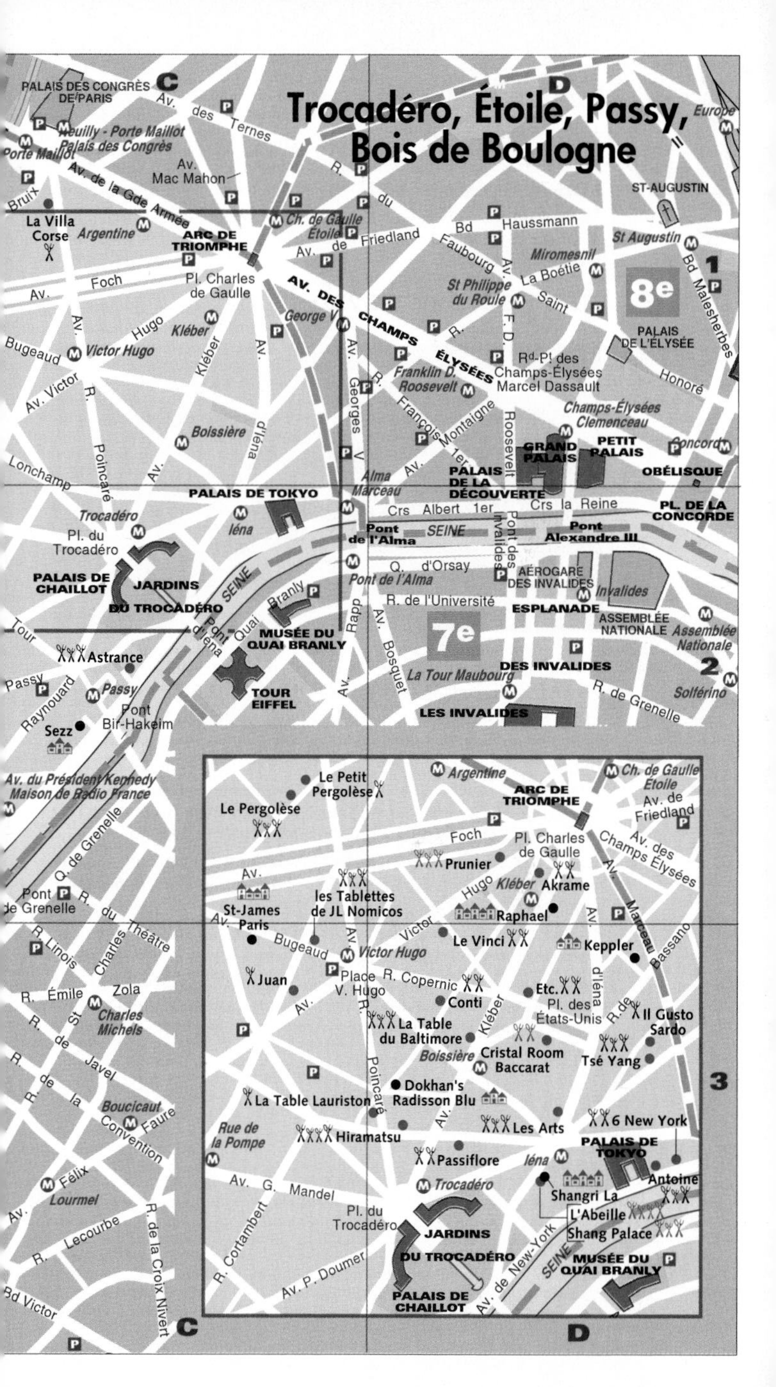

L'Abeille ✿✿

Classique XXXX

D3

HÔTEL SHANGRI-LA,
10 av. d'Iéna ✉ 75116
✆ 01 53 67 19 98
www.shangri-la.com

Ⓜ Iéna
Fermé 29 juillet-29 août, dimanche et lundi – Dîner seulement

Menu 195 € – Carte 150/250 €

Shangri-La Paris

Le parcours de Philippe Labbé est flamboyant, à l'image de ce Shangri-La où il s'est installé début 2011 ; on se souvient encore de son passage au Château de la Chèvre d'Or, à Èze, où il fit frémir d'aise maints palais avisés. C'est désormais dans le cadre feutré de ce palace parisien, d'une sobre élégance, qu'il laisse libre cours à sa créativité. Moquette sombre, nuances de jaune et de gris clair, tables dressées avec soin et, çà et là, le motif de l'abeille rappelant les fastes napoléoniens : ne sommes-nous pas dans l'ancienne demeure du prince Roland Bonaparte ? Les produits nobles, d'une qualité irréprochable, sont à l'honneur, associés avec finesse et maîtrise. Certains crustacés, par exemple, sont présentés vivants avant leur cuisson. Une manière de souligner leur grande fraîcheur et de mieux prouver la justesse des préparations, la précision des assaisonnements. Le travail de Philippe Labbé est décidément tout en retenue, nuancé jusque dans son inventivité. Une épure au goût de miel...

Entrées

- Langoustines royales juste tièdes "voilées" d'une fine gelée parfumée à la cannelle
- Variations de vieilles variétés de tomates de plein champ

Plats

- Bar de ligne de Noirmoutier rôti au fenouil, mijoté d'oignons doux
- Poularde de la ferme Le Devant roulée au torchon

Desserts

- Poire pochée au jus garnie à la crème de groseille
- Chocolat grand cru, vacherin glacé comme un millefeuille, sauce chocolat blanc

A et M Restaurant

B3 — Au goût du jour — XX

136 bd Murat ✉ 75016 — Ⓜ Porte de St-Cloud
✆ 01 45 27 39 60 — Fermé août, samedi midi et dimanche
www.am-restaurant.com

Formule 24 € – Menu 34 € – Carte environ 49 €

A pour Apicius, M pour Marius : de belles références pour cette adresse fondée par les deux patrons de ces tables renommées. Ce qui fait la différence ? Un décor plutôt chic, une ambiance conviviale et une cuisine de qualité à prix vraiment raisonnables ; en quelques mots, un "bistrot de chef" ! Aux fourneaux, on retrouve Tsukasa Fukuyama, qui s'approprie avec aisance les grands classiques de la gastronomie de l'Hexagone. Pressé de tête de veau sauce ravigote, velouté de cocos de Paimpol au haddock, fricassée de poulet fermier aux girolles, feuilleté aux fraises : on passe un bon moment !

VISA — MC — AE

Les Arts

D3 — Traditionnelle — XXX

Maison des Arts et Métiers - 9 bis av. d'Iéna — Ⓜ Iéna
✉ 75116 — Fermé 28 juillet-26 août, 24 décembre-2 janvier, samedi, dimanche et fériés
✆ 01 40 69 27 53
www.sodexo-prestige.fr

Menu 41 € – Carte 55/70 €

Cadre plaisant pour cette table à l'élégance classique, qui occupe une partie de l'hôtel d'Iéna, construit à la fin du 19e s. Cet insigne bâtiment abrite depuis 1925 le siège de la Société des ingénieurs Arts et Métiers : ainsi s'explique l'enseigne du restaurant. La salle à manger principale affiche un cadre intimiste : haut plafond orné de moulures, colonnades doriques et copies de toiles de maître composent un décor chic et feutré. Classicisme assumé aux fourneaux, pour une cuisine qui vise principalement les ingénieurs qui fréquentent l'hôtel et la clientèle d'affaires. Aux beaux jours, pensez à réserver votre table sur la terrasse agrémentée d'un ravissant jardin.

VISA — MC — AE

Akrame ✿

Au goût du jour XX

D2

19 r. Lauriston ✉ 75016
✆ 01 40 67 11 16
www.akrame.com

Ⓜ Kléber
Fermé août, 1 semaine en janvier, samedi et dimanche – Réserver

Formule 25 € – Menu 35 € (déjeuner), 48/110 €

© yomgaille.com

Cette nouvelle adresse, très parisienne, a décidément le vent en poupe ! Il faut dire que le jeune et sémillant Akrame Benallal, dorénavant chez lui après avoir fait ses classes chez Pierre Gagnaire et Ferran Adrià, laisse libre cours à toute sa spontanéité et son inventivité... Le cadre tendance, avec ses clins d'œil branchés, sied à ses menus "surprises" qui changent tous les mois. En quatre ou six plats, on découvre toute l'étendue de son talent, la précision de ses cuissons, ses intuitions qui tombent juste. Dès les amuse-bouche – imaginez un croustillant au caviar citronné, une galette de parmesan à la crème de wasabi – les papilles sont en éveil : tout cela pétille, éclate en bouche... Que dire ensuite d'un "œuf parfait", d'un maquereau rôti sur peau accompagné d'un chou-fleur torréfié, relevé enfin par la saveur iodée de la Mertensia Maritima, l'irrésistible "feuille huître" ? Le nom d'Akrame est déjà sur toutes les lèvres...

Entrées

- Bouillon de crevettes
- Foie gras poêlé, bouillon des sous bois

Plats

- Maquereau rôti sur sa peau
- Œuf poché aux cèpes

Desserts

- Dessert au curcuma
- Mousse au chocolat

Antoine ✿

Produits de la mer XXX

D3

10 av. de New-York ✉ 75016 — Ⓜ Alma Marceau
✆ 01 40 70 19 28 — Fermé août
www.antoine-paris.fr

Formule 35 € – Carte 90/130 €

VISA
MC
AE

Charlotte Lascève

Ici, c'est la mer qui décide… La carte change chaque jour pour offrir le meilleur de la marée, en liaison directe avec les ports bretons, vendéens, basques ou méditerranéens ! En cas d'arrivage surprise, on pourra même vous proposer quelques suggestions de dernière minute. Au gré des vagues, donc, vous dégusterez croustillants de langoustine, sole au basilic, thon rouge mi-cuit au chutney d'agrumes ou une nouvelle version de la bouillabaisse. Que les carnivores se rassurent, un petit choix de viandes est prévu rien que pour eux – sans parler des très alléchants desserts (assiette tout chocolat, baba au rhum, etc.). Ici, le chef a l'amour de l'excellent produit et des belles saveurs, qu'il sait exalter avec finesse et inventivité… Une salle agréable, baignée de lumière et sobrement décorée, permet de les apprécier à leur juste valeur. Et comme elle offre une jolie vue sur les cuisines, la mer n'est jamais vraiment loin…

Entrées

- Tarte fine de rouget façon pissaladière
- Croustillants de sole et langoustine au basilic, vinaigrette de mangue

Plats

- Pavé de daurade aux écrevisses, gnocchis de pomme de terre au parmesan (pintemps-été)
- Sole de petit bateau meunière, purée de rattes du Touquet

Desserts

- Soufflé chaud pêche de vigne et glace au lait d'amande (été-automne)
- Déclinaison de chocolat grand cru en chaud-froid

Astrance ✿✿✿

Créative XXX

C2

4 r. Beethoven ✉ 75016
✆ 01 40 50 84 40

Menu 70 € (déjeuner), 120/210 €

Ⓜ Passy
Fermé 28 avril-10 mai, août, vacances de la Toussaint, 25 février-6 mars, samedi, dimanche, lundi et fériés – Nombre de couverts limité, réserver

A/C VISA MC AE

Astrance

L'époque aime les sensations et l'Astrance en est une. Table unique, elle ménage son effet de surprise : d'une part, il faut y réserver des mois à l'avance – affres délicieuses de l'attente d'un grand moment – ; d'autre part, elle est à la pointe de l'avant-garde. Car ici, la cuisine se réinvente chaque jour, et ce n'est pas une façon de parler. Improvisation ? Nullement, même si le menu découverte est établi le matin même en fonction du marché et de l'humeur : c'est que le chef, Pascal Barbot, possède un sens inné du produit et des associations de saveurs. Avec son associé Christophe Rohat, rencontré chez Alain Passard, ils avaient l'expérience nécessaire pour se lancer, en 2000, dans le projet un peu fou de ce restaurant hors normes. Près du Trocadéro, leur salle intimiste et contemporaine n'accueille que vingt-cinq convives. Vingt-cinq chanceux qui se prêtent au jeu de la maison et goûtent une cuisine experte, ouverte sur le monde et la modernité. Mariage de terroir et d'exotisme, belle carte des vins, subtilité, inventivité... Que dire de plus ?

Entrées

- Foie gras mariné au verjus et galette de champignons de Paris
- Homard poché et nectarine en salade

Plats

- Nage de crustacés, légumes de saison, herbes et fleurs sauvages
- Ris de veau grillé, girolles abricots et amandes

Desserts

- Vacherin glacé thé vert-abricot
- Les desserts de l'Astrance

Bon

B2 — Fusion XX

25 r. de la Pompe ✉ 75016 — Ⓜ La Muette
✆ 01 40 72 70 00
www.restaurantbon.fr

Formule 25 € – Menu 30 € (déjeuner en semaine) – Carte 52/85 €

A/C VISA AE

Derrière une façade ornée de mosaïques (1911), un trio de salles fort élégantes. Philippe Starck en a signé les différents décors – autant d'ambiances. "Vinothèque" se veut distinguée : haut plafond voûté et mobilier d'esprit Art nouveau. "Cheminée" joue le lounge : grande mansarde, tables rondes, canapés et… imposante tête de rhinocéros ! Enfin, "Bibliothèque" est un vrai petit cocon, avec parquet et murs en trompe l'œil. Couloirs, escaliers, fumoir et boudoir complètent l'ensemble, digne d'une grande maison bourgeoise ancrée dans notre époque. On y oublie le monde extérieur en dégustant une cuisine fusion bien tournée, qui transporte vers l'Asie (Vietnam, Chine, Cambodge, Thaïlande). Spring rolls au crabe, thon mi-cuit au sésame et au basilic, sea bass sauce tom yam (lait de coco) : très... bon, évidemment !

Chaumette

B2 — Bistrot X

7 r. Gros ✉ 75016 — Ⓜ Mirabeau
✆ 01 42 88 29 27 — Fermé 3-21 août, 23 décembre-2 janvier, samedi midi et dimanche
www.restaurant-chaumette.com

Formule 19 € – Menu 23 € (déjeuner) – Carte 33/67 €

VISA AE

Derrière une jolie façade en bois se cache ce bistrot années 1920 : boiseries, petites tables serrées, comptoir, photos anciennes… et une collection de guides MICHELIN ! Une clientèle de journalistes le midi et d'habitants du quartier le soir se presse dans ce cadre chic, autrefois fréquenté par Philippe Noiret, Serge Gainsbourg et d'autres artistes. Mais ici la vedette est incontestablement la cuisine, traditionnelle et de qualité, proposée sur une courte carte enrichie de quelques plats à l'ardoise. À vous la terrine de gibier (en saison), la cuisse de volaille farcie aux morilles et l'incontournable pot-au-feu ! Et en dessert, que diriez-vous du millefeuille à la vanille Bourbon ? La formule déjeuner offre un excellent rapport qualité-prix.

Chez Géraud

B2 — Traditionnelle XX

31 r. Vital ✉ 75016
✆ 01 45 20 33 00

La Muette
Fermé août, 1 semaine en février, samedi et dimanche

Menu 30 € – Carte 50/70 €

VISA, MC

Avec sa façade rehaussée de faïence de Longwy, ce bistrot traditionnel s'est forgé une réputation bien au-delà de son quartier plutôt tranquille. Il faut dire que son décor intérieur, avec ses fresques en céramique et ses assiettes assorties, n'est pas sans évoquer – avec une pointe de chic – les bonnes adresses de notre enfance... En cuisine, le chef confirme que la tradition a du bon : des classiques comme la tête de veau, les ris de veau braisés ou la volaille de Bresse rôtie côtoient la marée du jour et le gibier en saison. Attention, le menu du jour n'est pas servi le vendredi soir. Un troquet comme on n'en fait plus !

Conti

D3 — Italienne XX

72 r. Lauriston ✉ 75116
✆ 01 47 27 74 67

Boissière
Fermé 4-27 août, 22 décembre-2 janvier, samedi, dimanche et fériés

Menu 35 € (déjeuner) – Carte 49/75 €

A/C, VISA, MC, AE, Diners

Stendhal aurait sans doute apprécié ce restaurant où l'on célèbre, dans l'assiette, l'Italie qu'il aimait tant et, dans le décor, ses deux couleurs fétiches, le rouge et le noir (velours, tapisseries, boiseries, lustres en verre de Murano). Aux commandes de cette table, deux Français qui réinterprètent les recettes de la Botte avec des touches personnelles, associant les influences d'ici et de là-bas. Résultat, une cuisine de qualité appréciée par de nombreux habitués. Sur le menu du jour, on trouve par exemple : fricassée de légumes au parmesan, lasagne de homard ou de noix de Saint-Jacques (selon la saison), rognon de veau au citron, et pour la note sucrée, pannacotta au chocolat blanc. Belle carte des vins franco-italienne.

Cristal Room Baccarat

D3 Au goût du jour XX

11 pl. des Etats-Unis -
Maison Baccarat (1er étage) ✉ 75116
✆ 01 40 22 11 10 – www.baccarat.fr

Ⓜ Boissière
Fermé dimanche et fériés

Formule 29 € – Menu 55 € (déjeuner)/109 € – Carte 85/109 €

A/C VISA MC AE

Le splendide hôtel particulier de Mme de Noailles est occupé depuis 2003 par la maison Baccarat : boutique, musée, salle de réception et restaurant. Ce dernier, situé au premier étage, jouit d'un cadre d'exception : haut plafond avec ciel en trompe l'œil, cheminée en marbre, moulures, dorures, somptueux lustres en cristal et touches de modernité apportées par Philippe Starck. Un décor qui ajoute au plaisir d'une cuisine au goût du jour supervisée par Guy Martin (Le Grand Véfour). Chacun y trouvera son bonheur : thon mi-cuit à la flamme et son tofu soyeux mariné, agneau de lait en deux façons (carré rôti et épaule confite), soufflé chaud au chocolat amer et sa mousse estragon-cerfeuil... Cette "chambre de cristal" mérite une visite.

La Grande Verrière

B1 Au goût du jour X

Jardin d'Acclimatation ✉ 75016
✆ 01 45 02 09 32

Ⓜ Les Sablons
Déjeuner seulement

Menu 38 € – Carte 30/50 €

VISA MC AE

Peut-être, si vous êtes parisien, vous rappelez-vous vos joies d'enfant au Jardin d'acclimatation, les visites rieuses aux animaux de la ferme, le petit théâtre de Guignol, la Rivière enchantée ? Pour goûter aujourd'hui des plaisirs gastronomiques, rendez-vous à la Grande Verrière. Il faut payer son entrée dans le parc pour accéder à cette table contemporaine : une bonne excuse pour faire un détour par la case nostalgie ! Dans un cadre décontracté – du mobilier de jardin, des claustras en forme d'arbres –, on propose ici une cuisine simple et bien ficelée, autour d'un petit menu qui surfe joliment sur l'air du temps, avec quelques incursions exotiques. Et si vous êtes trop impatient de retrouver les attractions, tournez-vous vers la carte de snacks gourmets (bons burgers, salades, etc.).

etc... ✿

D3 Au goût du jour XX

2 r. La Pérouse ✉ 75016
☎ 01 49 52 10 10

Ⓜ Kléber
Fermé 1er-22 août, samedi midi et dimanche

Menu 45 € (déjeuner)/62 € – Carte environ 70 €

Etc.

Etc. ou Épicure Traditionnelle Cuisine. Le nom de l'annexe de Christian Le Squer, chef du prestigieux Ledoyen (8e), ne manquera pas d'intriguer les fins gourmets. Comme certains des intitulés de la carte, poétiques et alléchants : fantaisie voyageuse "Terre et Mer", persillade liquide, senteur des bois-crustacés... Que propose donc cette table contemporaine, conçue sous la forme d'un bistrot chic et épuré ? Une séduisante cuisine réalisée par Bernard Pinaud (auparavant au Ledoyen et à La Marée), où les saveurs oscillent entre tradition, classicisme, air du temps et touches fusion. Et où les présentations soignées ravissent l'œil. L'importance accordée aux beaux produits et la volonté de suivre les saisons expliquent le choix volontairement limité de plats. En contrepartie, la carte a la bonne idée de changer tous les mois et les menus tous les quinze jours. Côté décor s'exprime une modernité sobre et distinguée, caractérisée par un jeu de matières mates et brillantes (bois, velours, métal, panneaux de laque).

Entrées

- Fantaisie voyageuse "terre et mer"
- Jardin de légumes printaniers (mai à juil.).

Plats

- Boudin maison, jus de fruit passion
- Saint-pierre, risotto de pâtes aux coquillages

Desserts

- Caramel au goût de carambar rafraîchi
- Soufflé à la mangue (mai à juil.).

La Grande Cascade ✿

A2 **Au goût du jour** XXXX

allée de Longchamp ✉ 75016
✆ 01 45 27 33 51
www.grandecascade.com

Menu 65/185 € – Carte 140/220 €

J.C. AMIEL

Le classicisme a toujours la cote dans cet ancien pavillon de chasse de Napoléon III. Transformé en restaurant pour l'Exposition universelle de 1900, il mêle les styles Empire, Belle Époque et Art nouveau : un charme incomparable se dégage de la rotonde, aménagée sous une grande verrière, et de la magnifique terrasse – prise d'assaut dès que le soleil fait son apparition. La clientèle d'affaires vient y respirer le chic du Paris d'autrefois et l'air de la campagne en plein bois de Boulogne. Georges et André Menut veillent jalousement sur leur Grande Cascade, prenant soin de cultiver son image de grande dame. Mais ils vivent aussi avec leur temps. Pour preuve, la présence de Frédéric Robert, un chef brillant, passé par Le Grand Véfour, le Vivarois et Lucas-Carton (où il a travaillé aux côtés de Senderens pendant dix ans). Il a carte blanche pour imaginer une cuisine subtile, aux saveurs bien marquées, qui hisse cette maison parmi les belles adresses gourmandes de la capitale. À noter, le "menu du marché à prix sage" servi midi et soir.

Entrées

- Émietté de tourteau tiédi dans une feuille de laitue, émulsion vanillée et éclats de poutargue
- Fleurs de courgettes ivres de girolles

Plats

- Saint-pierre incrusté d'écorces de citron, navets doux et pois gourmands
- Ris de veau cuit lentement, olives, câpres et croûtons

Desserts

- Banane glacée au carambar, ris soufflé croustillant
- Millefeuille à la graine de vanille de Tahiti

Hiramatsu ✿

Classique XXXX

D3

52 r. Longchamp ✉ 75116
✆ 01 56 81 08 80
www.hiramatsu.co.jp

Menu 48 € (déjeuner)/115 €

Ⓜ Trocadéro
Fermé août, 24 décembre-2 janvier, samedi et dimanche – Nombre de couverts limité, réserver

A/C · VISA · MC · AE

Hiramatsu

Un japonais dans le 16e ? Oui et non. Certes, à l'oreille l'enseigne du restaurant de la rue de Longchamp sonne asiatique, et pour cause, son propriétaire Hiroyuki Hiramatsu vient bel et bien de l'archipel nippon. Mais l'ancienne maison d'Henri Faugeron, connu à son époque comme l'ardent défenseur d'un certain académisme culinaire, reste toujours une ambassade de la cuisine française dans tout ce qu'elle a de classique. Et Hiramatsu n'a plus à rougir, lui qui se vit refuser la porte du lieu même alors qu'il faisait ses premières armes en France, à la fin des années 1970.

Ironie du sort ou heureuse coïncidence, il le dirige aujourd'hui avec talent. Mariage de la sobriété japonaise côté décor (une salle élégante ornée de tableaux et d'œuvres d'art) et des recettes hexagonales côté saveurs, harmonieusement préparées et rehaussées de touches contemporaines – déclinées, le soir, en un menu unique "carte blanche". Le choix de vins, quant à lui, porte sur plus de 800 références. Raffinement extrême, vous l'aurez compris, et service du même allant, discret et attentif.

Entrées	*Plats*	*Desserts*
• Cuisine du marché		

Il Gusto Sardo

D3 — Italienne

18 r. Chaillot ✉ 75116
✆ 01 47 20 08 90
www.restaurant-ilgustosardo.com

Carte 40/85 €

Ⓜ Alma Marceau
Fermé vacances de printemps, août, vacances de Noël, samedi midi, dimanche et fériés

A/C VISA MC AE

Une authentique *trattoria*, au cœur du quartier chic de Chaillot. Murs habillés de boiseries jaune clair, photos en noir et blanc de stars du cinéma italien et, aux commandes, toute une famille italienne : la *mama* officie aux fourneaux, le *papà* en salle, l'un et l'autre aidés de leurs deux *figli*. Le lieu transporte en Méditerranée, et plus précisément en Sardaigne, dont la carte exhale tous les parfums grâce au savoir-faire de la maîtresse de maison. Antipasti dell'isola Piana (différentes préparations de thon), petites pâtes sardes aux palourdes, filet de dorade aux oignons et au fromage de brebis, pannacotta aux fruits des bois ou au caramel : le soleil sarde brille dans les assiettes, et aussi dans les verres, à travers un joli choix de vins.

Juan

C3 — Japonaise

144 r. de la Pompe ✉ 75016
✆ 01 47 27 43 51

Menu 34 € (déjeuner), 63/70 €

Ⓜ Victor Hugo
Fermé 2 semaines en août, dimanche et lundi

VISA MC AE

¿ Viva España ? Nullement, car ce restaurant est japonais et compte même parmi les plus authentiques ! Une fois franchi la devanture aux vitres fumées, on découvre une salle minuscule, typiquement nippone. La cuisine elle aussi joue la carte de l'épure, si chère au pays du Soleil-Levant. Le midi, une seule formule ; le soir, pas de carte : on se laisse guider par l'inspiration du chef, au fil d'un menu dégustation (servi pour un minimum de deux personnes). Saveurs marquées et bien équilibrées, jeux sur les textures, mets présentés avec esthétisme : autant de qualités que l'on apprécie à travers la pâte de soja aux légumes et tofu à la cacahouète, les sushis et sashimis, les bulots et leur bouillon aromatique… Le service est assuré en costume traditionnel.

Kura

B2 — Japonaise

56 r. de Boulainvilliers 75016 — La Muette
01 45 20 18 32 — Fermé 1er-20 août et lundi
www.kuraparis.com

Formule 25 € – Menu 30 € (déjeuner en semaine), 60/90 €

A/C — VISA — MC — AE

Un petit coin de Japon au cœur de Passy ? Mobilier en bois sombre, petit sushi-bar ; on se croirait dans une izakaya, une auberge japonaise. Au piano, deux chefs nippons confirment cette impression d'authenticité. L'un se charge de la préparation des sushis, sashimis et entrées froides – avec dextérité, est-il besoin de le préciser – tandis que l'autre s'occupe des plats chauds. La méthode idéale sans doute, pour donner le meilleur de cette cuisine kaiseki. Outre la carte, le menu unique du soir permet de se laisser entièrement guider par l'inspiration des chefs. L'occasion de s'abandonner à cette délicatesse toute japonaise, où la fraîcheur des produits se marie avec bonheur au raffinement des présentations.

La Marée Passy

B2 — Produits de la mer

71 av. P. Doumer 75016 — La Muette
01 45 04 12 81
www.lamareepassy.com

Carte 40/55 €

VISA — MC

L'enseigne annonce la couleur ! Ce restaurant est résolument orienté produits de la mer. Entrées et plats s'affichent sur l'ardoise du jour : huîtres, palourdes, gambas, langoustines, sardines, turbots, soles ou bars, tous de belle fraîcheur, provenant de mareyeurs de Bretagne ou de Vendée (Loctudy, Quiberon, baie du Mont-St-Michel, St-Gilles-Croix-de-Vie). Les préparations s'avèrent goûteuses, les cuissons bien maîtrisées, les garnitures soignées. Et les desserts ne sont pas en reste, tel ce baba au rhum pour deux. Côté décor, la salle à manger vous pousse vers les flots : impression d'être à bord d'un vieux bateau grâce aux parois de bois blond, tissus et lampes rouges, maquettes, gravures et instruments de navigation...

Marius

Produits de la mer XX

A3

82 bd Murat ✉ 75016
✆ 01 46 51 67 80

Ⓜ Porte de St-Cloud
Fermé août, samedi midi et dimanche

Carte 40/77 €

VISA MC AE

Véritable institution du quartier de la porte de St-Cloud, Marius est la table des amateurs de cuisine iodée, tendance provençale. Poissons et fruits de mer d'une qualité irréprochable se partagent les rôles dans des préparations bien faites et quelques spécialités, dont l'immanquable bouillabaisse, qui vaut le détour. Le chef renouvelle ses suggestions chaque jour : aujourd'hui, sardines grillées aux herbes ; demain, steak de thon au gingembre, citron et huile d'olive... Bien d'autres plats vous donneront à coup sûr envie de revenir dans ce restaurant où souffle le vent du large (mais où la carte compte quelques viandes pour satisfaire les irréductibles carnassiers). Cadre confortable – murs clairs, miroirs, stores en bois – et terrasse d'été bien protégée.

Mets Gusto

Au goût du jour X

B2

79 r. de la Tour ✉ 75116
✆ 01 40 72 84 46
www.metsgusto.com

Ⓜ Rue de la Pompe
Fermé 1er-23 août, vacances de Noël, samedi midi, dimanche et lundi

Formule 27 € – Carte 49/60 €

VISA MC

Prenez une ancienne boulangerie, deux copains passés par de grandes adresses, toutes les saveurs de la Méditerranée et un sourire ; portez à ébullition, et vous obtenez un restaurant... épatant. Le conte a pris forme en la personne de David Alberge (en salle) et Gaël Boulay (en cuisine), auteurs de cette adresse pleine de goût(s). Le chef a ses producteurs attitrés et signe des plats savoureux et percutants, centrés sur le produit et des parfums *made in* Provence, Italie ou Espagne. Pêle-mêle à la carte : épaule de lapin glacée au jus et romarin, cannelloni farci aux gambas, lingot tout chocolat et noisettes du Piémont... Le tout accompagné d'une sélection de vins bien pensée et de justes prix. Attention, beaucoup de tables hautes, précisez votre préférence lors de la réservation.

Passiflore

D3 — Au goût du jour

33 r. de Longchamp ✉ 75016
✆ 01 47 04 96 81
www.restaurantpassiflore.com

Ⓜ Trocadéro
Fermé 14 juillet-15 août, samedi midi, dimanche et lundi

Formule 34 € – Menu 39 € (déjeuner), 49/70 € – Carte 65/75 € le soir

A/C VISA AE

Roland Durand est un précurseur en son genre. Bien avant le concept de "world food" ou de "fusion food", cet Auvergnat pure souche, Meilleur Ouvrier de France et grand voyageur à ses heures, a su marier la noblesse des produits rustiques et les saveurs venues d'ailleurs, particulièrement d'Asie. En 2001, il reprend le Passiflore, un ancien restaurant chinois – l'Orient, déjà ! Le concept : réinterpréter les recettes traditionnelles françaises à partir de produits de saison, d'épices et d'herbes asiatiques. Il aime aussi travailler ses gammes, comme le riz, les soupes et surtout les champignons – sa passion et l'un des leitmotiv du décor... En résumé : un restaurant pour les aventuriers du goût, qui apprécieront également la judicieuse sélection de vins sans frontières.

Le Petit Pergolèse

C2 — Traditionnelle

38 r. Pergolèse ✉ 75016
✆ 01 45 00 23 66

Ⓜ Porte Maillot
Fermé août, samedi et dimanche

Carte 40/80 €

Le Petit Pergolèse vise la qualité dans la simplicité : décor moderne original (tables en ardoise lustrées à l'huile de lin, banquettes, tons rouge et noir) et mise en place sans prétention avec tables serrées... La salle semble surtout une véritable galerie d'art contemporain, avec des expositions renouvelées au fil des mois – la passion du patron. Ce cadre actuel et vivant attire une large clientèle qui vient "entre copains" apprécier une cuisine traditionnelle joliment revisitée et pleine de saveurs. La carte fait la part belle à des plats simples et soignés (salade de homard à la vinaigrette de truffe, filet de bœuf au poivre vert, mousse chaude au chocolat et sa glace vanille), et l'ardoise évolue au gré du marché, tout comme les suggestions – formulées oralement – qui ont la faveur du chef.

Le Pergolèse ✿

C2 — Au goût du jour 

40 r. Pergolèse ✉ 75116
✆ 01 45 00 21 40
www.lepergolese.com

Ⓜ Porte Maillot
Fermé 3 semaines en août, 1er-8 janvier, samedi midi et dimanche

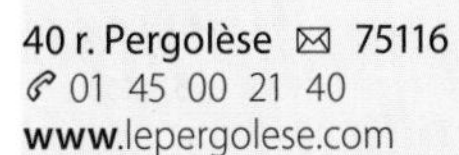

Menu 54 € (déjeuner)/95 € – Carte 80/110 €

Aidomia

Dès le début, Stéphane Gaborieau voulait faire du Pergolèse une "belle maison bourgeoise où l'on reçoit les clients comme chez soi". Véritable passionné, ce chef lyonnais, Meilleur Ouvrier de France, a fait ses classes dans des maisons prestigieuses aux côtés de grands noms (Georges Paccard, Pierre Orsi). Épaulé en salle par son épouse Chantal, il a réussi à en faire une des belles adresses du très chic 16e arrondissement. Un mariage confondant de convivialité, de bourgeoisie et de saveurs haut de gamme. La cuisine, respectueuse des produits, révèle des notes ensoleillées, parfois ponctuées de touches japonisantes. Logique, c'est dans le Sud que Stéphane Gaborieau a fait ses débuts. Le décor a été récemment relooké : tentures crème, fauteuils de velours rouge, tableaux contemporains... Côté vins enfin, la carte, riche de près de 300 références, ne manque pas de belles bouteilles. Le plaisir est complet !

Entrées

- Moelleux de sardines marinées aux épices, fondue de poivrons basquaise
- Le homard dans toute sa fantaisie

Plats

- Sole meunière
- Volaille de Bresse en ballotine de foie gras parfumée a la truffe (oct. à avril)

Desserts

- Soufflé au chocolat
- Parfait au marron glacé

Le Pré Catelan ✿✿✿

Créative 

A1

rte de Suresnes ✉ 75016
✆ 01 44 14 41 14
www.precatelanparis.com

Fermé 29 juillet-20 août, 28 octobre-5 novembre, dimanche et lundi

Menu 95 € (déjeuner en semaine), 190/240 € – Carte 180/250 €

Pré Catelan

Une enclave enchantée au cœur du bois de Boulogne, tel est Le Pré Catelan. Somptueux et chargé d'histoire, le lieu dévoile un décor de jardins et d'architectures classiques. Pierre-Yves Rochon a révolutionné l'esprit du pavillon Napoléon III en le parant d'un mobilier design et de tons vert, blanc et argent, tandis que l'orangerie attenante livre un cadre contemporain à la verdure qui l'entoure...

C'est dans ce cadre rêvé que l'on peut déguster depuis quelques années la cuisine savoureuse et inventive de Frédéric Anton. Ce Meilleur Ouvrier de France révèle son talent à travers une carte alliant équilibre, harmonie et générosité. Pour chaque assiette, il recherche la perfection, soignant jusqu'à la composition graphique. La précision et la rigueur transmises par ses mentors (dont Robuchon) sont sa signature, ainsi que son goût pour les associations inédites et la vraie nature des produits. Le tout sublimé par une cave prestigieuse et un accueil irréprochable. Autant d'arguments en faveur de cette noble maison aux murs d'argent et... aux plats d'or.

Entrées

- Crabe en coque, fine gelée de corail et caviar de France, soupe au parfum de fenouil
- Langoustine en ravioli, glacée au soja et nem de langoustine frit

Plats

- Ris de veau cuit en casserole, girolles, soubise et fine purée de céleri
- Turbot poêlé aux amandes, petites câpres, caviar de France et jus gras

Desserts

- Pomme soufflée croustillante, crème glacée caramel, cidre et sucre pétillant
- Café Expresso en sabayon, ganache fouettée, crème glacée "brûlée" et amandes

Prunier

D2 — Produits de la mer

16 av. Victor-Hugo ✉ 75116
✆ 01 44 17 35 85
www.prunier.com

Ⓜ Charles de Gaulle-Etoile
Fermé août, dimanche et fériés

Menu 45 € (déjeuner), 65/150 € – Carte 70/200 €

A/C VISA AE

Cette brasserie de luxe classée, née en 1925, reste de première fraîcheur. Grâce au talent d'Éric Coisel, qui porte haut son vénérable éclat et sa signature séculaire : "Tout ce qui vient de la mer"... Avec son banc d'écailler à l'entrée, la maison célèbre toujours les nobles produits marins. Mais pas seulement ! Sachez que la maison Prunier produit son propre caviar dans le Sud-Ouest. Sans oublier les autres incontournables : caviars d'ailleurs et saumons (Balik, Tsar Nikolaj, etc.). Des classiques auxquels s'ajoutent des créations régulièrement renouvelées (fricassée de coquillages ; rouget barbet, tapenade et basilic ; etc.). Une cuisine de qualité, une belle carte des vins avec un bon choix de bourgognes blancs, le tout dans un cadre d'exception, imaginé par les plus grands mosaïstes, graveurs et sculpteurs de l'époque Art déco. Les amateurs du style sont au paradis !

Rosimar

B2-3 — Espagnole

26 r. Poussin ✉ 75016
✆ 01 45 27 74 91
web restaurant-rosimar.com

Ⓜ Michel Ange Auteuil
Fermé août, 24-31 décembre, mardi soir, samedi, dimanche, lundi et fériés

Menu 38 € – Carte 36/56 €

A/C VISA AE

Kitsch à souhait avec ses multiples miroirs et ses nappes roses, le Rosimar – qui pourrait certainement servir de cadre à un film d'Almodóvar – constitue une enclave espagnole et familiale spécialisée dans la fameuse paella. Mais pas seulement ! Ce restaurant est également connu pour ses délicieux riz noirs (à la seiche par exemple), ses plats de poisson (morue aux oignons confits, lotte sautée aux figues) et ses fruits de mer. On ne saurait oublier les charcuteries ibériques aux saveurs puissantes (assiette de lomo avec son pain frotté à la tomate) et, tous les jeudis en hiver, le pot-au-feu catalan. Rien à redire tant c'est généreux et soigné : authenticité et qualité font toute la valeur de la maison. *Salud !*

Relais d'Auteuil ✿

A3

Au goût du jour

31 bd Murat ✉ 75016
✆ 01 46 51 09 54
www.relaisdauteuil-pignol.com

Ⓜ Michel Ange Molitor
Fermé août, vacances de Noël, samedi midi, dimanche, lundi et fériés

Menu 100 € (déjeuner), 129/149 € – Carte 120/160 €

Christophe Biche

Patrick Pignol reçoit comme chez lui dans sa maison cossue et chaleureuse. Depuis son ouverture en 1984, elle a vu défiler une clientèle chic qui a vite pris ses habitudes. De fait, on revient chaque fois avec plaisir dans ce lieu marqué par l'hédonisme et la convivialité. Service discret et personnalisé, assuré par Laurence Pignol, atmosphère raffinée et fleurie, décor contemporain (belle collection de peintures et sculptures) créent les conditions parfaites pour apprécier le repas. N'en déplaise aux gourmets branchés, la cuisine, généreuse et dans l'air du temps, n'est pas à la poursuite du spectaculaire ou des audaces visuelles. Le chef, amoureux du gibier – pendant la saison, son restaurant prend l'allure d'un relais de chasse –, mise plutôt sur la finesse des saveurs et le respect des produits du terroir. Ajoutez à cela un livre des vins dont la lecture donne le vertige (2 500 références) et une carte de 250 champagnes, le tout conseillé par un sommelier passionné...

Entrées

- Amandine de foie gras de canard et son lobe poêlé
- Cuisses de grenouilles meunière

Plats

- Bar de ligne et sa peau croustillante au poivre.
- Ris de veau rissolé au beurre de cardamome

Desserts

- Madeleines cuites minute au miel de bruyère, glace miel et noix
- Beignets de chocolat bitter, glace au lait d'amande

Shang Palace ✿

Chinoise XXX

D3

HÔTEL SHANGRI-LA,
10 av. d'Iéna ✉ 75116
✆ 01 53 67 19 98
www.shangri-la.com

Ⓜ Iéna
Fermé 10 juillet-16 août, mardi et mercredi

Menu 58 € (déjeuner), 70/128 € – Carte 50/280 €

Shangri-La Paris

Shangri-La… Le nom résonne comme un voyage aux confins de l'Asie, vers un paradis luxueux et imaginaire. Le célèbre hôtel parisien, né en 2010, a su donner le même éclat à ses restaurants, dont ce Shang Palace. Situé au niveau inférieur de l'établissement, il transporte ses hôtes dans un Hong-Kong merveilleux, entre raffinement extrême-oriental et élégance Art déco. Colonnes incrustées de jade, paravents sculptés et lustres en cristal promettent un dîner aussi feutré qu'étincelant. La cuisine cantonaise, sous la houlette de Frank Xu, un chef originaire de Shenzhen, est à l'honneur ; on peut partager en toute convivialité un assortiment de plats servis au centre de la table. Les cuissons se révèlent précises, les parfums subtils. Les dim sum sont moelleux à souhait et le goût de la sole cuite à la vapeur s'envole accompagné de champignons noirs et de tofu soyeux. Pour finir, entre autres douceurs, une crème de mangue, garnie de pomélo et de perles de sagou, laisse une belle impression de fraîcheur…

Entrées

- Filet de sole à la vapeur, jambon et champignons noirs
- Variété de dim sum

Plats

- Filet de bœuf sauté aux oignons façon cantonaise
- Filet de porc et palourdes sautés à la ciboulette, buns vapeur

Desserts

- Crème de mangue, pomélo et perles de sagou
- Croustillants de citrouille

6 New York

D3 Au goût du jour XX

6 av. de New York ✉ 75016
✆ 01 40 70 03 30
www.6newyork.fr

Ⓜ Alma Marceau
Fermé août, samedi midi et dimanche

Formule 30 € – Menu 35 € (déjeuner), 68/83 € – Carte 50/70 €

L'enseigne vous dit tout sur l'adresse... postale, loin d'une table nord-américaine ! Au 6 avenue de New-York, donc, sur les quais de Seine, avec la tour Eiffel en point de mire : aucun doute, vous êtes bien à Paris. Une telle situation ne manque d'ailleurs pas d'attirer les touristes en quête de bonnes adresses, tout en fidélisant de nombreux habitués qui ne se lassent ni de la vue ni du cadre contemporain, bien dans l'air du temps. Et la cuisine ? Au goût du jour, elle aussi, plutôt diététique et subtilement inventive. Au moment de la commande, le patron saura vous conseiller au mieux : pizzaleta de langoustines et pousses d'épinard, duo de rognon rôti et ris de veau braisé, riz au lait avec son pain perdu brioché. Le service est digne du lieu, classique et stylé.

La Table du Baltimore

D3 Au goût du jour XXX

HÔTEL BALTIMORE,
1 r. Léo Delibes ✉ 75016
✆ 01 44 34 54 34
www.hotel-baltimore-paris.com

Ⓜ Boissière
Fermé août, samedi et dimanche

Menu 38 € (déjeuner)/95 € – Carte 62/107 €

Langoustines croustillantes, sauce aigre douce et cœur de sucrine à l'estragon ; côte de veau poêlée et girolles fraîches ; amandine aux figues et glace verveine... Aux commandes du restaurant de l'hôtel Baltimore depuis 2001, Jean-Philippe Pérol puise son inspiration dans les saisons et les produits du moment. Une seconde nature pour ce chef formé dans de grandes maisons, tels le Pré Catelan ou le Meurice. Le cadre est chic, l'ambiance propice aux repas d'affaires : une collection de dessins en toile de fond, des miroirs pour agrandir visuellement l'espace, des tables joliment dressées et un heureux contraste entre des boiseries anciennes et un mobilier contemporain. La Table du Baltimore se révèle cossue et feutrée.

La Table Lauriston

Bistrot 

129 r. Lauriston ✉ 75016 — Trocadéro
01 47 27 00 07 — Fermé août, samedi midi et dimanche

Formule 26 € – Carte 40/55 €

Pour changer de l'ambiance ouatée et chic des nombreux restaurants gastronomiques du quartier, voici l'adresse idéale. La Table Lauriston n'est autre qu'un bistrot convivial, à deux pas de la rue de Longchamp et de l'avenue Poincaré. Généreuse, bien faite et sans esbroufe, sa cuisine bistrotière a tout pour séduire les gourmands. Jetez un coup d'œil sur l'ardoise et lancez-vous sans plus attendre, tous les classiques sont là, figurant en bonne place selon les saisons : tournedos de foie de veau au vinaigre, entrecôte de premier choix, harengs pommes à l'huile, baba au rhum. Un florilège de saveurs franches et rassurantes. Détail qui ne gâche rien : le beau choix de vins au verre, sélectionnés par le chef lui-même, fils de vigneron.

Tang

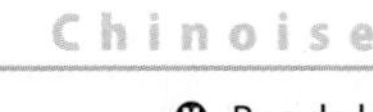

B2

125 r. de la Tour ✉ 75116 — Rue de la Pompe
01 45 04 35 35 — Fermé 29 juillet-28 août, lundi midi et dimanche
www.tang.abemadi.com

Menu 45/148 € – Carte 65/138 €

Ce restaurant situé dans une rue discrète du 16e chic est une véritable institution dans la capitale : on y déguste une "cuisine chinoise made in France" (comme l'annonce la carte), loin des seuls et rituels rouleaux de printemps. Chez Tang, la créativité a toujours sa place, avec des plats qui revisitent les classiques du pays : salade printanière aux queues de langoustines et pâtes fraîches ; croustillant de canard laqué épicé au jeune poivre vert avec ses fines crêpes et sa julienne de ciboule ; bar grillé à la sauce thaïe et poulet fermier cuit à l'étouffée dans une feuille de banane... Étonnant ! Le cadre, sobre, fait honneur aux deux extrémités de l'Eurasie, avec sa subtile fusion de détails traditionnels et de touches contemporaines.

Les Tablettes de Jean-Louis Nomicos

Au goût du jour

C3

16 av. Bugeaud 75016 — Victor Hugo
01 56 28 16 16
www.lestablettesjeanlouisnomicos.com

Menu 58 € (déjeuner), 80 €/145 € – Carte 65/141 €

A/C
VISA
AE

Les Tablettes de JL Nomicos

Petite révolution dans la géographie des grandes tables parisiennes : après huit années à la tête des cuisines de Lasserre – l'un des temples de la cuisine classique –, Jean-Louis Nomicos a créé début 2011 son propre restaurant en lieu et place de l'ancienne Table de Joël Robuchon. Une nouvelle page... ou plutôt, à l'heure frénétique des écrans tactiles, "une nouvelle tablette" !
Le décor évoque de manière très contemporaine le panier du marché provençal ; il est vrai que la cuisine de Jean-Louis Nomicos a conservé une pointe d'accent du Midi. Pour ce chantre de la belle tradition, l'art et la technique sont avant tout au service des sens et du plaisir, révélant toutes les potentialités des grandes recettes et des produits de choix. Le service lui aussi sait se faire attentif sans être guindé... Et si la carte peut dorénavant s'écrire en pixels, sous la conduite d'un chef aussi talentueux, les saveurs, elles, n'ont rien de virtuel !

Entrées

- Macaroni aux truffes noires, foie gras, parmesan et jus de veau.
- Saint-Jacques marinées au citron caviar et pomme verte.

Plats

- Joue de bœuf Angus à la provençale, raviolis de carotte et olive.
- Lotte rôtie aux haricots cocos et magret de canard fumé.

Desserts

- Chocolat grand cru aux noisettes, sorbet cacao.
- Meringue tendre, banane, glace coco et combava.

Terrasse Mirabeau

B3 — Au goût du jour XX

5 pl. de Barcelone ✉ 75016
✆ 01 42 24 41 51
www.terrasse-mirabeau.com

Ⓜ Mirabeau
Fermé 30 juillet-22 août, 23 décembre-1er janvier, samedi et dimanche

Formule 25 € – Menu 35/45 € – Carte 53/72 €

VISA · MC · AE

Queues de langoustines rôties en cappuccino. Lieu jaune en tournedos au chorizo. Pied de cochon désossé et pané au homard. Cocotte de légumes à la vapeur, beurre à la fleur de sel de Noirmoutier parfumé à l'agastache. Millefeuille à la crème légère de citron. La carte interpelle et... les assiettes tiennent toutes leurs promesses : Pierre Négrevergne (formé auprès de Michel Rostang) signe une belle cuisine d'aujourd'hui, appuyée sur de solides bases classiques – et des produits de qualité bien mis en valeur. L'assurance d'un bon moment, dans un cadre contemporain à la fois sobre et coloré (tons blanc, brun et rouge, miroirs, toiles abstraites) et, dès les premiers jours du printemps, sur une jolie terrasse verdoyante, à deux pas du pont Mirabeau. L'enseigne ne ment pas ; l'assiette non plus.

Tsé Yang

D3 — Chinoise XXX

25 av. Pierre-1er-de-Serbie ✉ 75016
✆ 01 47 20 70 22
www.tse-yang.fr

Ⓜ Iéna

Menu 39/49 € – Carte 40/90 €

A/C · VISA · MC · AE

Situé à deux pas du palais de Tokyo, cet élégant restaurant chinois vous transporte aussitôt l'entrée franchie dans les corridors de la Cité Interdite. Lions de jade monumentaux à la porte, intérieur riche de ses tissus sombres et plafonds dorés, mobilier en bois noir sculpté de motifs typiques : le décor relooké par James Tinel et Emmanuel Benet puise aux sources de l'Empire du Milieu. La carte présente un éventail de plats issus des régions de Pékin, de Shanghai et du Sichuan. Entre autres spécialités maison : assortiment de raviolis (dim-sum), canard rôti au thé de Chine, bar étouffé dans sa vapeur, véritable canard laqué (à la pékinoise). Un établissement qui séduira les palais occidentaux... même les plus endurcis !

La Villa Corse

C1 — Corse

141 av. Malakoff 75016 — Porte Maillot
01 40 67 18 44 — Fermé dimanche
www.lavillacorse.com

Formule 29 € – Carte 50/60 €

Il y avait la Villa Corse du 15e arrondissement, voici sa petite sœur de la rive droite. Le principe reste le même : une atmosphère particulière, un rien dépaysante, pour découvrir le terroir de l'île de Beauté. Ici, l'immense salle à manger, surmontée d'une mezzanine, se pare de patines ocre, de lustres de Murano et de fauteuils profonds. Là, elle dévoile un salon-bibliothèque avec cheminée... Le tout pour un résultat façon lounge branché. Au menu, tous les grands classiques insulaires, plus ou moins revisités : charcuteries, stufatu de veau tigré aux olives, civet de sanglier et son ravioli à la châtaigne, fiadone aux écorces d'agrumes... Sans oublier les vins des domaines Arena ou Leccia, les "stars" de Patrimonio.

Le Vinci

D2-3 — Italienne

23 r. P. Valéry 75116 — Victor Hugo
01 45 01 68 18 — Fermé août, samedi et dimanche

Menu 35 € (dîner)/65 € – Carte 55/75 €

Dans une rue calme, près de l'avenue Victor-Hugo, ce "ristorante" offre une belle carte de cuisine italienne, agrémentée de touches contemporaines françaises : cette table transalpine est ouverte aux influences locales. Le décor, coloré, fleure bon la péninsule et met tout de suite dans l'ambiance. Confortablement attablé, attaquez-vous à la lecture de la carte qui décline les spécialités de la maison, parfaitement exécutées : carpaccio de gambas "Cristal Bay", risotto Alfredo aux abricots rôtis à la vanille et au foie gras poêlé... Sans compter le cappuccino "café café" et sa mousse de lait, un vrai délice, et une attrayante carte de vins italiens. Inutile de préciser que cette adresse fait souvent salle comble !

Zébra Square

Au goût du jour

B2

HÔTEL SQUARE,
3 r. Boulainvilliers ✉ 75016
✆ 01 44 14 91 91
www.hotelsquare.com

Ⓜ Mirabeau

Formule 26 € – Carte 40/60 €

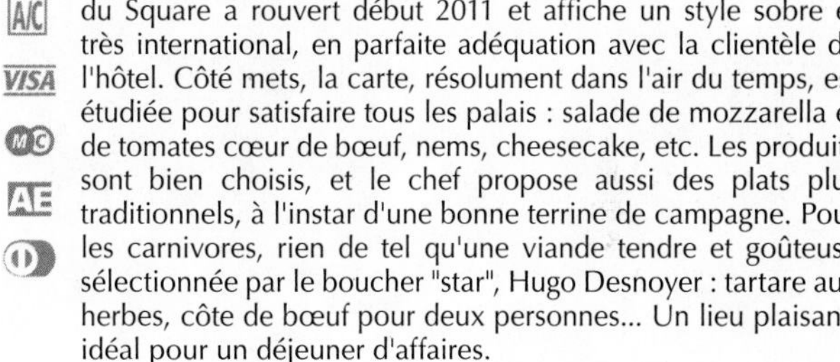

Des murs jaunes où s'affichent des photographies contemporaines, des banquettes de cuir sombre... Le restaurant du Square a rouvert début 2011 et affiche un style sobre et très international, en parfaite adéquation avec la clientèle de l'hôtel. Côté mets, la carte, résolument dans l'air du temps, est étudiée pour satisfaire tous les palais : salade de mozzarella et de tomates cœur de bœuf, nems, cheesecake, etc. Les produits sont bien choisis, et le chef propose aussi des plats plus traditionnels, à l'instar d'une bonne terrine de campagne. Pour les carnivores, rien de tel qu'une viande tendre et goûteuse sélectionnée par le boucher "star", Hugo Desnoyer : tartare aux herbes, côte de bœuf pour deux personnes... Un lieu plaisant, idéal pour un déjeuner d'affaires.

Se régaler
sans se ruiner ? Repérez
les “Bib Gourmand” ☺ :
le signe d'une bonne table
sachant marier cuisine de
qualité et prix… ajustés.

17e Palais des Congrès · Wagram · Ternes · Batignolles

H. Hughes / Hemis.fr

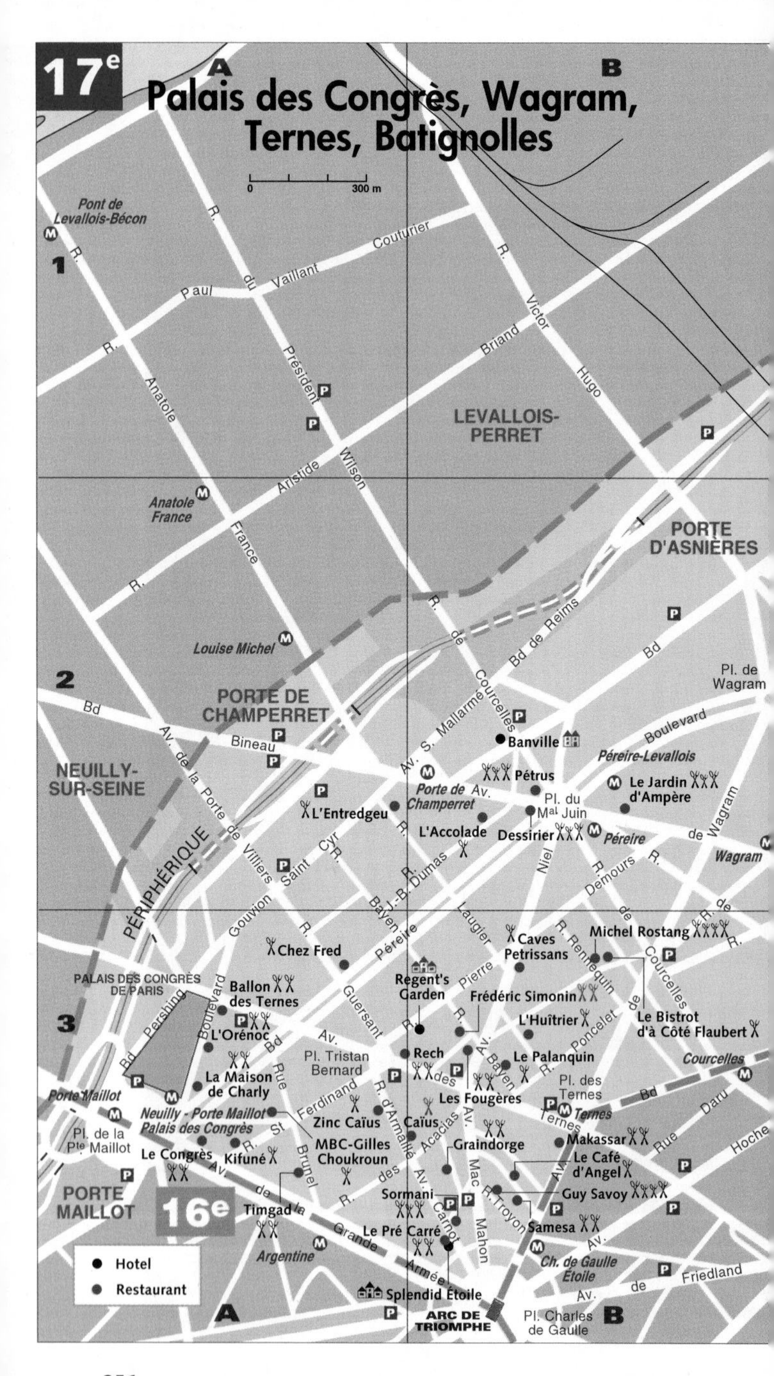
17e
Palais des Congrès, Wagram, Ternes, Batignolles
0
300 m
Pont de Levallois-Bécon
R. Anatole France
R. du Président Wilson
R. Paul Vaillant Couturier
R. Aristide Briand
R. Victor Hugo
LEVALLOIS-PERRET
Anatole France
Louise Michel
PORTE D'ASNIÈRES
R. de Courcelles
Bd de Reims
Bd
Pl. de Wagram
PORTE DE CHAMPERRET
Bd Bineau
NEUILLY-SUR-SEINE
Av. de la Porte de Villiers
Av. S. Mallarmé
Banville
Boulevard Péreire-Levallois
Pétrus
Le Jardin d'Ampère
Porte de Champerret
Av.
Pl. du Mal Juin
L'Entredgeu
L'Accolade
Dessirier
Péreire
Av. de Wagram
Wagram
PÉRIPHÉRIQUE
R. Saint Cyr
R. J.-B. Dumas
R. Niel
R. Demours
R. Bayen
R. Laugier
Bd Gouvion
Chez Fred
Caves Petrissans
Michel Rostang
R. Rennequin
R. de Courcelles
Péreire
PALAIS DES CONGRÈS DE PARIS
Bd Pershing
Boulevard
Ballon des Ternes
L'Orénoc
Regent's Garden
R. Pierre
Frédéric Simonin
L'Huîtrier
R. Poncelet
Le Bistrot d'à Côté Flaubert
Av.
Pl. Tristan Bernard
R. Guersant
Rech
Le Palanquin
Courcelles
La Maison de Charly
Rue
R. des
Av. Bayen
Pl. des Ternes
Porte Maillot
Les Fougères
Ternes
Av. des Ternes
Rue Daru
Neuilly - Porte Maillot Palais des Congrès
R. Ferdinand
Zinc Caïus
Caïus
R. d'Armaillé
Av. des Acacias
Av. Mac Mahon
Pl. de la Pte Maillot
Le Congrès
Kifuné
R. St
MBC-Gilles Choukroun
Graindorge
Makassar
Le Café d'Angel
Av. Hoche
Av. de la Grande Armée
Brunel
R. des
R. Troyon
PORTE MAILLOT
16e
Timgad
Sormani
Av. Carnot
Guy Savoy
Le Pré Carré
Samesa
Argentine
Ch. de Gaulle Étoile
Av. de Friedland
Hotel
Restaurant
Splendid Étoile
ARC DE TRIOMPHE
Pl. Charles de Gaulle
A
B
1
2
3

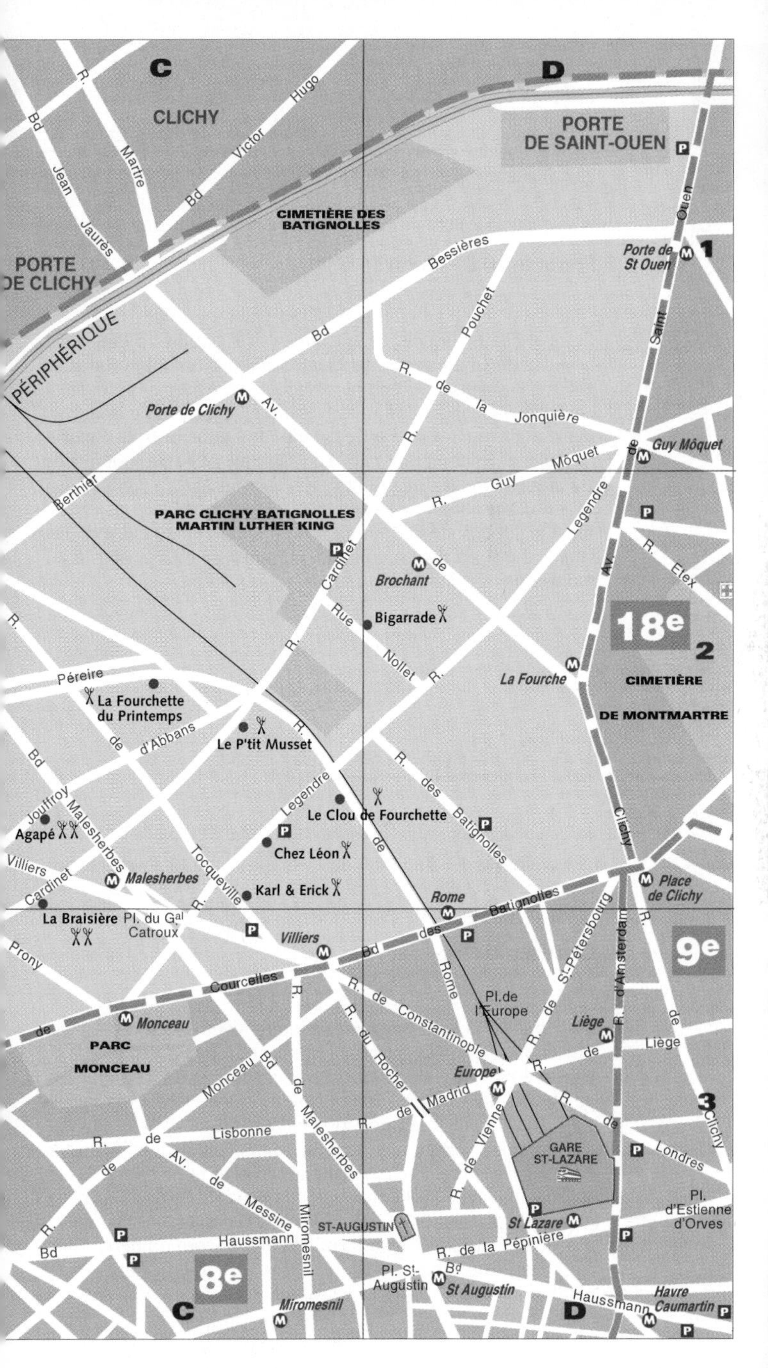
C
D
CLICHY
PORTE DE SAINT-OUEN
CIMETIÈRE DES BATIGNOLLES
PORTE DE CLICHY
PÉRIPHÉRIQUE
Porte de Clichy
Porte de St Ouen
Guy Môquet
PARC CLICHY BATIGNOLLES MARTIN LUTHER KING
Brochant
Bigarrade
18e
CIMETIÈRE DE MONTMARTRE
La Fourche
La Fourchette du Printemps
Le P'tit Musset
Le Clou de Fourchette
Chez Léon
Karl & Erick
Agapé
Malesherbes
La Braisière
Pl. du Gal Catroux
Villiers
Rome
Place de Clichy
9e
Monceau
PARC MONCEAU
Pl.de l'Europe
Liège
Europe
GARE ST-LAZARE
Pl. d'Estienne d'Orves
ST-AUGUSTIN
St Lazare
Pl. St-Augustin
St Augustin
8e
Miromesnil
Havre Caumartin

L'Accolade

B2 — Au goût du jour

23 r. Guillaume-Tell 75017 — Ⓜ Péreire
01 42 67 12 67 — Fermé août, 1 semaine à Noël, dimanche et lundi
www.laccolade.com

Formule 20 € – Menu 34 €

VISA MC AE

Cette ancienne boucherie, nichée entre le boulevard Pereire et la porte de Champerret, se montre aujourd'hui au grand jour grâce à la savoureuse cuisine de Sébastien Altazin – aidé de sa compagne en salle. Banquettes, parquet, crochets de boucher, mais aussi murs d'un vert éclatant : le décor bistrotier marie l'ancien et le contemporain. Les assiettes aussi se jouent des classiques (oreilles de cochon, foie gras et autres rognons) en s'aventurant vers des recettes davantage dans l'air du temps. Ainsi le coucou de Rennes (poule) en ballottine au cidre ou les langoustines en risotto crémeux au parmesan. Cela mérite au moins une accolade !

Le Ballon des Ternes

A3 — Brasserie

103 av. Ternes 75017 — Ⓜ Porte Maillot
01 45 74 17 98
www.leballondesternes.fr

Carte 43/75 €

A/C

VISA MC AE

Si votre homologue outre-Atlantique veut savoir ce qu'est une brasserie 1900 "pur jus", inutile de chercher plus loin : emmenez-le au Ballon des Ternes entre deux conférences au Palais des Congrès. Banquettes en velours rouge, chaises de bistrot, petites lampes, plafond fixé sous verre, meubles champenois, miroirs sur tous les murs, etc. : tout y est. Y compris les serveurs virevoltant de table en table – toujours le sourire aux lèvres – et l'impressionnante carte de produits de la mer et de plats traditionnels. Pour la "French touch", n'oubliez pas de lui faire lever le nez en entrant... Encore un peu... Oui, c'est bien une table dressée à l'envers que l'on peut voir au plafond !

Agapé ✿

C2 — Au goût du jour XX

51 r. Jouffroy-d'Abbans ✉ 75017
✆ 01 42 27 20 18
www.agape-paris.fr

Ⓜ Wagram
Fermé 23 juillet-19 août, samedi et dimanche

Menu 35 € (déjeuner), 90/120 € – Carte 82/125 €

A/C · VISA · MC · AE

L'Agapé

Agapè… En Grèce ancienne, ce mot désignait l'amour inconditionnel de l'autre. Un nom qui augure des moments exclusifs, dans un décor chic et tendance parfaitement adapté. La maison – créée par Laurent Lapaire après dix années passées auprès d'Alain Passard à l'Arpège (7e arrondissement) – compte une clientèle fidèle et conquise… Le fruit d'un mariage réussi entre salle et cuisine. L'accueil et le service se révèlent très professionnels, avec des conseils avisés sur le choix des mets et leur alliance avec les vins. La carte elle-même, assez courte, fait profession de transparence en mentionnant la provenance des produits. Il ne reste alors qu'à se laisser bercer, en toute confiance, par une jolie romance, ciselée d'une main de maître par le chef et son équipe : celle de l'équilibre des saveurs, de la justesse des assaisonnements, de la précision des cuissons… le tout porté au point subtil où l'harmonie rencontre la surprise. L'arme de séduction de l'Agapé !

Entrées

- Noix de veau fumée au bois de hêtre, citron-vanille
- Maquereau de petit bateau, huître de Belon et pomme de terre (été).

Plats

- Pêche côtière de l'Île d'Yeu, légumes de saison
- Ris de veau de lait meunière, petits pois et chénopode (printemps).

Desserts

- Chocolat grand cru, caramel-cassis
- Tarte au citron de Nice (été)

Bigarrade ✿✿

Créative

D2

106 r. Nollet ✉ 75017
✆ 01 42 26 01 02

Ⓜ Brochant
Fermé août, vacances de Noël, samedi, dimanche et lundi – Nombre de couverts limité, réserver

Menu 45 € (déjeuner), 65/95 €

A/C VISA MC AE

Bigarrade

Succès fulgurant et amplement mérité pour cette table lancée en 2008 par Christophe Pelé, ancien chef au Royal Monceau. Adieu le faste du palace ; ici règne la sobriété, pour une vingtaine de couverts seulement ! Le décor, tout de blanc et de vert pomme, joue la carte de l'épure avec des tables peu espacées et des lampes en forme de petites bougies suspendues... Légèrement surélevées pour dialoguer avec la salle, les cuisines impeccables – et le spectacle de la brigade en pleine action – sont au centre des regards.

Tout se joue donc dans l'assiette, et quand le spectacle commence, c'est un véritable feu d'artifice, une succession étourdissante de mets – pensés en petites portions –, un festival de saveurs et de textures. La maîtrise et l'inventivité du chef s'expriment avec limpidité autour de menus "imposés" (pas de carte), réinventés à chaque service – et aux prix contenus. Réservez (très) longtemps à l'avance et sachez que chaque repas est un véritable voyage culinaire qui vous retiendra pour un long moment...

Entrées

- Clams cuits au charbon, saké, gras de cochon noir de Bigorre
- Homard, cacao et olive, betterave

Plats

- Lotte, maïs grillé, sésame noir, fleur de shungiku
- Pigeon tourbé, pressé de caviar, condiment épinard

Desserts

- Ananas rôti, ganache curry, champignons de Paris et gingembre frais
- Parfait pistache caramélisée.

Le Bistrot d'À Côté Flaubert

B3 — Bistrot

10 r. Gustave-Flaubert ✉ 75017
✆ 01 42 67 05 81
www.bistrotflaubert.com

Formule 29 € – Menu 36 € (déjeuner) – Carte 40/55 €

A/C VISA MC AE

Côté assiette, une cuisine gourmande et généreuse, inspirée par les bouchons lyonnais. Côté décor, une salle chaleureuse, véritable petite bonbonnière rétro aux murs recouverts de carafes provençales anthropomorphes – aux allures grotesques et enjouées. Pas de doute, on est bien dans un bistrot ! Et il est "d'à côté" car il jouxte le restaurant gastronomique de Michel Rostang, auquel il appartient également. Aux commandes en ces lieux ? Une jeune chef pleine d'enthousiasme, qui réalise de beaux classiques : ravioles de Romans au homard, fricassée de rognons de veau, volaille de Bresse "Miéral" rôtie en crapaudine, etc. Les desserts sont dans un registre tout aussi traditionnel et... savoureux : petits pots de crème au chocolat, tarte Tatin, etc. Un bon prétexte pour se diriger du côté de la rue Flaubert.

Le Café d'Angel

B3 — Bistrot 

16 r. Brey ✉ 75017
✆ 01 47 54 03 33

Ⓜ Charles de Gaulle-Etoile
Fermé août, 24 décembre-2 janvier, samedi, dimanche et fériés

Formule 25 € – Menu 30 € (déjeuner)/32 € – Carte 38/61 €

VISA MC

Ce joli café a tout pour plaire avec ses banquettes en skaï, ses faïences aux murs, ses petites tables carrées garnies de sets en papier et ses cuisines visibles derrière le vieux comptoir... Sans oublier son ambiance éminemment amicale : on en ressent la chaleur communicative dès que l'on franchit le seuil de la porte. Une adresse fétiche pour les nostalgiques des bistrots parisiens d'antan ! D'autant que l'on y mange exactement ce qu'on s'attend à trouver en pareil lieu : de bonnes recettes traditionnelles, 100 % maison. Comme elles changent tous les jours, il vous suffit de guetter l'ardoise en passant... Il y a fort à parier que, sans vous en rendre compte, le Café d'Angel devienne votre cantine préférée !

La Braisière ✿

C2 — Sud-Ouest XX

54 r. Cardinet ✉ 75017
✆ 01 47 63 40 37
www.jacquesfaussat.com

Ⓜ Maleshherbes
Fermé août, 24 décembre-2 janvier, samedi sauf le soir d'octobre à avril, dimanche et fériés

Menu 38 € (déjeuner)/110 € – Carte 60/85 €

A/C · VISA · MC · AE

La Braisière

Un petit bout de province à Paris, cela paraît impossible. C'est pourtant la gageure que relève avec brio Jacques Faussat, gersois et fier de l'être. Son restaurant du quartier des Ternes évite ainsi toute compromission : il revendique haut et fort l'authenticité du Sud-Ouest à travers une cuisine du marché sans chichi. Le chef n'aime rien tant que la simplicité inspirée de ses racines et de son enfance. Une simplicité également apprise auprès de Michel Guérard et surtout d'Alain Dutournier – sa rencontre avec cet homme de passion qui partage les mêmes origines sera déterminante dans sa carrière, à commencer par dix années passées aux fourneaux du Trou Gascon. Ainsi, il compose une carte inventive, qui suit les saisons tout en revisitant les classiques.

Le décor de la Braisière, contemporain dans l'âme, respire la convivialité et la sérénité. On peut remercier la maîtresse de maison chargée de l'accueil et de la salle, ainsi que le service, sans manières, pour leur gentillesse. Ici, on se sent bien, presque comme chez soi.

Entrées

- Homard bleu aux fraîcheurs du jardin
- Gâteau de pommes de terre au foie gras

Plats

- Épaule d'agneau des Pyrénées longuement rôtie
- Lotte rôtie, petits légumes et jus d'olives vertes

Desserts

- Soufflé chaud aux fruits de saison
- Tarte mirliton aux pommes, glace à la verveine

Caïus

B3

Créative

6 r. d'Armaillé ✉ 75017
✆ 01 42 27 19 20
www.caius-restaurant.fr

Ⓜ Charles de Gaulle-Etoile
Fermé samedi et dimanche

Formule 23 € – Menu 39/60 €

A/C VISA MC AE

Cette adresse cache bien son jeu derrière sa devanture en bois plutôt sage : de belles banquettes, des chaises design en cuir, des nappes blanches... Et beaucoup d'inventivité derrière les fourneaux ! Le chef, Jean-Marc Notelet, pourrait presque être comparé à un alchimiste. Exhumant épices et produits oubliés pour en faire des ingrédients magiques, il a l'art de transformer des recettes ordinaires avec ici une pincée de vanille, là un filet d'huile d'argan... Et les idées fusent : chaque jour, il efface la monumentale ardoise et recommence ! Résultat, impossible de se lasser, d'autant que l'atmosphère ne gâche rien. La petite salle moderne est accueillante avec ses boiseries blondes et ses photos glorifiant les précieux condiments. Pour le plaisir... de tous les sens.

Caves Petrissans

B3

Traditionnelle

30 bis av. Niel ✉ 75017
✆ 01 42 27 52 03
www.cavespetrissans.fr

Ⓜ Pereire
Fermé août, samedi, dimanche et fériés – Réserver

Menu 36 € – Carte 42/59 €

VISA MC AE

On ne compte plus les habitués de ces caves plus que centenaires. Et l'adorable Marie-Christine Allemoz – quatrième génération ! – accueille avec la même gentillesse les nouveaux venus. En un clin d'œil, elle vous installe à une table où Céline, Abel Gance ou Roland Dorgelès se sont peut-être déjà assis. "Je vous sers un verre de blanc ?" Répondre par l'affirmative est tentant, mais que choisir ? Suivez les conseils avisés des patrons, ils sauront vous dénicher "la" bouteille qu'il vous faut dans leur incroyable boutique attenante. La terrine maison, la tête de veau sauce ravigote ou l'un des nombreux classiques bistrotiers à la carte – tous délicieux – prendront alors une autre dimension. Arrière-salle plus intime et terrasse entourée de... ceps de vigne, pour réviser ses cépages !

Chez Fred

A3 — Lyonnaise

190 bis bd Pereire ✉ 75017
✆ 01 45 74 20 48

Ⓜ Porte Maillot
Fermé 24 décembre-1er janvier, samedi et dimanche de juin à août

Menu 30 € – Carte 35/55 €

A/C VISA MC AE

Ce bouchon lyonnais, né en 1945, est une véritable institution ! Guignol, Gnafron et le gendarme veillent toujours dans un coin sur le beau décor rétro, où le temps a déposé son lustre et sa patine... Le vieux comptoir, les bibelots et les affiches, tout paraît immuable et chaleureux, comme la cuisine estampillée "capitale des Gaules" : priorité aux produits du terroir de qualité et aux plats canailles bien ficelés. Les suggestions à l'ardoise sont explicites : cochonnailles, persillé lyonnais, harengs pommes à l'huile, andouillettes AAAAA, saucisson chaud... Que ceux qui aiment une cuisine moins roborative se rassurent, viandes et poissons grillés sont également au rendez-vous, accompagnés de petits vins gouleyants et fruités à souhait !

Chez Léon

C2 — Au goût du jour

32 r. Legendre ✉ 75017
✆ 01 42 27 06 82

Ⓜ Villiers
Fermé 6-25 août, 25 décembre-2 janvier, samedi et dimanche

Formule 20 € – Menu 30/40 €

VISA MC AE

Ce bistrot des années 1950, entièrement relooké dans un style contemporain et coloré, n'en renie pas pour autant son passé, à l'image du vieux zinc qui trône dans l'une des trois salles à manger. Clin d'œil, on s'attable même près d'une plaque en hommage au "commissaire principal Jules Maigret, hôte gourmand de la maison" ! Même mariage entre tradition et modernité côté cuisine : le foie gras poêlé s'accompagne d'une tatin aux navets, et la cuisse de lapin, bien dorée, cuit doucement dans sa crème aux cébettes fondantes... Au moment du dessert, on hésite entre un moelleux au chocolat et un paris-brest fondant à souhait. Pas de doute, Chez Léon, l'assiette joue les canailles apprivoisées.

Le Clou de Fourchette

Au goût du jour

C2

121 r. de Rome ✉ 75017 — Ⓜ Rome
✆ 01 48 88 09 97 — Fermé 1 semaine en août

Formule 17 € – Carte 25/35 €

VISA — MC — AE

Voilà un restaurant qui plante fièrement le nom de son propriétaire ! Avec ses associés, Christian Leclou invite à un bon "coup de fourchette", rue de Rome. On aurait tort de bouder ce précieux ustensile quand la façade annonce en toutes lettres : "Boire… et manger". On profite ici de petits plats simples et savoureux, accompagnés d'un bon choix de vins au verre (une quinzaine de références). Le cadre – cuisine ouverte, comptoir, tons rouge et noir – est d'autant plus plaisant que la cuisine joue la carte de la convivialité en invitant les clients à se retrouver "autour du cochon", "de la plancha", "d'une tartine" ou bien encore "des brochettes". Ces plats-là sont exactement de ceux que l'on se partage entre amis ou collègues : le Clou du spectacle.

Le Congrès

Brasserie

A3

80 av. de la Grande-Armée ✉ 75017 — Ⓜ Porte Maillot
✆ 01 45 74 17 24
www.congres-maillot.com

Menu 36 € – Carte 32/90 €

A/C — VISA — MC — AE

Porte Maillot, à l'ombre du monumental Palais des Congrès, s'en tient… un autre, celui-là plus discret et au singulier : une authentique brasserie à échelle humaine, où il fait bon se poser à l'écart du brouhaha du quartier. Banc d'écailler, nappes blanches, fauteuils Empire, luminaires, etc. : tous les codes du genre répondent à l'appel, distillant une ambiance feutrée bien agréable. Des apparats au diapason d'une assiette elle aussi ancrée dans la bonne tradition : plateaux de fruits de mer (huîtres en tête), sole meunière, gros escargots de Bourgogne, tartare de bœuf, baba au rhum... Et en brasserie parisienne qui se respecte, les horaires d'ouverture conviennent aussi bien aux lève-tôt (pour le petit-déjeuner) qu'aux nombreux couche-tard de sortie au Palais voisin, si pluriel.

Dessirier par Rostang Père et Filles

Produits de la mer

B2

9 pl. Mar.-Juin ✉ 75017
✆ 01 42 27 82 14
www.restaurantdessirier.com

Ⓜ Pereire
Fermé samedi et dimanche en juillet-août

Formule 38 € – Menu 46 € – Carte 51/94 €

A/C VISA AE

Un appétissant banc d'écailler annonce la couleur : on vient ici pour se régaler de belles spécialités de la mer. Parmi les plats phares de la maison, le bar de ligne rôti entier pour deux personnes vient en tête, tant il est savoureux... Mais dans les cuisines se concoctent aussi une multitude d'alléchantes recettes iodées, préparées à partir de produits que Michel Rostang – propriétaire de cinq autres "bistrots" – sélectionne avec le plus grand soin. Le décor, contemporain, arty et chic, renouvelle le genre des grandes brasseries parisiennes : banquettes de cuir gris, mosaïques, murs aux courbes élancées rappelant les ondulations océanes, œuvres d'artistes comme Combas, Arman, Folon... Pas étonnant que le lieu soit aussi prisé, particulièrement par la clientèle d'affaires.

L'Entredgeu

Bistrot

A2

83 r. Laugier ✉ 75017
✆ 01 40 54 97 24

Formule 23 € – Menu 33 €

Ⓜ Porte de Champerret
Fermé 1 semaine fin avril-début mai, 3 semaines en août, 1 semaine à Noël, dimanche et lundi

VISA

Quelle ambiance dans ce troquet ! À croire que tout le 17e en a fait sa cantine. Non sans raison : de beaux produits ramenés du marché, des recettes traditionnelles parfaitement maîtrisées, des prix tenus... la recette fonctionne à merveille. En outre, le délicieux accueil de Pénélope rend la visite encore plus agréable ! Rançon du succès, on joue souvent à guichets fermés et le service presse parfois un peu le pas. Mais la bonne humeur qui règne fait tout pardonner. Après tout, que serait cette salle aux accents du Sud-Ouest sans les plaisanteries qui fusent et les tintements de verres ?

Les Fougères

B3 — Au goût du jour XX

10 r. Villebois-Mareuil ✉ 75017
✆ 01 40 68 78 66
www.restaurant-les-fougeres.fr

Ⓜ Ternes
Fermé 24 avril-2 mai, 1er-26 août, 25 décembre-2 janvier, samedi et dimanche

Formule 26 € – Menu 38/120 € – Carte 75/115 €

A/C VISA MC AE

Stéphane Duchiron a grandi dans le Limousin et... cultive le souvenir des journées passées chez ses grands-parents, au lieu-dit les Fougères. Tout un imaginaire : celui du soleil filtrant dans les sous-bois, du vert tendre du printemps, des feuilles mortes foulées du pied… le goût d'une certaine authenticité, qui se révèle aujourd'hui dans son amour du produit. Car le jeune chef reste viscéralement attaché à l'esprit des saisons : gibier et champignons à l'automne, truffe en hiver, légumes nouveaux aux premiers beaux jours, etc. Poitrine de cochon fermier aux épices douces ; soupe de cerises et sorbet menthe maison : ses assiettes sont fines et soignées, et l'on se régale ! On apprécie aussi le décor des lieux, à la fois chic et chaleureux, avec pour leitmotiv des imprimés évoquant… l'élégant port de tête des fougères.

Graindorge

B3 — Flamande XX

15 r. Arc-de-Triomphe ✉ 75017
✆ 01 47 54 00 28

Ⓜ Charles de Gaulle-Étoile
Fermé 1er-15 août, samedi midi et dimanche

Formule 24 € – Menu 28 € (déjeuner), 35/50 € – Carte 45/70 €

VISA MC AE

Le climat de l'Étoile réussit plutôt bien à Bernard Broux, sans doute parce qu'il a su adapter au goût parisien ce qui fait le charme des auberges de son "Ch'Nord" natal ! Dans la salle d'esprit Art déco, on s'attable volontiers devant un potjevlesch, des bintjes farcies à la brandade de morue, un waterzoï de la mer aux crevettes grises d'Ostende ou des kippers de Boulogne grillés et oignons frits. De généreuses recettes pleines du terroir d'origine du chef, complétées de suggestions du marché. Le tout se déguste avec de belles bières artisanales d'outre-Quiévrain (Angélus, Moinette Blonde), mais que les amateurs de vin se rassurent, ils trouveront aussi leur bonheur !

La Fourchette du Printemps ✿

Au goût du jour

C2

30 r. du Printemps ✉ 75017
✆ 01 42 27 26 97

Ⓜ Wagram

Fermé août, vacances de Noël, dimanche et lundi – Nombre de couverts limité, réserver

Menu 45/70 €

La Fourchette du Printemps

Et si une fourchette faisait le printemps ? Un souhait exaucé en toute saison dans ce bistrot contemporain où l'on sait exalter, avec finesse et élégance, les plus belles saveurs ! Aux fourneaux, Cédric Delvart et Nicolas Mouton œuvrent à quatre mains, faisant preuve d'un vrai sens du produit, des cuissons, des jeux de textures... La carte est courte et diablement alléchante, revisitant avec subtilité le paris-brest ou la bouillabaisse, réussissant le mariage d'un waterzoï (clin d'œil à ce Nord dont Nicolas est originaire) et de beaux légumes du soleil... Des saveurs insoupçonnées, des alliages raffinés : voilà ce qui fait le sel de la vie, voilà tout le piment de ce bel endroit. Comptoir en zinc, bocaux de légumes secs, banquettes bistrotières : l'atmosphère est décontractée, simple et chaleureuse. C'est exquis et l'on sort enchanté : pas de doute, cette Fourchette-là a de belles saisons devant elle !

Entrées *Plats* *Desserts*

- Cuisine du marché !

Frédéric Simonin ✿

Au goût du jour XX

B3

17e

25 r. Bayen ✉ 75017
✆ 01 45 74 74 74
www.fredericsimonin.com

Ⓜ Ternes
Fermé 28 juillet-27 août, dimanche et lundi

Menu 42 € (déjeuner)/130 € – Carte 80/120 €

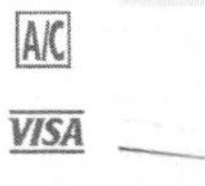

Francis Amiand

Le moins que l'on puisse dire de Frédéric Simonin, c'est qu'il a fait un beau parcours ! Ledoyen, le Meurice, Taillevent, le Seize au Seize, et enfin la Table de Joël Robuchon, où il a gagné ses derniers galons... Rien que des grands noms, à la suite desquels il vient aujourd'hui écrire le sien, non loin de la place des Ternes (pour les connaisseurs : en lieu et place du restaurant Bath's, qu'il a entièrement transformé). Moquette noir et blanc, banquettes de velours sombre, panneaux de verre, déclinaisons élégantes de formes géométriques ; le design des lieux sied à la cuisine du chef, fine et pleine de justesse. Ne dédaignant pas les touches inventives et parfois japonisantes, il ose les associations originales. Un couteau par exemple, farci d'aromates, d'herbes et de petits légumes, savoureusement marié à de petites girolles parfumées et croquantes. Ou bien une gelée de thé dévoilant de délicieux petits fruits rouges... L'équation est subtile, maîtrisée, à découvrir à la carte ou à travers le beau menu dégustation.

Entrées

- Tourteau dans une gelée acidulée à l'avocat
- Légumes confits et craquants sur une fine croûte à l'origan

Plats

- Saint-pierre au beurre de yuzu, langues de coques à la cardamome et jeunes cébettes
- Ris de veau à la fregola au goût d'une carbonara

Desserts

- Le "payachoco"
- Soufflé chaud au yuzu, glace au sucre Okinawa

Guy Savoy ✿✿✿

B3 — Créative XXXX

18 r. Troyon ✉ 75017
✆ 01 43 80 40 61
www.guysavoy.com

Ⓜ Charles de Gaulle-Etoile
Fermé août, vacances de Noël, samedi midi, dimanche et lundi

Menu 315/360 € – Carte 168/337 €

Guy Savoy

Guy Savoy a beau tutoyer les étoiles, maîtriser son art, être installé ici depuis 1987, posséder d'autres enseignes satellites tout aussi prestigieuses ; rien n'y fait, il n'en démord pas et reste... un "aubergiste" ! Tout simplement. Son "auberge du 21e s." se veut généreuse et accueillante, avec un personnel aux petits soins. Résultat : un cadre raffiné, dépouillé et chaleureux à la fois. L'espace a la bonne idée d'être modulable grâce à un jeu de cloisons coulissantes ; les salons très intimes peuvent ainsi se transformer à la demande. Ici et là, des tableaux d'artistes et des sculptures africaines révèlent les autres passions de Guy Savoy – avec la gastronomie, bien sûr. De celle-ci, il dit d'ailleurs qu'elle est "la fête, la joie, la poésie", une bien jolie définition. Épurée dans son exécution, authentique dans son expression, inventive mais sans excès, sa belle cuisine fait des merveilles. Les produits sont superbes et rappellent parfois cette tradition dauphinoise qu'il n'a jamais oubliée...

Entrées

- "Colors of caviar"
- Soupe d'artichaut à la truffe noire, brioche feuilletée aux champignons et truffes

Plats

- Saumon "figé" sur glace, consommé brûlant et perles de citron
- Paleron de bœuf en deux cuissons

Desserts

- Boule noire
- Chariot des glaces, sorbets, les bocaux et biscuits d'autrefois

L'Huîtrier

B3 Produits de la mer

16 r. Saussier-Leroy ✉ 75017
✆ 01 40 54 83 44
www.huitrier.fr

Ⓜ Ternes
Fermé août et lundi

Carte 45/90 €

A/C VISA MC AE

Pas de mystère, on vient ici pour déguster... des huîtres. L'enseigne et le sympathique banc d'écailler qui trône à l'entrée ne trompent pas. À côté de ces fameux coquillages, d'autres fruits de mer et poissons se partagent l'affiche de la généreuse ardoise. Surtout guettez-la bien : selon la marée et les saisons, elle vous réserve de nouvelles découvertes, plus appétissantes les unes que les autres. Chaque plat est préparé en toute simplicité, comme pour mieux mettre en avant les produits. Ceux-ci sont de première fraîcheur, grâce à un remarquable approvisionnement tout au long de l'année. À savourer dans un décor sagement contemporain et plutôt chaleureux.

Le Jardin d'Ampère

B2 Traditionnelle

HÔTEL AMPÈRE,
102 av. de Villiers ✉ 75017
✆ 01 44 29 16 54
www.hotel-ampere-paris.com

Ⓜ Pereire
Fermé août, le soir, samedi et dimanche

Formule 25 € – Menu 29/79 € – Carte 55/75 € le soir

A/C VISA MC AE

Résolument contemporain, le restaurant de l'hôtel Ampère joue avec la verticalité et les harmonies de beige et de brun. Un décor organique habilement mis en scène grâce à son coin rotonde aux rideaux frangés. L'agréable terrasse paysagée, sous la pergola, a un petit air bucolique bien appréciable à Paris. Un croustillant d'asperges vertes accompagné d'un cromesquis de morue, un beau pavé de cabillaud discrètement saupoudré de poivre finement moulu, un millefeuille au chocolat joliment présenté ou une audacieuse sphère crémeuse au kalamansi : la cuisine, soignée, épouse la tendance.

Karl & Erick

C2 — Au goût du jour

20 r. de Tocqueville 75017 — Ⓜ Villiers
01 42 27 03 71 — Fermé août, samedi midi et dimanche

Menu 26 € (déjeuner) – Carte 40/60 €

VISA MC AE

Qu'est-ce qui définit un bistrot contemporain ? Son atmosphère d'abord, naturellement conviviale et tendance, puis la cuisine de son chef, forcément passé par de grandes maisons et réussissant à marier classicisme et créativité. Pour vous en convaincre, découvrez cette table tenue par de talentueux jumeaux. Erick se charge de l'accueil dans une salle aux airs de loft (banquettes rouge et chocolat, mezzanine). Karl s'épanouit aux fourneaux, proposant un registre bien alléchant : foie gras chaud aux raisins, millefeuille de boudin et pommes, noix de Saint-Jacques et purée de pois cassés au jus de pamplemousse, mousse au chocolat noir et sa marmelade de citron vert. Fin de la démonstration, il est temps de passer aux travaux pratiques : bon appétit !

Kifuné

A3 — Japonaise

44 r. St-Ferdinand 75017 — Ⓜ Porte Maillot
01 45 72 11 19 — Fermé dimanche et lundi

Menu 32 € (déjeuner) – Carte 50/90 €

VISA MC

Révélons d'abord le secret des trois kanji japonais inscrits sur la façade : littéralement, "kifuné" signifie "bateau en bois". Une enseigne qui dit tout, tant sur la cuisine – tout poisson – que sur l'assiette elle-même, certains plats étant présentés dans de jolies barques en bois. À l'intérieur, atmosphère nippone de rigueur, toute de simplicité : tons noir et blanc autour d'un comptoir de dix couverts où le chef sert directement les traditionnels sushis, sashimis, tempura, yakimono (grillades) et autres agemono (fritures), qu'il compose devant vous. Pour le déjeuner, plusieurs menus répondent aux attentes des habitués du quartier, gourmets mais pressés. Si vous disposez de plus de temps, quelques tables et un box offrent une agréable intimité.

La Maison de Charly

A3 — Marocaine XX

97 bd Gouvion-St-Cyr ✉ 75017 — Ⓜ Porte Maillot
✆ 01 45 74 34 62 — Fermé 1er-23 août et lundi
www.lamaisondecharly.fr

Carte 34/48 €

A/C · VISA · MC · AE

Pour point de repère, deux oliviers devant une sobre façade ocre. En entrant dans la Maison de Charly, on est immédiatement séduit par son ravissant décor mauresque parsemé de touches contemporaines, tout en élégance et en sobriété. Des fleurs un peu partout, des matériaux nobles provenant d'Afrique du Nord, des portes sculptées et même un palmier sous sa grande verrière : la belle ambiance orientale fait son effet ! On y apprécie doublement le traditionnel trio couscous-tajine-pastilla. Et quelques spécialités qui donnent envie de revenir comme, par exemple, la "tanjia" (agneau de dix heures confit aux épices).

Makassar

B3 — Fusion XX

HÔTEL RENAISSANCE ARC DE TRIOMPHE, 39 av. Wagram ✉ 75017 — Ⓜ Ternes
✆ 01 55 37 55 57
www.renaissancearcdetriomphe.fr

Formule 19 € – Carte 41/58 €

A/C · VISA · MC · AE

Makassar... Le nom de ce port indonésien évoque le bois précieux et les îles lointaines. Flanqué d'un bar résolument lounge, le restaurant de l'hôtel Renaissance joue la sobriété et rappelle son caractère exotique par de discrets détails, comme des projections de scènes du théâtre d'ombres Ramayana. On a le choix entre des spécialités on ne peut plus françaises et des recettes d'ailleurs. Est-ce un hasard ? Le chef, Louis-José Bangard, est natif de l'océan Indien. Alors bien sûr, on peut tout à fait préférer un poulet de Challans en peau croustillante ou un tartare de bœuf au couteau, mais il serait dommage de ne pas découvrir le gado gado – une salade au tofu mariné – ou l'ikan dabu dabu, de l'espadon mariné, rôti et accompagné de riz basmati et de sauce vierge...

MBC - Gilles Choukroun

A3 — Au goût du jour

4 r. du Débarcadère ✉ 75017
✆ 01 45 72 22 55
www.gilleschoukroun.com

Ⓜ Porte Maillot
Fermé août, samedi et dimanche

Formule 19 € – Menu 29 € (déjeuner), 39/49 € – Carte 45/55 € le soir

A/C VISA MC AE

M pour menthe, B pour basilic et C pour coriandre. Trois produits, trois saveurs et autant d'ouvertures sur le monde, pour une cuisine créative et métissée qui navigue entre France, Asie, Afrique du Nord et Amérique... Gilles Choukroun n'en est pas à son coup d'essai (Angl'Opéra, Café des Délices, etc.), mais, avec cette table ouverte en 2009, il affirme son style et ses recettes : foie gras poêlé, cornichons doux et jus d'abricot au poivre ; poitrine de veau au miso et à la mangue ; chocolat et persil. Certaines frontières culinaires s'effacent pour laisser place à de nouvelles identités gustatives pleines de parfums ! Le tout s'apprécie dans un cadre contemporain résolument tendance, particulièrement agréable avec sa verrière.

L'Orénoc

A3 — Au goût du jour

HÔTEL LE MÉRIDIEN ÉTOILE,
81 bd Gouvion St-Cyr ✉ 75017
✆ 01 40 68 30 40
www.lemeridienetoile.fr

Ⓜ Porte Maillot
Fermé 26 juillet-30 août,
1 semaine à Noël,
samedi midi et dimanche soir

Formule 42 € – Menu 55/63 € – Carte 60/74 €

A/C VISA MC AE

Prononcez le mot Orénoc et tout de suite se déroulent devant vos yeux des fleuves tumultueux et des forêts profondes et bruissantes. Logiquement, le restaurant du Méridien Étoile s'est paré d'un style colonial chic et feutré, tout en cuir et boiseries exotiques. Aux commandes, le chef Éric Brujan concocte une cuisine en forme d'évasion culinaire, mêlant recettes classiques (tournedos d'omble chevalier à la mousseline de topinambours et racines de cresson) et exotisme (tataki d'hamachi aux senteurs d'Asie, croustillant de crabe citronnelle gingembre, etc.). À noter, l'étroite collaboration du chef avec une douzaine de producteurs et d'artisans, ce qui garantit une cuisine locavore et des produits frais, acheminés dans un périmètre de moins de 200 km.

Michel Rostang ✿✿

Classique

B3

20 r. Rennequin ✉ 75017
✆ 01 47 63 40 77
www.michelrostang.com

Ⓜ Ternes
Fermé lundi sauf le soir de septembre à juin, samedi midi et dimanche

Menu 78 € (déjeuner), 169/198 € – Carte 125/185 €

A/C · VISA · AE

Michel Rostang

Le parcours de Michel Rostang était tout tracé ! Un vrai destin de chef dans la pure tradition française, à l'image de son père, de son grand-père, etc. C'est bien simple, chez les Rostang, la gastronomie est une affaire de famille depuis cinq générations. C'est après de belles années d'apprentissage (notamment chez Lasserre, Lucas-Carton et Pierre Laporte) que Michel ouvre un restaurant parisien à son nom. Sa cuisine s'inscrit alors dans la lignée des plus grandes tables. Bien qu'il s'autorise quelques incursions dans le registre contemporain, il affirme sa préférence pour les terroirs du Dauphiné et du Lyonnais. Produits magnifiques, liés au rythme des saisons (gibier en automne, truffe en hiver), vins au diapason (tout spécialement les côtes-du-rhône) ; il mise sur des valeurs sûres, il recherche l'excellence. Le décor, luxueux et insolite, fait ressentir la même impression : salon Art nouveau, salon Lalique, salon Robj ouvert sur le spectacle des fourneaux, collection d'œuvres d'art (César, Arman, porcelaines…). Plus qu'une escale gourmande, un rendez-vous d'esthètes !

Entrées

- Salade de homard bleu cuit au moment et servi entier
- Sandwich tiède à la truffe (15 nov.-15 mars)

Plats

- Canette de Bresse au sang en deux services
- Dos de bar rôti à la peau croustillante aux truffes (15 nov.-15 mars)

Desserts

- Tarte moelleuse au chocolat amer
- Pomme clocharde rôtie piquée à la truffe (15 nov.-15 mars)

Le Palanquin

B3 — Vietnamienne

4 pl. Boulnois ✉ 75017
✆ 01 43 80 46 90

Ⓜ Ternes
Fermé août, samedi et dimanche – Nombre de couverts limité, réserver

Carte 33/46 €

A/C VISA MC

À table, qualité rime souvent avec simplicité. Parfaite démonstration avec ce petit restaurant vietnamien où l'on savoure, sans retenue, une cuisine authentique et très parfumée (brochettes de crevettes, porc épicé à la citronnelle, petits cakes aux feuilles de bananier, crème de coco à la banane...). Madame Someaud œuvre seule aux fourneaux – et s'approvisionne au marché voisin – tandis que ses enfants assurent le service avec une gentillesse désarmante. Le restaurant est petit (pas plus de vingt couverts, réservez !) mais convivial et chaleureux : exactement ce qu'il faut pour se concentrer sur son assiette, et c'est parfait, car la cuisine de la patronne vous transporte très loin...

Le P'tit Musset

C2 — Bistrot

132 r. Cardinet ✉ 75017
✆ 01 42 27 36 78

Ⓜ Malesherbes
Fermé 1er-21 août, 23 décembre-2 janvier, samedi midi et dimanche

Formule 20 € – Menu 24 € (déjeuner)/33 €

A/C VISA MC AE

"Le goût de l'eau, le goût du pain, et celui du perlimpinpin, dans le square des Batignolles..." comme le chantait Barbara ; voilà ce que Denis Musset vous propose dans son bistrot de la rue Cardinet, non loin du célèbre jardin. Le cadre est sobre, plutôt chic avec ses grands miroirs, ses banquettes et son comptoir en bois. Terrine de volaille au foie gras, ravioles aux cèpes, filets de poisson relevés d'huile vierge et de basilic, entrecôte d'Angus façon P'tit Musset ou rognons de veau poêlés : les plats se font canailles, et les saveurs sont enlevées. Tout comme le service, mené tambour battant par une équipe jeune et dynamique qui donne au lieu un côté convivial et du... "perlimpinpin" – cette petite magie typiquement parisienne !

Pétrus

B2 — Au goût du jour XXX

12 pl. du Mar.-Juin ✉ 75017
✆ 01 43 80 15 95

Ⓜ Pereire
Fermé 6-24 août

Carte 50/95 €

La brasserie de luxe par excellence ! Un beau plancher, des chaises en cuir, des lustres design, le tout dans des tons beige et taupe. Désormais portée par une équipe dynamique, cette institution parisienne continue à honorer avec style poissons et fruits de mer. Du haddock, du turbot, un filet de saint-pierre doré servi avec des coquillages à la crème ; les produits sont incontestablement de grande qualité. Une tradition revisitée qui fait également merveille pour les entrées et les desserts. Millefeuille à la vanille, macarons aux framboises... les pâtisseries sont légères et soignées. Les fidèles sont au rendez-vous, et on les comprend. D'autant qu'en été il est possible de manger en terrasse sur la place du Maréchal-Juin.

A/C VISA AE

Le Pré Carré

B3 — Au goût du jour XX

HÔTEL SPLENDID ÉTOILE,
1 bis av. Carnot ✉ 75017
✆ 01 46 22 57 35
www.restaurant-le-pre-carre.com

Ⓜ Charles de Gaulle-Etoile
Fermé 3 semaines en août, samedi midi et dimanche

Menu 38 € (dîner) – Carte 48/72 €

A/C VISA AE

Juste à côte de la place de l'Étoile et de l'Arc de Triomphe, le restaurant de l'hôtel Splendid Étoile réussit l'amalgame de l'élégance et du charme. Deux miroirs face à face reflètent à l'infini l'élégant et chaleureux décor, tout en nuances de beige et de gris, fleurs aux lignes graphiques et banquettes confortables. On dîne également en terrasse ou protégé sous une verrière, histoire de profiter de l'animation du quartier. À la carte, des classiques comme la sole meunière, le tartare ou l'entrecôte de salers, ainsi que des plats où herbes aromatiques et épices douces (aubergine crétoise au four, poêlée de chipirons, merlu au citron confit) soulignent une discrète influence méditerranéenne.

Rech

Produits de la mer XX

A3

62 av. des Ternes ✉ 75017 — Ⓜ Ternes
✆ 01 45 72 29 47 — Fermé août, dimanche et lundi
www.alain-ducasse.com

Menu 30 € (déjeuner)/54 € – Carte 60/85 €

Illustre adresse que ce bistrot créé en 1925 par l'Alsacien August Rech, et entré il y a quelques années dans la galaxie du groupe Ducasse. Au rez-de-chaussée comme à l'étage, les salles ont de l'allure : touches Art déco (sculptures, miroirs et vieilles affiches) et luminaires de style Gallet. En cuisine, un seul credo : faire parler, avant toute chose, les produits ! Le principe est parfaitement respecté : tous sont travaillés avec simplicité afin de mettre en valeur leurs qualités naturelles. La carte est d'ailleurs principalement axée sur les produits de la mer. Ce qui n'empêche pas les habitués d'attendre la fin du repas avec envie pour... l'incontournable camembert Rech et l'éclair XXL, au chocolat ou au café selon les goûts.

Samesa

Italienne XX

B3

13 r. Brey ✉ 75017 — Ⓜ Charles De Gaulle-Etoile
✆ 01 43 80 69 34 — Fermé 3 semaines en août et dimanche
www.samesa.fr

Formule 19 € – Menu 30 € – Carte 36/50 €

Ouverte fin 2008 par deux associés, Flavio Mascia (du restaurant Fontanarosa, 15e) et Claudio Sammarone (Le Perron, 7e), cette table transalpine a fait peau neuve en 2009 pour un décor très chaleureux : la salle est lumineuse (baie vitrée et verrière), tout en longueur, avec des murs en pierres blondes et des tons beiges. Tables et chaises de bistrot s'y alignent avec une élégance simple (nappes blanches), et l'assiette fait honneur aux bonnes recettes italiennes : aubergines au parmesan, médaillons de lotte "comme à Livornio", le tout accompagné d'un bon choix de vins du pays. Gardez aussi une petite place pour le tiramisu, léger et parfumé à souhait. On vient pour les saveurs ensoleillées du Sud ; on revient aussi pour la convivialité.

Sormani

B3 Italienne 

4 r. Gén. Lanrezac ✉ 75017
✆ 01 43 80 13 91

Ⓜ Charles de Gaulle-Etoile
Fermé 1er-19 août, samedi, dimanche et fériés

Carte 80/180 €

Couleurs rouges dominantes, majestueux lustres en verre de Murano, mise en place élégante, moulures et miroirs : tout le charme de l'Italie baroque s'exprime – avec sobriété – dans les salles à manger cossues de ce confortable restaurant. La cuisine de Pascal Fayet suit naturellement ces airs de "dolce vita" : une carte résolument transalpine, dont la moitié est consacrée (en saison) à la précieuse truffe. Même refrain pour le livre de cave, dont les superbes intitulés évoquent les plus belles provinces viticoles de la Botte, sans oublier un large choix de grappa pour conclure en beauté ces agapes. Parmi les fidèles de cette adresse chic, une clientèle d'affaires notamment, qui apprécie l'intimité du salon situé au rez-de-chaussée.

Timgad

A3 Marocaine XX

21 r. Brunel ✉ 75017
✆ 01 45 74 23 70
www.timgad.fr

Ⓜ Argentine

Carte 43/76 €

Bienvenue au temps où Timgad rayonnait ! Ce petit coin d'Orient, qui emprunte son nom à une antique cité nord-africaine, vaut le détour pour son seul décor : lustres dorés, mobilier mauresque et – clou du spectacle – de superbes stucs finement ouvragés, taillés au couteau par des artisans marocains et dont la réalisation a duré plus d'un an ! La carte est au diapason : riche sélection de couscous (la semoule est d'une rare finesse), tajines et pastillas appréciés pour leur générosité et pour leurs mille et un parfums. Quoi de plus agréable, ensuite, que de prolonger le repas dans le joli salon feutré où murmure une fontaine... Dépaysement garanti !

Zinc Caïus

Bistrot

11 r. d'Armaillé ✉ 75017
✆ 01 44 09 05 10

Ⓜ Charles De Gaulle-Étoile
Fermé 1er-20 août, 24 décembre-2 janvier, dimanche et lundi – Nombre de couverts limité, réserver

Formule 15 € – Carte 35/50 €

VISA MC AE

Sous le fameux nom de Caïus, il faut désormais compter deux tables… fort différentes. Situé presque en face de la maison mère, ce bistrot de poche façon "zinc" joue en tous points la simplicité. Une salle minuscule, un décor contemporain gris et blanc, une dizaine de tables, des tabourets hauts et deux courtes ardoises, l'une pour les vins de pays, l'autre pour les plats. Un choix réduit, donc, mais renouvelé presque quotidiennement, misant sur une cuisine du terroir aux produits frais et goûteux : boudin béarnais, lard tranché de Colonnata et ses lentilles du Puy, cabillaud et son écrasé de pommes de terre vitelote, sans oublier le plat du jour et l'incontournable (et parfaite) crème caramel. Voilà pourquoi les habitués sont si nombreux… et le zinc déjà patiné.

Ce guide vit avec vous : vos découvertes nous intéressent. Coup de colère ou coup de cœur, faites-nous part de vos impressions : écrivez-nous !

J. Loic / Photononstop

Montmartre · Pigalle

B. Rieger / Hemis.fr

de

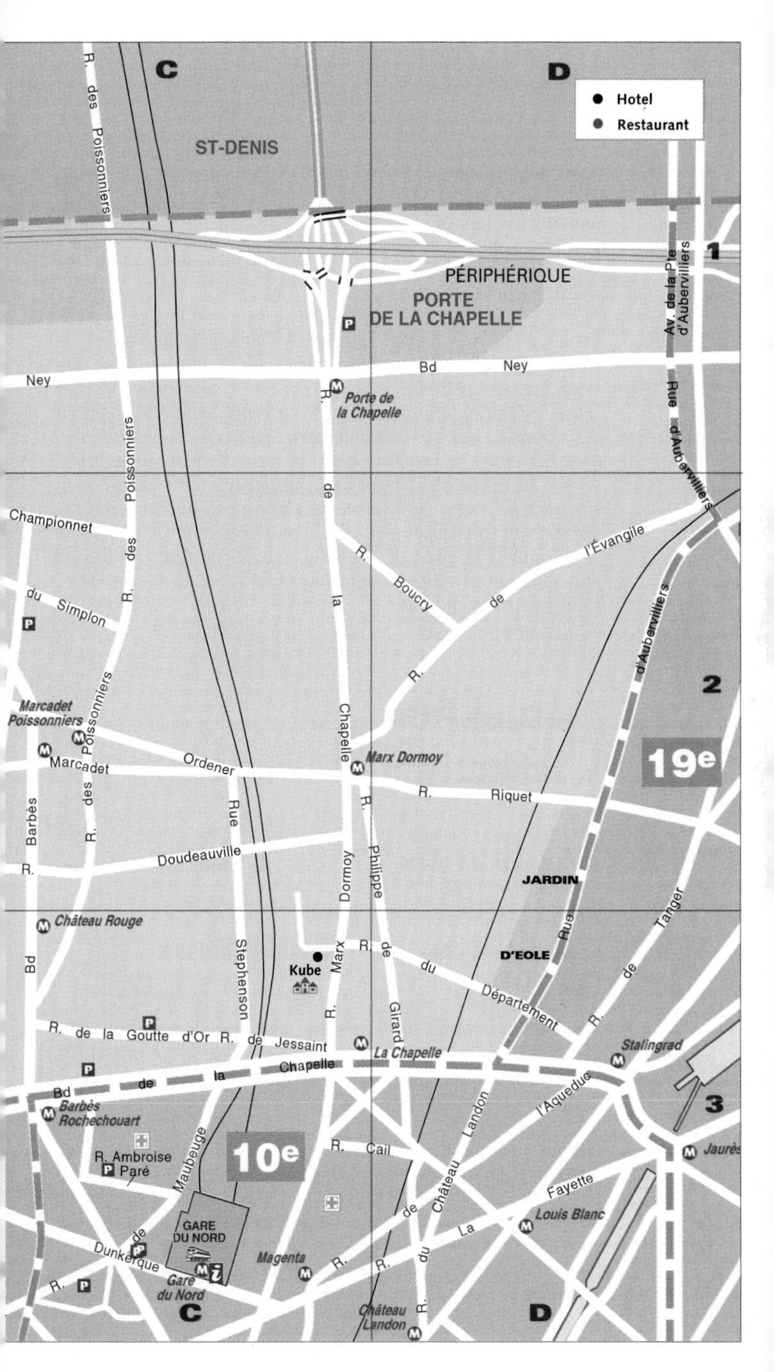
C
D
Hotel
Restaurant
ST-DENIS
PÉRIPHÉRIQUE
PORTE DE LA CHAPELLE
1
2
3
19e
10e
Bd Ney
R. des Poissonniers
Av. de la Pte d'Aubervilliers
Rue d'Aubervilliers
Porte de la Chapelle
R. de la Chapelle
Championnet
R. Boucry
R. de l'Évangile
du Simplon
Marcadet Poissonniers
Marcadet
Ordener
Marx Dormoy
R. Riquet
R. Philippe de Girard
R. Marx Dormoy
Rue Stephenson
R. Barbès
Doudeauville
JARDIN D'EOLE
Château Rouge
R. de Tanger
R. du Département
Kube
Bd Barbès
R. de la Goutte d'Or
R. de Jessaint
La Chapelle
Stalingrad
Bd de la Chapelle
Barbès Rochechouart
R. Ambroise Paré
Maubeuge
R. Cail
R. de l'Aqueduc
R. du Château Landon
Jaurès
R. La Fayette
Louis Blanc
GARE DU NORD
R. de Dunkerque
Magenta
Gare du Nord
Château Landon

Le Café qui Parle

A3 — Au goût du jour

24 r. Caulaincourt ✉ 75018
✆ 01 46 06 06 88
www.lecafequiparle.com

Ⓜ Lamarck Caulaincourt
Fermé 1er-14 août, 2-9 janvier et dimanche soir

Formule 13 € – Menu 17 € (déjeuner en semaine) – Carte 35/46 €

A/C VISA MC AE

D'une ancienne agence bancaire, Damien Mœuf a fait un restaurant dans le vent, très décontracté et convivial. Sur la façade, on peut lire, comme un clin d'œil, cette devise : "Popote gourmande et saisonnière à rendre baba les babines des bobos !" Le décor est contemporain, dans les tons chocolat, avec des tables en bois brut et des œuvres d'artistes du quartier. Après avoir travaillé dans de grandes maisons parisiennes, mais aussi à New York et au Québec, le jeune chef creuse dorénavant son propre sillon : explorer la tradition. Croustillant de sésame à la chair de tourteau, crousti-fondant de veau et gnocchis de carotte, ganache au chocolat à la fève tonka... Voilà une carte qui parle !

Chamarré Montmartre

B2 — Créative

52 r. Lamarck ✉ 75018
✆ 01 42 55 05 42
www.chamarre-montmartre.com

Ⓜ Lamarck Caulaincourt

Formule 23 € – Menu 29 € (déjeuner), 49/95 € – Carte 66/85 €

A/C

VISA MC AE

Voilà un restaurant attachant de la butte Montmartre, côté Lamarck, à l'écart des flux et des adresses touristiques. Vous aurez le choix entre la belle salle contemporaine, avec (petite) vue sur les cuisines, la terrasse protégée ou, pour les plus courageux, le bar et ses tables hautes dites "mange-debout". Dans l'assiette, les origines mauriciennes du chef, Antoine Heerah, s'expriment dans des plats métissés, marqués par le jeu des épices et des couleurs, à l'instar d'un filet de bar à la seychelloise, d'un homard au jus de kalamantsi ou d'un savarin punché. Service souriant et précis. La pause finie, vous retrouverez immédiatement les escaliers de la butte pour rejoindre le Sacré-Cœur, tout proche, et... ses touristes.

Chéri bibi

B3

Bistrot

15 r. André-del-Sarte ✉ 75018
✆ 01 42 54 88 96

Ⓜ Barbès Rochechouart
Fermé 2 semaines en août et dimanche – Dîner seulement

Menu 22/26 €

VISA MC

Entre la butte Montmartre et Barbès, découvrez cette petite adresse à l'ambiance festive. Dès l'entrée, le ton est donné autour d'un grand zinc où l'on sert l'apéritif. On s'installe ensuite au coude-à-coude dans un cadre dépouillé, un brin vintage (années 1950), pour savourer la cuisine mitonnée par Angela. Cette charmante Brésilienne propose un menu à prix sages, avec des plats mariant classiques du bistrot, recettes de grand-mère et touches plus personnelles. Pour saliver : crevettes sautées au piment et à la coriandre, mijothaï (un savoureux bœuf mijoté au lait de coco, servi avec des herbes thaïes), riz au lait orange-caramel... Carte des vins à l'ardoise : beau choix au verre, quelques crus bio.

Miroir

B3

Bistrot

94 r. des Martyrs ✉ 75018
✆ 01 46 06 50 73

Ⓜ Abbesses
Fermé 3 semaines en août, 23-31 décembre, dimanche, lundi et fériés

Formule 25 € – Menu 32/40 € – Carte 39/54 €

VISA MC AE

À chacun son rôle : l'un cuisine derrière les fourneaux, l'autre conseille les bons vins en salle, formé dans de belles maisons (La Tour d'Argent, Aux Lyonnais de Ducasse). Ce jeune duo a fait le pari de reprendre ce restaurant à deux pas de la place des Abbesses. Agréable décoration dans le pur style bistrot (vieux comptoir, carrelage rétro, lithographies, verrière illuminant la salle du fond...) et couleurs tendance. À l'ardoise ? D'appétissantes recettes du marché comme le tartare de dorade et tomate, le pied de cochon ibaïona poêlé et, en dessert, par exemple, un miroir cassis-chocolat. Le tout accompagné de belles bouteilles ; une cave à vins a d'ailleurs été ouverte juste en face. Plus besoin de bouche-à-oreille, ce bistrot a définitivement trouvé sa place.

La Table d'Eugène

B2 — Au goût du jour

18 r. Eugène-Sue ✉ 75018
✆ 01 42 55 61 64

Ⓜ Jules Joffrin
Fermé 1er-25 août, 24 décembre-3 janvier, dimanche et lundi – Nombre de couverts limité, réserver

Formule 19 € – Menu 38/75 €

VISA MC

L'enseigne sonne comme un slogan bobo, mais fait référence à Eugène Sue, l'auteur des *Mystères de Paris,* et au nom de la rue ! Non loin de la mairie du 18e arrondissement, cette Table a conquis le quartier avec son cocktail très réussi : un peu de nostalgie (tables bistrot, moulures à l'ancienne...) et beaucoup de saveurs ! À la fois chef et patron, le jeune Geoffroy Maillard a travaillé avec les plus grands, dont Éric Fréchon, et signe des recettes inspirées autour de produits "coups de cœur" bien mis en valeur. Carpaccio de thon melon-pastèque, tartare de dorade et son millefeuille de daïkon, côte de cochon servie avec un risotto de coquillettes sauce cèpes-truffes, sphère en chocolat... Un succès mérité : réservez !

Rappelez-vous :
les étoiles (✿✿✿...✿)
couronnent les meilleures tables.
Et peu importe le cadre :
ce que nous distinguons,
c'est la cuisine, rien que la cuisine.

S. Sauvignier / MICHELIN

Parc de la Villette · Parc des Buttes-Chaumont

F. Guiziou / Hemis.fr

19e

Parc de la Villette • Parc des Buttes-Chaumont

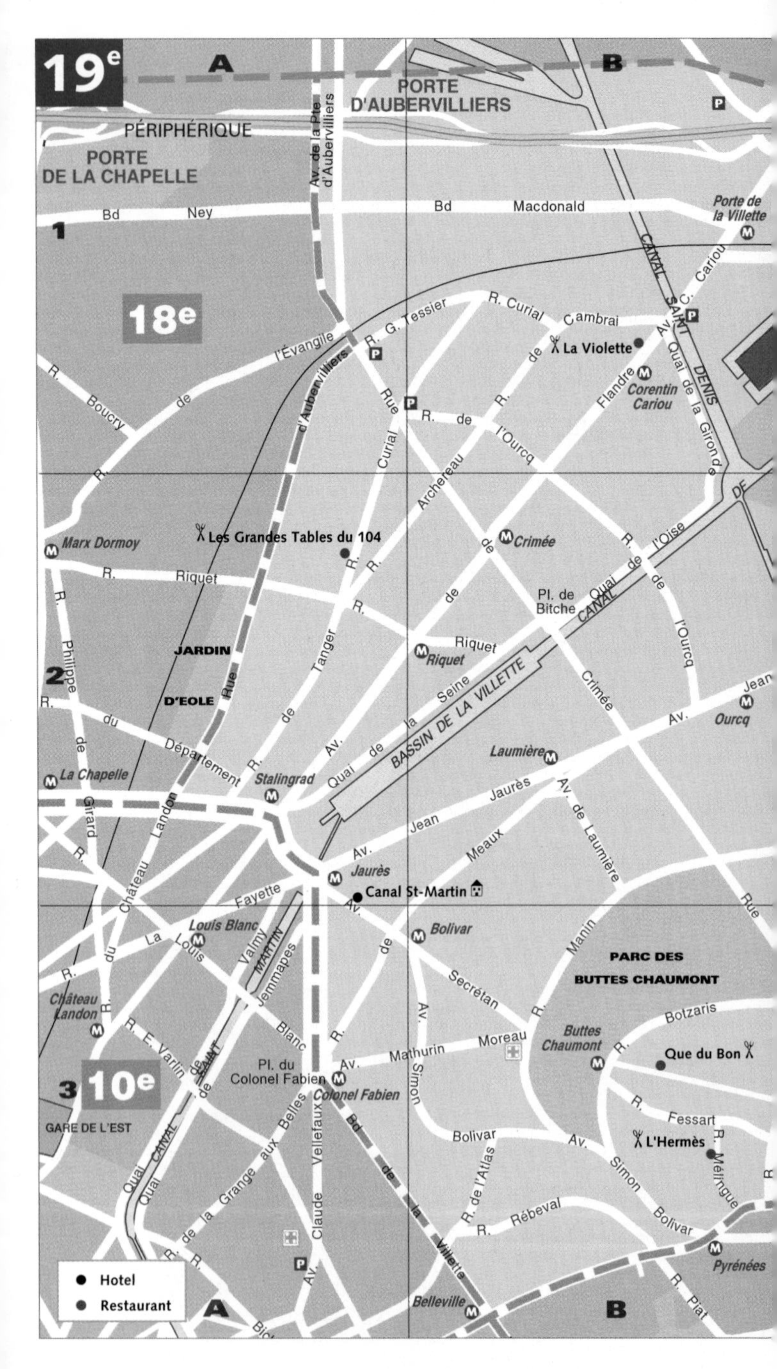
19e
A
B
PORTE D'AUBERVILLIERS
PÉRIPHÉRIQUE
PORTE DE LA CHAPELLE
Av. de la Pte d'Aubervilliers
Bd Ney
Bd Macdonald
Porte de la Villette
18e
CANAL SAINT DENIS
R. Curial
Cambrai
C. Cariou
R. G. Tessier
l'Évangile
d'Aubervilliers
La Violette
Corentin Cariou
Quai de la Gironde
Av. de Flandre
R. de l'Ourcq
Rue Curial
R. Archereau
R. Boucry
Les Grandes Tables du 104
Marx Dormoy
Crimée
R. Riquet
R. de Tanger
Pl. de Bitche
Quai de l'Oise
R. de l'Ourcq
Riquet
JARDIN D'EOLE
R. Philippe de Girard
R. du Département
Rue d'Aubervilliers
Quai de la Seine
BASSIN DE LA VILLETTE
Crimée
Jean Jaurès
Ourcq
Laumière
La Chapelle
Stalingrad
Av. Jean Jaurès
Av. de Laumière
R. Château Landon
Jaurès
Canal St-Martin
Meaux
Fayette
Louis Blanc
Valmy
MARTIN
Jemmapes
Av. de Secrétan
Bolivar
Rue Manin
PARC DES BUTTES CHAUMONT
Château Landon
R. E. Varlin
Blanc
Av. Mathurin Moreau
Av. Simon Bolivar
Buttes Chaumont
R. Botzaris
Que du Bon
Pl. du Colonel Fabien
Colonel Fabien
10e
GARE DE L'EST
Quai de Valmy
Quai de Jemmapes
R. de la Grange aux Belles
Claude Vellefaux
Bd de la Villette
R. Fessart
L'Hermès
R. Mélingue
R. de l'Atlas
R. Rébeval
Pyrénées
R. Piat
Belleville
Hotel
Restaurant
A
B
1
2
3

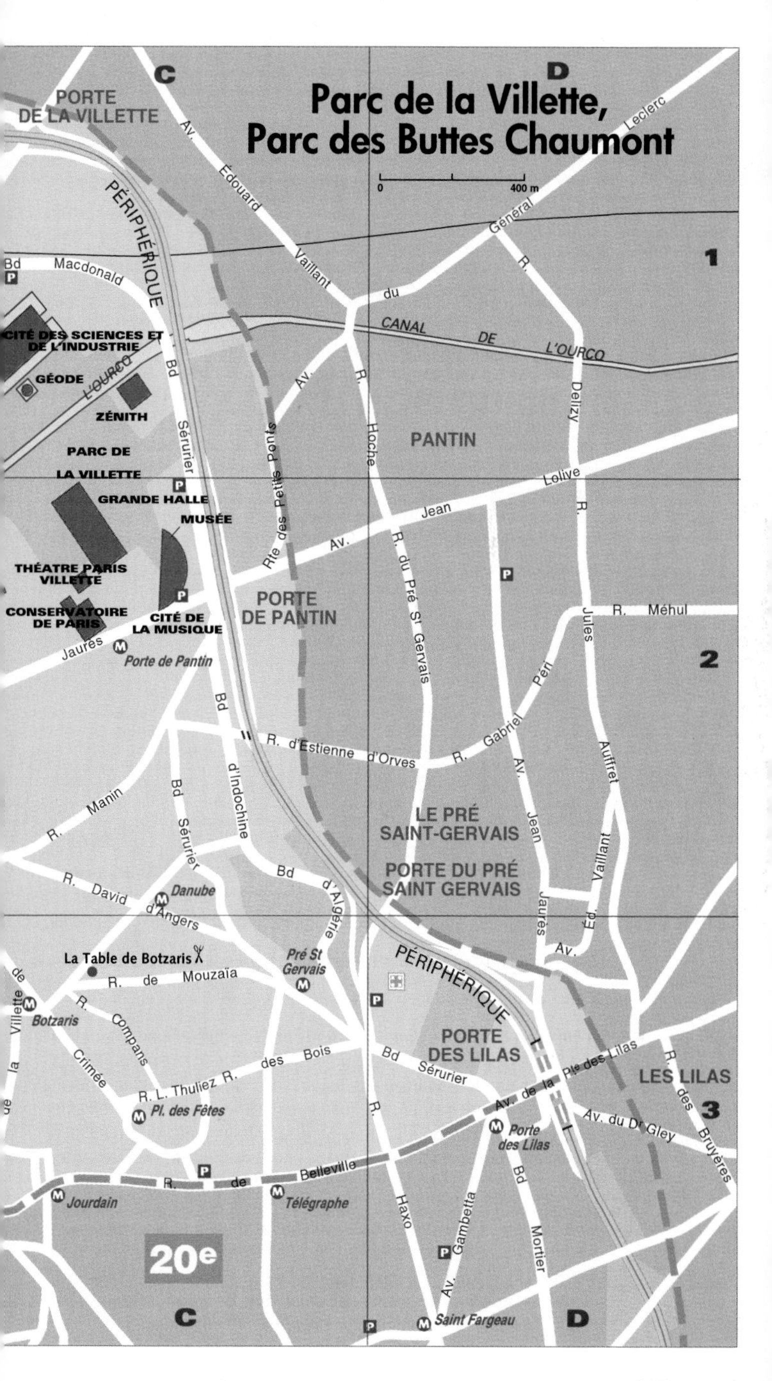
Parc de la Villette, Parc des Buttes Chaumont
C
D
1
2
3
0
400 m
PORTE DE LA VILLETTE
PÉRIPHÉRIQUE
Av. Édouard Vaillant
Av. du Général Leclerc
Bd Macdonald
CANAL DE L'OURCQ
L'OURCQ
CITÉ DES SCIENCES ET DE L'INDUSTRIE
GÉODE
ZÉNITH
PARC DE LA VILLETTE
GRANDE HALLE
MUSÉE
THÉATRE PARIS VILLETTE
CONSERVATOIRE DE PARIS
CITÉ DE LA MUSIQUE
Porte de Pantin
Jaurès
Bd Sérurier
Av. Jean Lolive
Rte des Petits Ponts
R. Hoche
R. Delizy
PANTIN
PORTE DE PANTIN
R. du Pré St Gervais
R. Méhul
R. Jules Auffret
R. Gabriel Péri
R. d'Estienne d'Orves
Bd d'Indochine
R. Manin
Av. Jean Jaurès
Av. Éd. Vaillant
LE PRÉ SAINT-GERVAIS
PORTE DU PRÉ SAINT GERVAIS
R. David d'Angers
Danube
Bd d'Algérie
La Table de Botzaris
R. de Mouzaïa
Pré St Gervais
R. de la Villette
Botzaris
R. Compans
Crimée
R. L. Thuliez
R. des Bois
Pl. des Fêtes
PORTE DES LILAS
Bd Sérurier
Av. de la Pte des Lilas
LES LILAS
R. des Bruyères
Av. du Dr Gley
Porte des Lilas
R. Haxo
Bd Mortier
Av. Gambetta
R. de Belleville
Jourdain
Télégraphe
20e
Saint Fargeau

Les Grandes Tables du 104

A2 — Au goût du jour

104 r. d'Aubervilliers (entrée par le 5 r. Curial) — Riquet
75019 — Fermé dimanche soir et lundi
01 40 37 10 07
www.104.fr

Formule 17 € – Menu 23 € (déjeuner)/32 €

VISA MC

Il est loin le temps où les immenses halles du 104, ce complexe culturel imaginé par la mairie de Paris, abritait les pompes funèbres municipales. Métal, tuyaux apparents et béton brut : le décor de ces Grandes Tables joue franchement la carte post-industrielle. Un vrai lieu à la mode... et un vrai bon plan entre les 18e et 19e arrondissements. Car l'assiette se révèle généreuse, fraîche et savoureuse, pour un excellent rapport qualité-prix. La carte est courte et simple, avec une prédilection pour le bio et les produits du Sud-Ouest (poisson de St-Jean-de-Luz), à la croisée du terroir et de la "street food" !

L'Hermès

B3 — Bistrot

23 r. Mélingue 75019 — Pyrénées
01 42 39 94 70 — Fermé vacances de Pâques, août, vacances de février, mercredi midi, dimanche et lundi

Menu 17 € (déjeuner en semaine)/33 € – Carte 36/53 €

Il est bien caché ce dieu aux pieds ailés, ou plutôt ce charmant bistrot de quartier. À moins que vous ne vous soyez perdu sur les hauteurs de Belleville, dans le quartier des Buttes-Chaumont, il a sans doute fallu que l'on vous indique cette excellente adresse de la rue Mélingue... Le lieu est sympathique avec ses murs jaunes et ses tables en bois, l'ambiance animée. Très vite, entre menu de la semaine, ardoises et vins du mois, on ne sait plus où donner de la tête ! Il faut dire que les suggestions sont séduisantes. On note dans le désordre et selon la saison : un cassoulet aux haricots tarbais, du rôti de porc noir gascon, une verrine de homard breton aux herbes fraîches et au saumon, et même une marquise au chocolat. On devine l'influence du Sud-Ouest et, dès la première bouchée, l'inspiration...

Que du bon

B3

Bistrot

22 r. du Plateau ✉ 75019
✆ 01 42 38 18 65

Ⓜ Buttes-Chaumont
Fermé 24 décembre-2 janvier, dimanche et le midi sauf vendredi

Formule 14 € – Menu 17 € (déjeuner) – Carte 30/50 € le soir

VISA

Dès la porte franchie, on sait où l'on met les pieds : une immense ardoise annonce fièrement la collection de vins de petits producteurs, tandis que les bouteilles attendent, sagement alignées dans leurs casiers. Une collection de tire-bouchons rappelle que tous ces flacons ne sont pas simplement là pour la décoration ! Le midi, les propositions ont beau être simples, le soir, les suggestions à l'ardoise savent se faire sophistiquées. Et c'est au coude-à-coude que vous dégusterez un ragoût d'artichauts violets au citron ou une pintade "excellence Miéral" rôtie aux oignons. Inutile de résister également au sablé breton aux fruits de saison ou à ce pain perdu au caramel au beurre salé. La vente de vins à emporter permet de prolonger le plaisir...

La Table de Botzaris

C3

Au goût du jour

10 r. du Gén.-Brunet ✉ 75019
✆ 01 40 40 03 30
www.latabledebotzaris.fr

Ⓜ Botzaris
Fermé 3 semaines en août, 1 semaine en février, dimanche soir et lundi

Menu 42/58 € – Carte environ 54 €

A/C
VISA
AE

À l'occasion d'une promenade au parc des Buttes-Chaumont ou dans le charmant quartier de la Mouzaïa, pourquoi ne pas faire une pause gourmande vers Botzaris ? Le restaurant est peut-être un peu caché, mais le cadre façon "bistrot contemporain élégant", le menu de saison et la fraîcheur des produits sont des atouts de poids. L'adresse a changé d'enseigne au cours de l'année 2010, et c'est désormais Medhi Corthier, un chef au parcours déjà riche, qui revisite les classiques, joue avec les herbes et les épices, flirte avec les parfums méditerranéens... Épigramme de saumon mariné aux agrumes, dos de saint-pierre à l'infusion de macis, brioche façon pain perdu à la vanille. À table !

La Violette

B1

Au goût du jour

11 av. Corentin Cariou ✉ 75019
✆ 01 40 35 20 45
www.restaurant-laviolette.com

Ⓜ Corentin Cariou
Fermé 9-31 août, samedi, dimanche et fériés – Nombre de couverts limité, réserver

Formule 20 € – Carte 35/55 €

Le décor "black and white" de ce restaurant ne souffre qu'une exception : une banquette... violette ! Changez une lettre de cette Violette et vous aurez la Villette, un quartier où la culture a eu le bon goût de rester populaire. Des photos de la capitale et une thématique viticole – caisses de vins, casiers à bouteilles, etc. – donnent au lieu un style à la fois moderne et cosy. D'ailleurs, chaque table porte le nom d'un vin. C'est soigné, à l'image de la cuisine : nems de gambas à la sauce thaïe, foie de veau poêlé au vinaigre balsamique, tout Ô chocolat, etc. Inutile de préciser que la formule est plébiscitée par les employés de bureau à l'heure du déjeuner ou, le soir, après le spectacle. Accueil chaleureux et belle terrasse en saison.

F. Guiziou / Hemis.fr

Cimetière du Père-Lachaise · Gambetta · Belleville

B. Merle / Photononstop

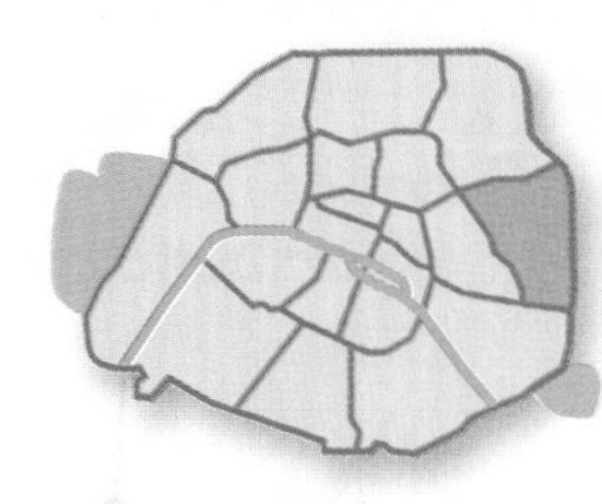

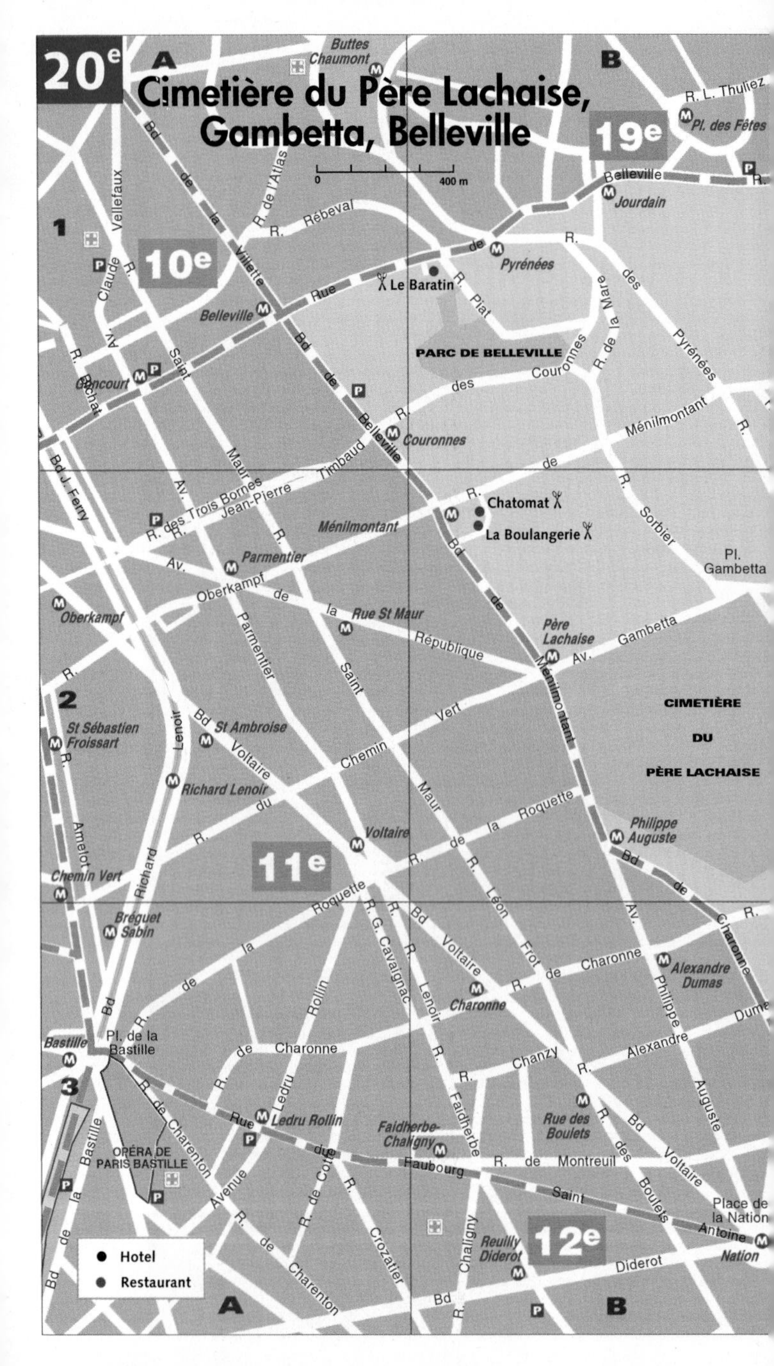
20e
Cimetière du Père Lachaise, Gambetta, Belleville
0
400 m
A
B
1
2
3
10e
11e
12e
19e
Buttes Chaumont
Pl. des Fêtes
Jourdain
Pyrénées
Belleville
Goncourt
Le Baratin
PARC DE BELLEVILLE
Couronnes
Chatomat
La Boulangerie
Ménilmontant
Parmentier
Oberkampf
Rue St Maur
Père Lachaise
Pl. Gambetta
CIMETIÈRE DU PÈRE LACHAISE
St Sébastien Froissart
St Ambroise
Richard Lenoir
Voltaire
Philippe Auguste
Chemin Vert
Bréguet Sabin
Alexandre Dumas
Charonne
Bastille
Pl. de la Bastille
OPÉRA DE PARIS BASTILLE
Ledru Rollin
Faidherbe-Chaligny
Rue des Boulets
Place de la Nation
Nation
Reuilly Diderot
Hotel
Restaurant

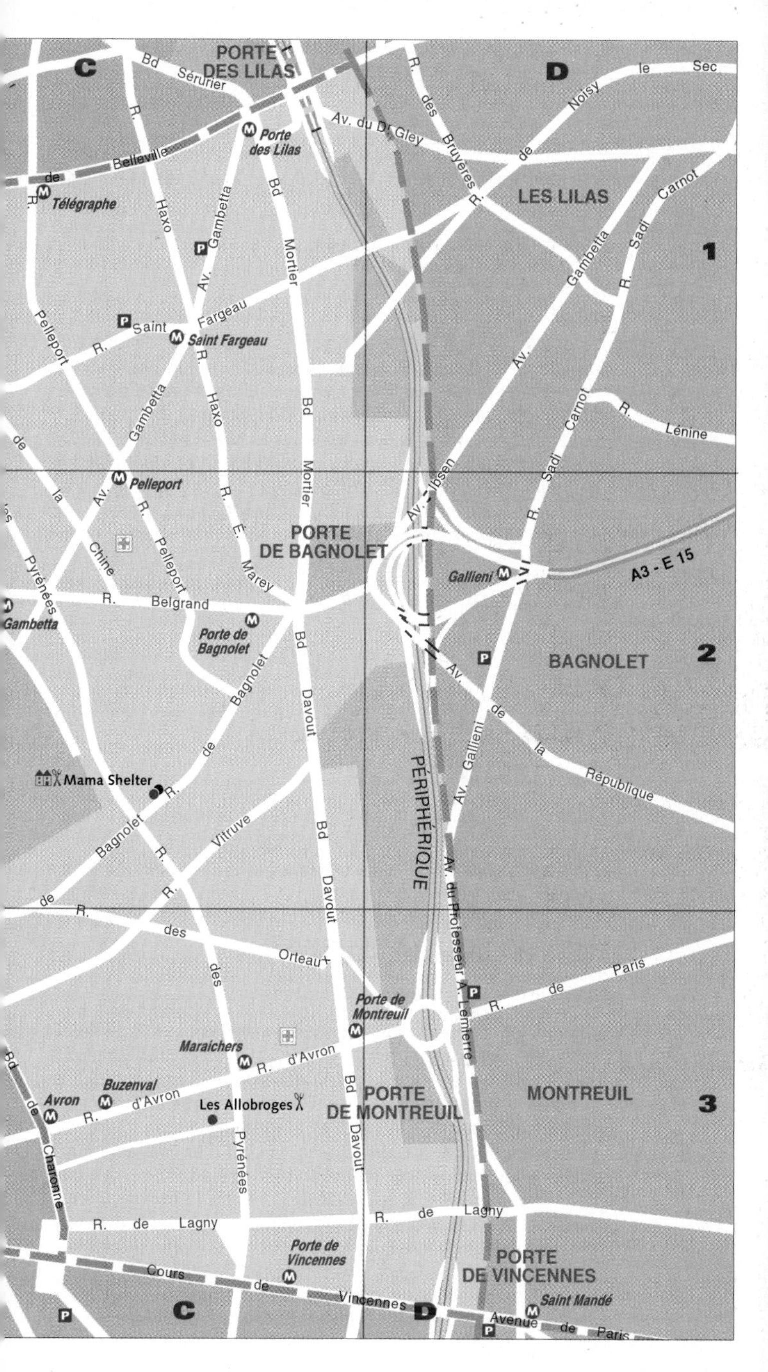
PORTE DES LILAS
Porte des Lilas
Télégraphe
Saint Fargeau
Pelleport
Gambetta
Porte de Bagnolet
PORTE DE BAGNOLET
Gallieni
LES LILAS
BAGNOLET
MONTREUIL
Mama Shelter
Les Allobroges
Porte de Montreuil
PORTE DE MONTREUIL
Maraîchers
Buzenval
Avron
Porte de Vincennes
PORTE DE VINCENNES
Saint Mandé
PÉRIPHÉRIQUE
A3 - E 15
Bd Sérurier
Av. du Dr Gley
R. des Bruyères
R. de Noisy le Sec
R. de Belleville
R. Haxo
Av. Gambetta
Bd Mortier
R. Saint Fargeau
R. Pelleport
R. Sadi Carnot
R. Lénine
Av. Ibsen
R. de la Chine
R. des Pyrénées
R. É. Marey
R. Belgrand
R. de Bagnolet
Bd Davout
Av. Gallieni
Av. de la République
R. Vitruve
R. des Orteaux
Av. du Professeur A. Lemierre
R. de Paris
R. d'Avron
Bd de Charonne
R. de Lagny
Cours de Vincennes
Avenue de Paris
C
D
1
2
3

Les Allobroges

Traditionnelle

C3

71 r. des Grands-Champs ✉ 75020
✆ 01 43 73 40 00

Ⓜ Maraîchers
Fermé 5-22 août, dimanche soir et lundi

Menu 19 € (semaine), 33/44 €

VISA MC

Nouvelle direction en 2010 pour ce restaurant de quartier, proche de la porte de Montreuil. Loin de vouloir manquer de respect aux Allobroges, peuple historiquement réputé pour son amour du combat, cette adresse vise surtout... les papilles ; à défaut d'être celte, la cuisine est avant tout traditionnelle. On vous proposera en effet un chaud-froid d'huîtres, une fricassée de rognons de veau à l'armagnac, un "cigare" à la ganache chocolat-rhum, etc. Le décor est toujours aussi serein avec ses tons clairs, ses gravures de poissons ou de légumes et ses affichettes humoristiques. Rien de guerrier ici, au contraire : pour Michèle Roussel et Anthony Fourbet, les propriétaires, c'est le plaisir qui prime.

Le Baratin

Bistrot 

B1

3 r. Jouye-Rouve ✉ 75020
✆ 01 43 49 39 70

Ⓜ Pyrénées
Fermé août, samedi midi, dimanche et lundi – Réserver

Menu 18 € (déjeuner) – Carte 36/48 €

VISA MC

Les modes changent, pas ce bistrot, ancré dans une ruelle de Belleville depuis plus de vingt ans. Le décor, tout simple, a vieilli au fil du temps, contribuant à l'authenticité de l'adresse : comptoir en zinc, mobilier ancien, tableaux et photos du Paris d'autrefois. On vient ici avant tout pour se régaler de plats mitonnés par Raquel Carena, la chef d'origine argentine, qui tous les matins note sur l'ardoise les recettes du moment : ris de veau braisés, joue de bœuf confite à la tomate, crème vanille et ses fraises des bois... Au déjeuner, la formule est assez simple ; le soir, en revanche, les plats à la carte se révèlent plus sophistiqués. Côté vins, Philippe Pinoteau, le patron-sommelier, sélectionne personnellement chaque cru et parle avec passion de ses coups de cœur. Réservation conseillée !

La Boulangerie

B2 — Bistrot

15 r. des Panoyaux ✉ 75020
✆ 01 43 58 45 45

Ⓜ Ménilmontant
Fermé 30 juillet-27 août, 24 décembre-2 janvier, samedi midi, dimanche et lundi

Formule 15 € – Menu 18 € (déjeuner)/34 €

VISA MC

La réputation de ce bistrot gourmand – à l'origine, une boulangerie – dépasse largement le périmètre de Ménilmontant. Installé depuis 1999 face à une placette bordée de bars animés, il attire habitués, curieux et touristes. Belles mosaïques, boiseries, miroirs vieillis et authentique patine participent à sa convivialité et à son charme. Le chef, venu de l'univers de la sommellerie, concocte des recettes de saison ancrées dans la tradition bistrotière, avec une touche de modernité. Sa terrine de poulet au citron confit, son jambon d'agneau maison ou sa tartelette amandine aux fruits de saison trouvent le ton juste. Séduisante carte des vins à prix doux avec une impressionnante sélection de cognacs, armagnacs, calvados, whiskys et bourbons. Détail non négligeable, l'accueil est sympathique !

Chatomat

B2 — Au goût du jour

6 r. Victor-Letalle ✉ 75020
✆ 01 47 97 25 77

Ⓜ Ménilmontant
Fermé vacances de Noël, le midi, lundi et mardi – Nombre de couverts limité, réserver

Carte 28/40 €

VISA MC

Petite par la taille, mais grande par la qualité ! Nichée dans une ruelle improbable à deux pas du métro Ménilmontant, cette table née durant l'été 2011 n'est pas restée longtemps confidentielle. À sa tête, un couple de talent – Alice Di Cagno et Victor Gaillard – qui signe une courte carte aussi vive que savoureuse... Trois entrées, trois plats, trois desserts, mais tous les bénéfices d'une expérience déjà longue, d'un vrai sens de l'invention et de la passion du beau produit. Création d'un jour : œuf mollet, racines de persil, potimarron et pao de queijo (petit pain au fromage d'origine brésilienne). Tous les jeunes gourmets de l'Est parisien en sont "fans" sur les réseaux sociaux : réservation indispensable.

Mama Shelter

C2 — Au goût du jour

HÔTEL MAMA SHELTER,
109 r. de Bagnolet 75020
01 43 48 48 48
www.mamashelter.com

Gambetta

Carte 32/65 €

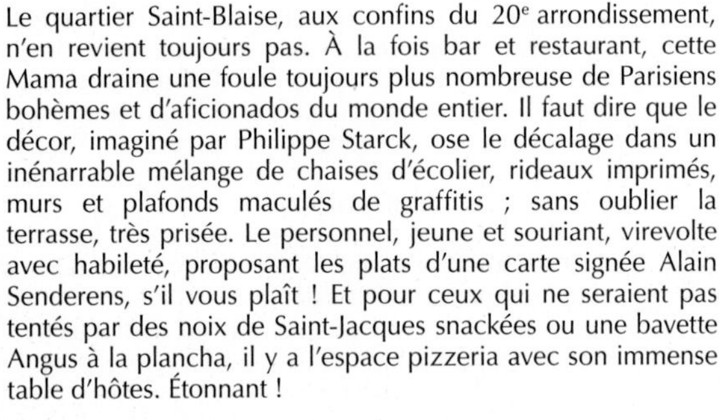

Le quartier Saint-Blaise, aux confins du 20e arrondissement, n'en revient toujours pas. À la fois bar et restaurant, cette Mama draine une foule toujours plus nombreuse de Parisiens bohèmes et d'aficionados du monde entier. Il faut dire que le décor, imaginé par Philippe Starck, ose le décalage dans un inénarrable mélange de chaises d'écolier, rideaux imprimés, murs et plafonds maculés de graffitis ; sans oublier la terrasse, très prisée. Le personnel, jeune et souriant, virevolte avec habileté, proposant les plats d'une carte signée Alain Senderens, s'il vous plaît ! Et pour ceux qui ne seraient pas tentés par des noix de Saint-Jacques snackées ou une bavette Angus à la plancha, il y a l'espace pizzeria avec son immense table d'hôtes. Étonnant !

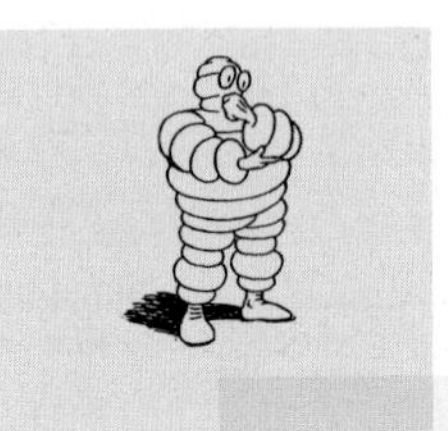

Le rouge est la couleur de la distinction : nos valeurs sûres ! Passés en rouge, les symboles et repèrent donc les établissements les plus agréables.

B. Rieger / Hemis.fr

Le Six

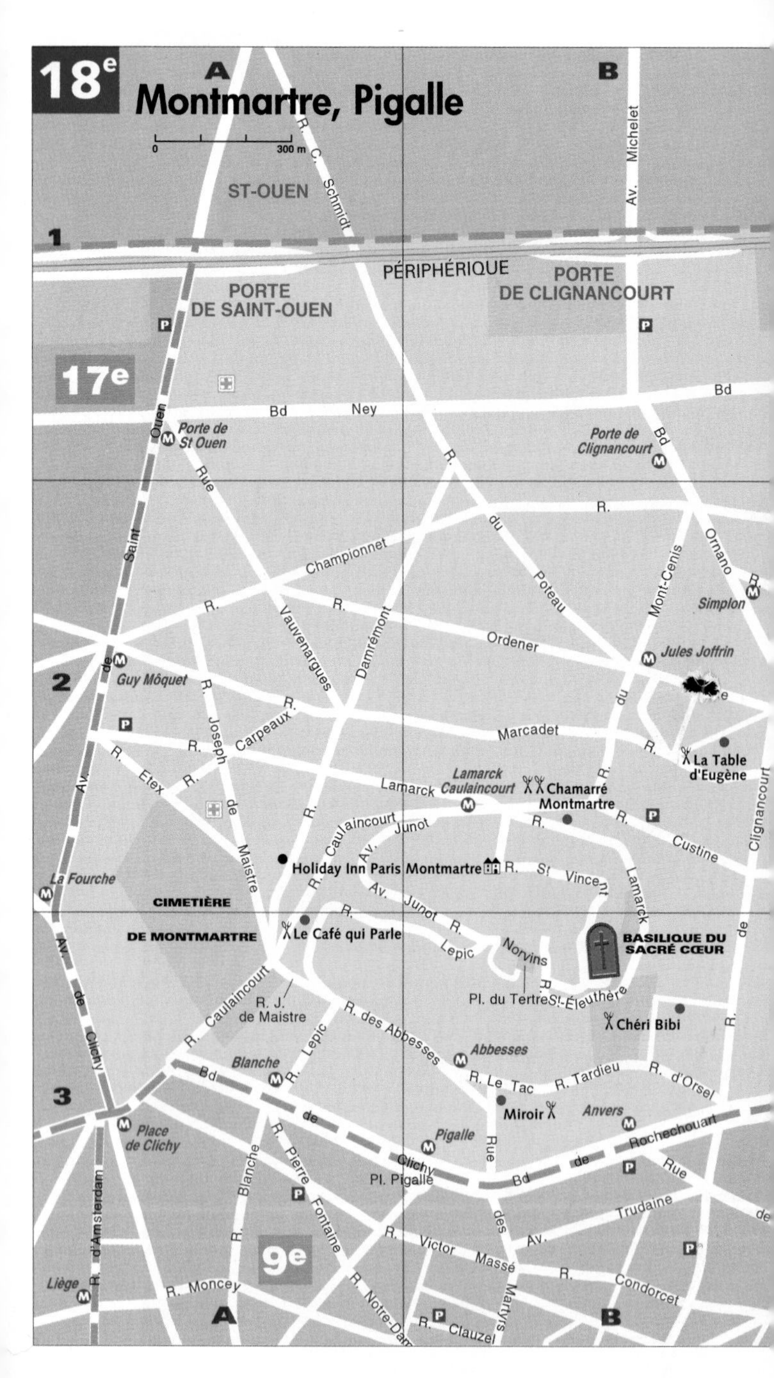
18e
Montmartre, Pigalle
A
B
0
300 m
ST-OUEN
R. C. Schmidt
Av. Michelet
1
PÉRIPHÉRIQUE
PORTE DE SAINT-OUEN
PORTE DE CLIGNANCOURT
17e
Bd Ney
Bd
Porte de St Ouen
Porte de Clignancourt
Bd Ornano
R. du Poteau
R. Championnet
Rue Vauvenargues
R. Damrémont
R. Ordener
R. du Mont-Cenis
Simplon
Jules Joffrin
Av. de Saint Ouen
Guy Môquet
2
R. Joseph de Maistre
R. Carpeaux
R. Marcadet
R. Etex
R. Lamarck
Lamarck Caulaincourt
Chamarré Montmartre
La Table d'Eugène
R. Custine
R. Caulaincourt
Av. Junot
Holiday Inn Paris Montmartre
R. St Vincent
R. Lamarck
R. de Clignancourt
La Fourche
CIMETIÈRE DE MONTMARTRE
Le Café qui Parle
R. Lepic
R. Norvins
BASILIQUE DU SACRÉ CŒUR
Pl. du Tertre
R. St-Éleuthère
R. J. de Maistre
R. Caulaincourt
R. des Abbesses
Chéri Bibi
Av. de Clichy
Blanche
Abbesses
3
R. Le Tac
R. Tardieu
R. d'Orsel
Miroir
Anvers
Place de Clichy
Bd de Clichy
Pigalle
Rue des Martyrs
Bd de Rochechouart
Pl. Pigalle
R. Blanche
R. Pierre Fontaine
Rue de Trudaine
Av. Trudaine
R. d'Amsterdam
9e
R. Victor Massé
R. Condorcet
Liège
R. Moncey
R. Notre-Dame
R. Clauzel

Se **loger**

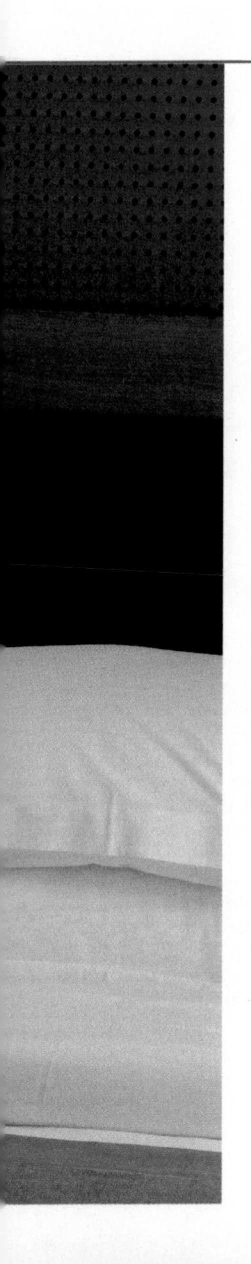

▶ *Les établissements recommandés dans ces pages sont extraits du guide MICHELIN France 2012, où vous pourrez retrouver l'ensemble des hôtels sélectionnés par nos inspecteurs.*

L'Abbaye

B2

10 r. Cassette ✉ 75006 Ⓜ St-Sulpice
✆ 01 45 44 38 11
www.hotel-abbaye.com

40 ch – 252/488 € 272/488 € – 4 suites

VISA

AE

L'Abbaye

Un hôtel d'un charme rare... À deux pas de la place St-Sulpice, cet ancien couvent du 17e s. offre calme et sérénité – une lointaine vocation ! – dans un cadre d'un grand raffinement. Dès l'entrée, le hall et les salons attenants dévoilent de riches décors, tout en meubles de style et objets d'art. Une véranda aux allures de jardin d'hiver ouvre sur une cour arborée où coule une agréable fontaine, idéale pour se ressourcer après avoir flâné chez les antiquaires, galeries et boutiques de luxe si nombreux dans le quartier. Les chambres elles-mêmes donnent l'occasion d'une parenthèse agréable, dans un décor qui fait remonter le temps. Toutes sont dignes d'une demeure particulière : cheminées, bustes en bronze, papiers peints et tentures à l'ancienne, etc. Les suites, véritables duplex, bénéficient d'une terrasse où l'on peut prendre son petit-déjeuner aux beaux jours. Une adresse idéale pour qui souhaite cultiver un certain art de vivre au cœur du vieux Paris...

D'Aubusson

33 r. Dauphine ✉ 75006 Ⓜ Odéon
✆ 01 43 29 43 43
www.hoteldaubusson.com

49 ch – †250/625 € ††250/625 €, ☕ 25€

D'Aubusson

L'hôtel doit son nom aux grandes et anciennes tapisseries d'Aubusson qui l'habillent. Au cœur de St-Germain-des-Prés, à deux pas des quais de la Seine et du carrefour de l'Odéon, on est bien dans le Paris d'autrefois. Les dalles en pierre bourguignonne, les poutres patinées et le majestueux salon Louis XV – avec sa cheminée monumentale qui fonctionne tout l'hiver – garantissent une atmosphère unique et intime, où le service se montre, en outre, très attentionné. Profitez du bar dans le patio, très calme, ou rendez-vous au Café Laurent pour écouter (du mercredi au samedi soir) des groupes de jazz, dans une ambiance internationale et un décor d'influence British. Avant de retrouver l'agréable quiétude des chambres, plutôt spacieuses pour le quartier. Dans la partie 17e s. du bâtiment, elles ont même conservé leurs poutres ! Les coquettes salles de bains achèveront de vous séduire...

Banke

20 r. Lafayette ✉ 75009 Ⓜ Chaussée d'Antin
✆ 01 55 33 22 22
www.derbyhotels.com

94 ch – 190/790 € 190/1265 €, 34€

VISA

AE

Banke

La banque a sauté ! L'ancien siège du CCF est devenu hôtel en 2009... Au cœur du quartier des affaires de la Belle Époque, entre la Bourse, l'Opéra et les grands magasins du boulevard Haussmann, cet immeuble du début du 20e s. est beau comme son époque. L'immense hall central, peint d'or et de cramoisi et coiffé d'une ravissante verrière opaline, incarne un certain esprit canaille, typique de cette rive droite parisienne historiquement marchande, mais toujours à l'affût des plaisirs. Aujourd'hui, il n'est plus qu'à profiter de la quiétude des lieux et du confort des chambres, parfaitement équipées, dans une veine fonctionnelle d'esprit contemporain. Certaines atteignent des hauteurs, quand elles offrent une vue panoramique sur toute la butte Montmartre... Et puisque la frénésie des affaires devait laisser place à l'agrément, l'hôtel cache une étonnante collection de bijoux anciens... et un agréable restaurant.

De Banville

166 bd Berthier ✉ 75017 Ⓜ Porte de Champerret
✆ 01 42 67 70 16
www.hotelbanville.fr

38 ch – 159/360 € 159/360 €, 20€

Banville

Non loin de la porte de Champerret et à quelques minutes de l'Étoile, cet immeuble de 1926 abrite l'un des plus charmants hôtels de la capitale. Dès l'entrée, le piano à queue, la cheminée et les confortables fauteuils dénotent harmonie, élégance et confort. Confirmation en poussant la porte de l'une des chambres, toutes différentes : espace et clarté s'imposent. "Préludes" et "Pastourelles", les dernières nées, sont particulièrement séduisantes. Au huitième et dernier étage, "l'Appartement de Marie" et la "Chambre d'Amélie" bénéficient d'une terrasse d'où l'on peut embrasser Paris d'un regard... "Il est agréable de prendre des habitudes dans un lieu où l'on se sent bien", confie un client fidèle. "Ici, tout est facile et propice à notre détente. On est dans un vrai quartier parisien où nous côtoyons les habitants, adoptons leurs modes de vie, prenons leurs habitudes"; renchérit un autre. Room-service, climatisation, insonorisation, et même massages et soins de beauté prodigués dans les chambres... Chaque mardi, la propriétaire chante et swingue à l'occasion de soirées jazz !

Bedford

D2

17 r. de l'Arcade ✉ 75008 Ⓜ Madeleine
✆ 01 44 94 77 77
www.hotel-bedford.com

135 ch – 🚹162/258 € 🚹🚹176/300 €, ☕ 20€ – 10 suites

🍴 Le Victoria (voir index des restaurants)

VISA

AE

Bedford

À deux pas de la Madeleine, l'un des rares hôtels parisiens qui soit tenu par la même famille… depuis quatre générations ! Sens de l'accueil, souci du confort : des années d'expérience ont forgé le savoir-faire de la maison, qui perpétue avec élégance une certaine idée de la tradition hôtelière. Derrière sa façade haussmannienne, on découvre un décor d'un beau classicisme, à la tenue exemplaire. Hall et salons, spacieux et feutrés, se prêtent à un doux moment de détente ; de même les chambres, qui allient moquette épaisse, papier peint aux tons clairs, aquarelles et peintures originales... Avec, pour certaines d'entre elles, un petit balcon très parisien. Le rapport confort-prix est bon ! Ne manquez pas de jeter un coup d'œil à la salle du restaurant Le Victoria : superbe dôme en vitrail, force stucs et moulures, bas-reliefs… tout le répertoire décoratif des années 1900. Un véritable voyage dans le temps !

Le Bellechasse

8 r. de Bellechasse ✉ 75007 Ⓜ Musée d'Orsay
✆ 01 45 50 22 31
www.lebellechasse.com

33 ch – 🚹220/410 € 🚹🚹220/410 €, ☕ 21€

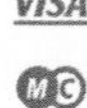

Le Bellechasse

Du baroque, du romantisme, de l'"arty", du contemporain, du néoclassique... Christian Lacroix s'est lancé dans un joyeux mélange des genres lorsqu'on lui a confié la décoration du Bellechasse. Connu pour son esthétique foisonnante et très colorée, le styliste arlésien a eu carte blanche et a imaginé des espaces sur mesure, mariant à l'envi motifs, matières, formes et époques. De multiples influences, des clins d'œil à l'art et à l'architecture, et pas moins de sept univers en guise d'interprétation personnelle de la capitale : Patchwork, St-Germain, Tuileries, Avengers, Mousquetaire, Quai d'Orsay, Jeu de Paume. Voilà qui en dit long sur le charme très particulier de cet hôtel, pourtant discret de l'extérieur, derrière sa façade classique. L'effet de surprise est donc garanti lorsqu'on découvre ces lieux réconciliant l'élégance aristocratique et l'esprit bohème de la rive gauche. L'idéal pour un "voyage dans le voyage", sensuel, onirique, artistique.

Bourg Tibourg

B1

19 r. Bourg Tibourg ✉ 75004 Ⓜ Hôtel de Ville
✆ 01 42 78 47 39
www.hotelbourgtibourg.com

30 ch – 🚹190 € 🚹🚹250/270 €, ☕ 16€

Manuel Zublena

Niché au cœur du Marais, ce charmant petit hôtel du couple Costes joue crânement la carte de l'exubérance chic derrière sa façade plutôt discrète. Alliant comme toujours "grand genre et manière simple, vie de château et vie facile" et désireux "que cela palpite", la superstar de la déco, Jacques Garcia, a su composer ici un environnement à la fois unique et foisonnant. Les chambres et leur étonnante variété de styles reflètent de multiples influences, croisées dans un kaléidoscope de couleurs et de formes : tour à tour d'inspiration romantique, baroque, orientale, voire néovénitienne, elles plongent l'invité dans un univers de confortable exotisme et de lumières subtilement tamisées. N'escomptez pas de vastes espaces, l'ambiance ici est résolument intime : petites chambres au mobilier luxueux avec salles de bains en mosaïque de pâte de verre, grands écrans plats et nombreuses touches colorées. Le salon de l'hôtel est joliment cossu. Charmant petit patio.

Bradford Élysées

B2

10 r. St-Philippe-du-Roule ✉ 75008 Ⓜ St-Philippe du Roule
✆ 01 45 63 20 20
www.astotel.com

50 ch – 🚹199/529 € 🚹🚹199/529 €, ☕ 15€

Bradford Elysées

Il est de ces hôtels où l'on aime s'attarder, revenir, flâner... C'est le cas du Bradford Élysées. Le bâtiment, du plus pur style haussmannien, ravit tous les amateurs d'un certain raffinement bourgeois. Vieil escalier en bois, ascenseur typiquement parisien, grands salons aux beaux parquets anciens : les lieux invitent à la détente – et les fauteuils de style, tapissés de velours aux teintes chaudes, à la lecture et au repos...
Les chambres sont assez spacieuses – un fait notable dans la capitale – et leurs murs blancs contrastent joliment avec les cadres anciens, les miroirs et les cheminées d'époque. Même ambiance dans l'agréable salle des petits-déjeuners, ornée d'une verrière rétro.
Autre atout : une situation privilégiée, qui permet de rayonner aisément sur la rive droite. À retenir si l'on aime les boutiques de luxe, les galeries d'art huppées et les Champs-Élysées !

Le Bristol

112 r. Fg St-Honoré ✉ 75008 Ⓜ Miromesnil
✆ 01 53 43 43 00
www.lebristolparis.com

152 ch – 700/850 € 850/1660 €, 55€ – 36 suites

Épicure et 114, Faubourg (voir index des restaurants)

Le Bristol

Devenue palace en 1925, cette superbe demeure du 18e s. a écrit une nouvelle page de son histoire en 2009, en s'agrandissant d'une deuxième aile, fidèle à l'esprit des lieux. La façade d'angle embrasse désormais la rue du Faubourg-St-Honoré et l'avenue Matignon, artères ô combien prestigieuses ! Agencé autour d'un magnifique jardin, le Bristol reste l'emblème d'une certaine expression du luxe, privilégiant confort et bien-être : nuances douces, boiseries rares, étoffes précieuses, mobilier Louis XV ou Louis XVI, toiles de maîtres… Certaines chambres ou suites disposent d'un jardin-terrasse, et toutes de spacieuses salles de bains en marbre.

Autre point fort : les services réservés aux clients. Parmi eux, la jolie salle de remise en forme, l'atelier d'aromathérapie et, au dernier étage, l'étonnante piscine habillée de teck et de verre, qui évoque une péniche et ouvre sur un solarium embrassant tout Paris.

Enfin, le restaurant Épicure d'Éric Fréchon ravit les fins gourmets, tandis que le 114, Faubourg, né dans l'extension, propose une carte éclectique dans un décor coloré.

Canal St-Martin

A2

5 av. Secrétan ✉ 75019 Ⓜ Jaurès
✆ 01 42 06 62 00
www.hotel-canal-saint-martin.com

69 ch – 60/190 € 60/190 €

VISA
MC
AE

Canal St-Martin

Situé à proximité du canal St-Martin et du bassin de la Villette, cet hôtel se compose de trois immeubles traditionnels, reliés par une courette fleurie. Un cadre agréable pour passer quelques jours "à la parisienne"... Vous aurez le choix entre plusieurs catégories de chambres. Les "Confort" et les "Privilège" (plus spacieuses) ont été récemment rénovées : claires, elles offrent un décor dépouillé, dans l'air du temps (mobilier contemporain). Les "Classic" sont beaucoup plus simples et traditionnelles, mais restent confortables – à bon compte. À noter : tous les lits sont équipés de couettes et en paraissent d'autant plus douillets. Au sous-sol, la salle des petits-déjeuners marie tons chauds et mobilier de jardin : le lieu est parfait pour organiser sa journée. Pourquoi ne pas commencer par une découverte du très vallonné parc des Buttes-Chaumont, tout proche, ou descendre le long du canal, si prisé des touristes et des Parisiens ?

Le 123

B2

123 r. du Faubourg St-Honoré — Ⓜ St-Philippe-du-Roule

✉ 75008
✆ 01 53 89 01 23
www.astotel.com

41 ch – 🚹199/529 € 🚹🚹199/529 €, ☕ 15€

Le 123

Un hôtel "haute couture" ? Dans un quartier regroupant les plus grands noms de la mode, quoi de plus logique ! Sa décoration, signée Philippe Maidenberg, offre en effet un joli défilé de matières. Conçue sur mesure pour le lieu, une ligne de mobilier en cuir grainé et cotte de maille (clin d'œil aux robes de Paco Rabanne) équipe le lounge-bar et les chambres. Partout prédominent élégance et esprit contemporain, mis en scène dans une atmosphère lumineuse sophistiquée : lampe en plumes blanches Matt & Jewski, luminaire composé de 3 000 cristaux de Swarovski, parquet et marbre incrustés de fibres optiques... Empruntez l'escalier en brique d'allure british pour accéder aux chambres. Chacune d'elles a sa personnalité : murs blancs ou pierre de taille, têtes de lit capitonnées ou baldaquins, bureaux chinés ou tables modernes. Mais le designer ne s'est pas arrêté là : les salles de bains témoignent du même goût avec leurs carrelage, cuir de Cordoue ou papier anglais aux murs, leurs tons sombres ou vifs. Pas de doute, voici un boutique-hôtel "griffé" très réussi.

Claret

B2

44 bd de Bercy ✉ 75012 Ⓜ Bercy
✆ 01 46 28 41 31
www.hotel-claret.com

52 ch – 🚹125/135 € 🚹🚹145/185 €, ☕ 12€

Bruno Delessard

L'enseigne rend hommage à la première vocation du quartier de Bercy, autrefois dédié au commerce du vin. En lieu et place du palais omnisports, des jardins, salles de cinéma, commerces et restaurants actuels, on ne trouvait qu'entrepôts et chais sentant bon la "vinaille" ! Situé à deux pas de l'impressionnant bâtiment du ministère des Finances, l'hôtel accueille à la fois hommes d'affaires et touristes. De son passé de relais de poste, il conserve un cadre chaleureux : les chambres arborent des poutres apparentes qui leur confèrent un certain charme (le dernier étage est mansardé). S'y ajoutent un mobilier actuel et des aménagements plutôt sobres, rehaussés de quelques touches de couleurs. Les clients peu enclins à l'animation urbaine préféreront les chambres sur l'arrière. Le restaurant au nom évocateur de Bouchon Bistro propose une cuisine bien française dont le menu s'affiche chaque jour sur une grande ardoise noire. À la belle saison, choisissez la terrasse tournée vers les grands arbres.

Costes

239 r. St-Honoré ✉ 75001 Ⓜ Concorde
✆ 01 42 44 50 00
www.hotelcostes.com

82 ch – 🚹400/750 € 🚹🚹400/750 €, ☕ 32€ – 3 suites

G.Corbic/MICHELIN

L'endroit est si couru, avec ses célèbres compilations lounge, trip-hop et downtempo, qu'on oublie parfois que le Costes est aussi un hôtel de luxe. Le voici, dans une rue prestigieuse, au niveau de la place Vendôme et du jardin des Tuileries, discrètement logé dans un édifice de style Napoléon III.

Découvrez son atmosphère unique et sa décoration aux clins d'œil baroques. Ses petits espaces ménagés pour les conversations intimes, avec confidents en poirier et fauteuils crapaud, bruissent des murmures de la jet-set. La réception et les salons donnent sur une ravissante cour à l'italienne aux façades roses, ornée de statues antiques, où il fait bon s'attabler sous un parasol dès les beaux jours.

Dans les chambres, tout de pourpre et d'or, on joue sur le raffinement dans les détails, les harmonies de couleurs, le style du mobilier, le linge avec monogramme. Et pour la détente, évidemment piscine et centre de remise en forme vous tendent les bras. Les plus : le bar, au décor signé par l'incontournable Jacques Garcia, et le restaurant, haut lieu des rendez-vous parisiens.

La Demeure

51 bd St-Marcel ✉ 75013 Ⓜ Les Gobelins
✆ 01 43 37 81 25
www.hotel-paris-lademeure.com

37 ch – 🚹85/170 € 🚹🚹105/230 €, ☕ 10€ – 6 suites

Demeure

La Demeure... Avec son âme de maison particulière, l'hôtel ne trahit pas son enseigne : tout le mérite en revient à ses propriétaires – père et fils – et à son personnel, toujours plein d'attentions. Conseils sur les restaurants et les commerces du quartier, programmes de visites dans Paris, petites attentions, etc. Chaleur, compétence et gentillesse !
L'immeuble, de style haussmannien (1903), abrite des chambres confortables, qui distillent sans ostentation et avec sobriété un certain esprit bourgeois (ambiance feutrée, mobilier épuré, camaïeux de tons chauds, couettes). Un fil rouge sur tous les murs : des photos noir et blanc du vieux Paris. Une partie des chambres possèdent une jolie cheminée en marbre ; celles des 5e et 6e étages dominent les toits avec, au loin... la tour Eiffel en guise de vigie ! Dernier atout : une situation privilégiée, à proximité de l'incontournable Jardin des plantes et de la truculente rue Mouffetard, aux marges du Quartier latin.

Dokhan's Radisson Blu

D3

117 r. Lauriston ✉ 75116 Ⓜ Trocadéro
✆ 01 53 65 66 99
www.radissonblu.com/dokhanhotel-paristrocadero

41 ch – †250/650 € ††250/650 €, ☕ 29€ – 4 suites

Trocadero Dokhan's

Allier modernité et grande tradition en toute discrétion, tel est le pari réussi de cet hôtel de style. À deux pas du Trocadéro, il se dissimule derrière une belle façade du 19e s. en pierre de taille. Dès le hall – une rotonde aux accents de jardin d'hiver – ses espaces intérieurs distillent le charme et l'élégance d'une véritable demeure privée... Le décor est d'esprit Grand Siècle : boiseries restaurées à la feuille d'or, drapés opulents, niches parées de miroirs, tables rondes, fauteuils en velours, parquets de bois chaud... Les chambres, d'ampleurs diverses, offrent la même richesse de teintes et de matériaux, mêlant les styles Régence, Empire, etc. Luxe suprême : une suite a été conçue comme un petit pied-à-terre intime où l'on prend plaisir à prolonger le séjour. Les salons "cocooning" et le très privé bar à champagne séduiront également ceux qui recherchent un lieu pour une parenthèse romantique.

Duc de St-Simon

C-D2

14 r. St-Simon ✉ 75007 Ⓜ Rue du Bac
✆ 01 44 39 20 20
www.hotelducdesaintsimon.com

29 ch – 🚹210/265 € 🚹🚹210/295 €, ☕ 15€ – 5 suites

VISA

Duc de Saint-Simon

Qu'on se le dise : si on lui connaît plusieurs résidences dans le quartier, le duc de Saint-Simon n'a jamais habité dans la rue qui porte son nom. Et donc, par voie de conséquence, le célèbre mémorialiste français du 17e s. n'a pas non plus résidé dans l'hôtel éponyme. Qu'importe ! Dans ce quartier chargé d'histoire, tout près des deux plus fameux cafés de St-Germain-des-Prés – Les Deux Magots et Le Flore –, cette belle maison cache une bien agréable atmosphère de calme et de confort. On y prend rapidement ses aises ! Passé le porche où grimpe une glycine, le salon révèle un décor raffiné et chaleureux. Dans toutes les chambres, meubles et objets anciens, tentures murales, boiseries, gravures et tableaux restituent toute l'ambiance cossue et feutrée des grandes demeures bourgeoises d'antan. Originalité du lieu, il faut descendre au sous-sol, par l'ascenseur, pour accéder à la salle des petits-déjeuners et au bar, qui occupent une cave du 17e s. joliment aménagée. Et dès les premiers rayons du soleil, les hôtes peuvent aussi apprécier la cour ombragée et ses fleurs...

Duo

11 r. Temple ✉ 75004 Ⓜ Hôtel de Ville
✆ 01 42 72 72 22
www.duoparis.com

56 ch – 140/200 € 210/380 €, 15€ – 2 suites

Duo

Derrière le BHV, dans un quartier animé de boutiques, galeries d'art, bars et restaurants, le Duo a été conçu comme un havre de design et de tranquillité. Dans la même famille depuis 1918, c'est sous la houlette de Véronique Turmel, qui incarne la quatrième génération de propriétaires, que l'établissement a pris le tournant d'une modernité assumée, aussi bien dans le choix du mobilier que des équipements audio-vidéo. Le designer Jean-Philippe Nuel a inventé un lieu chic, intime et contemporain, mais qui raconte encore son passé avec ses poutres préservées au rez-de-chaussée, son escalier classé et sa salle voûtée du 16e s. Conçu pour la détente, le lounge-bar invite à la lecture ou à la conversation autour d'un verre, dans un décor aux lignes pures et aux teintes chaudes rehaussées de touches acidulées. Les chambres, elles, affichent un style très tendance et se parent de couleurs brunes et beiges. Une petite salle de fitness au sous-sol complète cet ensemble d'une élégance bienfaitrice.

Duquesne Eiffel

23 av. Duquesne ✉ 75007 Ⓜ École Militaire
✆ 01 44 42 09 09
www.hde.fr

40 ch – 🚹140/250 € 🚹🚹140/250 €, ☕ 12€

Duquesne Eiffel

Entre le Champ-de-Mars et les Invalides, cet hôtel jouit d'une position on ne peut plus centrale dans le 7e arrondissement. Entièrement rénové en 2008, il propose des prestations de qualité et des chambres agréables. Chacune emprunte son nom à un monument de Paris ("tour Eiffel", "Notre-Dame", "Grand Palais", etc.), illustré par deux photos anciennes en noir et blanc, histoire de poursuivre le voyage de la journée jusqu'à l'heure du sommeil... Le décor, lui, se veut moderne et joue avec les couleurs : papiers peints rayés, rideaux assortis aux couvre-lits rouges ou verts, mobilier contemporain et – détail qui a son importance – excellente insonorisation. La vie est un songe, mais Paris ? En tout cas, au 5e étage, on profite bel et bien d'une vue superbe sur la Dame de Fer et l'École militaire... Quant aux petits-déjeuners, ils sont servis sous la forme d'un buffet dans une agréable salle voûtée avec pierres apparentes.

Esprit St-Germain

22 r. St-Sulpice ✉ 75006 — Ⓜ Mabillon
✆ 01 53 10 55 55
www.espritsaintgermain.com

23 ch – 🚹340/590 € 🚹🚹340/590 €, ☕ 28€ – 5 suites

Esprit Saint-Germain

"Comme à la maison" : c'est ainsi que les propriétaires définissent leur établissement, de fait un charmant hôtel en plein cœur de l'arrondissement, entre le jardin du Luxembourg et le boulevard St-Germain.

Hormis le nom discrètement mis en avant, rien ne distingue sa façade de celle des immeubles voisins. C'est passé le seuil que se jouent les différences qui, sans ostentation, tiennent en quelques mots : élégance, convivialité, confort, raffinement et service très prévenant. Salons confortables, tableaux figuratifs néoromantiques, bibliothèques chargées de livres : la maîtresse des lieux, Laurence Taffanel, s'est impliquée dans la décoration de "sa" maison pour lui conférer une atmosphère chaleureuse. Au terme de trente mois de travaux, elle a transformé cet immeuble typique du 17e s. en "un hôtel historique aux infrastructures contemporaines". Avec, en prime, un agréable espace détente.

Fouquet's Barrière

46 av. George-V ✉ 75008 Ⓜ George V
✆ 01 40 69 60 00
www.fouquets-barriere.com

81 ch ☕ – 🚹770/990 € 🚹🚹770/990 € – 31 suites, 1 duplex

🍴 Le Diane (voir index des restaurants)

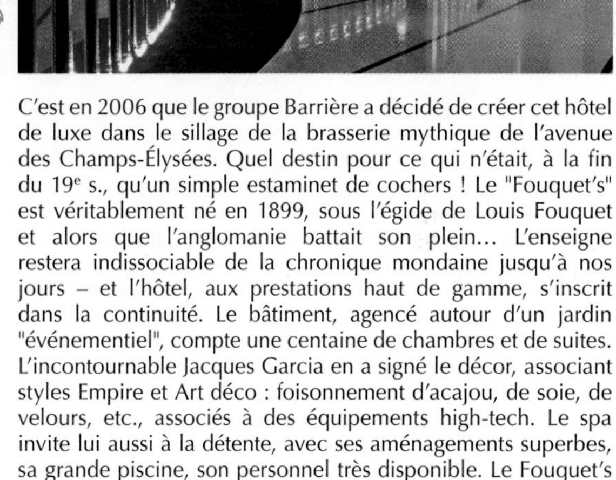

Véronique Mati

C'est en 2006 que le groupe Barrière a décidé de créer cet hôtel de luxe dans le sillage de la brasserie mythique de l'avenue des Champs-Élysées. Quel destin pour ce qui n'était, à la fin du 19e s., qu'un simple estaminet de cochers ! Le "Fouquet's" est véritablement né en 1899, sous l'égide de Louis Fouquet et alors que l'anglomanie battait son plein... L'enseigne restera indissociable de la chronique mondaine jusqu'à nos jours – et l'hôtel, aux prestations haut de gamme, s'inscrit dans la continuité. Le bâtiment, agencé autour d'un jardin "événementiel", compte une centaine de chambres et de suites. L'incontournable Jacques Garcia en a signé le décor, associant styles Empire et Art déco : foisonnement d'acajou, de soie, de velours, etc., associés à des équipements high-tech. Le spa invite lui aussi à la détente, avec ses aménagements superbes, sa grande piscine, son personnel très disponible. Le Fouquet's écrirait-il une nouvelle page de son histoire ?

Four Seasons George V

A3

31 av. George-V ✉ 75008 Ⓜ George V
✆ 01 49 52 70 00
www.fourseasons.com/paris

197 ch – 895/1275 € 895/1275 €, 52€ – 48 suites

Le Cinq (voir index des restaurants)

Four Seasons George V

Palace des palaces, le mythique George V rayonne sur la capitale depuis 1928. Passé le porche et sa marquise, on est saisi par un sentiment d'exception – et d'exclusivité – devant la majesté des lieux. Marbre blanc, ors, compositions florales foisonnantes... la parfaite image de l'hôtellerie de luxe à la française, rendue vivante par le ballet millimétré d'un personnel dévoué au client. Les chambres sont éminemment classiques, dans le bel esprit du Siècle des lumières (mobilier de style Louis XVI, gravures anciennes, etc.) : ambiance feutrée, confort exquis – avec terrasse ou balcon aux étages supérieurs. Sans oublier le spa, où l'on oublie tout... Mêmes plaisirs à l'heure du repas : d'un côté, la longue Galerie, ouverte du petit-déjeuner au dîner (l'été, les tables sont dressées dans la cour intérieure) ; de l'autre, le Cinq, au décor digne du Grand Trianon et dont la cuisine, on le sait, cultive l'excellence. Une référence à Paris, évidemment prisée par le gotha international.

François 1er

7 r. Magellan ✉ 75008 Ⓜ George V
✆ 01 47 23 44 04
www.hotelfrancoispremier.com

40 ch – 🚹250/490 € 🚹🚹270/490 €, ☕ 22€ – 2 suites

Fabrice Rambert

Marier l'élégance de l'ancien au confort d'aujourd'hui : le pari relevé par Pierre-Yves Rochon en relookant le François Ier, à l'aube de l'an 2000. Pour preuve, ces luxueuses chambres pétries de charme, où se mêlent habilement ciels de lit, rideaux épais, toiles de Jouy, moquettes moelleuses, lithographies, moulures, mobilier chiné, etc. Dans les salles de bains, le marbre de Carrare côtoie des équipements modernes "designés" dans un style rétro de très bon ton. Le moindre détail est soigné, comme pour mieux mettre en valeur le caractère des lieux. Avec au final, un esprit "demeure particulière" apaisant, voire réconfortant. À l'image du salon avec cheminée, feutré, cossu et agrémenté d'un jardin d'hiver fleuri en toute saison. Ou de ces bibelots d'antiquaire, fauteuils élégants et autres marbres précieux ornant chaque recoin.

Un modèle de raffinement, en somme. Un exemple en termes d'accueil, également, avec un personnel discret, avenant et souriant.

Des Grands Hommes

17 pl. Panthéon ✉ 75005 Ⓜ Luxembourg
✆ 01 46 34 19 60
www.hoteldesgrandshommes.com

31 ch – †160/330 € ††170/330 €, ☕ 10€

VISA

Jérome D'ALMEIDA

Belle demeure du 18e s. idéalement située devant le Panthéon, à proximité du jardin du Luxembourg et de la Sorbonne. La maison n'est pas anonyme et son nom n'a rien d'anodin. Lorsqu'il rédigea son manifeste *Les Champs magnétiques*, André Breton, le père du surréalisme, vivait ici. C'est là aussi qu'avec son complice Philippe Soupault, il inventa l'écriture automatique. En dormant face au Panthéon (visible de toutes les chambres de catégorie supérieure), on pense inévitablement aux illustres voisins qui reposent sous son dôme, d'Alexandre Dumas à Victor Hugo, en passant par Pierre et Marie Curie, André Malraux ou Jean Jaurès. Le décor des chambres – petites mais confortables – mise sur l'élégance et un confort feutré : mobilier raffiné, atmosphère de style Directoire (hommage évident à Napoléon) et tentures aux couleurs chatoyantes. Et dans les chambres des étages supérieurs, de petits balcons s'ouvrent même sur les toits de Paris, laissant voir, au loin, le Sacré-Cœur.

Holiday Inn Paris Montmartre

A2

23 r. Damrémont ✉ 75018 Ⓜ Lamarck Caulaincourt
✆ 01 44 92 33 40
www.holiday-inn.com/paris-montmart

54 ch – 🚹130/370 € 🚹🚹150/390 €, ☕ 13€

Holiday Inn Paris Montmartre

Il est parfois difficile de se loger entre Montmartre et la place Clichy ; pourtant, résider dans ce quartier typiquement parisien est l'occasion d'une belle immersion dans la capitale... Il y a bien sûr la basilique du Sacré-Cœur, le cimetière de Montmartre, le Moulin-Rouge, les cabarets et leurs chansonniers, mais aussi – et surtout – l'atmosphère inimitable d'un quartier plein de charme et de vie, de jour comme de nuit ! Les Abbesses pour le lèche-vitrine, la rue des Martyrs longtemps "rock' n' roll" et aujourd'hui "bobo", Pigalle et sa gouaille, les tissus du marché St-Pierre... Pour flâner sur les traces d'Amélie Poulain et des peintres impressionnistes, cet Holiday Inn représente assurément une bonne option. Dans un style fonctionnel bien dans l'esprit de la chaîne, il se révèle chaleureux. Des tons brun et chocolat, un certain confort dans les chambres... Un établissement sérieux, qui convient également aux séjours d'affaires.

L'Hôtel

C1

13 r. des Beaux-Arts ✉ 75006 Ⓜ St-Germain des Prés
✆ 01 44 41 99 00
www.l-hotel.com

16 ch – 🚹285/680 € 🚹🚹285/680 €, ☕ 16€ – 4 suites

🍴 Le Restaurant (voir index des restaurants)

AE

L'Hôtel

La sobre façade offre un contraste saisissant avec l'intérieur, où foisonnent les genres les plus baroques. Cet hôtel de 1824 a fait peau neuve avec Jacques Garcia, qui signe ici l'une de ses plus belles réussites dans le style Napoléon III revisité.

Remarquez tout d'abord le vertigineux puits de lumière qui surplombe l'accueil, puis l'enfilade des petits salons aux colonnades marbrées rouge et vert. Une élégance altière qui n'empêche pas une atmosphère intime et douillette.

Pour les chambres, il faut choisir entre les reconstitutions scrupuleusement historiques ou plus libres de nombreux styles : Pondichéry, Belle Époque, Mata Hari ou Merteuil –, toutes avec une salle de bains en marbre. Sans oublier la minipiscine au sous-sol et la somptueuse suite Oscar Wilde, dernière demeure de l'écrivain qui lui fit dire : "Je meurs au-dessus de mes moyens !"

Sous une verrière, le restaurant a des airs de jardin d'hiver, très cosy avec ses tissus lourds, ses fauteuils et ses sofas cossus. Les nourritures terrestres y sont d'un répertoire plutôt contemporain.

Intercontinental Avenue Marceau

A2

64 av. Marceau ✉ 75008 Ⓜ George V
✆ 01 44 43 36 36
www.ic-marceau.com

55 ch – 250/1600 € 250/1600 €, ☕ 30€

M64 (voir index des restaurants)

Intercontinental Avenue Marceau

Un hôtel du Triangle d'Or, à deux pas de l'Étoile : emplacement idéal pour les rendez-vous d'affaires. Derrière sa façade haussmannienne et sa belle porte cochère rouge laqué, on découvre un intérieur signé Bruno Borréone, collaborateur de Philippe Starck. Le lobby donne le ton, mode et contemporain : lustre en cristal de Murano, planches d'architecture de Léonard de Vinci, fauteuils Barcelona de Mies van der Rohe et conciergerie avec homme aux clefs d'or. Les chambres, très confortables, affichent une esthétique résolument tendance, mêlant équipements high-tech (console de jeux), répliques de fresques de la Renaissance italienne, salles de bains avec vasque en corian… En deux mots : luxe et design.

Le restaurant M64 propose, dans un esprit lounge (salle avec véranda), une cuisine au goût du jour composée de produits frais joliment mis en valeur.

Les Jardins du Marais

A2

74 r. Amelot ✉ 75011 Ⓜ St-Sébastien Froissart
✆ 01 40 21 22 23
www.lesjardinsdumarais.com

263 ch – 🚹350/750 € 🚹🚹350/750 €, ☕ 20€ – 8 suites

Bruno Delessard

Cet hôtel bénéficie d'un emplacement privilégié, juste à côté du quartier du Marais. À pied ou à vélo (en Vélib' !), vous goûterez aux charmes de la place des Vosges, de ses jolies boutiques (mention spéciale pour la rue des Francs-Bourgeois), et des musées Carnavalet (gratuit) et Picasso. On choisit aussi cet hôtel pour son calme : ses différents bâtiments donnent en effet tous sur une ancienne ruelle joliment aménagée, fleurie et dotée de petites terrasses privées. Certaines constructions datent des 16e et 17e s., d'autres portent la marque de Gustave Eiffel. Le cadre du hall marie avec originalité fauteuils en velours rouge, lustre d'inspiration Art déco et chaises signées Philippe Starck. La décoration des chambres évoque le style des années 1930 : meubles en érable ou en bois sombre garni d'incrustations, luminaires élégants, voilages et tissus chaleureux. Il ne vous reste plus qu'à choisir la catégorie de chambre la mieux adaptée à votre envie et à votre budget...

Keppler

10 r. Keppler ✉ 75016 Ⓜ George V
✆ 01 47 20 65 05
www.keppler.fr

34 ch – 🚹250/390 € 🚹🚹280/490 €, ☕ 24€ – 5 suites

Keppler

Quand deux grands professionnels se rencontrent, ils donnent naissance à un ravissant hôtel mariant avec bonheur luxe et raffinement. Les propriétaires, qui possèdent déjà plusieurs établissements de qualité dans Paris, ont eu un véritable coup de cœur pour cet immeuble idéalement situé dans une paisible ruelle à deux pas des Champs-Élysées et de l'Arc de Triomphe. Pierre-Yves Rochon, célèbre architecte d'intérieur qui a créé et rénové de nombreux hôtels et restaurants dans le monde entier, s'est quant à lui vu confier la réalisation du projet. Le résultat est à la hauteur de sa réputation. Salons aux couleurs pastel, beau mobilier, cheminée décorée, moulures, lumineuse verrière, bibliothèque et tapis originaux composent une atmosphère des plus feutrées. Les chambres elles-mêmes, assez petites mais intimes et joliment décorées, dégagent une douce harmonie : mobilier classique revisité, touches contemporaines et tons étudiés. Hammam, sauna et fitness complètent l'offre de cette élégante adresse.

K+K Hotel Cayré

4 bd Raspail ✉ 75007 Ⓜ Rue du Bac
✆ 01 45 44 38 88
www.kkhotels.com/cayre

125 ch – 🚹255/440 € 🚹🚹295/470 €, ☕ 28€

A/C
VISA
MC
AE

K+K Hotel Cayré

K + K comme Koller, Josef... et Helmut, qui ont créé leur groupe hôtelier en 1961, réunissant dix établissements en Europe. À Londres, Munich, Salzbourg, Vienne, Budapest, Prague et Bucarest, les mêmes initiales pour une même identité, dans un esprit international élégant. À Paris aussi, donc, avec l'hôtel Cayré, où l'écrivain Georges Bernanos et le musicien Pablo Casals avaient leurs habitudes.

Au cœur du quartier de la mode et des arts, entre galeries, boutiques de décoration et échoppes de choc, l'hôtel joue la carte contemporaine, sans compromis. Le contraste est étonnant entre la façade haussmannienne ouvrant sur le boulevard Raspail et le design de chambres tendance, aux lignes douces et épurées. Tons pastel ou couleurs vives : dans le hall et à la réception, le mariage est harmonieux. Quant à l'espace bien-être, il se révèle idéal pour la remise en forme et l'apaisement des esprits... Un beau K d'école !

Kube

BX

1-5 passage Ruelle ✉ 75018 Ⓜ La Chapelle
✆ 01 42 05 20 00
www.kubehotel.com

41 ch – 🚹189/900 € 🚹🚹189/900 €, ☕ 25€

Laurent Pons

Ce n'est pas le quartier le plus séduisant de Paris, mais cet hôtel du 21e s. ravira les amateurs d'univers design et high-tech ! Parcours express : d'abord l'accueil, un cube transparent posé dans la cour de l'immeuble, puis les couloirs au papier peint blanc à motifs de glaçons éclairés par une lumière noire, enfin les chambres – au cadre apaisant et confortable signé Laura Matesco – dont l'accès se fait par identification digitale.

En matière de restauration aussi, le Kube se démarque. Outre une carte actuelle, il propose des recettes "finger food", servies dans un grand salon lounge avec canapés en fausse fourrure et tables cubiques. En mezzanine, les "bubble chairs" suspendues du designer Eero Aarnio donnent sur le lieu qu'il ne faut pas manquer : le fameux ice-bar. Une sorte d'igloo futuriste, tout de glace, où l'on sirote sa vodka après avoir réservé (pour une demi-heure seulement) et s'être bien équipé afin d'affronter les - 10°C ambiants (on vous prête parka et gants). Le tout sur fond musical et projections colorées. Le "Kubisme" ? Plus qu'un concept, une expérience à vivre !

Lutetia

45 bd Raspail ✉ 75006 Ⓜ Sèvres Babylone
✆ 01 49 54 46 46
www.lutetia-paris.com

206 ch – 🚹250/570 € 🚹🚹270/600 €, ☕ 28€ – 25 suites

Paris et Brasserie Lutetia (voir index des restaurants)

A/C VISA AE

Affirmatif

Derrière une fastueuse façade Belle Époque célébrant les bacchanales et la nature, un lieu d'exception : le premier hôtel Art déco de Paris, né en 1910 à l'initiative des propriétaires du Bon Marché. À deux pas de Saint-Germain-des-Prés, il s'imposa naturellement comme un lieu de raffinement et d'intellectualisme, jusqu'aux heures sombres de la Seconde Guerre mondiale...

Rappel de l'effervescence culturelle du quartier, la réception et les salons – revus par Sonia Rykiel –, et les suites à thème, décorées par Arman, Keiichi Tahara, Philippe Hiquily... Ou l'art et la manière de marier les Années folles et l'esprit contemporain.

Art déco encore au Paris, où l'on sert une cuisine soignée dans un cadre inspiré du paquebot Normandie, tandis que la Brasserie offre une ambiance des plus traditionnelles, appréciée du Tout-Paris. Au bar se donnent des concerts de jazz du mercredi au samedi soir.

Mama Shelter

109 r. de Bagnolet ✉ 75020 Ⓜ Gambetta
✆ 01 43 48 48 48
www.mamashelter.com

169 ch – 🚹79/299 € 🚹🚹119/349 €, ☕ 15€ – 1 suite

🍴 Mama Shelter (voir index des restaurants)

Francis Amiand

En 2010, petite révolution dans l'hôtellerie de l'Est parisien ! Initié par Serge Trigano (ancien P-DG du Club Med), conçu par l'architecte Roland Castro et décoré par Philippe Starck, ce bâtiment moderne est venu s'intercaler entre le quartier St-Blaise et le cimetière du Père-Lachaise. Forgé autour du concept de "shelter" (abri protecteur en français), cet hôtel original et décontracté a sans conteste une âme artiste. Le rez-de-chaussée se compose de plusieurs espaces à vivre parsemés d'objets un peu fous. Le vaste hall donne sur le restaurant, dont les baies vitrées s'ouvrent sur une longue terrasse surplombant d'anciennes voies ferrées. On y déguste une cuisine simple, autour d'une carte composée par Alain Senderens. On peut aussi s'offrir un verre au bar lounge ou s'installer à l'espace pizzeria (table d'hôte). Les chambres jouent la carte du design à 200 % : murs en béton ciré, plafonds noirs tagués à la craie, lampes de chevet en forme de masque, iMac avec connexion wi-fi. Par souci écologique, on privilégie les douches plutôt que les baignoires...

Mandarin Oriental

251 r. St-Honoré ✉ 75001 Ⓜ Concorde
✆ 01 70 98 78 88
www.mandarinoriental.com/paris/

99 ch – 🚹795/1395 € 🚹🚹795/1395 €, ☕ 52€ – 39 suites
Sur Mesure par Thierry Marx et Camélia (voir index des restaurants)

Mandarin Oriental

Spa · A/C · VISA · MC · AE

Dès son ouverture mi-2011, ce palace nouvelle génération, entre Concorde et place Vendôme, a créé l'événement. Le groupe hongkongais qui avait déjà imaginé de nombreux établissements un peu partout dans le monde signe ici un hôtel d'un raffinement extrême, à mi-chemin entre élégance française et délicatesse… orientale. Les chambres, claires et graphiques, s'offrent le luxe suprême de la joliesse feutrée. Partout, les teintes chaleureuses, les tentures précieuses rencontrent les formes les plus novatrices. Pour preuve, le restaurant Sur Mesure, où officie Thierry Marx, dont les murs immaculés, presque déstructurés, ne sont pas sans évoquer l'univers de Stanley Kubrick. Tout aussi surprenant, le spa joue l'épure et surprend avec ses fresques évoquant de grands camélias blancs en relief. Camélia encore, cet autre restaurant, où l'on peut profiter en terrasse de plats où Thierry Marx – toujours lui –, revisite la tradition. Un hôtel très "haute couture", pour sentir battre le cœur de la Ville Lumière.

Le Marquis

15 r. Dupleix ✉ 75015 Ⓜ Dupleix
✆ 01 43 06 31 50
www.lemarquisparis.com

36 ch – 🚹149/350 € 🚹🚹149/350 €, ☕ 19€

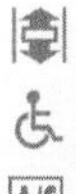

Le Marquis

Joli titre de noblesse pour cet hôtel distingué, mais sans accointances avec l'Ancien Régime : bien au contraire, son décor joue résolument la carte de l'esprit et du confort contemporains. Les chambres se déclinent en trois couleurs, selon l'étage : lie-de-vin, caramel ou chocolat. Toutes sont aussi chaleureuses que feutrées : literie de qualité, tableaux abstraits, mobilier en bois clair, tons chamois ou daim, moquette zébrée (assez discrète)... La même atmosphère se dégage du bar cosy et du salon-bibliothèque : l'hiver, on peut s'y réchauffer au coin d'une cheminée ! Agréable alternative dès les premiers rayons de soleil : la charmante cour intérieure s'offre comme un véritable petit écrin de verdure, bien appréciable dans la capitale. Enfin, l'établissement jouit d'une situation agréable : à l'écart des rues commerçantes et animées du 15e arrondissement, sans être pour autant isolé, et à la fois assez proche du Champ-de-Mars et de la tour Eiffel...

Mayet

A2

3 r. Mayet ✉ 75006 Ⓜ Duroc
✆ 01 47 83 21 35
www.mayet.com

23 ch – 🚹120/190 € 🚹🚹150/190 €, ☕ 10€

Hôtel Mayet

Dépaysement garanti dans ce petit hôtel avenant proche du métro Duroc, idéal pour explorer la rive gauche, musarder dans l'une des célèbres brasseries de Montparnasse, flâner au musée Rodin ou aux Invalides, et pourquoi pas prendre le temps de bouquiner au Quartier latin... Entre tags d'artistes contemporains (André et John One) à la réception et déco influencée par le mouvement orientaliste du 19e s. dans les chambres (à la façon romanesque et épique des photographies de Lehnert et Landrock), l'endroit dégage un charme bien à lui ! Côté confort, tout a été pensé – et bien pensé ! – pour la sérénité des hôtes... Les salles de bains, en marbre gris, se révèlent très pratiques ; les chambres, empreintes de mystère et de douceur, sont colorées et très accueillantes, même si elles sont parfois un peu petites. Un voyage parisien... au pays des Mille et Une Nuits du 21e s.

Le Meurice

A1

228 r. Rivoli ✉ 75001 Ⓜ Tuileries
✆ 01 44 58 10 10
www.lemeurice.com

138 ch – †600/715 € ††720/820 €, ☕ 48€ – 23 suites

le Meurice et Le Dali (voir index des restaurants)

Le Meurice

Tout près de la Concorde, face au jardin des Tuileries, au 228 rue de Rivoli exactement, se trouve le Meurice, palace de légende. Jusqu'en 1835, il se situait rue St-Honoré, avant que le sieur Augustin Meurice, son propriétaire, ne le fît déménager. Son ambition : séduire la clientèle d'outre-Manche. Il s'y prit si bien qu'une publicité de l'époque assurait : "Pour un voyageur anglais, aucun hôtel de Paris n'offre autant d'avantages." La perfection était déjà un idéal, sans cesse recherché (et atteint) depuis. Le poète Léon-Paul Fargue notait lui aussi en 1935, après la rénovation du palace (hormis les façades classées) : il y a trois sortes de clientèle pour les hôtels parisiens, "la mauvaise, la bonne et celle du Meurice" – comprenant célébrités et têtes couronnées.

Aujourd'hui, après une modernisation entreprise en 1998, le Meurice brille de mille feux. Récemment, c'est Philippe Starck qui a redessiné les espaces d'accueil avec des tons chauds et dorés. Les hôtes seront comblés par les services dignes du prestige des lieux et la cuisine portée au sommet par Yannick Alléno.

De Noailles

B2

9 r. de la Michodière ✉ 75002 Ⓜ Quatre Septembre
✆ 01 47 42 92 90
www.hotelnoailles.com

51 ch – 🚹150/385 € 🚹🚹150/385 €, ☕ 18€ – 5 suites

A/C

VISA

AE

Noailles

Vous serez séduit ici par les atouts d'une hôtellerie française honorant la tradition du bien-recevoir ! Une cure de jouvence a transformé les lieux, et la façade, des plus classiques, joue désormais du contraste avec un intérieur au design léché. Le lumineux patio en constitue le "centre de gravité". Enrichi d'une végétation en cascade, il sert de cadre aux petits-déjeuners et éclaire la bibliothèque et les salons latéraux, meublés de cuirs aux lignes actuelles et reposantes. On n'oublie pas, bien sûr, le coin bar avec cheminée, indispensable après une escapade dans la capitale !

Chambres japonisantes, épurées et contemporaines (distribuées également autour du patio), et sanitaires dans un esprit résolument moderne. Pour parfaire la prestation, un sauna et un espace fitness sont à disposition. Une direction accueillante, un fonctionnement zélé et un service à l'écoute : tout ce qu'il faut pour un séjour des plus agréables.

Océania

B3

52 r. Oradour-sur-Glane ✉ 75015 Ⓜ Porte de Versailles
✆ 01 56 09 09 09
www.oceaniahotels.com

232 ch – ♦160/330 € ♦♦160/330 €, ☕ 17€ – 18 suites

Océania

Cet hôtel conviendra parfaitement à ceux qui recherchent un hébergement de style moderne. Ce grand bâtiment récent bénéficie d'un vaste hall résolument contemporain et d'un jardin exotique. Rare à Paris pour ce type d'établissement, l'espace remise en forme se révèle très complet et bienvenu après une journée de travail ou de longues balades dans les rues de la ville : piscine aménagée sous une verrière et équipée d'un système de nage à contre-courant, hammam, fitness (nombreux appareils de musculation), salles de massage et jacuzzi... Côté chambres, confort et détente sont également au rendez-vous : mobilier aux lignes épurées, panneaux en bois sombre ou clair, écran plat et vidéos à la demande et belles salles de bains. Un double vitrage efficace vous préservera des nuisances sonores en provenance du boulevard périphérique qui sépare l'hôtel du parc des expositions de la porte de Versailles.

De la Paix

225 bd Raspail ✉ 75014 Ⓜ Raspail
✆ 01 43 20 35 82
www.paris-montparnasse-hotel.com

39 ch – 🚹94/190 € 🚹🚹105/190 €, ☕ 9€

Hôtel de la Paix

Si, à l'idée de transporter vos valises à travers Paris au sortir de la gare Montparnasse, vous vous sentez gagné par le découragement, cet hôtel est peut-être la solution qui vous apportera la paix. Il faut dire qu'il a un certain charme avec son coquet salon, ses murs en brique, ses objets chinés et tous ses mignons détails. Madame Ferrero, la propriétaire, se charge elle-même de la décoration et apporte cette touche personnelle qui vous fait vous sentir « comme à la maison ». Une impression qui perdure dans les chambres, claires, lumineuses et coquettes. Métros et RER sont tout proches, mais c'est surtout à pied qu'il convient de découvrir le quartier. D'ailleurs, le jardin du Luxembourg n'est pas si loin…

Park Hyatt

5 r. de la Paix ✉ 75002 Ⓜ Opéra
✆ 01 58 71 12 34
www.paris.vendome.hyatt.fr

118 ch – 🚹600/800 € 🚹🚹600/800 €, ☕ 48€ – 40 suites

Pur' (voir index des restaurants)

Spa
A/C
VISA
AE

Park Hyatt

Son nom : Ed Tuttle, architecte passionné d'art, installé en France depuis 1977. C'est à lui que la société Hyatt a fait appel pour rénover son établissement de la rue de la Paix. À l'époque, l'homme a déjà conçu quelques hôtels de rêve à travers le monde. Des cinq immeubles haussmanniens qui constituent celui-ci, il souhaite faire un lieu où les œuvres d'art occupent une place prépondérante. Tout en s'appuyant sur un certain classicisme à la française, il retravaille styles et matériaux traditionnels de manière contemporaine. Le mobilier, notamment, est entièrement dessiné par ses soins, mêlant avec subtilité différents styles, du Louis XVI aux années trente...

Lorsqu'en 2002 le Park Hyatt Paris-Vendôme – "élégant, sophistiqué, très parisien" – ouvre ses portes, l'artiste peut estimer avoir gagné son pari. Pour les deux restaurants, les Orchidées avec sa large verrière façon jardin d'hiver et sa cour à ciel ouvert, et le Pur' à l'atmosphère plus feutrée, le piano a été confié à Jean-François Rouquette, passé par plusieurs maisons étoilées. Un beau challenge pour lui aussi.

Pavillon de la Reine

D3

28 pl. des Vosges ✉ 75003 Ⓜ Bastille
✆ 01 40 29 19 19
www.pavillon-de-la-reine.com

38 ch – 🚹330/490 € 🚹🚹390/500 €, ☕ 34€ – 16 suites

VISA

AE

Pavillon de la Reine

Élégance et luxe du Paris historique, tout en noble discrétion. Situation royale pour ce Pavillon, caché au fond d'une cour verdoyante à laquelle on accède... par les arcades de la place des Vosges. Peut-on imaginer un paysage urbain avec plus d'âme ? Avec lui, le souvenir vivant du roi Henri IV et des premières années du 17e s. ; l'empreinte éternelle du Marais aristocratique, ses salons littéraires, ses belles architectures classiques, son goût de la mode... On franchit ces voûtes comme on se déroberait au temps qui passe.

Un étroit passage entre de vieilles pierres conduit à une jolie cour pavée et une façade noyée sous la vigne vierge : des allures de pied-à-terre de charme qui séduisent immédiatement, et le ravissement ne faiblit pas quand on pénètre dans la demeure, tout en ambiance feutrée. Chambres et salons sont spacieux, avec des tons chauds, profonds, et une profusion de tentures et tissus délicats, à la rencontre du raffinement d'hier et de l'esprit d'aujourd'hui. Avec, en sous-sol, un petit spa (jacuzzi, hammam, cabines de soin, fitness) pour couronner l'ensemble !

Du Petit Moulin

29 r. du Poitou ✉ 75003 Ⓜ St-Sébastien Froissart
✆ 01 42 74 10 10
www.hoteldupetitmoulin.com

17 ch – 190/350 € 190/350 €, 15€

CH. BIELSA

Mon premier, avec sa devanture 1900 classée par les Monuments historiques, abritait, il n'y a pas si longtemps encore, une boulangerie dont on disait qu'elle était la plus ancienne de Paris, remontant à Henri IV et où Victor Hugo venait chercher son pain.

Mon deuxième est également un immeuble du début du 17e s., dressé au croisement des rues de Poitou et de Saintonge, communiquant avec le précédent et réagencé par le cabinet d'architectes Bastie.

Mon troisième est un grand couturier – et admirable dessinateur – prenant plaisir à concrétiser un rêve de gosse "laissé en route" : construire chaque jour "un décor couleur du temps, composer des ambiances en volumes et en couleurs, et non plus seulement sur le papier ou à travers des collections de mode".

Mon tout est l'hôtel du Petit Moulin où Christian Lacroix qui, de son propre aveu, a tout de suite "aimé les perspectives un peu biscornues et la circulation labyrinthique de l'étage", proposant dix-sept ambiances qui correspondent aux dix-sept chambres. Comme dix-sept façons différentes de vivre le Marais !

Le Petit Paris

A2

214 r. St-Jacques ✉ 75005 Ⓜ Luxembourg
✆ 01 53 10 29 29
www.hotelpetitparis.com

20 ch – 180/360 € 180/360 €, 12€

Le Petit Paris

Relais de poste, pension de famille, hôtel meublé qui accueillit le mythique chanteur des Doors, Jim Morrison, dans les années 1970 : ce bel immeuble du 18e s. a eu plusieurs vies. Sous la houlette de créateurs inspirés, il s'est paré de nouveaux atours en 2009, dévoilant des charmes réinventés ! Design et ludique, pop et noble tout à la fois, le Petit Paris a tout compris... Les chambres épousent en grande pompe l'époque médiévale, les seventies, les années 1920, les styles Louis XV ou Napoléon III ; la couleur s'invite à table, sans complexe et toujours avec raffinement. Au cœur du Quartier latin, le lieu n'oublie pas de rendre hommage au Paris historique, lui faisant de sympathiques et amusants clins d'œil (observez attentivement la moquette de l'escalier !). Dans le joli patio, le temps semble tout à coup se figer, puis une voix mélodieuse se fait entendre : "Come on baby, light my fire..." A-t-on vraiment rêvé ?

Plaza Athénée

25 av. Montaigne ✉ 75008 Ⓜ Alma Marceau
✆ 01 53 67 66 65
www.plaza-athenee-paris.com

146 ch – 635/735 € 795/965 €, 52€ – 45 suites

Alain Ducasse au Plaza Athénée et Le Relais Plaza (voir index des restaurants)

Plaza Athénée

Palace parisien de légende, soucieux de garantir l'excellence à tous points de vue... Luxe et élégance résument son ambition depuis 1911, laquelle n'a cessé de séduire les plus grandes personnalités des affaires, du spectacle et de la politique. Passé le majestueux hall d'entrée, le regard se pose sur les couleurs de la Cour Jardin, puis sur celles de la Galerie des Gobelins : fleurs, marbres, dorures, toiles de renom illuminent les lieux, donnant une impression de confort absolu – confort dû aussi à un service d'une rare prévenance.

Dans les six premiers étages, côté jardin ou sur l'avenue Montaigne, place à la grande tradition, avec des chambres au mobilier de styles Louis XV, Régence ou Louis XVI, rehaussé de tons clairs. Ambiance Art déco aux 7e et 8e étages, où quelques suites en duplex regardent la tour Eiffel. Le must : la suite "Royale", la plus grande de Paris avec ses 500 m² et sa vue grandiose sur la capitale ! Sans oublier le bel espace de remise en forme, enrichi par un institut de beauté Dior, des plus élégants. Le Plaza Athénée ? Un sommet de raffinement.

Raphael

D2

17 av. Kléber ✉ 75116 — Ⓜ Kléber
✆ 01 53 64 32 00
www.raphael-hotel.com

83 ch – 390/570 € 390/570 €, 39€ – 37 suites

Raphael

Un portrait de Raphaël dans la grande galerie de l'entrée. Puis une toile de Turner, des boiseries habillant les murs, des dorures et un mobilier anglais du 15e s. : au cœur du quartier d'affaires parisien, l'hôtel Raphael est un incontournable ! Ce vaillant octogénaire offre à sa clientèle le charme des palaces de la Belle Époque. L'ascenseur mène aux chambres et aux appartements Grand Siècle, mais aussi à ces "Jardins Plein Ciel" où, aux beaux jours, vous déjeunez ou dînez en profitant d'une vue panoramique sur la capitale. Dans un registre traditionnel, vous pouvez également vous restaurer à la "Salle à Manger" et au "Bar Anglais".

Déjà propriétaires des hôtels Regina et Majestic, Léonard Tauber et Constant Baverez ouvrirent le Raphael au printemps 1925 ; aujourd'hui, ils ne renieraient certainement pas cet élégant établissement ! Car malgré son âge vénérable, le Raphael (après une jolie cure de jouvence) propose tout le confort d'aujourd'hui. Et il demeure toujours indépendant, familial et privé : inédit à Paris.

Récamier

3 bis pl. St-Sulpice ✉ 75006 Ⓜ St-Sulpice
✆ 01 43 26 04 89
www.hotelrecamier.com

24 ch – 🚹260/450 € 🚹🚹260/450 €, ☕ 18€

Hôtel Recamier

Sylvie de Lattre avait un rêve : ouvrir un hôtel de charme, un petit bijou, une adresse que les "happy few" s'échangeraient en chuchotant... Dès le hall, le dallage de marbre bicolore évoque l'élégance de la rive gauche. On se laisse ensuite séduire par le parti pris original de la décoration, qui n'est pas sans évoquer le style inspiré et composite des années 1940 : moquette panthère, moulures, matières et papiers peints précieux (velours, cuir, bois...). Un design singulier, ponctué de clins d'œil décoratifs : thématiques colorées variant selon les étages, bustes de Mme Récamier déclinés par des artistes contemporains, photographies, etc. Un sens du détail et du confort que l'on retrouve dans les chambres. De certaines, en ouvrant la fenêtre, on jouit même d'une vue délicieuse sur St-Sulpice ! Les cafés de la place et les librairies sont à deux pas ; le boulevard St-Germain invite à une délicieuse flânerie. Quelques minutes de marche encore et ce sera la Seine, puis le Louvre, pour se souvenir de Mme Récamier, immortalisée notamment par David...

Regent's Garden

B3

6 r. P.-Demours ✉ 75017 Ⓜ Ternes
✆ 01 45 74 07 30
www.hotel-regents-paris.com

40 ch – †250/470 € ††250/470 €, ☕ 21€ – 1 suite

Regent's Garden

Beaucoup de charme dans cet établissement qui offre l'agrément – fait mémorable – d'un délicieux jardin verdoyant, d'inspiration japonaise et d'un grand calme. À l'origine, cet hôtel particulier fut donné par Napoléon III à son ami et médecin le Dr Henri Conneau : amples volumes et riches moulures portent un beau témoignage de l'époque. Après une rénovation intérieure complète, il arbore aujourd'hui un style moderne chic très abouti. Couleurs tendance (les rayures vives dominent largement), mobilier design, éclairages subtils, salles de bains bien équipées : ces éléments contemporains se marient avec réussite à l'esprit du bâtiment, et en rehaussent même l'esprit de distinction et de confort… À noter : le Regent's Garden a été le premier hôtel parisien à recevoir la certification européenne Eco-Label, pour avoir pratiqué une politique volontariste de protection de l'environnement (économies d'énergie et d'eau, recours à des produits issus du commerce équitable, etc.). Pour un plaisir durable.

Relais Madeleine

11 bis r. Godot-de-Mauroy ✉ 75009 Ⓜ Havre Caumartin
✆ 01 47 42 22 40
www.relaismadeleine.fr

23 ch – 🚹130/285 € 🚹🚹160/510 €, ☕ 15€

A/C
VISA
MC
AE

Relais Madeleine

Un établissement fort agréable pour séjourner au cœur de la rive droite. Rénové de pied en cap, ce bâtiment du 19e s. a retrouvé toute l'atmosphère feutrée et intime des anciens immeubles parisiens. Très soignée et de qualité, la décoration arbore quelques touches surannées, dans la veine provinciale aujourd'hui à la mode (portraits, miroirs ouvragés, mobilier de style en bois verni ou cérusé...). Un charmant goût d'antan qui apporte juste ce qu'il faut de nostalgie pour pouvoir profiter pleinement du confort moderne et d'un certain esprit contemporain (couleurs franches et gaies, agencement fonctionnel). Vous apprécierez d'autant plus l'excellence du service, assuré par un personnel aimable et souriant. Et pour vous laisser aller à toutes les gourmandises, sachez que les célèbres épiceries fines de la place de la Madeleine sont à deux pas, de même que les grands magasins du boulevard Haussmann et l'Opéra...

Le Royal Monceau

A2

37 av. Hoche ✉ 75008 Ⓜ Charles de Gaulle-Etoile
✆ 01 42 99 88 00
www.leroyalmonceau.com

108 ch – 🚹850/1200 € 🚹🚹850/1200 €, ☕ 45€ – 41 suites

La Cuisine et Il Carpaccio (voir index des restaurants)

Philippe Garcia/LaSociétéAnonyme

Il est de certains lieux comme des gens qu'on aime : tour à tour port d'attache ou refuge, ils changent et traversent les époques sans jamais renier leur belle personnalité... Si ce monument parisien (1928) a fait peau neuve en 2010, il n'a rien perdu de sa superbe ni de son esprit chic et décalé. Car, dans ce lieu contemporain décoré avec goût et sobriété par Philippe Starck, on peut flâner à la librairie, admirer une expo d'art contemporain, regarder un film dans une salle de cinéma high-tech, s'initier à la guitare acoustique, enregistrer un disque grâce au studio mobile – sur les traces du chanteur Michel Polnareff qui fut un hôte célèbre de l'établissement –, puis filer se détendre à la piscine du sous-sol ou encore se faire dorloter au spa... Palace, direz-vous ? Oui, mais démesurément palace, très étonnant et assurément arty ! En un mot : Royal.

St-Jacques

35 r. des Écoles ✉ 75005 Ⓜ Maubert Mutualité
✆ 01 44 07 45 45
www.paris-hotel-stjacques.com

36 ch – 🚹121/138 € 🚹🚹144/276 €, ☕ 14€

St-Jacques

Situé au cœur du Quartier latin, ce petit hôtel installé dans un immeuble haussmannien a servi de décor, dans les années 1960, au film *Charade*, avec Audrey Hepburn et Cary Grant. Aujourd'hui, son cadre romantique plaît toujours, notamment aux touristes étrangers aux yeux desquels il apparaît "so French" ! Dès l'entrée, le hall et son coin salon-bar vous accueillent dans une ambiance Belle Époque : vous pourrez y déguster la célèbre absinthe, tout en admirant une belle collection de livres anciens des 18e et 19e s. Les couloirs s'égayent de fresques rétro et les chambres, traditionnelles, arborent toutes des styles différents (peintures originales un brin historiques ou bucoliques, moulures d'origine) ; les "deluxe", joliment rénovées, sont d'un esprit plus cossu. Avant d'arpenter le Paris du 21e s., remontez le temps dans l'étonnante salle des petits-déjeuners : son décor évoque un cabaret des Années folles. Les musiciens, confirmés ou non, peuvent même y exercer leurs talents de pianiste... après le service, bien sûr !

St-James Paris

C3

43 av. Bugeaud ✉ 75116 Ⓜ Porte Dauphine
✆ 01 44 05 81 81
www.saint-james-paris.com

18 ch – 330/450 € 330/650 €, 34€ – 30 suites

St-James Paris

Curiosité, le St-James offre une architecture digne d'un petit château au cœur d'un joli jardin privé – une rareté dans Paris. Érigé en 1892 à la mémoire d'Adolphe Thiers (premier président de la IIIe République), cet hôtel particulier a longtemps abrité une résidence réservée aux meilleurs étudiants de France. Devenu propriété anglaise en 1986, il a alors accueilli... un club, dans la pure tradition des cercles londoniens. C'est au début des années 1990 qu'il devient hôtel. En 2011, il s'offre une belle cure de jouvence et un nouveau look signé Bambi Sloan. De superbes matières, des imprimés chatoyants, un certain esprit boudoir chic... Le style Napoléon III flirte avec une originalité toute britannique et un brin déjantée, et on en redemande ! La délicieuse bibliothèque, l'escalier majestueux, les volumes harmonieux... tout n'est que raffinement et démesure. La Perfide Albion et la France enfin réconciliées ? Honni soit qui mal y pense...

De Sers

A3

41 av. Pierre 1er de Serbie ✉ 75008 Ⓜ George V
✆ 01 53 23 75 75
www.hoteldesers.com

45 ch – 🚹450/680 € 🚹🚹480/680 €, ☕ 35€ – 7 suites

🍴 De Sers (voir index des restaurants)

A/C

VISA

AE

De Sers

"Un *home* où le temps prend une autre dimension, traduisant une sorte de mélancolie contemporaine." C'est en ces termes que l'architecte Thomas Vidalenc a repensé l'Hôtel de Sers. Pour créer cet effet d'apaisement, il a opté pour un design épuré, des étoffes unies et des volumes aérés. Parquet, lits douillets, salles de bains en marbre clair d'Italie et faïence blanche, tons gris, beige et parme, mobilier de créateurs... Le confort, l'esthétisme et la modernité s'invitent dans toutes les chambres, avec sobriété et finesse.

De sa longue histoire – demeure du marquis de Sers, établissement de soins puis hôtel à partir de 1935 –, le bâtiment a conservé quelques traces, comme les portraits anciens accrochés aux murs du lobby et le monumental escalier d'honneur. Ou encore le jardin, converti en une délicieuse terrasse pour le petit-déjeuner l'été. On trouve aussi de belles installations dédiées à la détente (fitness, sauna, hammam, etc.). Respirez...

Sezz

6 av. Frémiet ✉ 75016 Ⓜ Passy
✆ 01 56 75 26 26
www.hotelsezz-paris.com

19 ch – 🚹335/570 € 🚹🚹335/570 €, ☕ 28€ – 7 suites

Hôtel Sezz

Combiner le meilleur d'une conception ultramoderne avec une authentique touche de classe bourgeoise ? C'est la gageure réussie par le "pape de la courbe", Christophe Pillet, auteur du relookage de ce bel immeuble de 1913. Dix-huit mois de travaux auront été nécessaires pour passer d'un simple hôtel du "seize"... au "Sezz", et créer ainsi un temple du chic et du design fonctionnel. Le décor est luxueux, tout en formes épurées, lignes arrondies séductrices et tons gris (belle pierre de Cascais, au Portugal). Les chambres se révèlent de sublimes espaces de bien-être, confortables et décorées avec un sens du détail qui exclut la monotonie : mobilier contemporain souvent audacieux, salles de bains vitrées et ouvertes sur l'extérieur, tableaux et photos acquis à la FIAC, écrans plasma. Pour des moments de détente, deux petits salons, un bar à champagne Veuve Clicquot, ainsi qu'une cabine de soins, un jacuzzi et un hammam sont à la disposition des clients.

Shangri-La

10 av. d'Iéna ✉ 75116 Ⓜ Iéna
✆ 01 53 67 19 98
www.shangri-la.com

54 ch – 650/1675 € 650/1675 €, 48€ – 27 suites

L'Abeille et Shang Palace (voir index des restaurants)

Shangri-La Paris

VISA MC AE

Un havre de paix... telle est la signification du mot Shangri-La. L'hôtel particulier du prince Roland Bonaparte, également appelé palais Iéna, a subi en 2009-2010 une véritable métamorphose. Ce travail de longue haleine, qui a nécessité des années de préparation et la collaboration de nombreux artisans d'art, s'est vu récompensé puisque l'hôtel est désormais classé aux Monuments historiques. Il faut dire que rien n'a été laissé au hasard, des grilles en fer forgé de l'entrée aux salons historiques, en passant par l'escalier d'honneur. Lustres en cristal, plafonds sculptés, peintures délicates et aménagements évoquant les fastes d'un Empire mâtiné d'Orient : c'est un véritable écrin précieux ! Une odeur de thé blanc imprègne les chambres donnant sur la tour Eiffel, et les suites, somptueuses... Pour dîner, on hésite entre le faste d'une Asie rêvée au Shang Palace, l'élégance délicate de la Bauhinia et une gastronomie signée Philippe Labbé au restaurant l'Abeille. Impérial !

Le Six

B3

14 r. Stanislas ✉ 75006 Ⓜ Notre-Dame des Champs
✆ 01 42 22 00 75
www.hotel-le-six.com

37 ch – 🚹229/450 € 🚹🚹229/450 €, ☕ 22€ – 4 suites

Le Six

Sa devanture laquée en noir donne d'emblée le ton : cet hôtel, bien qu'occupant un bel immeuble haussmannien, est résolument contemporain. Au cœur de la rive gauche, entre Montparnasse et le jardin du Luxembourg, il a ouvert ses portes en 2008 et exprime, assurément, l'esprit de l'époque. À l'intérieur, le décor mêle fonctionnalisme et aisance : un design bien pensé, où l'élégance se prête, avec simplicité, au confort. Les chambres, sur un fond de murs blancs, arborent de belles notes chaudes (panneaux ocre, dessus-de-lit miel ou bistre, rideaux or ou vermillon, etc.), des parquets en chêne clair, un éclairage doux... Au dernier étage, elles ne manquent pas de cachet avec leurs jolies poutres apparentes et leur belle vue sur les toits de Paris (quelques petits balcons). Pour la détente, les caves voûtées abritent un petit spa avec hammam et cabine de massage. Ici, on profite de l'époque et de la Ville Lumière, c'est indéniable.

Splendid Étoile

1bis av. Carnot ✉ 75017 Ⓜ Charles de Gaulle-Etoile
✆ 01 45 72 72 00
www.hsplendid.com

54 ch – 200/395 € 225/420 €, 25€ – 3 suites

Le Pré Carré (voir index des restaurants)

Splendid Étoile

Tout le charme de l'hôtellerie parisienne traditionnelle dans ce bel immeuble haussmannien qui bénéficie d'un emplacement privilégié : il fait face à l'Arc de Triomphe ! Certaines chambres offrent d'ailleurs une belle vue sur le célèbre monument parisien. À l'occasion, offrez-vous une petite ascension à son sommet pour apprécier l'exceptionnel panorama offert sur les douze avenues – dont les Champs-Élysées – qui y convergent. Une splendide Étoile !

L'hôtel, tenu par la même famille depuis 1976, offre une atmosphère à la fois sage et feutrée, à l'image de ses salons cosy et de son chaleureux bar anglais. Aux étages, les chambres sont aménagées dans le même esprit : mobilier de style Louis XV, lustres à pendeloques, tapis, gravures anciennes, sobres papiers peints, boiseries murales claires et salles de bains garnies de marbre. Notez enfin l'efficacité de l'insonorisation en façade.

Square

B2

3 r. Boulainvilliers ✉ 75016 Ⓜ Mirabeau
✆ 01 44 14 91 90
www.hotelsquare.com

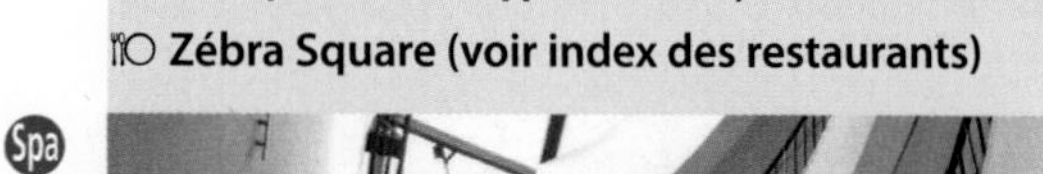

18 ch – 300/650 € 300/650 €, 35€ – 4 suites
Zébra Square (voir index des restaurants)

Spa A/C VISA AE

G.Corbic/MICHELIN

Étonnante architecture moderne datant de 1995, dressée face à la Seine. À l'entrée, le cadre séduit d'emblée par son style contemporain et chaleureux : tout n'est que courbes enveloppantes. Le grand hall impressionne par son atrium et ses coursives courant devant un immense mur blanc où sont exposés des tableaux. L'inspiration de la décoration ? Un mélange de pureté minimaliste et d'œuvres d'art abstraites que l'on retrouve dans tout l'hôtel. Dans les confortables chambres, calme et sérénité prédominent grâce aux harmonies de couleurs, déclinées en deux gammes, actuelles ou plus reposantes : ambre et ivoire dans les unes, safran et brique dans les autres. Quant aux salles de bains, en marbre de Carrare, elles invitent au bien-être absolu. Instants de douceur à poursuivre au Nuxe Spa, très complet, et au restaurant Zébra Square, qui propose une cuisine actuelle dans une vaste salle à manger aux tons apaisants...

Triangle d'Or

6 r. Godot-de-Mauroy ✉ 75009 Ⓜ Havre Caumartin
✆ 01 47 42 25 05
www.hoteldutriangledor.com

45 ch – 🚹149/229 € 🚹🚹189/309 €, ☕ 15€

VISA

AE

Hôtel Triangle d'Or

Est-ce parce qu'il se situe juste derrière l'Olympia ? Mais cet "hôtel musical" sort assurément du lot. Les propriétaires ont en effet eu l'idée de confier sa décoration à des artistes reconnus dans les domaines du jazz, du folk, du rap, etc. Parmi les pointures qui ont répondu à l'appel : MC Solaar, Jacques Higelin, Manu Katché, Archie Shepp, Rickie Lee Jones, etc. Tout ce beau monde a eu entière liberté pour retranscrire son univers à chacun des étages. Dans les chambres, dans les couloirs se déroule... une moquette étoilée, comme un Hall of Fame poétique et ludique. Envie d'écouter un peu de musique ? Des casques sont branchés dans l'espace multimédia. Armoires en forme de flight case, collage évoquant le clavier d'un piano dans la salle de bains, tables de nuit façon djembé ou batterie : on se croirait backstage, dans une loge imaginaire, ou dans un grand studio d'enregistrement. L'occasion de se la jouer star – au spa, pourquoi pas – ou égérie d'un soir. Good Vibrations !

De Vendôme

1 pl. Vendôme ✉ 75001 Ⓜ Opéra
✆ 01 55 04 55 00
www.hoteldevendome.com

29 ch – 300/450 € 390/620 €, 35€ – 8 suites

1 Place Vendôme (voir index des restaurants)

A/C VISA AE

De Vendôme

Discret par sa taille, cet hôtel particulier du 18e s. est un véritable bijou dont la décoration s'inspire des plus belles époques de l'art décoratif français. Pilastres à chapiteaux dorés, marqueterie de marbre polychrome au sol, desk en bois précieux : voilà pour la réception.

Volumes généreux, tentures sophistiquées, meubles anciens ou de style : chaque chambre, aux couleurs chatoyantes ou plus pastel, possède son caractère. Caractère aussi au bar, à l'ambiance feutrée digne d'un club anglais. Lumières tamisées, meubles d'acajou, fauteuils Chesterfield : devant un scotch ou un cocktail, on passe le Channel en laissant son imagination vagabonder... tandis qu'en cuisine le chef sait composer avec toutes les épices.

Au dernier étage de l'hôtel, enfin, un espace unique et privilégié : dotée d'un vaste salon et d'une terrasse, la suite présidentielle peut être privatisée pour une réception. L'occasion d'admirer la vue, qui se perd sur les toits de Paris. Bref, un lieu au charme magique, au numéro 1 de la place Vendôme.

Windsor Opéra

10 r. G.-Laumain ✉ 75010 Ⓜ Bonne Nouvelle
✆ 01 48 00 98 98
www.hotelwindsor.com

24 ch – 154/296 € 160/296 €, 14€

Hôtel Windsor Opéra

Une façade blanche typique du 19e s. pour une immersion dans le vieux Paris des Grands Boulevards ? Oui, mais avec tous les avantages de la modernité et un bel esprit contemporain ! Passé le hall d'entrée, on est immédiatement conquis par la décoration à la fois design et cosy, qui rend hommage au génie de Gustave Eiffel (pour la verrière), aux pionniers de l'aéronautique et à l'âge d'or de l'automobile. Hélice tripale de Falcon, nez de Caravelle, réservoirs de Mirage 3, hublots de 747 et moteurs dans le hall et le salon, mais aussi photos vintage de vieilles voitures Peugeot des années 1960 et 1970 : incroyable! Parsemez le tout de tons chauds et de petits fauteuils en velours incitant à la détente, pour un résultat à la fois original et reposant. Quant aux chambres, elles dégagent un vrai charme feutré, avec leurs beaux tissus épais. Une fois les valises posées, il ne reste plus qu'à enfiler de bonnes chaussures pour flâner jusqu'aux grands magasins ou vers le canal St-Martin... pour une promenade pleine d'atmosphère.

L'aventure Michelin

Tout commence avec des balles en caoutchouc ! C'est ce que produit, vers 1880, la petite entreprise clermontoise dont héritent André et Édouard Michelin. Les deux frères saisissent vite le potentiel des nouveaux moyens de transport. L'invention du pneumatique démontable pour la bicyclette est leur première réussite. Mais c'est avec l'automobile qu'ils donnent la pleine mesure de leur créativité. Tout au long du 20e s., Michelin n'a cessé d'innover pour créer des pneumatiques plus fiables et plus performants, du poids lourd à la F 1, en passant par le métro et l'avion.

Très tôt, Michelin propose à ses clients des outils et des services destinés à faciliter leurs déplacements, à les rendre plus agréables... et plus fréquents. Dès 1900, le Guide Michelin fournit aux chauffeurs tous les renseignements utiles pour entretenir leur automobile, trouver où se loger et se restaurer. Il deviendra la référence en matière de gastronomie. Parallèlement, le Bureau des itinéraires offre aux voyageurs conseils et itinéraires personnalisés.

En 1910, la première collection de cartes routières remporte un succès immédiat ! En 1926, un premier guide régional invite à découvrir les plus beaux sites de Bretagne. Bientôt, chaque région de France a son Guide Vert. La collection s'ouvre ensuite à des destinations plus lointaines (de New York en 1968... à Taïwan en 2011).

Au 21e s., avec l'essor du numérique, le défi se poursuit pour les cartes et guides Michelin qui continuent d'accompagner le pneumatique. Aujourd'hui comme hier, la mission de Michelin reste l'aide à la mobilité, au service des voyageurs.

MICHELIN AUJOURD'HUI

N°1 MONDIAL DES PNEUMATIQUES

- 70 sites de production dans 18 pays
- 111 000 employés de toutes cultures, sur tous les continents
- 6 000 personnes dans les centres de Recherche & Développement

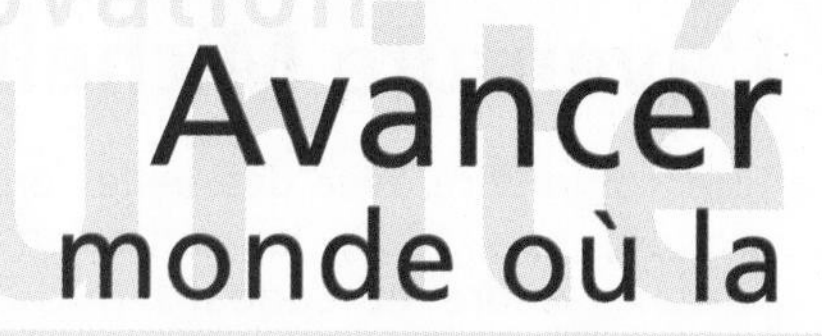

Avancer
monde où la

Mieux avancer, c'est d'abord innover pour mettre au point des pneus qui freinent plus court et offrent une meilleure adhérence, quel que soit l'état de la route.

LA JUSTE PRESSION

BONNE PRESSION

- Sécurité
- Longévité
- Consommation de carburant optimale

-0,5 bar

- Durée de vie des pneus réduite de 20% (- 8 000 km)

-1 bar

- Risque d'éclatement
- Hausse de la consommation de carburant
- Distance de freinage augmentée sur sol mouillé

ensemble vers un
mobilité est plus sûre

C'est aussi aider les automobilistes à prendre soin de leur sécurité et de leurs pneus. Pour cela, Michelin organise partout dans le monde des opérations **Faites le plein d'air** pour rappeler à tous que la juste pression, c'est vital.

L'USURE

COMMENT DETECTER L'USURE

La profondeur minimale des sculptures est fixée par la loi à 1,6 mm.
Les manufacturiers ont muni les pneus d'indicateurs d'usure.
Ce sont de petits pains de gomme moulés au fond des sculptures et d'une hauteur de 1,6 mm.

Les pneumatiques constituent le seul point de contact entre le véhicule et la route.

Ci-dessous, la zone de contact réelle photographiée.

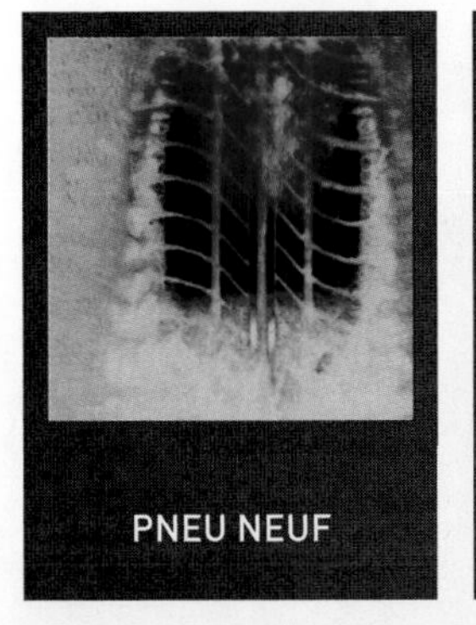

PNEU NEUF

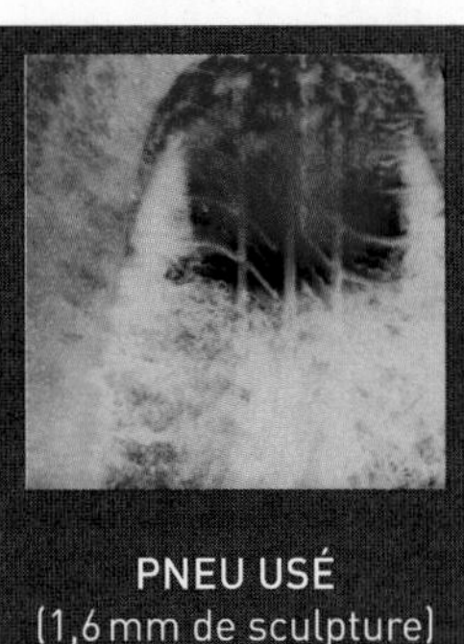

PNEU USÉ
(1,6 mm de sculpture)

Au-dessous de cette valeur, les pneus sont considérés comme lisses et dangereux sur chaussée mouillée.

Chattez avec Bibendum

Rendez-vous sur:
www.michelin.com/corporate/fr
Découvrez l'actualité et
l'histoire de Michelin.

QUIZZ

Michelin développe des pneumatiques pour tous les types de véhicules. Amusez-vous à identifier le bon pneu...

Résultat : A-6 / B-4 / C-2 / D-1 / E-3 / F-7 / G-5

Index des plans

Ph. Robic / MICHELIN

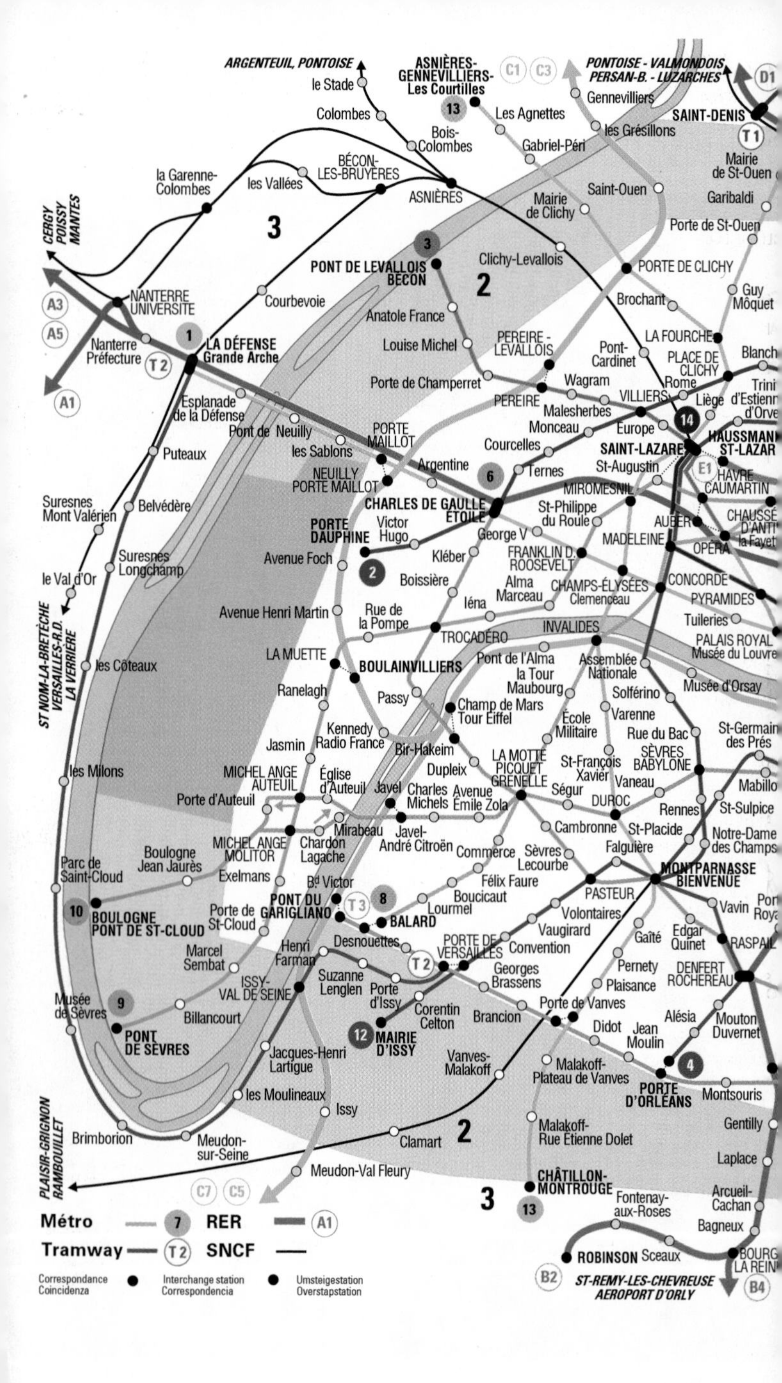

ARGENTEUIL, PONTOISE
le Stade
Colombes
ASNIÈRES-GENNEVILLIERS-Les Courtilles
13
C1
C3
PONTOISE - VALMONDOIS
PERSAN-B. - LUZARCHES
D1
Gennevilliers
Les Agnettes
SAINT-DENIS
les Grésillons
T 1
Bois-Colombes
Gabriel-Péri
Mairie de St-Ouen
la Garenne-Colombes
les Vallées
BÉCON-LES-BRUYÈRES
ASNIÈRES
Saint-Ouen
Garibaldi
Mairie de Clichy
Porte de St-Ouen
CERGY POISSY MANTES
3
3
PONT DE LEVALLOIS BÉCON
Clichy-Levallois
2
PORTE DE CLICHY
Courbevoie
Brochant
Guy Môquet
A3
NANTERRE UNIVERSITE
Anatole France
A5
1
LA DÉFENSE Grande Arche
Louise Michel
PEREIRE - LEVALLOIS
Pont-Cardinet
LA FOURCHE
PLACE DE CLICHY
Blanche
Nanterre Préfecture
T 2
Porte de Champerret
Wagram
Rome
Trinité d'Estienne d'Orves
A1
Esplanade de la Défense
PEREIRE
Malesherbes
VILLIERS
Liège
14
Pont de Neuilly
PORTE MAILLOT
Monceau
Europe
HAUSSMANN ST-LAZARE
les Sablons
Courcelles
SAINT-LAZARE
Puteaux
Argentine
St-Augustin
E1
NEUILLY PORTE MAILLOT
6
Ternes
HAVRE CAUMARTIN
MIROMESNIL
CHARLES DE GAULLE ÉTOILE
Suresnes Mont Valérien
Belvédère
St-Philippe du Roule
CHAUSSÉE D'ANTIN la Fayette
AUBER
PORTE DAUPHINE
Victor Hugo
George V
MADELEINE
OPÉRA
Suresnes Longchamp
Avenue Foch
Kléber
FRANKLIN D. ROOSEVELT
2
le Val d'Or
Boissière
Alma Marceau
CHAMPS-ÉLYSÉES Clemenceau
CONCORDE
PYRAMIDES
Avenue Henri Martin
Rue de la Pompe
Iéna
Tuileries
INVALIDES
TROCADÉRO
PALAIS ROYAL Musée du Louvre
ST NOM-LA-BRETÈCHE VERSAILLES-R.D. LA VERRIÈRE
LA MUETTE
Pont de l'Alma
Assemblée Nationale
les Côteaux
BOULAINVILLIERS
la Tour Maubourg
Musée d'Orsay
Ranelagh
Solférino
Passy
Champ de Mars Tour Eiffel
École Militaire
Varenne
Kennedy Radio France
Rue du Bac
St-Germain des Prés
Jasmin
Bir-Hakeim
SÈVRES BABYLONE
LA MOTTE PICQUET GRENELLE
St-François Xavier
les Milons
MICHEL ANGE AUTEUIL
Église d'Auteuil
Dupleix
Vaneau
Mabillon
Javel
Charles Michels
Avenue Émile Zola
Ségur
Porte d'Auteuil
DUROC
Rennes
St-Sulpice
Mirabeau
Javel-André Citroën
Cambronne
St-Placide
MICHEL ANGE MOLITOR
Chardon Lagache
Notre-Dame des Champs
Boulogne Jean Jaurès
Commerce
Sèvres Lecourbe
Falguière
Parc de Saint-Cloud
Exelmans
MONTPARNASSE BIENVENUE
Félix Faure
Bd Victor
PASTEUR
10
BOULOGNE PONT DE ST-CLOUD
PONT DU GARIGLIANO
8
T3
Boucicaut
Vavin
Port Royal
Porte de St-Cloud
Lourmel
Volontaires
BALARD
Vaugirard
Gaîté
Edgar Quinet
RASPAIL
Desnouettes
PORTE DE VERSAILLES
Convention
Marcel Sembat
Henri Farman
T 2
Pernety
DENFERT ROCHEREAU
Suzanne Lenglen
Georges Brassens
ISSY-VAL DE SEINE
Porte d'Issy
Plaisance
Musée de Sèvres
9
Porte de Vanves
Corentin Celton
Brancion
Alésia
Mouton Duvernet
Billancourt
Didot
Jean Moulin
PONT DE SÈVRES
12
MAIRIE D'ISSY
Jacques-Henri Lartigue
Vanves-Malakoff
Malakoff-Plateau de Vanves
4
PORTE D'ORLÉANS
Montsouris
les Moulineaux
Issy
PLAISIR-GRIGNON RAMBOUILLET
Malakoff-Rue Étienne Dolet
Gentilly
Brimborion
Meudon-sur-Seine
Clamart
2
Laplace
Meudon-Val Fleury
CHÂTILLON-MONTROUGE
3
Arcueil-Cachan
C7
C5
13
Fontenay-aux-Roses
Bagneux
Métro
7
RER
A1
Tramway
T 2
SNCF
ROBINSON
Sceaux
BOURG LA REINE
Correspondance Coincidenza
Interchange station Correspondencia
Umsteigestation Overstapstation
B2
ST-REMY-LES-CHEVREUSE AEROPORT D'ORLY
B4

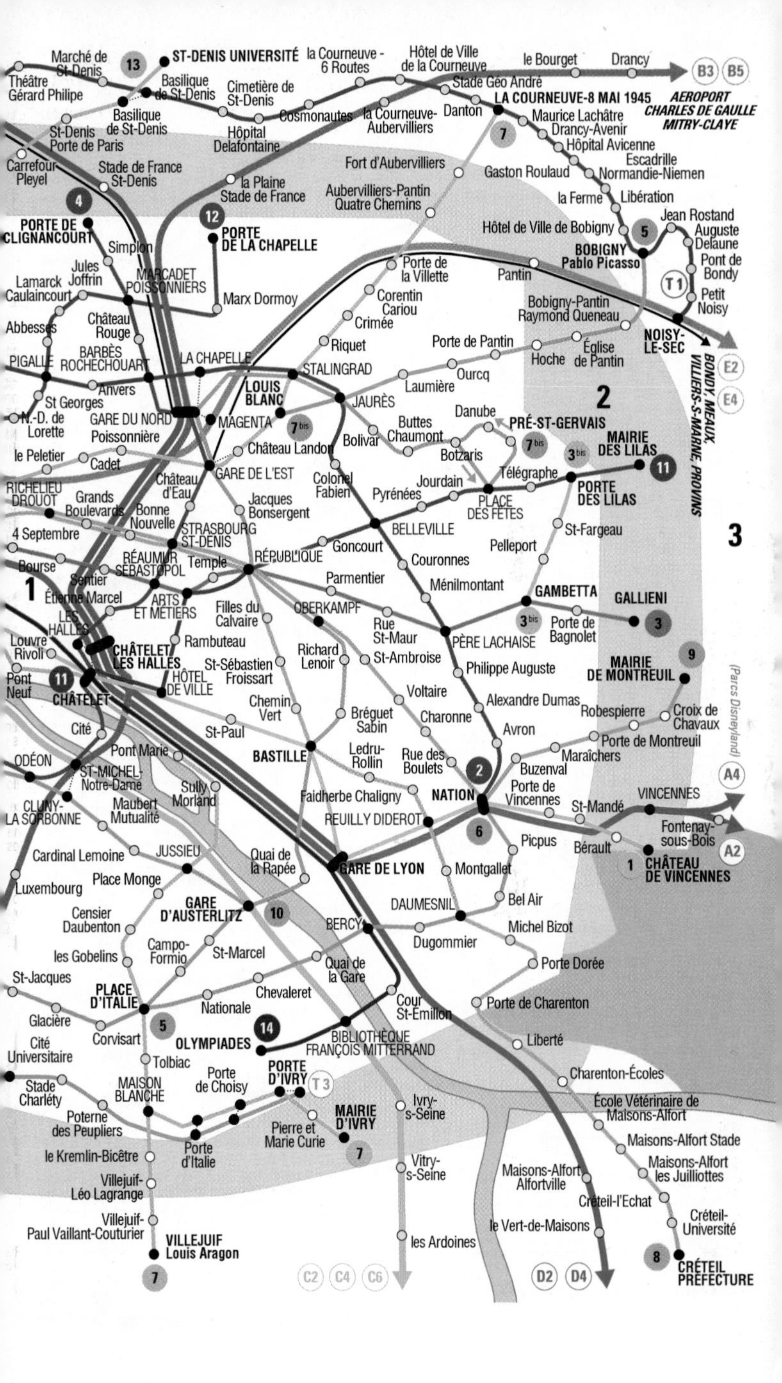
Marché de St-Denis
13
ST-DENIS UNIVERSITÉ
la Courneuve - 6 Routes
Hôtel de Ville de la Courneuve
le Bourget
Drancy
B3
B5
Théâtre Gérard Philipe
Basilique de St-Denis
Cimetière de St-Denis
Stade Géo André
LA COURNEUVE-8 MAI 1945
AEROPORT CHARLES DE GAULLE MITRY-CLAYE
Basilique de St-Denis
Cosmonautes
la Courneuve-Aubervilliers
Danton
Maurice Lachâtre
Drancy-Avenir
St-Denis Porte de Paris
Hôpital Delafontaine
7
Hôpital Avicenne
Carrefour Pleyel
Stade de France St-Denis
Fort d'Aubervilliers
Escadrille Normandie-Niemen
Gaston Roulaud
la Plaine Stade de France
Aubervilliers-Pantin Quatre Chemins
la Ferme
Libération
4
12
Jean Rostand
PORTE DE CLIGNANCOURT
PORTE DE LA CHAPELLE
Hôtel de Ville de Bobigny
5
Auguste Delaune
Simplon
BOBIGNY Pablo Picasso
Pont de Bondy
Jules Joffrin
MARCADET POISSONNIERS
Porte de la Villette
Pantin
T1
Lamarck Caulaincourt
Marx Dormoy
Corentin Cariou
Petit Noisy
Abbesses
Château Rouge
Crimée
Bobigny-Pantin Raymond Queneau
NOISY-LE-SEC
BARBÈS ROCHECHOUART
Riquet
Porte de Pantin
Église de Pantin
PIGALLE
LA CHAPELLE
STALINGRAD
Hoche
BONDY, MEAUX, VILLIERS-S-MARNE, PROVINS
Anvers
LOUIS BLANC
Ourcq
E2
St Georges
JAURÈS
Laumière
E4
N.-D. de Lorette
GARE DU NORD
MAGENTA
7 bis
Buttes Chaumont
Danube
2
Poissonnière
Bolivar
PRÉ-ST-GERVAIS
le Peletier
Château Landon
Botzaris
7 bis
3 bis
MAIRIE DES LILAS
Cadet
GARE DE L'EST
Colonel Fabien
Télégraphe
11
RICHELIEU DROUOT
Château d'Eau
Jourdain
PORTE DES LILAS
Grands Boulevards
Bonne Nouvelle
Jacques Bonsergent
Pyrénées
PLACE DES FÊTES
3
4 Septembre
STRASBOURG ST-DENIS
BELLEVILLE
St-Fargeau
Goncourt
Pelleport
Bourse
RÉAUMUR SÉBASTOPOL
Temple
RÉPUBLIQUE
Couronnes
Sentier
Parmentier
1
Étienne Marcel
ARTS ET MÉTIERS
Ménilmontant
GAMBETTA
GALLIENI
LES HALLES
Filles du Calvaire
OBERKAMPF
Rue St-Maur
3 bis
Porte de Bagnolet
3
Louvre Rivoli
CHÂTELET LES HALLES
Rambuteau
PÈRE LACHAISE
9
Richard Lenoir
St-Ambroise
Pont Neuf
11
CHÂTELET
HÔTEL DE VILLE
St-Sébastien Froissart
Philippe Auguste
MAIRIE DE MONTREUIL
(Parcs Disneyland)
Voltaire
Chemin Vert
Alexandre Dumas
Robespierre
Croix de Chavaux
Bréguet Sabin
Charonne
Cité
St-Paul
Avron
Porte de Montreuil
Pont Marie
Ledru-Rollin
Maraîchers
ODÉON
BASTILLE
Rue des Boulets
2
Buzenval
A4
ST-MICHEL-Notre-Dame
Sully Morland
Faidherbe Chaligny
NATION
Porte de Vincennes
VINCENNES
CLUNY-LA SORBONNE
Maubert Mutualité
REUILLY DIDEROT
St-Mandé
Fontenay-sous-Bois
6
Picpus
Bérault
A2
Cardinal Lemoine
JUSSIEU
Quai de la Rapée
1
CHÂTEAU DE VINCENNES
Luxembourg
Place Monge
GARE DE LYON
Montgallet
Bel Air
GARE D'AUSTERLITZ
10
DAUMESNIL
Censier Daubenton
BERCY
Michel Bizot
Campo-Formio
Dugommier
les Gobelins
St-Marcel
Quai de la Gare
Porte Dorée
St-Jacques
PLACE D'ITALIE
Chevaleret
Porte de Charenton
Cour St-Émilion
Nationale
Glacière
5
Corvisart
14
Liberté
Cité Universitaire
OLYMPIADES
BIBLIOTHÈQUE FRANÇOIS MITTERRAND
Tolbiac
PORTE D'IVRY
T3
Charenton-Écoles
Stade Charléty
MAISON BLANCHE
Porte de Choisy
Ivry-s-Seine
École Vétérinaire de Maisons-Alfort
Poterne des Peupliers
MAIRIE D'IVRY
Pierre et Marie Curie
Maisons-Alfort Stade
le Kremlin-Bicêtre
Porte d'Italie
7
Vitry-s-Seine
Maisons-Alfort Alfortville
Maisons-Alfort les Juilliottes
Villejuif-Léo Lagrange
Créteil-l'Echat
Villejuif-Paul Vaillant-Couturier
Créteil-Université
le Vert-de-Maisons
les Ardoines
VILLEJUIF Louis Aragon
8
CRÉTEIL PRÉFECTURE
7
C2
C4
C6
D2
D4

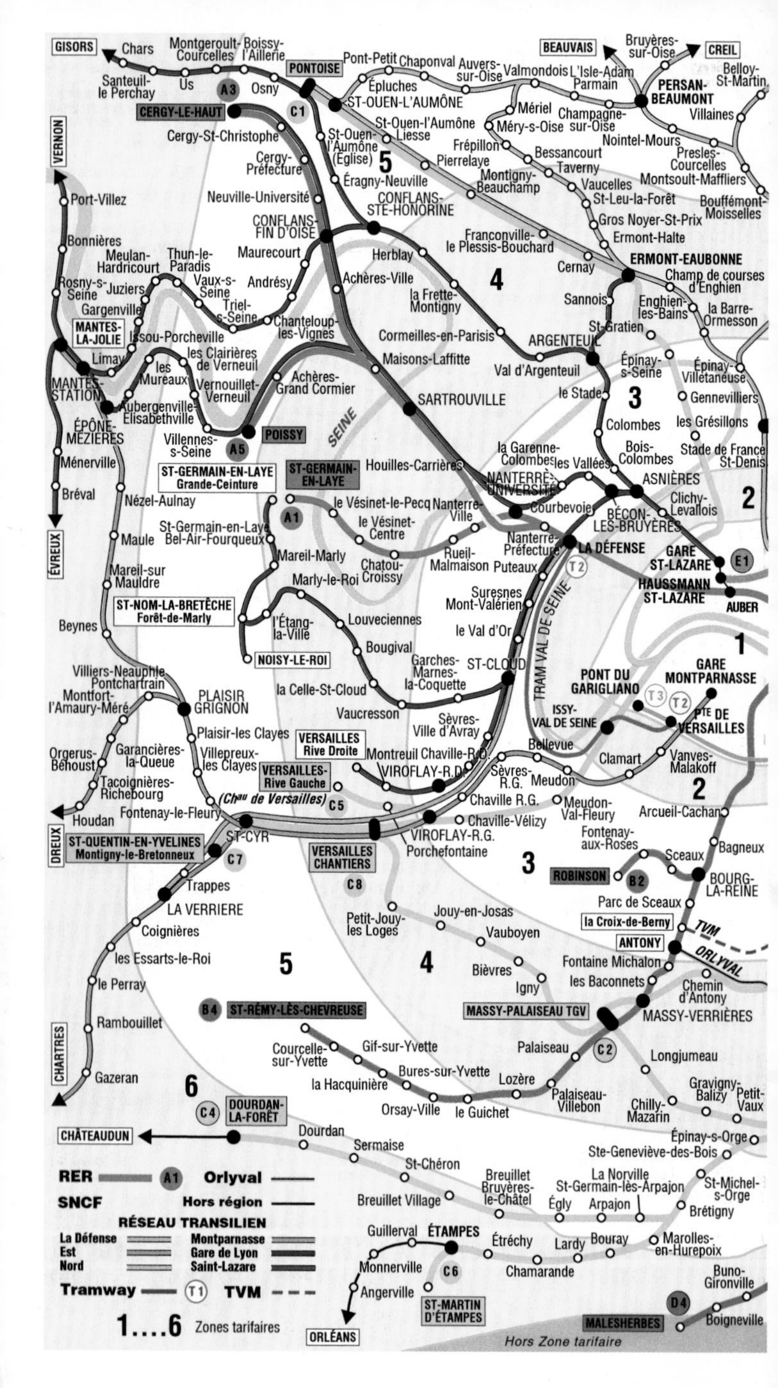
GISORS
Chars
Montgeroult-Courcelles
Boissy-l'Aillerie
PONTOISE
Pont-Petit
Chaponval
Auvers-sur-Oise
Valmondois
L'Isle-Adam Parmain
BEAUVAIS
Bruyères-sur-Oise
CREIL
Belloy-St-Martin
Santeuil-le Perchay
Us
A3
Osny
Épluches
ST-OUEN-L'AUMÔNE
Mériel
Champagne-sur-Oise
PERSAN-BEAUMONT
Villaines
CERGY-LE-HAUT
C1
St-Ouen-l'Aumône Liesse
Méry-s-Oise
Nointel-Mours
Presles-Courcelles
Cergy-St-Christophe
St-Ouen-l'Aumône (Église)
Frépillon
Bessancourt
Taverny
Montsoult-Maffliers
VERNON
Cergy-Préfecture
5
Pierrelaye
Montigny-Beauchamp
Vaucelles
St-Leu-la-Forêt
Bouffémont-Moisselles
Port-Villez
Neuville-Université
Éragny-Neuville
CONFLANS-STE-HONORINE
Gros Noyer-St-Prix
CONFLANS-FIN D'OISE
Franconville-le Plessis-Bouchard
Ermont-Halte
Bonnières
Meulan-Hardricourt
Thun-le-Paradis
Maurecourt
Herblay
Cernay
ERMONT-EAUBONNE
Rosny-s-Seine
Juziers
Vaux-s-Seine
Andrésy
Achères-Ville
4
Champ de courses d'Enghien
Gargenville
Triel-s-Seine
Chanteloup-les-Vignes
la Frette-Montigny
Sannois
Enghien-les-Bains
la Barre-Ormesson
MANTES-LA-JOLIE
Issou-Porcheville
Cormeilles-en-Parisis
St-Gratien
ARGENTEUIL
Limay
les Clairières de Verneuil
Maisons-Laffitte
Épinay-s-Seine
Épinay-Villetaneuse
MANTES-STATION
les Mureaux
Vernouillet-Verneuil
Achères-Grand Cormier
Val d'Argenteuil
le Stade
3
Gennevilliers
Aubergenville-Elisabethville
SARTROUVILLE
Colombes
les Grésillons
ÉPÔNE-MÉZIÈRES
Villennes-s-Seine
POISSY
SEINE
A5
Bois-Colombes
Stade de France St-Denis
Ménerville
ST-GERMAIN-EN-LAYE Grande-Ceinture
ST-GERMAIN-EN-LAYE
Houilles-Carrières
la Garenne-Colombes
les Vallées
NANTERRE-UNIVERSITÉ
ASNIÈRES
Bréval
Nézel-Aulnay
le Vésinet-le-Pecq
Nanterre-Ville
Courbevoie
BÉCON-LES-BRUYÈRES
Clichy-Levallois
2
A1
le Vésinet-Centre
St-Germain-en-Laye Bel-Air-Fourqueux
Nanterre-Préfecture
LA DÉFENSE
GARE ST-LAZARE
E1
ÉVREUX
Maule
Mareil-Marly
Chatou-Croissy
Rueil-Malmaison
Puteaux
T2
HAUSSMANN ST-LAZARE
AUBER
Mareil-sur Mauldre
Marly-le-Roi
Suresnes Mont-Valérien
ST-NOM-LA-BRETÈCHE Forêt-de-Marly
Beynes
l'Étang-la-Ville
Louveciennes
le Val d'Or
TRAM VAL DE SEINE
1
Bougival
NOISY-LE-ROI
Garches-Marnes-la-Coquette
ST-CLOUD
PONT DU GARIGLIANO
GARE MONTPARNASSE
Villiers-Neauphle Pontchartrain
la Celle-St-Cloud
T3
T2
Montfort-l'Amaury-Méré
PLAISIR GRIGNON
Vaucresson
ISSY-VAL DE SEINE
Pte DE VERSAILLES
Sèvres-Ville d'Avray
Plaisir-les Clayes
VERSAILLES Rive Droite
Orgerus-Béhoust
Garancières-la-Queue
Villepreux-les Clayes
Montreuil
Chaville-R.D.
Bellevue
Clamart
Vanves-Malakoff
VERSAILLES-Rive Gauche
VIROFLAY-R.D.
Sèvres-R.G.
Meudon
Tacoignières-Richebourg
(Chau de Versailles)
C5
Chaville R.G.
2
Houdan
Fontenay-le-Fleury
Chaville-Vélizy
Meudon-Val-Fleury
Arcueil-Cachan
DREUX
ST-QUENTIN-EN-YVELINES Montigny-le-Bretonneux
ST-CYR
VIROFLAY-R.G.
Porchefontaine
Fontenay-aux-Roses
Bagneux
C7
VERSAILLES CHANTIERS
3
Sceaux
Trappes
ROBINSON
B2
BOURG-LA-REINE
C8
LA VERRIERE
Parc de Sceaux
Petit-Jouy-les Loges
Jouy-en-Josas
la Croix-de-Berny
TVM
Coignières
Vauboyen
ANTONY
ORLYVAL
les Essarts-le-Roi
5
4
Bièvres
Fontaine Michalon
Igny
les Baconnets
Chemin d'Antony
le Perray
B4
ST-RÉMY-LÈS-CHEVREUSE
MASSY-PALAISEAU TGV
MASSY-VERRIÈRES
Rambouillet
CHARTRES
Courcelle-sur-Yvette
Gif-sur-Yvette
Palaiseau
C2
Longjumeau
Bures-sur-Yvette
Gazeran
la Hacquinière
Lozère
Palaiseau-Villebon
Gravigny-Balizy
Petit-Vaux
6
Chilly-Mazarin
Orsay-Ville
le Guichet
C4
DOURDAN-LA-FORÊT
CHÂTEAUDUN
Dourdan
Épinay-s-Orge
Sermaise
Ste-Geneviève-des-Bois
St-Chéron
La Norville St-Germain-lès-Arpajon
St-Michel-s-Orge
Breuillet Bruyères-le-Châtel
Breuillet Village
Égly
Arpajon
Brétigny
RER
A1
Orlyval
SNCF
Hors région
RÉSEAU TRANSILIEN
La Défense
Est
Nord
Montparnasse
Gare de Lyon
Saint-Lazare
Guillerval
ÉTAMPES
Étréchy
Lardy
Bouray
Marolles-en-Hurepoix
Monnerville
C6
Chamarande
Tramway
T1
TVM
Angerville
Buno-Gironville
D4
ST-MARTIN D'ÉTAMPES
1....6
Zones tarifaires
MALESHERBES
Boigneville
ORLÉANS
Hors Zone tarifaire

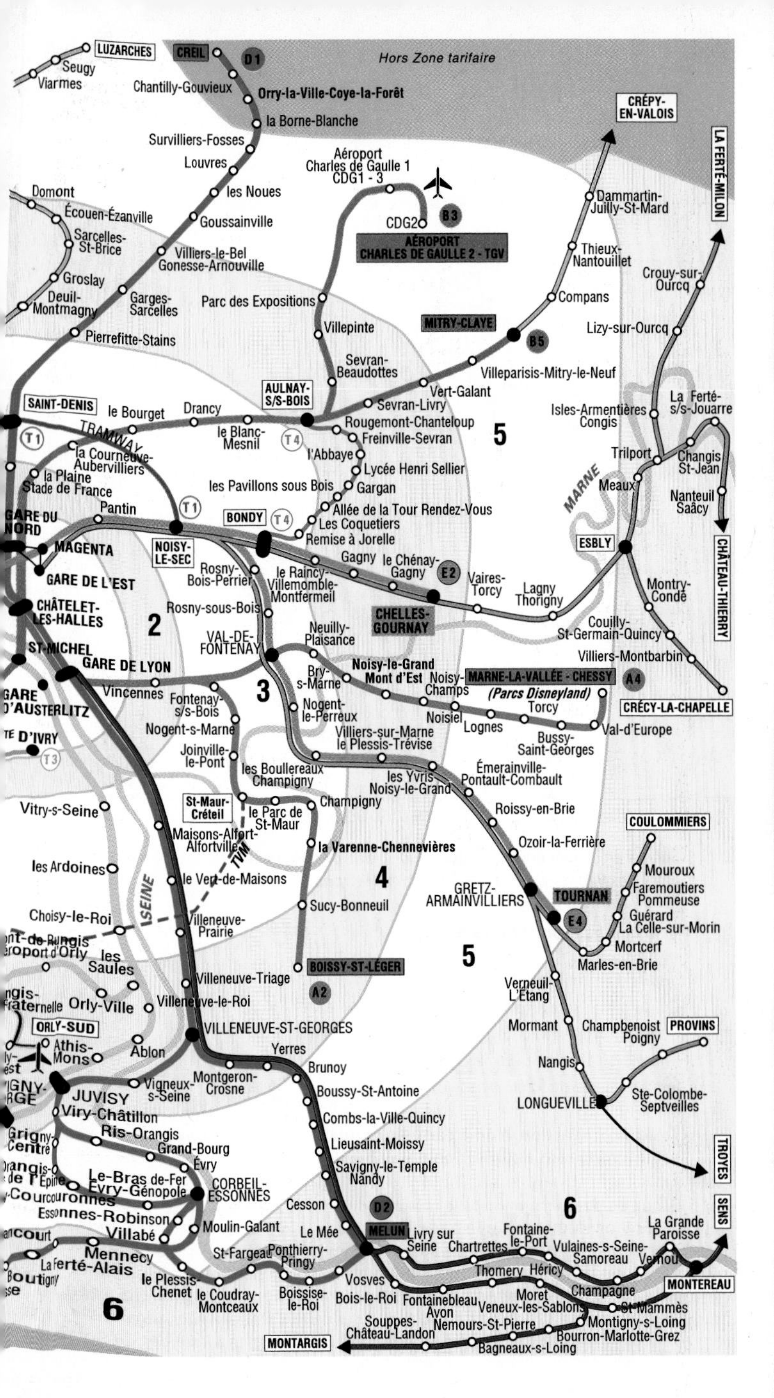

Hors Zone tarifaire
LUZARCHES
CREIL
D1
Seugy
Viarmes
Chantilly-Gouvieux
Orry-la-Ville-Coye-la-Forêt
la Borne-Blanche
Survilliers-Fosses
Louvres
les Noues
Goussainville
Villiers-le-Bel Gonesse-Arnouville
Garges-Sarcelles
Pierrefitte-Stains
Domont
Écouen-Ézanville
Sarcelles-St-Brice
Groslay
Deuil-Montmagny
Aéroport Charles de Gaulle 1 CDG1 - 3
CDG2
B3
AÉROPORT CHARLES DE GAULLE 2 - TGV
Parc des Expositions
Villepinte
Sevran-Beaudottes
MITRY-CLAYE
B5
CRÉPY-EN-VALOIS
LA FERTÉ-MILON
Dammartin-Juilly-St-Mard
Thieux-Nantouillet
Compans
Crouy-sur-Ourcq
Lizy-sur-Ourcq
Villeparisis-Mitry-le-Neuf
Vert-Galant
Sevran-Livry
AULNAY-S/S-BOIS
SAINT-DENIS
le Bourget
Drancy
TRAMWAY
T1
T4
le Blanc-Mesnil
Rougemont-Chanteloup
Freinville-Sevran
l'Abbaye
Lycée Henri Sellier
Gargan
les Pavillons sous Bois
Allée de la Tour Rendez-Vous
Les Coquetiers
Remise à Jorelle
la Courneuve-Aubervilliers
la Plaine Stade de France
Pantin
BONDY
GARE DU NORD
MAGENTA
GARE DE L'EST
NOISY-LE-SEC
Rosny-Bois-Perrier
le Raincy-Villemomble-Montfermeil
Gagny
le Chénay-Gagny
E2
Vaires-Torcy
Lagny Thorigny
CHELLES-GOURNAY
Rosny-sous-Bois
CHÂTELET-LES-HALLES
2
ST-MICHEL
GARE DE LYON
VAL-DE-FONTENAY
Neuilly-Plaisance
Bry-s-Marne
Noisy-le-Grand Mont d'Est
Noisy-Champs
MARNE-LA-VALLÉE - CHESSY
(Parcs Disneyland)
A4
5
Isles-Armentières Congis
La Ferté-s/s-Jouarre
Trilport
Changis St-Jean
MARNE
Meaux
Nanteuil Saâcy
ESBLY
CHÂTEAU-THIERRY
Montry-Condé
Couilly-St-Germain-Quincy
Villiers-Montbarbin
CRÉCY-LA-CHAPELLE
GARE D'AUSTERLITZ
Vincennes
Fontenay-s/s-Bois
3
Nogent-le-Perreux
Noisiel
Torcy
Lognes
Bussy-Saint-Georges
Val-d'Europe
D'IVRY
T3
Nogent-s-Marne
Joinville-le-Pont
Villiers-sur-Marne le Plessis-Trévise
les Boullereaux Champigny
les Yvris Noisy-le-Grand
Émerainville-Pontault-Combault
St-Maur-Créteil
le Parc de St-Maur
Champigny
Roissy-en-Brie
Vitry-s-Seine
Maisons-Alfort-Alfortville
TVM
la Varenne-Chennevières
Ozoir-la-Ferrière
COULOMMIERS
les Ardoines
SEINE
le Vert-de-Maisons
4
Mouroux
GRETZ-ARMAINVILLIERS
TOURNAN
Faremoutiers Pommeuse
Sucy-Bonneuil
E4
Guérard La Celle-sur-Morin
Choisy-le-Roi
Villeneuve-Prairie
Mortcerf
Marles-en-Brie
Pont-de-Rungis Aéroport d'Orly
les Saules
5
BOISSY-ST-LÉGER
A2
Villeneuve-Triage
Verneuil-L'Étang
Orly-Ville
Villeneuve-le-Roi
ORLY-SUD
VILLENEUVE-ST-GEORGES
Mormant
Champbenoist Poigny
PROVINS
Athis-Mons
Ablon
Yerres
Brunoy
Nangis
Vigneux-s-Seine
Montgeron-Crosne
Boussy-St-Antoine
LONGUEVILLE
Ste-Colombe-Septveilles
JUVISY
Viry-Châtillon
Combs-la-Ville-Quincy
Ris-Orangis
Lieusaint-Moissy
Grand-Bourg
Évry
Savigny-le-Temple Nandy
TROYES
Le-Bras de-Fer
Évry-Génopole
CORBEIL-ESSONNES
Courcouronnes
Essonnes-Robinson
Cesson
D2
6
SENS
Villabé
Moulin-Galant
Le Mée
MELUN
Livry sur Seine
Chartrettes
Fontaine-le-Port
Vulaines-s-Seine-Samoreau
La Grande Paroisse
Vernou
Mennecy
La Ferté-Alais
St-Fargeau
Ponthierry-Pringy
Thomery
Héricy
MONTEREAU
Boutigny
le Plessis-Chenet
Vosves
Champagne
le Coudray-Montceaux
Boissise-le-Roi
Bois-le-Roi
Fontainebleau Avon
Moret Veneux-les-Sablons
St-Mammès
6
Souppes-Château-Landon
Nemours-St-Pierre
Montigny-s-Loing
Bourron-Marlotte-Grez
MONTARGIS
Bagneaux-s-Loing

Manufacture française des pneumatiques Michelin

Société en commandite par actions au capital de 504 000 004 EUR.
Place des Carmes-Déchaux – 63 Clermont-Ferrand (France)
R.C.S. Clermont-Fd B 855 200 507

Dépôt légal 01-12
Imprimé en Italie, 01-12/11.1
Crédit photo couverture : Restaurant du Palais Royal
Compogravure : Nord Compo, Villeneuve-d'Ascq (France)
Impression, Brochure : La Tipografica Varese, Varese, (Italie)
Sur papier issu de forêts gérées durablement